中央编译局文库出版工作领导小组（编委会）

主　任：贾高建
副主任：魏海生　陈和平　柴方国　季正聚
委　员：崔友平　沈红文　杨雪冬　冯　雷　陈家刚
　　　　赖海榕　郗卫东　张文成　葛海彦

中央编译局文库出版工作领导小组办公室

主　任：薛晓源
成　员：徐向梅　苗永姝

中央编译出版社文库编辑中心编辑小组

葛海彦　贾宇琰　苗永姝　杜永明
李媛媛　盛菊艳　薛迎春　董　妍

马克思主义经典著作研究读本

主　编　杨金海　李惠斌

马克思恩格斯《神圣家族》研究读本

姜海波

《马克思主义经典著作研究读本》顾问委员会

贾高建　俞可平　柴方国　庄福龄　陈先达　赵家祥　詹汝琮
李洙泗　张钟朴　冯文光　安启念　韩庆祥　李小兵　张曙光

《马克思主义经典著作研究读本》编委会

主　编　杨金海　李惠斌
副主编　薛晓源　林进平
编　委　（按姓氏拼音排序）
　　　　　曹典顺　冯　章　韩立新　江　洋　姜海波
　　　　　李百玲　吕梁山　苗永姝　聂锦芳　闫月梅
　　　　　杨学功　姚　颖　张　盾　张云飞　郑　锦

总　序

呈献给读者的这套"马克思主义经典著作研究读本"丛书，旨在立足于21世纪中国和世界发展的现实，对马克思、恩格斯、列宁重要著作以及有关专题思想重新进行较为深入的研究和解读，供广大读者特别是致力于深入研究马克思主义经典作家原著的读者阅读使用。计划出版40种，三年内陆续完成编写和出版工作。

马克思主义经典著作是学习和研究马克思主义理论的基础文本，历来为人们所重视。在我国学术史上，曾编写和出版过不少关于经典著作的读本，包括各种注释性读本和导读性读本，对学习和研究马克思主义理论发挥过重要作用。然而，随着时代的发展，这些读本也越来越显出历史局限性。比如，以往对经典著作的解读视角较旧，对马克思主义理解不够全面；解读的经典著作范围较小，视野有限；解读所依据的文献不足，深度不够等。进入新世纪以来，特别是自2004年中央实施马克思主义理论研究和建设工程以来，马克思主义经典著作的教学、研究以及普及工作不断加强，这就迫切要求对经典著作重新进行解读。

同时，这些年我国学界有关经典著作的翻译和研究成果不断推出，为更好地解读经典著作提供了可能。改革开放以来，特别是进入新世纪以来，随着我国社会主义现代化建设以及人类文明的深入推进，我们对马克思主义的理解以及对经典著作的研究不断深化，解读视角发生重大转变，对马克思主义的理解更加全面。例如，以往由于受革命实践的影响，我们较多地从社会主义"革命"视角去解读，而较少从社会主义"建设"视角去解读，因此，较多地注重研究其中的阶级斗争、无产阶级革命和无产阶级专政等理论，而较少研究社会和谐发展、人的全面发展等思想。革命胜利后，仍然沿袭了这种解读模式。这就造成了对马克思主义理解的片面性。实际上，马克思主义经典著作中有丰富的新社会建设思想，恰恰是这些长期被忽视的思想对我们今天的社会主义建设实践来说更有意义。近些年来，我国学者自觉地从"建设"视角研究经典著作基本观点，取得了一系列可喜成就。又如，过去对经典著作的解读主要限于对若干重要经典著作的解读，如对《共产党宣言》等五六部名著有较为详细的解读，对其他著作的解读不多。即使有收文较多的导读性读本，但常常由于篇幅所限，也只能对这些著作进行简要介绍，不可能对每一部著作展开研究。近些年来，这种情况在逐步发生变化。研究经典著作的专题成果越来越多。再如，近年来新的经典著作编译成果和相关研究成果不断推出，大大拓宽了人们对经典著作基本观点的理解。加之这些年我国学界一大批优秀的中青年学者成长起来，他们的外语水平较高，知识储备较多，研究方法较新等，对经典著作的研究和理解也更有新意。这些都为更好地解读经典著作提供了新的时代条件。

　　为了继承前人研究的成果，弥补以往研究的不足，总结这些年我国学界编译、研究经典著作的成果和经验，比较全面系统地解读和阐释经典著作的基本观点，中央编译局专门成立了"马克思主义经典著作及其重大理论问题研究"课题组，并对该项研究提供了基金资助。课题组不仅在局内组织力量进行研究，而且向社会公开招标，争取到社会力量的支持，一批有造诣的中青年专家参与到课题研究中来。经过课题组同仁两年多努力，已经形成一批研究成果，并将继续补充、完善并陆续推出。这套"马克思主义经典著作研究读本"丛书就是这些成果的集中体现。

　　本丛书力求体现如下特点，这也是丛书编著工作所力求遵循的原则：第一，体现全面性和系统性。本丛书不仅对经典作家的名著进行解读，也对其他重要著作进行解读，还要对经典作家的一些重要思想，如马克思的人类学思想、列宁的新经济政策理论等，进行专题梳理和解读。不仅从"革命"视角，而且从"建设"视角，全面、系统地梳理经典作家的思想观点。力求使这套丛书成为收文最全面、解读最系统、最能够反映经典作家著作全貌的学术成果。第二，突出文献性和考证性。每一研究读本的写作，力求充分反映国内外有关研究成果，特别是要充分反映我国新时期在经典著作翻译和研究方面所发现的新文献、取得的新成果。在此基础上，要对经典著作形成的历史背景、国内外传播、原著重要思想观点及其流变，以及后人对这些观点的理解等，进行考证研究。如果说过去的解读主要是"注"的话，那么，这套读本则要进一步体现"疏"的特点。通过这种"注疏"性考据研究，不仅使读者知其然，也知其所以然。这样，也能够为学界进一步研究提供尽可能丰富的文献资料。第三，力求权威性和准确性。一方面，研究读本所依据的经典著作文本力求具有权威性和准确性。主要依据中央编译局所编译的最新译本，如《马克思恩格斯全集》第二版、《马克思恩格斯文集》、《列宁全集》第二版、《列宁专题文集》等。对还没有新译文的文本，可以采用旧译文。同时，适当参照外文版本，进行比较研究。另一方面，所依据的其他文献资料，也力求具有权威性和准确性。要选择国内外在该研究领域最具权威性的专家学者的最具代表性的观点和最有影响力的文章。

基于上述考虑，本丛书采取大致统一的研究和写作框架。除导论外，各个读本均有五个部分组成。一是历史考证部分，其中包括写作背景、国内外主要版本和传播考证等；二是研究状况部分，包括对国内外已有的研究情况进行梳理；三是当代解读部分，包括对经典著作的内容简介，对已有研究观点的疏正，对重要理论观点及其当代意义的阐述；四是原著选编部分，根据经典著作的不同情况，或采取全选的形式，或采取节选的形式，均采用中央编译局的最新译本，个别读本同时选编原著的旧文本，以方便比较研读；五是附录部分，包括3到5篇关于本著作的国内外有一定权威性的研究文章，以及进一步研究需要参考和阅读的文献资料。

需要说明的是，对于经典著作的研究，往往会有仁者见仁、智者见智的情况。所以，尽管我们在组织编写工作中努力体现上述原则，但这些读本的观点不一定都具有代表性，更不可能与每一位读者的观点完全一致。加之作者研究角度不同，水平各异，每一读本的结构、篇章、内容、观点都不尽相同，其权威性程度也不尽一致。其中很可能有疏漏和错误之处，谨请读者批评指正。

该丛书在编写和出版过程中，得到了各个方面的大力支持。中央编译局对此项工作高度重视，始终给予鼎力支持。国家出版基金将该丛书列入2012年资助项目。中央编译出版社为该丛书申报国家出版基金项目并最终立项，以及为丛书出版做了大量工作。本丛书中收入的译著和文章的译者、作者和出版者同意我们使用相关的著作版权。该项目顾问委员会的专家对丛书的编写工作给予热情指导，编委会成员和课题组同仁为丛书的编写付出了辛勤劳动。在此一并致以衷心的谢意！

《马克思主义经典著作研究读本》

编辑委员会

2013年6月16日

目 录

导 论 ·· 1

第一部分 历史考证 ··· 7

第一章 写作背景 ·· 9
    一 社会历史背景 ·· 9
    二 理论背景 ··· 12

第二章 马克思和恩格斯的理论准备 ······························· 18
    一 马克思的理论准备 ·· 18
    二 恩格斯的理论准备 ·· 25

第三章 《神圣家族》的出版和传播 ······························· 34
    一 《神圣家族》的写作契机与成书经过 ···················· 34
    二 《神圣家族》国外主要版本和传播情况 ················ 38
    三 《神圣家族》国内主要版本和传播情况 ················ 45

第二部分 研究状况 ··· 51

第四章 国外研究状况 ··· 53
    一 《神圣家族》在马克思主义发展史中的地位 ········· 53
    二 《神圣家族》中的基本理论问题 ··························· 57

第五章　国内研究状况 ……………………………………… 61
一　《神圣家族》的理论定位 …………………………… 61
二　《神圣家族》的理论观点 …………………………… 66
三　《神圣家族》的理论意义 …………………………… 70
四　《神圣家族》的文献学问题 ………………………… 73
五　《神圣家族》中马克思和恩格斯的思想关系 ……… 74

第三部分　当代解读 ………………………………………… 77

第六章　《神圣家族》的结构和主要内容 ………………… 79
一　赋予特征的翻译和批判性的评注：马克思对蒲鲁东的评价 …………………………………………………… 81
二　批判的秘密与秘密的批判：马克思对黑格尔的评价 … 101
三　绝对的批判的批判：马克思和恩格斯对布鲁诺·鲍威尔的批判 ……………………………………………… 123
四　"通讯"作为非批判的群众 ………………………… 147
五　关于恩格斯的五个短篇 ……………………………… 153

第七章　《神圣家族》的重要理论观点 …………………… 158
一　《神圣家族》中的实践观 …………………………… 158
二　《神圣家族》中的群众观 …………………………… 171

第四部分　经典著作选编 …………………………………… 179
马克思　恩格斯　《神圣家族》（节选） ……………… 181
马克思　马克思致路德维希·费尔巴哈 ………………… 273
马克思　恩格斯　《德意志意识形态》（节选） ……… 277
弗·恩格斯　布鲁诺·鲍威尔和原始基督教 …………… 301

第五部分　附　录 ·· 311
附录 I　研究文献精选 ·· 313
　一　〔波〕兹维·罗森：《马克思与鲍威尔之间的论战》 ······ 313
　二　〔日〕城塚登：关于《神圣家族》 ·························· 331
　三　〔波〕科拉科夫斯基：《神圣家族》 ························ 339
附录 II　延伸阅读书目 ·· 345
　一　关于马克思恩格斯的传记研究 ································ 345
　二　关于马克思主义哲学史与政治经济学研究的著述 ········ 346
　三　关于黑格尔哲学与青年黑格尔派研究的著述 ············· 347
　四　关于蒲鲁东的研究著作 ·· 348

导　论

《神圣家族，或对批判的批判所做的批判。驳布鲁诺·鲍威尔及其伙伴》（*Die heilige Familie*）是马克思恩格斯合写的一部论战性著作，写于1844年9月至11月间，1845年2月在德国的法兰克福出版了单行本。

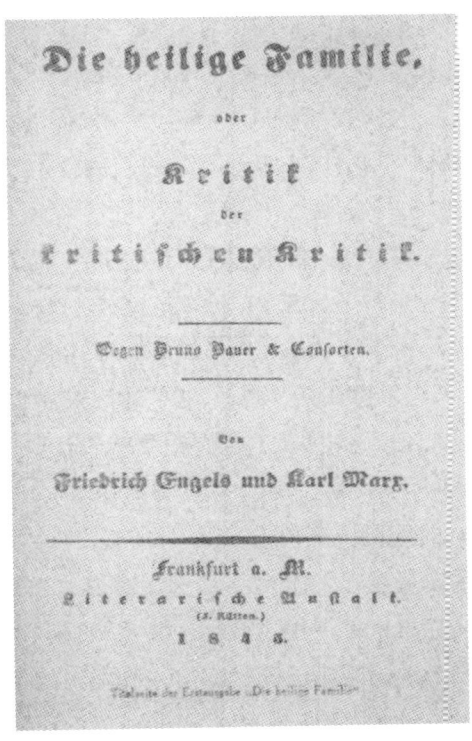

"神圣家族"的书名，来自意大利著名画家安得列阿·曼泰尼雅（Andrea Mantegna，1431—1506）一幅名画的题目，画中的人物是圣母

玛利亚抱着圣婴耶稣，旁边有玛利亚的丈夫圣约瑟，有圣以利沙伯、圣约翰、圣亚拿以及一些天使和神甫。马克思和恩格斯就是借用这个题名来讽喻布鲁诺·鲍威尔及其伙伴。他们自以为超乎群众之上，正像耶稣在人们中传道一样。下图为曼泰尼雅的画作局部图。

《神圣家族》（局部）

马克思曾在1844年8月11日给费尔巴哈的信中，谈到了《文学总汇报》以及准备批判它的计划，他写道，"这个《文学报》的特征可以归结为：把'批判'变成某种超验的存在物"①，而对"批判的批判"进行批判的成果就是《神圣家族》。《神圣家族》与马克思前后写作的其他著作的关系极为密切，《1844年经济学哲学手稿》中的第三个笔记本于1927年在《马克思恩格斯文库》第三卷附录中摘要发表时竟被误认为是《神圣家族》的准备材料。也有很多学者认为，《关于费尔巴哈的提纲》写于1845年7月初，而且是《神圣家族》的后续工作，由此可见《神圣家族》的重要研究价值。

马克思在随后的著述中多次提到《神圣家族》，例如，在《德意志意识形态》中，马克思论证了民主政体、贵族政体和君主政体相互之间的斗争，以及争取选举权的斗争等，都是一些虚幻的形式，其实质是在这些形式下进行的各个不同阶级间的真正的斗争，而"德国的理论家们

---

① 《马克思恩格斯全集》第47卷，北京：人民出版社2004年版，第75页。

对此一窍不通，尽管在《德法年鉴》和《神圣家族》中已经十分明确地向他们指出过这一点"①。可见，《神圣家族》中一些观点，马克思和恩格斯一直是坚持的。马克思在1867年给恩格斯写信提到《神圣家族》这部著作时说，"我愉快而惊异地发现，对于这本书我们是问心无愧的"②。

恩格斯在谈到《神圣家族》时说，"这是针对当时德国哲学唯心主义的最后一种表现形式所作的讽刺性的批判"③。在《社会主义从空想到科学的发展》一书1892年英文版的导言中，恩格斯大篇幅地引用了《神圣家族》中的内容，字数甚至超过了1200字。④ 1893年2月，俄国流亡社会主义者弗·雅·施穆伊洛夫给恩格斯写信说，他准备写一本详细的马克思传记，请求恩格斯提供有关材料，施穆伊洛夫还请求恩格斯给他寄去一本《神圣家族》。恩格斯回信说，"《神圣家族》无论如何您必须弄到；我自己的这一本在任何情况下也不会拿出去，而叙述该书的内容是一件力所不及的工作，摘出要点，也是办不到的。您应该了解全书。在柏林大概可以找到这本书"⑤。1893年8月11日，瑞士社会民主党人海·布洛歇尔打算写一部关于布·鲍威尔的著作，希望恩格斯能提供相应的参考资料，恩格斯在10月3日的复信中主要提到的就是《神圣家族》一书，对于这部在当时来说稀少的著作，恩格斯告诉布洛歇尔，"在柏林有几本《神圣家族》；在瑞士，苏黎世大学的副教授康拉德·施米特博士先生（希尔斯兰登区克路斯—赫吉巴赫街）也许可以帮您弄到一本。"⑥ 1893年12月30日，恩格斯在给弗里德里希·阿道夫·左尔格的信中谈到，罗马的拉布里奥拉教授希望收集到有关马克思的一切书籍进行马克思思想史的研究，可是《神圣家族》这部著作怎么也弄不到，而他手头只有一本，"如果这一本丢失，那末我今后就完

---

① 《马克思恩格斯文集》第1卷，北京：人民出版社2009年版，第536页。
② 《马克思恩格斯全集》第31卷，北京：人民出版社1972年版，第293页。
③ 《马克思恩格斯文集》第3卷，北京：人民出版社2009年版，第452页。
④ 同上书，第504页。
⑤ 《马克思恩格斯文集》第10卷，北京：人民出版社2009年版，第647页。
⑥ 《马克思恩格斯全集》第39卷，北京：人民出版社1974年版，第126页。

全不可能在预计要出的《全集》里准备出新版了。因此这一本无论出什么代价我都不能放手"①。1894年1月，费舍建议分册出版马克思和恩格斯的著作，恩格斯回信答道，"像《神圣家族》、《福格特先生》等这样的书，分成两个印张左右的分册出版，是绝对不行的。这样读书不能使读者有任何收获，这种支离破碎的阅读只会使人莫名其妙"②。

在《路德维希·费尔巴哈和德国古典哲学的终结》中，恩格斯在谈到《基督教的本质》一书的伟大功绩时谈到，"这部书的解放作用，只有亲身体验过的人才能想象得到。那时大家都很兴奋：我们一时都成为费尔巴哈派了。马克思曾经怎样热烈地欢迎这种新观点，而这种新观点又是如何强烈地影响了他（尽管还有种种批判性的保留意见），这可以从《神圣家族》中看出来"③。也是在这部著作中，恩格斯回忆起他和马克思超越费尔巴哈并走向唯物主义历史观的经过时又一次提到了《神圣家族》，恩格斯说，"但是，费尔巴哈没有走的一步，必定会有人走的。对抽象的人的崇拜，即费尔巴哈的新宗教的核心，必定会由关于现实的人及其历史发展的科学来代替。这个超出费尔巴哈而进一步发展费尔巴哈观点的工作，是由马克思于1845年在《神圣家族》中开始的"④。

概言之，《神圣家族》代表的是马克思思想发展历程中一个闪光的阶段，它在马克思主义发展史上有着不可替代的地位：第一，它表示着马克思和恩格斯向唯物史观前进的征程中，整合来自哲学、政治经济学、社会主义、文学等各方面的理论资源，并构建一种新的哲学范式的尝试；第二，作为一部介于《1844年经济学哲学书稿》和《德意志意识形态》之间的著作，它无疑是一个上好的"路标"，为我们指出告别思辨哲学、走上唯物主义道路、引入政治经济学视野的必要性；第三，《神圣家族》昭示出，唯物史观作为"方法论"是马克思及其后继者观

---

① 《马克思恩格斯全集》第39卷，北京：人民出版社1974年版，第184页。
② 《马克思恩格斯文集》第10卷，北京：人民出版社2009年版，第702页。
③ 《马克思恩格斯文集》第4卷，北京：人民出版社2009年版，第275页。
④ 同上书，第295页。

察和分析一切社会问题的根本指南；第四，《神圣家族》还表明马克思主义理论本身所具有的理论品质，即其开放性。《神圣家族》这部著作将马克思和恩格斯整个思想发展过程贯穿起来，其承上启下的作用是包括《共产党宣言》在内的其他著作所不能完全代替的。因而对《神圣家族》进行深入的继续研究，理论意义不言而喻。

那么，如何阅读《神圣家族》呢？在我看来，阅读这部著作的关键在于"区分"，既要区分《神圣家族》中涵盖的各个主题，又不能忽略各个组成部分之间的内在关联；既要区分它与《德法年鉴》、《1844年经济学哲学书稿》、《国民经济学批判大纲》等马克思和恩格斯之前的著述，又要区分它与《关于费尔巴哈的提纲》、《德意志意识形态》、《英国工人阶级状况》等之后的著述，更不能忽略这些著述之间的思想连续性；既要区分《神圣家族》中哪些是对体系来说重要的观点，哪些不是，又要区分这部著作中的哪些观点是马克思和恩格斯后来坚持的，哪些不是。就《神圣家族》的内容和结构来说，大致上可以这样理解，关于蒲鲁东的部分、关于对黑格尔哲学的评价部分、关于法国唯物主义的部分、关于批判鲍威尔思辨哲学的部分是全书的重点。对于其他的部分，研究者可以根据研究的需要有选择性地加以阅读。马克思在《德法年鉴》上发表的《论犹太人问题》一文，以及《德意志意识形态》第一卷第二章的内容与《神圣家族》直接相关，均是针对鲍威尔为代表的"自我意识"哲学，因而都是必要的参考文献。

本书是在中文语境中对马克思和恩格斯合写的《神圣家族》一书做导读性的介绍和阐释，包括写作背景、传播情况、研究状况和内容解读等等。在附录中，除列出延伸阅读的文献目录之外，本书还节选了兹维·罗森的《布鲁诺·鲍威尔和卡尔·马克思——鲍威尔对马克思思想的影响》、城塚登的《青年马克思的思想——社会主义思想的创立》以及科拉科夫斯基的《马克思主义的主要流派》等著作中的内容供研究者阅读。

第一部分　历史考证

第一章 写作背景

《神圣家族》的写作有着复杂的背景，本书从两个方面展开考察：一是社会历史背景，包括英、法、德等先发资本主义国家的经济和政治背景；二是理论背景，即《神圣家族》所批判的主要对象，即布鲁诺·鲍威尔的生平与著述。

一 社会历史背景

在 19 世纪上半叶，英国是资本主义世界中最发达的国家，它的国内工业、国际贸易、航运在世界首屈一指，没有任何其他国家在势力和财富上能与之抗衡。早在 15 世纪 70 年代，英国开始进行资本原始积累，在 18 世纪，英国历经简单协作、工场手工业阶段以后，进入了大机器工业阶段。数据显示，1840 年至 1850 年，蒸汽机总能力从 60 万马力增加到 129 万马力，即增加了 1 倍以上；1836—1848 年，铁路长度从 251 公里增加到 8203 公里，即增加了 30 倍以上。这时，英国工业产量占世界总产量一半，成为名副其实的"世界工厂"。当时伦敦已有居民 350 万人，曼彻斯特有 40 万人，格拉斯哥有 30 万人，英国的工业就集中在这几个大城市。就德国而言，19 世纪初期以来，以莱茵地区为典型的资本主义工商业还是不断地有所发展，资本主义生产方式的发展要求与普鲁士落后的封建专制统治形成了尖锐矛盾，促使德国资产阶级进行反封建的革命斗争。1815 年维也纳会议以后，国家继续陷于四分五裂。36 个大小不同的邦国各有自己的海关、税制和货币，未能形成发展资本主义所需要的统一的国内市场，把持各邦政治统治权的封建贵族实行反动的专制统治，对资本主义工商业施加种种的限制和束缚；1830 年以后，德国各地不断发生起义和骚动。随着资本主义工商业的发展，德国也出现了一批日益繁荣的城镇。恩格斯童年和少年时代生活过的巴门和爱北斐特就是新兴的工业中心。这两座紧邻的姊妹城市，位于莱茵河支流伍珀河的谷地。19 世纪 30 年代，巴门和爱北斐特大约有居民 4 万人，中小型工厂 200 家，纺织工业十分发达，丝棉织品远销海内外，有"德国的曼彻斯特"的美称。恩格斯的故乡莱茵省最终成为德国资本主义最发达的地区。由于这里水路交通便利，煤铁资源丰富，特别是受到法国资产阶级革命的深刻影响，这里的封建农奴制已被彻底消灭，贵族特权已经被废除，发展资本主义的条件十分有利，因此，以机器装备的新式工业迅速发展起来。

　　资本主义发展的同时也带来了巨大的灾难，在英国，尤其是在工业发达的大城市，表现得特别明显和突出。资本家为了榨取更多的剩余价值，便尽量延长劳动时间。在资本主义工厂中，工人每天劳动时间长达 12 至 14 小时，有的部门和企业甚至长达 16 至 18 小时。许多工人为了维持生活，不得不几天几夜连续劳动，吃饭和睡觉的时间都被剥夺。资本家为了榨取更多的剩余价值，还不断提高劳动强度。他们通过增加工人管理机器的台数、加速机器的运转等方法，迫使工人在规定的劳动时间内付出更多的脑力和体力。例如从 1815 年到 1844 年，英国纺纱机的伸张次数增加近两倍，工人的劳动强度也相应增加。资本家为了榨取更多的剩余价值，还大量使用廉价的童工和女工。1839 年，在英国产业工人中，年龄在 18 岁以下的童工和成年女工合计占全部工人的四分之三。在普遍使用童工和女工的情况下，劳动者家族中的一切成员，都成为资本家直接的剥削对象。资本家为了榨取更多的剩余价值，强迫工人在极端恶劣的条件下从事繁重的劳动，如在煤矿中，十几岁的童工在狭窄的坑道里，蜷曲着身子，用笨重的十字镐凿煤，有的则在腰间皮带上系上链条，四肢爬行，拉拽煤车。在资本主义的压榨下，工人阶级的生活条件日益恶化。从 1802 年到 1833 年，英国工人每周平均工资由 29 先令降低为 5 先令，降低了 80% 以上。工人们经常挨饿受冻，过着非人的生活。资本主义工业发展的灾难，在德国巴门和爱北斐特也是随处可见。机器大工业摧毁了以手工劳动为基础的手工作坊和家庭工业，大批手工业工人失业，被迫流浪街头。工人工资微薄，劳动条件恶劣。德国的资本主义企业为了同占绝对优势的英国工厂竞争，对雇佣工人进行极其残酷的剥削。工人们被迫在低矮的厂房和混浊的空气里劳动，吸进的煤烟和粉尘远远多于氧气，肉体和精神遭受严重的双重折磨，许多人死于肺结核。德国的资本家为了获得更多利润，也大量雇用女工、童工。仅爱北斐特地区，2500名学龄儿童中就有1200名未能上学，最大的童工14岁，最小的童工年仅6岁。微薄的工资，沉重的体力劳动，长达十几小时的工作时间，使他们失掉了童年的欢乐和朝气。工业生产带来的严重环境污染也像资本主义其他灾难一样，在伍珀河谷迅速蔓延，昔日的蓝天、青山、绿水已经不复存在。恩格斯在《伍珀河谷来信》来信中实证地描述了工人生活的惨状。工厂工人工资低微，劳动条件恶劣，普遍处于可怕的贫困境地，"用不了3年，他们的肉体和精神就会被毁掉；5个人中有3个人死于肺结核"①。手工业和家庭工业被大机器工业所排挤，手工工人的生活更为困苦，单干织工从早到晚蹲在自己家里，躬腰曲背地坐在织机旁劳动十几个小时。没有固定工资收入的搬运工人，只能栖身于草棚、马厩和楼梯间。吸吮工人血汗的工厂主生活舒适，轻松愉快。工厂制度带来的资产阶级与雇佣工人的尖锐对立，在伍珀河谷表现得十分明显。可见，在伍珀河谷这个德国资本主义最发达的地方，资本主义弊病也最为触目惊心。

再以恩格斯生活和工作过的曼彻斯特为例。曼彻斯特是英国仅次于伦敦的第二大城市，那里工业发达，在蒸汽机的使用和社会分工方面都达到一定高度，工人十分集中，总人口40万中工人占35万。特别需要提到的是，恩格斯在曼彻斯特工作的1842年是英国经济危机爆发的时期，工厂倒闭，市场萎缩，曼彻斯特至少有116家企业倒闭。这一年也是工人失业、贫困和饥饿问题最严重的一年。1842年5月，英国失业

---

① 《马克思恩格斯全集》第2卷，北京：人民出版社2005年版．第44页。

总人口达到 100 万人以上，乞丐数目激增，导致社会矛盾极为尖锐。曼彻斯特是宪章运动的中心，有众多的社会主义者和强大的工会。

1815 年以后，英国首先爆发了严重的经济和社会危机，危机给工人阶级带来了十分严重的影响，在物价不断上涨的情况下，工人的工资还被不断地压低。资产阶级的压迫和剥削，激起广大工人的反抗。起初是单个工人的自发斗争，捣毁机器；接着是工人的秘密结社，彼此支持；从 20 年代开始，工人阶级争取提高工资、缩短工时、改善劳动条件的斗争此起彼伏，不断扩大。为了防止经济危机带来革命的危险，资本主义国家也纷纷进行政治改革，比如英国于 1832 年实行了选举改革，导致辉格党取代托利党成为政府的主导。但是，无产阶级革命的浪潮不可阻挡，19 世纪 30—40 年代发生的英国宪章运动、法国里昂纺织工人起义和德国西里西亚纺织工人起义，表明无产阶级已经以独立的政治力量登上历史舞台。

二 理论背景

《神圣家族》是一部经典的论战性著作，它的批判对象是布鲁诺·鲍威尔及其伙伴的思辨唯心主义哲学，其中布鲁诺·鲍威尔的哲学又是最典型的代表，因而本书所介绍的理论背景集中在布鲁诺·鲍威尔的生平、著述及其观点。

布鲁诺·鲍威尔 1809 年生于图林根的艾森贝格。1815 年，鲍威尔随父母举家迁至柏林，此后的绝大多数时间都居住在这里。1829 年至 1833 年间，鲍威尔在柏林大学神学系学习了四年，得到了内安德尔和施莱尔马赫这两位伟大神学家的指导。鲍威尔对施莱尔马赫的观点感到失望，从而背离了正统的神学立场。当时，黑格尔哲学在德国的影响正处于顶峰，鲍威尔在黑格尔逝世前聆听过他的课，黑格尔又是尖锐批评施莱尔马赫的哲学家之一，几乎在每一件事上都有争论。在黑格尔的影响下，鲍威尔对施莱尔马赫的否定态度更为坚定了。1829 年，黑格尔亲自拟定《根据康德哲学论美的原则》这一题目，鲍威尔执笔写作并最终获得了哲学系的奖金，黑格尔本人也对这篇讲稿大加称赞。由此可见，鲍威尔求学期间就接触了黑格尔的思想，甚至利用了它。鲍威尔在听黑格尔讲座时所作的笔记，总是整理得井井有条，被人们当作范例。根据兹维·罗森的介绍，"霍托于1835年曾利用鲍威尔所作的关于黑格尔1823—1828年的美学笔记，出版了《美学》，而他的关于黑格尔宗教哲学讲演的笔记，则成了该讲演录的第二版的基础"①，由此可知，鲍威尔在传承黑格尔哲学思想方面还做出了独特的贡献。完成了柏林大学的学业之后，鲍威尔获得了博士学位，他的博士论文作为谋职的前提受到马尔海内克的赏识，他成功被柏林大学聘为讲师。1834年到1839年间，鲍威尔主要讲授《圣经》、《新约全书》、基督教史和宗教哲学等课程。根据目前所能掌握的资料，鲍威尔并不善于讲课，听课的学生人数也很少。

鲍威尔的学者生涯是从1829年开始的，他在《科学批判年鉴》上发表了第一篇文章，在柏林大学执教的5年间，他发表了大约40篇论文和评论，其中的大部分评论发表在该《年鉴》，而大部分论文则发表在由他本人主编的《思辨神学杂志》上。1835年，施特劳斯的《耶稣传》出版，该书的结论十分简明，即耶稣是一个历史人物，由此深刻地揭示出宗教与哲学之间不存在永恒的和谐，并将批判的矛头直接指向黑格尔。黑格尔学派的成员自然希望有像马尔海内克这样的大人物出面反驳施特劳斯，但出人意料的是，正是鲍威尔从正统的黑格尔立场出发，并使对施特劳斯的批判付诸文字。《科学批判年鉴》编辑部采取了不寻常的步骤连续发表了鲍威尔的至少5篇文章，这使得鲍威尔迅速成为德国哲学界和思想界的一颗新星，他在黑格尔派中的威信也由此奠定。鲍威尔的批判引起了施特劳斯的不满，他指责鲍威尔的写作动机不纯，鲍威尔是借批判施特劳斯来获得荣誉，此后，两人的紧张人际关系持续了一生。鲍威尔与施特劳斯的争论也导致黑格尔派分裂，即分为青年黑格

---

① 〔波〕兹维·罗森：《布鲁诺·鲍威尔和卡尔·马克思——鲍威尔对马克思思想的影响》，王谨等译，北京：中国人民大学出版社1984年版，第21页。

尔派与老年黑格尔派。

  1838年,鲍威尔发表了《启示史批判》一书,这部著作标志着鲍威尔的思想进入到一个新的阶段。与神学家们完全不同,鲍威尔主张通过主观精神去理解上帝,也可以说,将人对上帝的态度看作是纯粹的精神活动。在鲍威尔看来,作为上帝的绝对精神依然是抽象的事物,只有人的意识或自我意识才是可以想象和表述的,只有自我意识才能在历史中起作用。这样,鲍威尔就合逻辑地从一个神学家转变为一个无神论者,放弃了所谓"护教观的诡辩术",转而成为青年黑格尔派的精神领袖。1839年,鲍威尔写了一本反对亨格施坦堡的小册子,表明鲍威尔彻底摆脱了正统护教派的立场,也是因为鲍威尔攻击了亨格施坦堡这位柏林大学较有威望的成员,使鲍威尔无法在此立足,他不得不转到波恩大学任教。值得注意的是,鲍威尔在转任之前,就在柏林大学的同事和朋友间组织了"博士俱乐部",其中多是持激进观点的年青人,经常参加这个俱乐部活动的有高校讲师和教员、作家等,其中也包括后来很有名气的鲁腾堡、科本和马克思。鲍威尔被一致认为是这一团体的发起人和精神领袖,他的一系列宗教和政治著作使他赢了得这样的地位。

  鲍威尔一生的大多数时间居住在柏林,只有两次离开过柏林:一次是1839年至1842年,他在波恩大学任讲师;另一次是1855年至1856年,他在伦敦游历。此后,他又回到柏林一直住到1882年逝世为止。鲍威尔在波恩任教期间,主要完成了两项任务,即作为福音书的批判者与作为黑格尔的评注者。福音书是记述耶稣生平与复活事迹的文件、书信与书籍,它常指《新约》圣经中的内容。狭义的福音书:《马太福音》、《马可福音》、《路加福音》、《约翰福音》。鲍威尔是从批判第四部福音书,即《约翰福音》开始的,施特劳斯认为它是较早的一部,许多神学家、评论家都把这部福音书看作是四部福音书中最早的一部。鲍威尔得出了相反的结论:尽管福音书的作者记叙了许多关于时间、地点和人类大事件的事实,但这些事实既不明确,又有疑问,而且福音书不是最早的一部。《约翰福音》是回顾历史著作的产物,它以追溯历史事件的方式,把属于后来的观点和思想都归于耶稣的时代。鲍威尔采用的是文献考据的方法,他一方面细致比对了《约翰福音》与《复类福音书》的差异;另一方面考察了最初文学改编的版本,鲍威尔确定《约翰福音》在很大程度上是一部文学作品,是一位艺术家的思想的产物,它并不包含真实的历史内容。在《复类福音书作者批判》中,鲍威尔还进一步分析了前三部福音书的内容。他发现,这三部福音书与《约翰福音》并无根本区别,同样不包含对历史事件的真实记叙。既然福音书是由某人写的,那么这些书自然经过了一个思想加工的过程,其内容也是出于文学和自我意识的随意创造,从而成为批判的对象。很明显,鲍威尔的观点是从自我意识原则出发的,它努力使自我意识原则在人的生活和人类社会历史发展进程中具有特殊的地位。他最终得出结论:"作为神秘实体或从这一实体出发的种族、社会什么也创作不了,只有主体——个体的自我意识——才能使《圣经》的内容具体化、形象化和具有鲜明性"①。在《复类福音书作者批判》发表之后,鲍威尔立即成为青年黑格尔派的英雄。《德意志年鉴》甚至宣称,鲍威尔的著作与费尔巴哈的也在同一年发表的《基督教的本质》具有同样重要的意义。鲍威尔在波恩期间还同时写了两本解读黑格尔哲学的著作,即1841年的《对黑格尔,无神论者和反基督教者的末日的宣告》与1843年的《斥黑格尔的宗教与艺术学说》。鲍威尔非常熟悉黑格尔的思想,他协助马尔海内克编辑了黑格尔的《宗教哲学》的第2版。而在鲍威尔的著作中,他把黑格尔理解为一位要消灭基督教和一般宗教的无神论者,而他本人则是掌握这一哲学秘密的人,是黑格尔忠实的、始终如一的学生。然而,鲍威尔的解释在当时就引起了极大的争议,一些人认为,鲍威尔背离了黑格尔的观点,他在利用黑格尔的原文方面显然是有选择的,特别是鲍威尔删除了"实体"与"自我意识"之间的内在联系,只保留了"自我意识"。鲍威尔根据对黑格尔原文的解读,试图证明普遍的自我意识是一个过程,它的终点是真理和自由。正如鲍威尔在

---

① 转引自〔波〕兹维·罗森:《布鲁诺·鲍威尔和卡尔·马克思——鲍威尔对马克思思想的影响》,王谨等译,北京:中国人民大学出版社1984年版,第62页。

《对黑格尔，无神论者和反基督教者的末日的宣告》中所说："世界历史的唯一力量是自我意识，而历史除了自我意识的变异和发展之外没有任何别的意义"①。

由于鲍威尔猛烈地批判宗教和神学，他的地位岌岌可危，1842年3月，波恩大学做出了开除鲍威尔的决定，随后，鲍威尔就返回到柏林继续从事他的学术活动。总之，在1839年到1843年间，鲍威尔从事青年黑格尔派的激进活动，其影响是毋庸置疑的，作为柏林青年黑格尔派公认的领袖，他是德国知识界和文化运动的领导人之一。1842年底，柏林的青年黑格尔派改称"自由人"，该小组的核心成员有布鲁诺·鲍威尔、埃德加·鲍威尔、爱·梅因、路·布尔、麦·施蒂纳等人，布鲁诺·鲍威尔是小组的领袖。"自由人"根本不关注现实生活，根本不考察人们的实际生存状况，整天醉心于抽象的哲学争论。1843年至1844年，他们逐渐抛弃了激进民主主义路线，陷入了主观主义和无政府主义。马克思任《莱茵报》编辑时便开始了与"自由人"的斗争，拒绝发表他们的稿件，导致马克思和鲍威尔的关系破裂。鲍威尔与马克思针锋相对的争论由于《论犹太人问题》的发表而全面爆发，此后，这种斗争日趋激烈。1844年，争论达到了高潮，当时，鲍威尔在《文学总汇报》上发表了一系列文章反对马克思的《论犹太人问题》，马克思和恩格斯写了《神圣家族》，鲍威尔又在《维干德季刊》1845年第3期上发表反驳马克思的论文，马克思和恩格斯又写了《德意志意识形态》。在1845年以后，鲍威尔退居幕后，不再参与这样的哲学论战，因而也就逐渐淡出了人们的视线。关于布鲁诺·鲍威尔的后期活动，本书不再赘述。

鲍威尔一生写过数十部著作和数百篇论文，他是哲学家和政论家。他的研究领域包括宗教问题，特别是犹太教和基督教问题；历史问题，主要是德国和法国史；政治问题以及各种社会、哲学问题。恩格斯在鲍

---

① 转引自〔波〕兹维·罗森：《布鲁诺·鲍威尔和卡尔·马克思——鲍威尔对马克思思想的影响》，王谨等译，北京：中国人民大学出版社1984年版，第94页。

威尔逝世后曾在《社会民主党人报》第 19、20 号上发表了纪念鲍威尔的文章，恩格斯说，

> "4 月 13 日，有一位人物在柏林逝世。他过去曾经作为哲学家和神学家起过一定的作用，但多年来，几乎已销声匿迹，只是偶尔作为'文坛怪人'还吸引着公众的注意。官方的神学家们，其中也有勒南，剽窃了他的著作，因此一致绝口不提他的名字。可是，他比所有这些人更有价值，而且在一个我们社会主义者也关切的问题上，即在基督教历史起源问题上，他比所有这些人做了更多的工作"①。

在恩格斯逝世之前，他再次论及基督教问题，又一次集中谈到鲍威尔的贡献，即在对福音书的本质的认识方面，鲍威尔的贡献比其他学者都大，他说，

> "蒂宾根学派以新约的历史和文献中未被它批驳的残余部分，给我们提供了一个目前尚可被科学承认为有待争论的问题的最高极限，布鲁诺·鲍威尔则给我们提供了在这一历史和文献中可以为科学所批驳的最高极限"②。

由此可见，恩格斯对鲍威尔的评价是很高的，同时，恩格斯的看法又是重要的，因为他在青年黑格尔派中曾起过积极作用，并且非常了解鲍威尔，他与埃德加·鲍威尔曾是好朋友。实际上，鲍威尔确实为研究初期的基督教倾注了大量心血，他的著作引起了无数德国知识分子的巨大兴趣，其中许多人都把他看作是一位成功地揭示了基督教和人类的某些最隐蔽秘密的"开路先锋"。

---

① 《马克思恩格斯文集》第 3 卷，北京：人民出版社 2009 年版，第 591 页。
② 《马克思恩格斯文集》第 4 卷，北京：人民出版社 2009 年版，第 483 页。

第二章 马克思和恩格斯的理论准备

《神圣家族》是马克思和恩格斯合写的一部论战性的著作，该著的内容丰富，主题多样，展现了两位作者宽广的学术视野和深厚的哲学理论功底。本章将介绍马克思和恩格斯的理论准备，即两人在1845年之前所掌握的理论资源，或称所达到的理论水平。

一 马克思的理论准备

马克思站在黑格尔的肩膀上开始了自己的思想征程，他于1837年11月10日给父亲的信和一些诗作表明，一方面，马克思感到无法领略黑格尔哲学，以及充满了犹豫不决。他说，"我最后的命题原来是黑格尔体系的开端"，又同时担心被"诱入敌人的怀抱"，马克思所说的这个敌人就是黑格尔；另一方面，马克思又不得不关注黑格尔哲学，他试图从事哲学和法律的研究，并打算用300印张的篇幅去论述法哲学，当然，他的主要研究对象是黑格尔。马克思的博士论文试图通过研究伊壁鸠鲁派、斯多葛派和怀疑派来论证青年黑格尔派的基本观点。在马克思为写作博士论文而摘录的笔记中就包括他写过三次的《黑格尔自然哲学提纲》，证实马克思认真细致地研究过黑格尔的历史观。对哲学史的辩证解释是黑格尔哲学中最有价值的部分，它还在19世纪的二三十年代引起了激烈的思想论战。马克思在写作博士论文时期就对黑格尔的辩证法及其意义有深刻的了解，他认为，从黑格尔的"令人惊服的庞大而又大胆的计划"起,"才开始了哲学史"①。因此,马克思在大学时期就精心研读了"黑格尔及其弟子的大部分著作"②,他还打算与鲍威尔合作撰写一部关于黑格尔宗教哲学的著作,试图从黑格尔哲学中得出无神论的结论,由于参加《莱茵报》的编辑工作,这一写作计划未能施行。

马克思 1842 年至 1843 年间在《莱茵报》工作期间虽然和卢格一道卷入了对现实政治的批判,但很快就突破了卢格的政治哲学框架。如果用一个核心概念来概括马克思这个时期的思想,它就是"自我意识",对宗教的批判、对现实政治自由的诉求都基于一种自我意识哲学。马克思 1859 年在《〈政治经济学批判〉序言》中回忆道,他是在 1842 年夏季转向研究法国空想的社会主义和共产主义。当时的人们指责《莱茵报》代表了共产主义思想,并要求切实地实现这种思想。马克思予以驳斥,"《莱茵报》甚至不承认现有形式的共产主义思想具有理论上的现实性,因此,更不会期望在实际上去实现它,甚至根本不认为这种实现是可能的事情"。在《共产主义和奥格斯堡〈总汇报〉》一文中,马克思还对空想的社会主义和共产主义理论持保留的态度,保留了对共产主义进行根本性批判的权利,但是他认为共产主义在欧洲具有重要意义,对于共产主义思想,"像勒鲁、孔西得朗的著作,特别是对于蒲鲁东的机智的著作,决不能根据肤浅的、片刻的想象去批判,只有在长期持续的、深入的研究之后才能加以批判"③。

同时,《莱茵报》工作期间的"物质利益"问题迋使马克思不得不加紧研究,以便对现实问题发表意见,《黑格尔法哲学批判》就是第一个理论成果。《黑格尔法哲学批判》是马克思大约于 1843 年 3 月至 9 月期间写下的,它也是一部未完成的手稿。在这期间,为了深刻剖析黑格尔法哲学,马克思必须掌握实际材料,以便弄清现代国家的起源,并从国家的具体形式在不同时代、不同地域的纷繁交替中厘清它的实质。马克思摘录了 24 部著作和《历史政治杂志》上刊载的一系列文章,完成

---

① 《马克思恩格斯全集》第 1 卷,北京:人民出版社 1995 年版,第 11 页。
② 《马克思恩格斯全集》第 47 卷,北京:人民出版社 2004 年版,第 15 页。
③ 《马克思恩格斯全集》第 1 卷,北京:人民出版社 1995 年版,第 295 页。

了5本《克罗茨纳赫笔记》。根据马克思在第二和第四笔记本中附加的"主题索引",我们可以发现所有制问题在索引中占中心地位。在马克思阅读过的著作中,凡是谈到公社所有制向"私有制"的转变、封建占有的不同形式和封建所有制的结构、封建社会中的资本主义萌芽形式等等,他都一一划出,加以摘录。例如1789年11月2日国民议会关于没收教堂财产的决议就引起了马克思的注意,他在笔记本中直接写道:"一种私有财产不可侵犯是以另一种私有财产为牺牲的"①。1843年9月,完成笔记摘录后,马克思在克罗茨纳赫给卢格写了一封信,信中明确表示代议制政体是私有制统治的政治表现。②随后,马克思对黑格尔《法哲学原理》一书"国内法"第216—313节的内容进行了深入细致的批判,这部手稿的前半部分是辨析国家与市民社会的关系,手稿的后半部分则是说明私有财产同国家的关系。马克思颠倒了黑格尔哲学中国家与市民社会的关系,得出市民社会是主语,国家是谓语的结论。但马克思很快就发现,要进一步批判市民社会,就不能仅仅依靠善良的愿望和哲学谩骂,答案应该在政治经济学中找寻。

从1843年9月马克思在克罗茨那赫写给卢格的信中得知,马克思当时已经掌握了大量关于工人运动的文献,他同巴黎的工人组织建立了密切的个人联系,在这些组织中讨论过共产主义思想。然而马克思对同时代的共产主义思想不能满意,甚至连名称都不同意。马克思当时认为共产主义是"一种教条的抽象概念",可见这种情况从1842年夏到1843年9月持续了一年多,马克思甚至认为卡贝、德萨米和魏特林等人的共产主义也是"受自己的对立面即私有制度影响的人道主义原则的特殊表现"③。与这种共产主义相对,还出现了"傅立叶、蒲鲁东等人的社会主义学说"。在《德法年鉴》时期,马克思对蒲鲁东给予高度的评价。同时期,恩格斯也阅读了蒲鲁东的著作。恩格斯在《大陆上社会改革运动的进展》一文中也持与马克思相同的观点,他说:"这是共产

---

① MEGA², IV/2, S.85.
② 《马克思恩格斯全集》第47卷,北京:人民出版社2004年版,第65—66页。
③ 同上书,第64页。

主义者用法文所写的著作中最有哲学意义的作品,在所有法文书籍中间,我特别希望能把这本书译成英文。作者在揭露私有权以及这一制度所引起的后果——竞争、道德沦丧和贫困——上,表现了非凡智慧和真正科学研究精神,这种把智慧和科学研究精神二者结合在一本书里的范例,是我从来没有见过的。此外,作者关于各种政体还提出了非常重要的意见"①。

马克思从1843年10月至1845年2月住在巴黎,这一时期在马克思的思想形成史上具有重要的地位,史称"巴黎时期"。在这期间,马克思一方面积极筹办一份激进的杂志;另一方面抓紧研究政治经济学。就前者而言,《莱茵报》被普鲁士政府查封后,马克思计划与卢格一起创办新杂志《德法年鉴》。该刊只于1844年2月底出版了一期合刊号。在《德法年鉴》上,马克思发表了两篇重要的论文:《论犹太人问题》和《〈黑格尔法哲学批判〉导言》,恩格斯发表了《英国状况。评托马斯·卡莱尔的〈过去和现在〉》、《国民经济学批判大纲》,他们不约而同地得出了共产主义的结论。在《论犹太人问题》中,马克思明确地区分了"政治解放"和"人类解放",从哲学上概述了"人类解放"的历史任务,并且对宗教的世俗基础做了进一步的探讨。在《〈黑格尔法哲学批判〉导言》中,马克思指出了负有实现"人类解放"这一使命的阶级,论证了人类解放如何通过无产阶级的阶级斗争而成为历史的必然。就后者而言,马克思也是在巴黎开始深入研究经济学,他阅读了大量著作,写下9本经济学笔记和《1844年经济学哲学手稿》。该手稿是马克思把阅读国民经济学著作的一些注释、心得和观点集中起来汇成的,他的重要目的是对经济学的一系列范畴做哲学上的批判。对此,所有后来研究者的看法都是一致的。

马克思把斯密、李嘉图代表的经济学知识按照德文的说法称为"国民经济学",他此时的知识范围是从斯密、李嘉图,经过他们的通俗解释者萨伊、穆勒、麦克库洛赫和特拉西等人,直到社会主义批评家蒲鲁

---

① 《马克思恩格斯全集》第3卷,北京:人民出版社2002年版,第483—484页。

东。法国社会主义者蒲鲁东及其观点在《手稿》中被反复提到,他的影响是不能忽视的。蒲鲁东同样对私有财产及其产生的矛盾展开了尖锐的批判,但他未能达到马克思的思想深度。在蒲鲁东看来,这些矛盾基本上是没有意义的,是对私有财产的"不可能性"的公开表示,因此蒲鲁东要求通过"工资平等"来化解矛盾。

　　国民经济学所研究的主题是财富,这个古典的形式是由斯密和李嘉图完成的。像社会主义者傅立叶和蒲鲁东一样,也像恩格斯一样,马克思也认为国民经济学不是斯密著作的标题所说的关于"国富"的科学,而是"发财致富"的科学。斯密曾懵懂地消除了私有财产的先在性,而把它归结为"外化的行为"和"积累的劳动",即以劳动者的劳动对象化过程作为自己生成和运动的根据。马克思还进一步发现,国民经济学只是触及了表面的东西:一方面,它虽然从劳动是生产的真正灵魂出发,但是没有给工人的劳动提供任何有益的东西,它揭示的不是现实中生活的人的真实性,而是异化的现实的真实性。国民经济学说劳动创造财富时,把作为谋生手段的劳动和劳动本身混同了,这是对劳动概念的歪曲,实际上国民经济学指的是异化的劳动创造财富,而不是外化劳动,国民经济学表达的是异化劳动的规律、抽象公式,既没有说明扬弃异化状态的原因,也没有能够认识扬弃异化状态的规律和动力,马克思关于私有财产起源于外化劳动的结论还是马克思逐渐理解、接受劳动价值论的理论前提。另一方面,对于私有制在支配世界中的作用,古典经济学家熟视无睹,并对它保持沉默。斯密、李嘉图及其追随者、庸俗化者所谓的普遍有效的规律不过是他们并未深入研究其本质和起源的私有财产。马克思所分析的"外化劳动"在国民经济学中是私有财产运动的结果,马克思在笔记本Ⅰ中使其颠倒的因果倒置过来。所以,马克思说,"国民经济学从私有财产的事实出发。它没有给我们说明这个事实"。马克思要继续探索的是私有财产产生的条件。从这个意义上的批判是对国民经济学根本性的批判,因为这门科学没有论证其理论基础的合理性。也可以说,国民经济学不是研究人,不关注人,而是关注财富。它研究的是物与物之间关系的真实性,从而取代了人与人的真实关系，把工人的现实处境抛在一边，把工人当作劳动的动物。马克思在《手稿》中的分析给我们清楚地展示了国民经济学的缺陷。在那里，人是微不足道的，私有财产就是一切。正是私有财产使得工人无法从事自由的、创造性的劳动，而在马克思看来，这种自由的创造性的劳动才是人的本质。马克思要使异化劳动成为生产的、自由的外化劳动，而不是从私有财产那里获得更多的报酬。这样，"异化"这个概念在《手稿》的笔记本Ⅰ中就失去了理论思考的中心地位。它不是被用来构思一种普遍的哲学或人类学图景，而是说明一定历史阶段的、具体的、现存的经济事实。异化劳动和私有财产的关系说明，工人只有通过政治形式才能从私有财产中解放出来。

卡贝、巴贝夫、施泰因、路易·勃朗、蒲鲁东、魏特林、赫斯所代表的社会主义或共产主义思想均以种种方式对法国的工人运动以及马克思产生了重大的影响。当时著名的社会主义者和共产主义者普遍认为，只要私有财产衰落，全部个人的力量和能力的总和就会同应满足的需要总和相等，而且必然实现他们之间的普遍和谐，但这都是政治意义上的有益尝试。经济学、哲学和政治之间的本质的和唯一的联系这一课题当时还没有人做，正是在这个意义上，马克思开始了改造共产主义思想的历程。在某种程度上，早期共产主义文献使马克思在多维度上整合了自己的思想，观点的形成依赖于马克思在巴黎写下的经济学笔记，而观点的表述是在《手稿》笔记本Ⅲ中首次汇集成文。

马克思指出，"共产主义是私有财产即人的自我异化的积极的扬弃，因而是通过人并且为人对人的本质的真正占有；因此，它是人向自身、向社会的（即人的）人的复归，这种复归是完全的、自觉的而且保存了以往发展的全部财富的。这种共产主义，作为完成了的自然主义，等于人道主义，而作为完成了的人道主义，等于自然主义，它是人和自然界之间、人和人之间的矛盾的真正解决，是存在和本质、对象化和自我确证、自由和必然、个体和类之间的斗争的真正解决。它是历史之谜的解答，而且知道自己就是这种解答"①。

这一段话集中了马克思对共产主义的理解。马克思尽管使用共产主义这一术语，但他在《手稿》中并没有把自己的学说称为共产主义，这也不意味着马克思否定共产主义这一概念。他是在努力界定这个概念。马克思把自己的共产主义称为"人道主义"、"自然主义"和"历史之谜的解答"，这些概念都是从费尔巴哈那里继承下来的，并且是从费尔巴哈的中心问题出发的。18世纪的唯物主义热衷于"完美的立法"，19世纪的空想理论也是如此，他们以"人的本性"为最高原则设想完美的立法，建构理想的社会制度。费尔巴哈恢复了旧唯物论的权威，并在人本主义的原则下提出共产主义是完美的自然主义和人道主义。费尔巴哈对黑格尔哲学的基础性批判就是黑格尔混淆了主语和谓语。主语只能是自然的人，上帝实际上存在于人的本性之中，理性、正义、善、爱等由上帝表达的理念是最高的人类特性。费尔巴哈称自己为共产主义者，但他没有具体的革命理论和行动计划。费尔巴哈的人本主义给马克思带来了纯粹"政治的"、"社会的"因素，以至于马克思在给费尔巴哈的信中说，《未来哲学》和《信仰的本质》这两篇文章"给社会主义者提供了哲学基础，而共产主义者也就立刻这样理解了您的著作"②。马克思本人在《手稿》中也是这样做的。只有在积极扬弃私有财产这个意义上，马克思才接受"共产主义"这一称谓。扬弃异化的革命不是政治革命而应是社会革命，是人们实际生活过程本身，这就是马克思与以往共产主义和社会主义者迥然不同的特殊立场。

至于谈到马克思转向经济学研究则不能不提及恩格斯对马克思的影响。恩格斯的《国民经济学批判大纲》1844年2月发表在《德法年鉴》第一期的双刊号上，但早在1843年11月，作为《德法年鉴》的编辑，马克思就已经看到了这篇文章，他在《手稿》的"序言"中也提到了该文，但这期间马克思关于该文的有价值的言论都没有保存下来。在写

---

① 《1844年经济学哲学手稿》（单行本），北京：人民出版社2000年版，第81页。
② 《马克思恩格斯全集》第47卷，北京：人民出版社2004年版，第73页。

完笔记本Ⅰ之后,马克思才做了该文的简短摘要。不过,恩格斯的这篇文章对马克思起了重要的推动作用,这是马克思开始研究国民经济学的直接动因之一。《1844年经济学哲学书稿》的第三个笔记本还未完成,恩格斯就于1844年8月底来到巴黎拜访马克思,两人由此开始了长达40年的一生的合作,合作的第一个成果就是《神圣家族》。

二 恩格斯的理论准备

恩格斯于1844年8月底再次见到马克思以前,独立地形成了自己的世界观,这与恩格斯的求学经历、从商经历、参政经历直接相关。在此,我们需要简要回顾恩格斯的早期思想历程,以此澄明恩格斯在写作《神圣家族》时的理论准备。

首先是恩格斯的求学经历。

恩格斯从小就有强烈的求知欲,有学习科学知识的强烈愿望,他天资聪慧,勤奋务实。恩格斯的《中学肄业证书》表明,他"在高年级学习期间操行优异,特别是他的谦虚、真诚、和善给教师们留下了良好的印象;该生不仅资质很高,而且表现出一种力求扩大自己的科学知识的值得赞许的愿望,因此取得了可喜的进步"[①]。在恩格斯的童年时代,他的家乡伍珀河谷的社会生活各个方面都广泛流行宗教虔诚主义,1839年4月,恩格斯在不来梅开始研究青年黑格尔派的著作,最早对恩格斯发生重大影响的是施特劳斯的《耶稣传》,恩格斯了解了施特劳斯宗教批判的观点,因而从宗教的疑惑中醒觉,这促使恩格斯摆脱伍珀河谷时的虔诚主义信仰。

此后不久,恩格斯开始钻研黑格尔的著作,对黑格尔哲学发生兴趣。之后,他就把研究的重点放在对虔诚主义的评价和批判上,这一点明显地表现在恩格斯发表在《知识界晨报》上的一些文章中。1839年10月,恩格斯在给格雷培的信中说,"我正处于要成为黑格尔主义者的

---

① 《马克思恩格斯全集》第2卷,北京:人民出版社2005年版,第547页。

时刻。我能否成为黑格尔主义者，当然还不知道，但施特劳斯帮助我了解了黑格尔的思想"①，于是恩格斯逐渐接近了青年黑格尔派，他转而信奉无神论而且基本赞同他们的哲学和政治观点。在黑格尔学派的解体过程中，恩格斯旗帜鲜明地拥护青年黑格尔派，反对老年黑格尔派。在他看来，黑格尔那些保守的学生们过多地损害了黑格尔的高大形象，只有少数人，也就是施特劳斯、鲍威尔、卢格等青年黑格尔派的思想家，才无愧于自己的导师。

1841年9月底，恩格斯孤身来到柏林服兵役，在一年时间里，恩格斯对哲学的兴趣与日俱增。特别要提到的是，柏林大学是德国学术活动的中心，也是争夺德国舆论统治权和政治统治权的重要阵地。这里有许多著名的教授，黑格尔哲学的后继者们分别代表着各种不同的政治和学术派别，当时的任何一所大学都没有像柏林大学那样屹立于当代的思想运动的顶峰，并且成为思想斗争的中心舞台。为了了解各种派别的学术观点，对当时的各种哲学思潮进行比较研究，年仅21岁的恩格斯以旁听生身份走进柏林大学的讲堂，聆听一些著名教授的讲课。同时，柏林是青年黑格尔派的活动中心。恩格斯到柏林后，积极参加青年黑格尔派博士俱乐部的活动，结识了著名的青年黑格尔派理论家布鲁诺·鲍威尔、弗里德里希·科本、埃德加尔·鲍威尔、爱德华·梅因、莫泽斯·赫斯、麦克斯·施蒂纳以及路德维希·布尔等人，当时这些青年黑格尔成员分别在宗教哲学、政治哲学、实践哲学等领域展开批判。恩格斯还与埃德加尔·鲍威尔合写了诗，《横遭灾祸但又奇迹般地得救的圣经，或信仰的胜利》。遗憾的是，恩格斯在柏林的时候，马克思已经离开这里，两人错过了会面的机会。实际上，恩格斯参加青年黑格尔派的活动不久，就与他们发生分歧。在柏林的时候，他积极研究哲学，大量阅读18世纪法国唯物主义者的著作。1841年，费尔巴哈的《基督教的本质》出版以后，恩格斯认真研读了这部著作，受到深刻的影响。许多年以后，恩格斯在回忆这段历史时写道："这部书的解放作用，只有亲身

---

① 《马克思恩格斯全集》第47卷，北京：人民出版社2004年版，第224页。

体验过的人才能想象得到。那时大家都很兴奋，我们一时都成为费尔巴哈派了"①。从此，恩格斯从黑格尔唯心主义转向唯物主义，同仍然坚持唯心主义的青年黑格尔派分道扬镳。

恩格斯除了致力研究哲学思想，还大量地涉猎国民经济学。目前唯一保存下来的青年恩格斯经济学研究的读书笔记是《阿·艾利生〈人口原理及其和人类幸福的关系〉一书的摘录》，德文原文刊行在 MEGA² 第Ⅳ部门第 2 卷中。但是，这个摘录的现存部分并不完整，恩格斯本人也没有标明摘录的时间。恩格斯在《国民经济学批判大纲》中首次提到艾利生的这部著作，他称艾利生是"最有才智的经济学家和统计学家"，他还转述了艾利生对马尔萨斯人口论的批判，因此 1843 年底恩格斯就已经读过艾利生的书，可能同时写了摘要。引起恩格斯兴趣的应该是艾利生这部著作中有关英国工人阶级状况的实际材料，当时最发达的资本主义国家的劳动者赤贫的原因及其解决措施。恩格斯在摘录中写道："第二章论述大城市的穷人，这一章非常重要，在利用时应尽可能再一次参照它"②。虽然恩格斯到英国以后才开始积极地研究国民经济学的成就，但这门学科对恩格斯来说并不陌生。在柏杯时，恩格斯通过冯·亨宁了解到亚当·斯密及其继承者的理论成果，还了解了哈斯基森于 1824 年至 1827 年担任英国政府大臣期间将斯密的原理作为改革实践的基础，这个情况保留在恩格斯的《一个旁听生的日记》中。③ 通过《伦敦来信》，我们知道恩格斯在 1843 年 5 月考察了"教授和实践政治家是怎么对待国民经济学这门科学的"，同时了解了斯密的"自由贸易"理论和马尔萨斯人口论的"荒谬结论"。恩格斯在《国民经济学批判大纲》中直接利用到的著作范围就很广泛，比如亚当·斯密的《国民财富的性质和原因的研究》、弗里德里希·李斯特的《政治经济学的国民体系》、大卫·李嘉图的《政治经济学和赋税原理》、汤普森的《真正的地租理论，驳李嘉图先生等》、马尔萨斯的《人口原理》等等。

---

① 《马克思恩格斯文集》第 4 卷，北京：人民出版社 2009 年版，第 275 页。
② 《马列主义研究资料》1984 年第 1 期，第 9 页。
③ 《马克思恩格斯全集》第 2 卷，北京：人民出版社 2005 年版，第 427—428 页。

实际上，自从恩格斯踏上不列颠国土之后，他在之前写作的一些论文中直接或间接提出的、而又未能及时弄清楚的许多问题都需要从国民经济学中找寻答案，因此，这对于恩格斯来说是非常重要的。

早在不来梅时期，恩格斯就通过白尔尼了解到法国的社会主义思想，在离开柏林之前，恩格斯研读了赫斯发表在《莱茵报》上的一篇充满社会主义思想的文章，即《共产主义原则的政体》。1843年，恩格斯阅读《法郎吉》、《伦敦法郎吉》和《独立评论》等傅立叶派和圣西门派的刊物，熟悉了傅立叶关于生产者协作的思想。他在曼彻斯特第一次同欧文派社会主义者接触的时候，实际上已经很熟悉他们的思想了。通过恩格斯的《伦敦来信》，我们知道他阅读了施泰因的《现代法国的社会主义和共产主义》一书，开始细致思考社会问题，并将注意力转向社会主义方面。《伦敦来信》反映了恩格斯批判地吸收和创造性地把握空想社会主义的基本理论。恩格斯不仅研究法国的社会主义，还钻研了德国的社会主义思想，在《国民经济学批判大纲》中，恩格斯直接利用了英国社会主义者的著作，如布雷的《对待劳动的不公正现象及其解决办法，或强权时代和公正时代》、汤普森的《最能促进人类幸福的财富分配原理的研究》、瓦茨的《政治经济学家的事实和臆想》、卡莱尔的《宪章运动》、威德的《中等阶级和工人阶级的历史》、尤尔的《工厂哲学：或论大不列颠工厂制度的科学、道德和商业的经济》，他还指出要"部分地参看傅立叶的著作"①，即《关于四种运动和普遍命运的理论》与《经济的和协作的新世界》。但是，传统共产主义者或社会主义者的主要缺点是对历史、国民经济学和实践的无知，而国民经济学又把私有制看作是天然合理的、无需反思的前提，它无法回答和澄清私有制的起源问题。在当时，能够有机联结共产主义、社会主义与国民经济学这两大领域的理论成果并提供研究思路和方法的就是德国的哲学。

从恩格斯的求学经历中可以看出，他是名副其实的"自学成才"，他独立突破了青年黑格尔派在理论上的主导方向，走进了当时德国研究

---

① 《马克思恩格斯全集》第3卷，北京：人民出版社2002年版，第462页。

十分薄弱的全新研究领域。而青年黑格尔派的其他成员和一些共产主义者对这个领域的认知要么是一片混乱，要么对此一无所知。

其次，我们将在此简单地提及恩格斯的经商经历。

恩格斯中学没有毕业就迫于父命辍学经商，1838 年 7 月至 1841 年 3 月，恩格斯在不来梅的一家商行当实习生。商行实习生的工作十分枯燥。恩格斯每天必做的例行公事是抄写商务信函和票据，分送和支付账单，收发信件，捆扎包裹，等等。实际上，他对经商毫无兴趣，有时抱怨工作太多、太烦。然而，在不来梅这个国际性的港口城市里，恩格斯能够接触到各色各样的人物，大到政要，小到贫民，他基本熟悉了资本主义商业的详情细节，基本了解了商业运作的模式和规律，了解了资本家赚钱的方法，以及社会生活各方面的复杂情况。恩格斯十分用心地观察社会，从生动鲜活的现实生活中吸取丰富的思想营养。最使恩格斯欣喜异常的是，不来梅随处都可找到来自英国、法国、荷兰、西班牙、意大利等国的报刊，读到各种文学的、哲学的、政治的书籍。他求知欲望非常旺盛，近乎贪婪地研读弄到手的一切著作，弥补未能完成学校教育的损失。

恩格斯到曼彻斯特后，唯一使他感兴趣的是"走进英国生活的深处"，了解这个资本主义典型国家的真情实况，认识现状，展望未来。曼彻斯特为恩格斯提供了仔细观察英国各阶层生活的有利条件。作为英国第二大工业城市，这里是英国工业及其所造成的严重恶果的典型，也是最坚强的工会的所在地，是宪章运动的中心，是社会主义者最多的地方。这期间，恩格斯除了例行公事地到办事处上班外，把自己的空闲时间几乎都用来和普通的工人交往。他走遍工人住宅区肮脏而弯曲的胡同和小巷，深入工人栖身的恶劣而潮湿的小屋，观察他们的日常生活，了解他们的痛苦和快乐，研究他们的要求和希望。恩格斯为《莱茵报》撰写的《英国对国内危机的看法》、《国内危机》、《各个政党的立场》、《英国工人阶级状况》和《谷物法》等文章反映了他考察英国社会状况后所取得的理论成果。资料显示，几乎恩格斯刚到曼彻斯特就着手调查和写作。经过深入的调查，恩格斯获得了大量揭露资本主义工厂制度罪恶的实际材料。恩格斯在调查中发现,产业革命使英国整个经济生活和各种社会关系发生了根本性的变化。随着机器大工业迅速发展起来的生产力所创造的社会财富,本应属于所有人,特别是付出大量辛劳的工人。但由于私有制的原因,却为少数的资本家和工厂主独占,这些财富还进一步成为奴役工人的工具,导致贫富分化不断加剧。

恩格斯在曼彻斯特生活期间,正值英国宪章运动高涨时期[①],他敏锐地认识到,宪章主义是工人反抗资产阶级的集中表现。恩格斯认为,欧洲三个文明大国——英、法、德的发展,都已得出这样的结论:在集体所有制基础上改变社会结构的革命已经急不可待,不可避免。各国社会主义者迫切需要互相了解,互相支持。为此,恩格斯同英国欧文派社会主义建立了联系,并且坚定地认为,改变英国现状的出路只有"革命",一贫如洗的无产阶级将担负起革命的重任,他们既是产业革命的产物,又是产业革命的受害者,反对资本家的共同要求使他们逐渐形成一股巨大的力量,而且革命的时代已经到来。

最后是恩格斯的政论经历。

在目前所掌握的文献中,恩格斯第一篇政论文《伍珀河谷来信》于1839年3月刊载在青年德意志的机关报《德意志电讯》上。该文通过大量实际材料,揭露了资本主义制度的剥削罪恶和虔诚主义的伪善面目。在《伍珀河谷来信》中,恩格斯敏锐地将批判的矛头指向巴门的社会关系,他在这篇轰动巴门和爱北斐特的文章中写道,"下层等级,特别是伍珀河谷的工厂工人,普遍处于可怕的贫困境地",究其原因,是工厂主"把工厂搞得这样乌七八糟"[②]。《伍珀河谷来信》在巴门和爱北斐特引起轰动,刊载这篇论文的《德意志电讯》很快被抢购一空。

[①] 1838年5月,伦敦工人协会公布争取普选权的六项要求,即凡年满21岁的成年男子都有普选权;议会每年改选一次;当选议员支给薪俸;实行秘密投票;平均分配选举区域和代表;废除议员候选人的财产资格限制。1840年成立宪章派全国协会。从1838—1842年,宪章运动达到顶点,几十万人参加宪章运动的集会。生活在宪章运动中心的恩格斯,积极参加宪章派的活动,与宪章派机关报《北极星报》建立联系,同宪章派领导人哈尼、李奇等人密切交往。——编者注

[②] 《马克思恩格斯全集》第2卷,北京:人民出版社2005年版,第44页。

《现代文学生活》上的一组文章能够证明，恩格斯在1840年春意识到"青年德意志"的局限性，并反思了自己与"青年德意志"的思想关系，同年底，恩格斯已经开始从革命民主主义的立场看待德国的前途和命运。在《卡尔·倍克》、《普拉滕》、《伊默曼的〈回忆录〉》等文学评论文章中，恩格斯大胆地评论了作家及其作品的政治倾向，为争取自由、反对专制制度而斗争。在《恩斯特·莫里茨·阿伦特》中，恩格斯对国家四分五裂的现状很不满，他针对封建君主滥施暴政明确指出，只有通过法律的形式，才能限制君主的权力，因此必须首先废除一切等级，这也是当时革命民主主义者的共同心声，是德国民主改革的纲领。恩格斯以白尔尼为榜样，用笔杆作武器，向封建专制制度发起了攻击。

　　在当时，谢林是为专制辩护的先锋，他在柏林大学讲授《启示哲学》后不到一个月，恩格斯就在《每日电讯》上发表了第一篇批判文章《谢林论黑格尔》；1842年春天，他又分别在莱比锡和柏林出版两本专著：《谢林和启示——批判反动派扼杀自由哲学的最新企图》、《谢林——基督哲学家，或世俗智慧变为上帝智慧》。实际上，批判谢林，反击谢林对黑格尔污蔑，就是间接地反对封建专制制度，反对普鲁士王朝。恩格斯批判谢林的论著立即在社会上引起很大的轰动。当然，恩格斯批判谢林时，是以黑格尔哲学信徒的身份出现的。从1842年春天起，恩格斯积极参与反对德国制度的政治斗争，他同"青年德意志"彻底决裂，脱离了"自由人"组织，开始为《莱茵报》撰稿，并通过一些报刊和著作密切注视欧洲各国社会主义和共产主义思想的发展。1842年10月，恩格斯在科隆拜访了赫斯，给赫斯留下了"勤奋的共产主义者"[①]的印象。作为一个坚定的革命民主主义者，恩格斯与青年黑格尔派的分歧也越来越明显。在1842年10月，恩格斯写下《普鲁士国王弗里德里希·威廉四世》一文，他在文中指出，普鲁士的官僚国家、监督

---

① 转引自〔苏〕列·伊利切夫等：《弗里德里希·恩格斯》，北京：人民出版社1984年版，第30页。

制度和国家机器,看起来很强大,其实都没有根基,更不稳固,普鲁士人民反对贵族特权,但贵族特权却得到国王的保护;人民痛恨教会,要求政教分离,但国王却顽强地力图按照《圣经》的道德戒条制定国家法律;人民要求出版自由和代议制,国王却是长期压制。毫无疑问,革命的风暴将推倒封建王朝。在此,恩格斯明确地揭示了反对封建专制制度的必然性。这篇文章刚劲有力且击中要害,已经胜过青年黑格尔派的那些空洞议论。

从不来梅到柏林,从文学到哲学再到现实政治,恩格斯始终关注工人阶级的生活境况。恩格斯在《〈刑法报〉的停刊》一文中首次分析英国的情况。《伦敦来信》证明,恩格斯维护工人阶级利益,拥护实现这种利益的政治活动。由于恩格斯处于"反谷物法"运动的中心,他很快就会发现并理解,现实社会中阶级冲突的基础不是思辨的精神原则,而是物质的和经济的根源。于是,恩格斯在1842年12月为《莱茵报》写的文章就已经开始阐述英国社会各阶级的物质利益和物质冲突。这已经同他从前所持的见解大不相同了。恩格斯指出,"革命将不是政治革命,而是社会革命"①。为了让英国社会主义者了解大陆社会主义学说和运动的情况,他特意为欧文派机关报《新道德世界》撰写了《大陆上社会改革运动的进展》一文,详尽地介绍法国的圣西门主义、傅立叶主义、巴贝夫共产主义、卡贝的伊加利亚共产主义、勒鲁、乔治·桑、拉梅耐、蒲鲁东等人的学说,德国和瑞士流行的魏特林共产主义等,对各种空想理论的成就和缺陷,做了中肯的评论。值得注意的是,在这篇文章中,恩格斯第一次提到马克思等人。从1842年秋天开始,恩格斯已经认识到只实行政治变革是不够的,必须实行以废除私有制,建立集体所有制为基础的社会革命,开始从革命民主主义转向共产主义。另外,恩格斯在1843年初与宪章派和英国空想社会主义者取得了私人联系,恩格斯与"正义者同盟"的领导人卡尔·沙佩尔、亨利希·鲍威尔、约瑟夫·莫尔等也有许多亲密接触,恩格斯回忆说,"1843年我在

---

① 《马克思恩格斯全集》第3卷,北京:人民出版社2002年版,第412页。

伦敦认识了他们三人,这是我遇到的第一批革命无产者",我"永远也不会忘记这三个真正的男子汉在我自己还刚刚想要成为一个男子汉的时候所留给我的令人敬佩的印象"①。

总之,恩格斯的求学、经商和政论经历使他有条件将当时无产阶级的现实状况与国民经济学、社会主义思想,尤其是青年黑格尔派的哲学整合起来,从而开启全新的学术探索。恩格斯在1885年回忆说,

> "我在曼彻斯特时异常清晰地观察到,迄今为止在历史著作中根本不起作用或者只起极小作用的经济事实,至少在现代世界中是一个决定性的历史力量;这些经济事实形成了产生现代阶级对立的基础;这些阶级对立,在它们因大工业而得到充分发展的国家里,因而特别是在英国,又是政党形成的基础,党派斗争的基础,因而也是全部政治史的基础。马克思不仅得出同样的看法,并且在《德法年鉴》(1844年)里已经把这些看法概括成如下的意思:决不是国家制约和决定市民社会,而是市民社会制约和决定国家,因而应该从经济关系及其发展中来解释政治及其历史,而不是相反。当我1844年夏天在巴黎拜访马克思时,我们在一切理论领域中都显出意见完全一致,从此就开始了我们共同的工作。1845年春天当我们在布鲁塞尔再次会见时,马克思已经从上述基本原理出发大致完成了阐发他的唯物主义历史理论的工作,于是我们就着手在各个极为不同的方面详细制定这种新形成的世界观了"②。

---

① 《马克思恩格斯文集》第4卷,北京:人民出版社2009年版,第228页。
② 同上书,第232页。

第三章 《神圣家族》的出版和传播

马克思和恩格斯合写的《神圣家族》一书是于1845年2月公开发表的著作,也是马克思和恩格斯生前发表的重要著作之一。但是,《神圣家族》的传播远不如《共产党宣言》广泛以及具有持续的影响力,其原因或许是《神圣家族》的内容过于专业,抑或是工人运动和社会主义革命的形势发展迅猛,《神圣家族》的内容不能适应新的形势。本章将叙述《神圣家族》成书与出版的经过,供读者进一步研究时参考。

一 《神圣家族》的写作契机与成书经过

在马克思执笔的《神圣家族》的"序言"中,他写道:"我们的阐述主要涉及布鲁诺·鲍威尔的《文学总汇报》(我们手边有该杂志的前八期),因为在该报中鲍威尔的批判,从而整个德国思辨的胡说达到了顶点。批判的批判(即《文学报》的批判)越是把哲学对现实的颠倒变成最明显的滑稽剧,那就越有教益"①。《文学总汇报》第8期上发表了鲍威尔执笔的一篇匿名文章,题为"1842年"。鲍威尔在文中斥责《莱茵报》的自由主义和激进倾向,特别是隐晦地指责马克思的办报宗旨。鲍威尔的这篇文章就成为马克思和恩格斯写作《神圣家族》的直接动因。《文学总汇报》中的如下文章引起了马克思的注意:

卡·赖哈特:《关于赤贫化的论文》,《文学总汇报》第1、2期(1843年12月和1844年1月)。

---

① 《马克思恩格斯文集》第1卷,北京:人民出版社2009年版,第253页。

茹·法赫尔:《英国的迫切问题》,《文学总汇报》第 7、8 期(1844 年 6 月和 7 月)。

荣格尼茨:《瑙威尔克先生和哲学系》,《文学总汇报》第 6 期(1844 年 5 月)。

埃德加·鲍威尔:《评弗洛拉·特莉斯坦的〈工人联合会〉》,《文学总汇报》第 5 期(1844 年 4 月)。

埃德加·鲍威尔:《蒲鲁东》,《文学总汇报》第 5 期(1844 年 4 月)。

施里加:《评欧仁·苏的〈巴黎的秘密〉》,《文学总汇报》第 7 期(1844 年 6 月)。

布鲁诺·鲍威尔:《犹太人问题的最新论文》,《文学总汇报》第 1、4 期(1843 年 12 月和 1844 年 3 月)。

布鲁诺·鲍威尔:《评辛利克斯讲义第 2 卷》,《文学总汇报》第 5 期(1844 年 4 月)。

布鲁诺·鲍威尔:《目前什么是批判的对象?》,《文学总汇报》第 8 期(1844 年 7 月)。

希采尔:《苏黎世的通讯》,《文学总汇报》第 5 期(1844 年 4 月)。

可以说,马克思的大学时代受鲍威尔思想的影响很大,两人一度合作撰写批判黑格尔宗教哲学的大部头著作,甚至马克思在担任《莱茵报》编辑时,还常常去拜访当时住在波恩的布鲁诺·鲍威尔。但是,马克思和鲍威尔的合作关系似乎在 1842 年达到了顶点。从 1843 年开始,以马克思写作和出版《论犹太人问题》为标志,马克思和鲍威尔的关系不断恶化,直至完全破裂。马克思打算对鲍威尔的《文学总汇报》进行批判的计划不晚于 1844 年 6 月,这时,距离恩格斯来到巴黎与马克思会面的时间还要早两个月。当时,赫斯应该知道马克思批判《文学总汇报》的计划,赫斯在 1844 年 7 月 3 日曾给马克思写过一封信,信中劝说马克思不要写作反对鲍威尔的文章。赫斯认为,鲍威尔已经是过时的哲学家，他也不再能产生社会影响，而且，马克思在《德法年鉴》上发表的《论犹太人问题》一文已经澄清了基本的理论问题。与此同时，《莱茵报》的主要创刊人之一，格奥尔格·荣克则持相反的看法，他希望马克思本人能将对鲍威尔的有关评论改写为一篇短文，并寻机在报纸上发表，他还随信给马克思寄去了《文学总汇报》的第5、6、7期。有证据显示，大约一个月之后，赫斯改变了主意，他转而支持马克思批判鲍威尔。荣克在后来的信中提到，如果马克思没有时间，赫斯和他想把马克思的信改写为一篇文章，仍以马克思的名义发表。赫斯也想在《新轶文集》上发表一篇批判鲍威尔的文章，以壮声势。这样，卡尔·格律恩以出版人的身份开始筹备这本文集，其中应该包括赫斯批判鲍威尔的文章，然而，这篇文章最终未能出现在《新轶文集》中，对此，该文集的"说明"中也有交代，因为赫斯和格律恩想要等"某一本不久即将出版的著作"问世以后再说。这里的"某一本著作"指的就是《神圣家族》。可实际上，《新轶文集》在1845年的夏初才问世，《神圣家族》却在1845年2月就出版了，竟然比"不久即将出版"的预告要早出至少3个月。那么，编者为何不修改《新轶文集》的"说明"就成为一个谜团。

很显然，赫斯和荣克的想法直接影响了马克思，这一点可以在马克思1844年8月11日给费尔巴哈的信中得到证明。马克思在信中说，希望费尔巴哈阅读这份报纸，那里有不少文章是在同费尔巴哈进行无声的论战，含沙射影地指责费尔巴哈的观点。马克思将《文学总汇报》的特征归结为："把'批判'变成某种超验的存在物"①，因此，鲍威尔的《文学总汇报》总是用轻蔑的语调对待"群众"，贬低"群众"，从而表现出唯灵论的倾向，这也恰恰是费尔巴哈所极力反对的。随后，马克思在这封信中重申了批判鲍威尔的计划，他明确说，"我将出一本小册子来反对批判的这种谬误。对我来说，最宝贵的是您能事先把您的意见告

---

① 《马克思恩格斯文集》第10卷，北京：人民出版社2009年版，第15页。

诉我，总之，如能早日得到您的回音，我将感到荣幸"①。

马克思写完这封信的半个月之后，恩格斯来到巴黎。马克思此时向恩格斯提出共同批判鲍威尔的建议，恩格斯欣然接受。恩格斯之前的著述中已经明显地显露出对贵族行为的拒斥，同样反对鲍威尔对群众的无理攻击，他们的无产阶级立场在酝酿写作《神圣家族》的开始就达成了高度一致。

马克思在担任《莱茵报》主编期间批判过柏林"自由人小组"，并拒绝刊登他们的稿件，这引起了鲍威尔的极大不满，1843年底，鲍威尔同弟弟埃德加尔·鲍威尔等人，利用《文学总汇报》发动反击，虽未直接点名批判马克思，但是，批判了马克思和恩格斯在《德法年鉴》中所采取的共同立场，所以，他们决定共同对此做出回答。事实上，鲍威尔一伙人的立场，即纯粹批判或批判的批判的立场，在当时德国的哲学界并未得到认同，赫斯、科本和施蒂纳都曾表述过不满，这样，《文学总汇报》没有引起太大的反响便自消自灭了。因此，可以说马克思和恩格斯已经没有多大必要对鲍威尔一伙加以反击了。尽管如此，两人还是完成了这部著作，更为重要的是：马克思和恩格斯感到有必要清算一下残留在自己头脑中的青年黑格尔派以及黑格尔的思维方法的影响。当然，这种清算一直持续到《德意志意识形态》中。

恩格斯在巴黎逗留期间，把自己的批判鲍威尔的想法简单地拟定了一个提纲。后来，马克思把不满一个半印张的原稿扩充成二十个印张以上，那么，既然《文学总汇报》没有引起太大的反响，反而自消自灭了，作为对它的批判，《神圣家族》如果过于详细，反而显得冗长。日本学者城塚登提出，"也许扩大到如此规模是为了免受检查，因为当时德国出版法规定，出版二十个印张以上的书刊可以免检"②。

---

① 《马克思恩格斯文集》第10卷，北京：人民出版社2009年版，第16页。
② 〔日〕城塚登：《青年马克思的思想——社会主义思想的创立》，尚晶晶、李成鼎等译，北京：求实出版社1988年版，第101页。

此后，由于普鲁士当局实行迫害、威胁和镇压的政策，青年黑格尔派开始分裂。鲍威尔本人被波恩大学解雇，致使马克思赴波恩大学任教的愿望化为泡影。普鲁士政府对包括《莱茵报》在内的德国进步报纸实行严厉粗暴的检查制度，从而使德国各个激进团体不可能提出抗议和变革的实际要求，包括政府的实行民主化改革，实行宗教和国家分离，废除特权等等。在这种情况下，激进革命的要求如何表述，应当遵循什么原则来变革德国落后的现实就成为当时争论的主要问题。所以，鲍威尔的"批判"就失去了现实意义。马克思、恩格斯通过社会主义思潮找到了实现社会政治目标的更为激进的策略，也就是"革命"，这就是马克思和恩格斯反对鲍威尔在意识形态领域展开批判运动的哲学基础。

二 《神圣家族》国外主要版本和传播情况

1844年11月马克思完成《神圣家族》后为这部批判性的著作四处寻找出版商。由于马克思在《莱茵报》时期的政治态度和报刊所宣传的不妥协的革命民主主义的观点，马克思被普鲁士政府视为最危险的革命者之一。根据保存在波茨坦国家档案馆的普鲁士内务大臣冯·阿尔明1844年4月16日于柏林签发的训令，马克思甚至在1844年4月发展到了要被逮捕的境地，由于1844年6月29日的《曼海姆晚报》和1844年7月6日《文学总汇报》等其他报刊披露了这一事实才使马克思逃过了一劫，但这就造成了马克思的著作在出版商那里被视作反动的读物，对于出版他的著作存有很多顾虑，这其中也包括了《神圣家族》一书。

马克思有可能首先向苏黎世和温特图尔书刊出版社的尤利乌斯·弗吕贝尔寻求出版的帮助，但是这家出版社的股东之一是不久前马克思与之决裂的卢格，这阻碍了《神圣家族》这部著作的出版可能。卢格本人直接干涉了这部著作的出版，他在1844年11月的一封信中要求弗吕贝尔不要出版马克思的这部著作。之后在同一年11月的下半月，马克思把《神圣家族》的手稿寄给了出版人约·吕滕——美因河畔法兰克福出版公司的出版人,这个出版公司是由勒文塔尔①于 1844 年秋成立的,是一家刚刚成立不久的新的出版公司,吕滕在 12 月 3 日证实收到了马克思的两封有关出版的信件并回复马克思,已经按照他本人的意愿对这部著作的有关地方进行了修改,并准备把新的序言添加进原书中,这样就能推断出没有署名的序言是马克思而不是恩格斯写的。1844年 12 月 27 日勒文塔尔在致马克思的信中谈到了他听到的一些有关他反对鲍威尔著作的传闻,并且表达了不能判定《神圣家族》这部著作和马克思委托他出版的著作(原来的名称是《对批判的批判》)是否是一部著作②,如果不是一部著作的话并建议到能否用"神圣家族"这个标题来命名在他那里出版的著作,因为这个标题似乎能引起更大的轰动,不久这个误解就被澄清了,两本书是同一本书,勒文塔尔的建议在事实上被选中了,因此,马克思希望能对这部著作进行修改,原定在 1845年 1 月底出版的计划被推迟了。

1845 年 1 月《神圣家族》的手稿还保存在美因河畔法兰克福出版社的施特伦和施奈德尔的手中,在 1 月 25 日致马克思的信中勒文塔尔说,正在考虑马克思希望再次修改著作的愿望,样书可能在 2 月出来,建议马克思在扉页上把他在《莱茵报》和《德法年鉴》任职时的编辑头衔加在名字的前面,这样的方式能够促进《神圣家族》的销量提升,而现在发行的《神圣家族》的扉页上并没有遵从这一建议,更为遗憾的是,马克思对勒文塔尔的复信至今没有被发现,因此,不能知道马克思为什么放弃这一建议的真实想法。

1845 年 2 月 2 日起马克思移居布鲁塞尔,在布鲁塞尔时期马克思继续保持和勒文塔尔的通信。直到 1845 年 2 月 24 日或 24 日前不久的时

---

① 查哈里亚斯·勒文塔尔博士 1810 年 8 月 4 日生于曼海姆,1844 年 3 月 4 日死于耶拿(这个材料是柏林 A. 弗罗姆霍尔德先生提供的)。1857 年后勒文塔尔改名卡尔·弗里德里希·勒宁,1859 年是一家出版社的老板之一。该出版社后来叫"滕和宁出版公司",至今犹存。——编者注

② 《神圣家族》在未出版之前就已经为公众所知道,比如,1844 年 12 月汉堡《季节报》就报道过有关这部著作的一则简讯。

期,《神圣家族》正式出版,通过勒文塔尔的一封信中可以知道,在出版的当天他就把这部书寄给了艾布纳尔,告诉他这部书"刚刚印好"。海尔曼·艾布纳尔的身份是奥地利政府的秘密情报机构的密探,从《神圣家族》的手稿到美因河畔的法兰克福出版社之后,他就一直注视着马克思《神圣家族》出版事宜的一举一动:1844年12月9日他把《神圣家族》一书要出版的情况汇报给了情报机构;1845年2月17日将马克思与勒文塔尔频繁通信商讨出版事宜的事实也上报给了情报机关的头目;而更为可耻的是,他把勒文塔尔告知马克思著作已经印好准备发表信件的抄件上报给了秘密情报机构,所以,《神圣家族》的出版一直处于政府的监视之下,置于岌岌可危之中。

恩格斯从1844年10月初就开始打听这部著作的出版情况[1],直到11月19日再一次提到这部著作[2]之后,在相当长的一段时期内他都没有再追问这本书的情况,1845年1月20日,恩格斯致信马克思说,关于《批判的批判》他不想再等了,并在信中也表达了关于这本书的情况也没有听到什么传言。但是,恩格斯可能通过其他的途径知道书的一些情况,他在信中写道:"你把《批判的批判》扩充到20个印张,这的确使我大吃一惊。"[3] 1845年3月17日不久前收到马克思寄给他的《神圣家族》,他对这部著作的态度是"喜忧参半"的,一方面认为马克思关于犹太人问题和唯物史观的历史论述会对这部著作产生很大的影响,但另一方面他也担心这本书的绝大部分不会引起一般读者的兴趣。因此,恩格斯在《神圣家族》的出版阶段不可能明白马克思扩大原书篇幅的想法,对于这本书在修改后的性质也不能完全清楚,也不能知道马克思与出版商勒文塔尔之间的有关修改和编辑著作的通信的情况。因此,在《神圣家族》的出版阶段中对于著作的加工和定型,马克思起到了主导的作用。

---

[1] 《马克思恩格斯文集》第10卷,北京:人民出版社2009年版,第18页。
[2] 同上书,第27页。
[3] 同上书,第29页。

第一部分　历史考证

《神圣家族》出版之后就成为了十分畅销的著作，这从1845年10月的一篇报道中可以得知，这部著作在当时就引起了极大的反响，在一定的意义上成为了马克思和恩格斯思想标志性的著作。《神圣家族》使得马克思和恩格斯的名字第一次列入了一些文献类著作之中，比如，在1846年由罗泰尔和韦尔凯尔编纂的《政治学辞典》中提到了这部著作；在1853年由迈耶尔编辑的《百科辞典》中，把《神圣家族》作为马克思和恩格斯的代表性著作，将他们看作是费尔巴哈唯物主义的代言人。不仅如此，在一些历史类著作中也给了《神圣家族》一席之地，1861年发表的《19世纪上半叶德国民族文学》第2卷这部有关文学史的著作中，民族保守派的自由派作家和文学史家得道夫·哥特沙尔除了提到马克思的《莱茵报》的政治时评和《德法年鉴》的两篇文章以及恩格斯的《英国工人阶级状况》外，还将《神圣家族》看成是马克思和恩格斯批判鲍威尔片面观点的批判性著作，给予了高度评价，纳入了文学史的考察之中，使之成为了经典的文学作品。

李卜克内西评价《神圣家族》为马克思和恩格斯"合作的第一篇宣言"，并于1874年根据实际情况的需要，希望恩格斯能再版《神圣家族》一书。但是这个再版计划由于一些原因而没有实现。

在恩格斯晚年时期，由于马克思主义的广泛传播，研究者对于阅读马克思和恩格斯早期的思想性著作的渴望越来越强烈，但是由于《神圣家族》在1845年出版后并未再版，所以对当时的研究者而言，这部著作成为难得一见的马克思主义著作。

1883年恩格斯在致海尔曼·施留特尔信中提到，他开始整理自己的藏书，可能还能找到一本《神圣家族》，如果找到的话就将他交给德国社会民主党档案馆，这足以表示这部著作的数量的奇缺程度。

1893年2月4日俄国社会主义者弗·雅·施穆伊洛夫在给恩格斯的信中说，应彼得堡巴甫连柯夫的要求准备撰写有关马克思的详细传记，这个传记计划六到八个印张，收入巴甫连柯夫出版的《名人传记丛书》之中，而为了完成马克思传记的创作，施穆伊洛夫希望恩格斯给予帮助，主要涉及三个方面：（1）传记本身的工作；（2）马克思的实际的活动情况，特别是1847—1849年和国际工人协会时期的经历；（3）马克思主义的起源。他还请求恩格斯给他寄去《神圣家族》，如不可能，则把主要内容告诉他，或者摘出书中要点寄给他。对于寄去《神圣家族》的请求，恩格斯回绝了，他说道："关于第三点。《神圣家族》您反正是会弄到的；我自己的这一本在任何情况下也不会丢开的，而叙述书的内容是一件力所不及的工作，摘出要点，也是办不到的。您应该了解全书。在柏林大概可以找到这本书。"① 1893年8月11日，瑞士社会民主党人海·布洛歇尔打算写一部关于布·鲍威尔的著作，希望恩格斯能提供相应的参考资料，恩格斯在10月3日的复信中主要提到的就是《神圣家族》一书，对于这部在当时来说稀少的著作，恩格斯告诉布洛歇尔"在柏林有几本《神圣家族》；在瑞士，苏黎世大学的副教授康拉德·施米特博士先生（希尔斯兰登区克路斯—赫吉巴赫街）也许可以帮您弄到一本。"② 1893年12月30日，恩格斯在给弗里德里希·阿道夫·左尔格的信中谈到，罗马的拉布里奥拉教授希望收集到有关马克思的一切书籍进行马克思思想史的研究，可是《神圣家族》这部著作怎么也弄不到，而他手头只有一本，"如果这一本丢失，那末我今后就完全不可能在预计要出的《全集》里准备出新版了。因此这一本无论出什么代价我都不能放手"③。因此他希望把几年前给左尔格的备用本借出五到六个星期给拉布里奥拉使用，在此之后，左尔格似乎是答应了恩格斯的请求，在1894年恩格斯致他的信中谈到，"《神圣家族》已顺利地到了罗马，3月中将回到我这里，那时我立即转寄给你。"④恩格斯也践行了自己的承诺，在1894年3月21日将备用本的《神圣家族》归还了左尔格。⑤ 并于1894年5月12日之前回到左尔格的手中。1895年经恩格斯同意，在《新时代》上发表了《神圣家族》一书的摘要。这个

---

① 《马克思恩格斯全集》第39卷，北京：人民出版社1974年版，第24页。
② 同上书，第126页。
③ 同上书，第184页。
④ 同上书，第206页。
⑤ 参见同上书，第215页。

第一部分 历史考证

摘要主要是摘自关于法国革命和法国唯物主义的那些重要段落。这本书还多次被引用并被摘要转载。

1902 年，梅林在德国编辑出版了世界上第一部马克思恩格斯选集，即《马克思恩格斯遗著集》，但其中并未收录《神圣家族》。《神圣家族》的传播受到了发行量的极大限制，在很长的一段时间内人们只知其名而未见其实，直到 1932 年在莫斯科马克思恩格斯研究院主编的《马克思恩格斯全集》原文第一版第 3 卷（MEGA[1] 第 1 部分第 3 卷）上才重新发表了《神圣家族》。1955 年苏联开始编辑出版俄文第二版《马克思恩格斯全集》，其中第 2 卷收录了《神圣家族》，而俄文第二版《马克思恩格斯全集》在世界马克思主义传播史上具有重要的影响，世界上很多国家都是依据这一版本的《马克思恩格斯全集》作为本民族语言全集翻译的底本的。如 50 卷英文版《马克思恩格斯全集》；日本出完 39 卷版以后，依据俄文第二版出版了日文版全集的补卷；中文第一版《马克思恩格斯全集》根据俄文第二版全集并参考德文版全集翻译出版的；欧洲几乎所有的社会主义国家都是依据俄文 39 卷全集的基础上出版本国的《马克思恩格斯全集》，在当时编辑者看来，《神圣家族》是利用了《1844 年经济学哲学手稿》和《克罗茨纳赫笔记》中的法国革命史研究的成果而创作的，这样就使读者把《神圣家族》纳入马克思思想转折期的阶段中去考察，而这种看法几乎被以此为翻译底本的其他《马克思恩格斯全集》接受了下来。

以英语世界为例，《共产党宣言》、《资本论》第一卷等重要著述在恩格斯逝世前就已经有了英文译本，到 20 世纪 20 年代时，马克思和恩格斯的许多著作都陆续译成英文，大约 20 部著作在英美出版发行。1924 年，美国共产党在纽约建立了国际出版社，并同苏联的"马克思恩格斯研究院"建立了紧密的联系，开始有计划地出版马克思恩格斯著作和其他社会主义著作。直到 1926 年，《马克思论文选》在纽约和伦敦两地出版，这是英语世界第一次编辑马克思和恩格斯的著作选集。该版本摘编了《黑格尔法哲学批判》和《论犹太人问题》等早期著作 7 篇，未收录《神圣家族》。同年在纽约出版的《马克思基本著作》只包括

《共产党宣言》、《雇佣劳动与资本》、《工资、价格和利润》等3篇和恩格斯的序言。1932年美国共产党人麦•伊斯特曼编辑了一种选编本，题为《资本论•共产党宣言及卡尔•马克思的其他著作》，其中摘编了《德意志意识形态》、《哲学的贫困》、《政治经济学批判》、《法兰西内战》和《哥达纲领批判》等，也未能收录《神圣家族》。此后还出现了1935年阿多拉茨基编辑的《马克思选集》和1949年在莫斯科出版的两卷本《马克思恩格斯选集》，仍未能收录《神圣家族》。直到1956年，《神圣家族》的完整英文译本才首次刊行。从1975年开始，在苏共中央马列主义研究院的统筹下，莫斯科进步出版社与英国共产党、美国共产党的两家出版社合作出版50卷英文版《马克思恩格斯全集》，截至2005年已经全部出齐，成为目前英语世界最大规模，并且最为权威的版本，该版本目前可以通过网页浏览①，该版《马克思恩格斯全集》第4卷收录了《神圣家族》，于1975年在莫斯科印刷出版。

在英语世界中，除了权威的《马克思恩格斯全集》之外，也有学者编选了《神圣家族》中的部分内容，并提供了各自的英译本。博托莫尔和吕贝尔在《马克思社会学与社会哲学文选》②中编选了《神圣家族》中的诸多片段，并由博托莫尔本人译为英文。罗伯特•塔克在《马克思恩格斯读本》③中编选了《神圣家族》第四章第4节的片段，英译文也是由编者本人提供的。

---

① https://www.marxists.org/archive/marx/works/cw/index.htm.

② *Karl Marx Selected Writings in Sociology and Social Philosophy*, Edited with an Introduction and Notes by T. B. Bottomore and Maximilien Rubel, C.A. Watts and Co. Ltd, 1961.Texts translated by T.B.Bottomore.

③ *The Marx-Engels Reader*, Edited by Robert C.Tucker, by W. W. Norton & Company, Inc. 1978.

第一部分　历史考证

图为罗伯特·塔克（左）和博托莫尔的英文节译本

总之，《神圣家族》的出版可以说是命运多舛，在出版之后的传播过程中也几乎陷入了湮没的命运，但是伴随着 MEGA 事业的发展，这部著作的真实面貌呈现在了马克思主义研究者的面前，成为了研究马克思早期思想发展过程中不能忽视的一个经典文本。

三　《神圣家族》国内主要版本和传播情况

《神圣家族》是较早的被翻译成中文的为数不多的马克思主义著作之一，对于马克思主义在中国的传播起到了重要的作用，成为了经典的中译本马克思主义著作之一。但由于宣传的需要，译者只是把有利于革命需要的部分章节译介过来，因此，在很长的一段时间内我国理论界都没能看到这部著作的全貌，虽然如此，《神圣家族》在马克思主义传播史中的意义是巨大的。

中文版《神圣家族》的部分章节最早刊登于 1929 年 12 月出版的《费尔巴哈论》一书的附录中，译者署名彭嘉生，这里节译了《神圣家族》第六章第 3 节（d）"对法国唯物主义的批判的战斗"，篇名为"法兰西唯物论史"。1930 年出版的《马克思恩格斯关于唯物论的断片》一书中同样节选了"对法国唯物主义的批判的战斗"部分，篇名改译为"法国唯物论史"，译者署名向省吾，该版增加了 3 条注释。

国内《神圣家族》的第 3 个节译本刊载于上海社会科学研究会 1930 年 2 月出版的《马克斯论文选译》第一集之中，由早期无产阶级革命家和马克思主义者李一氓翻译。中译本《马克斯论文选译》是根据这部著作的英文版翻译而成，英文版是以俄文编定本为翻译的底本的，由美国共产党办的国际书店出版。这部著作以列宁的《卡尔·马克思》一文为代序（原书标题为"马克思主义引论"），并且选取了马克思所创作的 9 篇文章，其中除了前三篇专著以外［包括：1.《哥达纲领批评》（即《哥达纲领批判》）；2.《工钱劳动与资本》（即《雇佣劳动与资本》）；3.《经济批判导言》（即《〈政治经济学批判〉导言》，出自《1857—1858 年经济学手稿》）］，其余六篇文章都译自《资本论》第一卷和《神圣家族》中的章节，它们包括：4.《资本积蓄的历史倾向》（即《资本论》第一卷第二十四章第七节）；5.《蒲鲁东》（即《神圣家族》第四章第四节摘译）；6.《法兰西的唯物论》（即《神圣家族》第六章第三节摘译）；7.《中国革命与欧洲》（即《中国革命和欧洲革命》）；8.《六月的日子》（即《六月革命》）；9.《1848 年革命与无产阶级》（即《在〈人民报〉创刊纪念会上的演说》），所以，第 5 和 6 两篇文章是节译了《神圣家族》第四章中的"批判性的评注 1"、"批判性的评注 2"和第六章中的"对法国唯物主义的批判的战斗"，这几个章节中的部分内容，同时还将注释增加到 50 条。由于当时的工作条件限制，译者没有注意到涉及这部著作中已经出版的一些译本，在翻译时也未能参考，比如，《哥达纲领批评》当时传世的有 1922 年的熊得山译本，1923 年的李达译本和 1925 年的李春藩译本；《工钱劳动与资本》有 1921 年的袁让译本，1929 年的朱应祺和朱应会译本；《经济学批判导言》早有刘曼（1930 年）的译本。但是这部著作对于当时马克思主义的传播起到了重要的作用，促进了 20 世纪早期中国知识界理解和把握马克思主要思想进程的发展。

1930 年 4 月，上海亚东图书馆出版的由程始仁编译的《辩证法经典》一书，这部著作属于专题合集类著作，编入了马克思、恩格斯和列宁的有关唯物辩证法论述的方面的文章，共有 10 篇，包括：《思辨的构成之秘密》即《神圣家族》第五章摘译；《关于傅渥耶巴赫的论纲》即《关于费尔巴哈的提纲》；《唯物的见解和唯心的见解之对立》即《德意志意识形态》第 1 卷摘译；《经济学的形而上学》即《哲学的贫困》第 2 章摘译；《经济学研究之一般的结论》即《〈政治经济学〉序言》摘译；马克思的《经济学批判》即《卡尔·马克思〈政治经济学批判〉》；《给古盖尔曼的书信（一八六八年七月十一日）》即《马克思致路德维希·库格曼 1868 年 7 月 31 日》摘译；《唯物辩证法与马克思主义》即《反杜林论》引论摘译。

1932 年 5 月出版了由杨东莼和宁敦伍共同翻译的恩格斯《费尔巴哈论》（又名《机械论的唯物论批判》）一书，由上海昆仑书店出版，在其中就收录了《神圣家族》第六章第 3 节的内容，取名为《法兰西唯物论史》。

1936 年 5 月 25 日由东京质文社出版的由郭沫若翻译的《神圣家族》第五章和第八章的节译本问世，这是中文版《神圣家族》的又一个节译本。郭沫若翻译的最主要的马克思主义著作主要有《政治经济学批判》（1931 年 12 月上海神州国光社初版，1932 年 7 月再版，1939 年 5 月又以言行出版社名义出版），《德意志意识形态》（节译）（1938 年 11 月言行出版社出版）和《神圣家族》（节译）（1936 年 5 月 25 日东京质文社出版，1936 年 11 月 15 日再版）这三部著作，并使其均成为具有重要价值的三个版本，他还打算翻译《资本论》，但未能如愿，所以，郭沫若对于马克思主义著作在中国的传播和译介方面具有十分重要的贡献。郭沫若版《神圣家族》是在特殊年代的特殊形式下在日本刊载出版的，1930 年在中国共产党的领导下成立了"左翼作家联盟"，以后又建立了"马克思文艺理论研究会",促进了马克思文艺理论的翻译工作。1934年,在日本东京中国左翼作家联盟的中国进步的文艺工作者秘密成立了"左联"东京分盟,并创办了3个刊物,《杂文》就是其中之一,这个杂志得到了当时一系列左翼作家的支持,在文艺界具有较大的影响,它刊登了鲁迅、茅盾等作家的文章,郭沫若也是重要的支持者之一,这套杂志的革命的性质引起了日本反动当局的注意,因此在出版了三期后被勒令停刊了,鉴于这个原因,郭沫若建议把这个杂志改名为《质文》继续出版,他说,"改名《质文》吧,歌德有本书叫《质与文》",并且亲自为《质文》题了字。这就是"质文社"得名的由来,"质文社"还编辑出版了包括陈辛人、魏猛克、林林、陈凡和陈北鸥等作家的经典译作,包括马克思、高尔基等关于文艺的论述,并把这些译作都收入"文艺理论丛书"之中,目的是让作家"把握住科学的理论,以认识和表现社会的现实"。因此,《质文》这套杂志的理论宣传作用是十分巨大的。郭沫若版《神圣家族》节译本是根据1932年出版的阿多拉斯基编的《马克思恩格斯全集》第三卷德文并对照日译本翻译而成,按德文逐节译出,并且把节译的部分命名为《艺术作品之真实性》[①],收入"文艺理论丛书"之中。本书是《神圣家族》第五章、第八章的节译本,共分八个标题:

(一)抽象与具体性。

(二)思辨的方法之虚伪的自由。节译第五章第二节"思辨结构的秘密"。

(三)思辨的文艺批评之畸形的一例。

(四)苏泽里加大师之午蹈观。节译第五章第三节"有教养的社会的秘密"。

(五)布尔乔治的典型之理想化。节译第五章第六节"斑鸠"。

---

① 1949年7月单行本名为"艺术的真实"。

（六）文学中的典型及社会关系歪曲之实例。

（七）布尔乔治浪漫主义文学之肯定的典型之暴露。

（八）被揭发了的"立场"之秘密。节译第八章第 1 节"屠夫批判地变成了狗，或'刺客'"第 2 节（b）"玛丽花"、第 3 节（b）"奖赏和惩罚。双重裁判（附表）"、第 4 节"'观点'的被揭露了的秘密"。

1947 年 3 月，上海群益出版社再版该书，书名为《艺术的真实》，注明"沫若译文集之六"，系竖排平装本。1949 年 7 月，上海群益出版社重印该书，封面印有"文艺理论丛书"字样。1936 年 2 月 15 日，郭沫若撰写了"前言"，为了方便读者了解原文，郭沫若还附加了一些注释，说明了版本和翻译上的一些需要注意的问题，并于 1936 年 5 月 25 日出版。之后他又在 1936 年 6 月 15 日出版的《质文》第 5、6 合刊号上发表了《黑格尔式的思辨之秘密》一文，这是译自《神圣家族》第五章的一部分。

新中国成立之后的安定环境为马克思主义著作的编辑和出版提供了有利的条件，马克思主义经典著作的译介得到了国家的大力支持，并以各种各样的形式出版发行。1954 年 3 月，中央编译局在北京举办了"马克思列宁主义在中国的传播"展览会，这个展览会向观众展示了马克思列宁主义在中国的传播状况，在筹备展览会的过程中编制了一套图书目录，摄制了数百张珍本书的照片，以后中央编译局图书馆一直重视马列主义经典著作和有关资料的收集整理工作，这其中就有十分珍贵的《神圣家族》最早的德文原文版本，即 1845 年在美因河畔法兰克福出版的单行本的影印本。

1957 年 12 月，《马克思恩格斯全集》中文第一版第二卷问世，其中刊载了《神圣家族》的全文，中文第一版《马克思恩格斯全集》是依据俄文第二版《马克思恩格斯全集》翻译而成的，这是我国首次出版的《神圣家族》的全文版，促使马克思主义研究进入新的研究阶段，新的文本带来了重新考察马克思思想的要求，这是学术史上经常重复着的过程，在此之后，对于《神圣家族》研究，早期马克思与恩格斯思想发展的研究，马克思与恩格斯唯物史观的研究，《神圣家族》与马克思主义经济学之间关系等理论问题成为50年代末我国马克思主义研究的一个学术热点论题，这正是由于我国的马克思主义理论研究者可以利用这部著作的全貌而造成的。1958年由中央编译局编译，人民出版社出版的《神圣家族》单行本出版发行，单行本的形式使得《神圣家族》具有了更易于传播的特性，促进了这部著作更为广泛地传播。

自1965年起，中央编译局开始编选《马克思恩格斯选集》，这是中国读者盼望已久的一套书，但是，四卷本的《马克思恩格斯选集》刚刚印好就爆发了"文化大革命"，这些印好的著作只能被尘封在书库里长达6年之久。1971年，周恩来总理主持召开了全国出版工作座谈会，并明确指示要重新编辑出版四卷本《马克思恩格斯选集》。这套书于1972年5月出版，但并未编选《神圣家族》中的内容。改革开放以后，为了满足广大读者的需求，人民出版社于1995年6月出版发行了《马克思恩格斯选集》第二版，1997年5月第3次印刷，印数达到32000册；2004年5月第5次印刷，印数达42000册；2008年11月第7次印刷，印数已达52000册，这是目前我国印数最多、传播最广的马克思恩格斯著作选集。但改版仍未能收录《神圣家族》。

2009年12月，人民出版社出版刊行了十卷本的《马克思恩格斯文集》，第一卷中节选了《神圣家族》中的部分内容。该版本与1958年出版的《马克思恩格斯全集》相比，中央编译局在译文上做了较大修改，在注释方面也有较多的增补，而且为读者提供了更多的背景知识。

中文版《神圣家族》从1929年部分章节的发表到1957年《马克思恩格斯全集》中文第一版第2卷的出版走过了28个年头，到2009年的最新版本已历经80年，这部著作的命运是马克思主义在中国传播的缩影。

第二部分　研究状况

第四章　国外研究状况

　　《神圣家族》是目前研究较少的马克思和恩格斯的早期著作之一，其中的主要原因或许是因为该书的论战性体裁和过渡性文本，以及所涉及问题的广泛性。国外学者对于《神圣家族》的研究大致可以分为两大类：一是在马克思主义哲学史或马克思主义发展史的理论背景中去探讨该著的地位和影响；二是在相关主题的理论建构中涉及并运用该著中的观点。

一　《神圣家族》在马克思主义发展史中的地位

　　对于《神圣家族》的基本理论定位，或其在马克思主义发展史上的地位，多数国外学者认为它是一部过渡性的著作。其中，列宁的观点最具代表性且影响最大，列宁认真地研究过《神圣家族》并做了详细的摘录，认为它奠定了革命唯物主义的社会主义的基础。列宁试图证明的是，马克思和恩格斯在写作《神圣家族》时已经成长为无产阶级革命家，而且他们主张用革命的办法消灭私有制，并且十分接近唯物史观中最为基本和基础的概念，即生产关系。在列宁看来，生产关系的概念是唯物史观最基本的概念，而且是专属于马克思的概念。唯物史观不仅要从物质生产中寻找社会历史的根源，而且要从社会关系中发现生产关系，这样才能找到决定一切社会关系的最基本的原始的关系，理解社会形态的变化发展，从而达到对于社会历史规律的科学认识。因此，在一定意义上可以说，关于生产关系思想的形成，是唯物史观形成的理论标志。正是在取得这一思想成果的基础上，马克思恩格斯才得以在《神圣家族》中阐发了其他一些接近唯物史观的原理。列宁进一步指出,虽然在《神圣家族》中,有关历史唯物主义的某些重要论点,特别是生产关系概念还未能详尽地阐述和发挥,这主要由于这两位作者对政治经济学的研究还不够,他们的思想还未成熟到足以摆脱费尔巴哈的人本主义和自然主义的影响,同时也受到论战内容的限制。卢森贝也认为,在《神圣家族》中,"历史唯物主义学说尚未展开,但已经提供出这个学说的核心"①,这实际上是对列宁观点的阐释。斯捷潘诺娃在《马克思传略》中说,"在《神圣家族》中,马克思和恩格斯关于无产阶级所负的世界历史使命和它的社会经济前提的观点已基本形成",而且这部著作"奠定了新的、革命唯物主义世界观——无产阶级意识形态的基础"②。

《神圣家族》在马克思的思想形成中所占的位置,在马克思主义发展史上的地位尽管存在很多的说法,但一般都评价不高。科尔纽在《马克思恩格斯传》中以"类的本质"、"异化"、"人本主义"等哲学范畴为线索,认为《神圣家族》是从《经济学哲学手稿》到《德意志意识形》的中间产物。拉宾在《马克思的青年时代》中也基本上持同样的立场。日本学者山之内靖认为,"《神圣家族》显示了见于《经济学哲学手稿》内部的方法转变还正在进行。在这种意义上,《神圣家族》是过渡性著作,我们从中可以看出马克思在方法上摇摆不定"③。

对于《神圣家族》同马克思、恩格斯同时期写作的其他著作之间的内在关联,国外学者的观点同样是众说纷纭、莫衷一是。梅林认为,《神圣家族》的论域与马克思的《黑格尔法哲学批判导言》、《论犹太人问题》相比,并没有太多的深入,他说,"表面上同《德法年鉴》没有什么联系,但从它的实际内容来看,它完全包括在马克思和恩格斯在该

---

① 〔苏〕卢森贝:《十九世纪四十年代马克思恩格斯经济学说发展概论》,方刚等译,北京:生活·读书·新知三联书店1958年版,第168页。
② 〔苏〕E.A.斯捷潘诺娃:《马克思传略》,关益等译,北京:中国社会科学出版社1982年版,第24页。
③ 〔日〕山之内靖:《受苦者的目光:早期马克思的复兴》,彭曦、汪丽影译,北京:北京师范大学出版社2011年版,第194页。

杂志中所划定的思想范围之内"①。奥伊则尔曼并不赞同梅林的看法，他认为，"《神圣家族》是马克思和恩格斯在《德法年鉴》中表述的思想的直接继续和发展。同时，在这篇著作里完成了向新思想领域的转变，即提出了在他们以前著作中尚未探讨过的问题"②。日本学者对《神圣家族》有很多深入的文本解读研究，出现了两种针锋相对的观点。山之内靖以马克思对"市民社会"的理解为主要依据，他认为，"撰写《神圣家族》时的马克思坚决否认自我满足的各原子的集合这种市民社会的认识"③。这样，一方面，马克思在《神圣家族》中对于市民社会的认识与《1844年经济学哲学手稿》的笔记本Ⅰ中的"异化劳动"部分已经不再直接相连，山之内靖很不确定地表示，在《1844年经济学哲学手稿》和《神圣家族》之间，存在着使马克思的市民社会认识大幅度转换的结构性变化。另一方面，马克思在《神圣家族》中的看法与《德法年鉴》中的著述也有所不同，他对德国哲学的理论卓越性的措辞完全无影无踪，代之以整个德国思辨唯心主义的根本拒斥。而马克思的经济学视野构成历史唯物义的基础认识，即私有财产的经济运动在其展开的过程中产生了否定自身的要素。与山之内靖相反，广松涉认为，"《神圣家族》作为《德法年鉴》刊登的《论犹太人问题》的继续，从正面对鲍威尔一派展开了批判。但对我们来说，应该关注的不是这个批判本身，而是通过这个批判而提出的政治—社会思想及哲学思想"④。在广松涉看来，"《神圣家族》中的马克思的哲学立场与《经哲手稿》的哲学立场基本上没什么不同。虽说如此，其中也包含一些通往自我批判的超越的值得注意的发言"⑤。

---

① 〔德〕弗·梅林:《德国社会民主党史》第一卷，青载繁译，北京：生活·读书·新知三联书店1963年版，第196页。
② 〔苏〕捷·伊·奥伊则尔曼:《马克思主义哲学的形成》，潘培新等译，北京：生活·读书·新知三联书店1964年版，第352—353页。
③ 〔日〕山之内靖:《受苦者的目光：早期马克思的复兴》，彭曦、汪丽影译，北京：北京师范大学出版社2011年版，第197页。
④ 〔日〕广松涉:《唯物史观的原像》，邓习议译，南京：南京大学出版社2009年版，第189页。
⑤ 同上书，第190页。

《神圣家族》对于同时代人的影响,梅林的判断是"似乎没有发生很大的影响",因为恩格斯在收到这部著作的样书后曾说,书的篇幅过多,而且它的大部分内容将不为广大读者所理解。关于《神圣家族》对后世的影响,麦克莱伦认为,"这部著作仅含许多讽刺的并经常是夸张的争论,这些争论没有多少长久的意义"。"鲍威尔的信徒对欧仁·苏的小说《巴黎的秘密》(The Mysteries of Paris)做出过评论。马克思以大量的篇幅讨论了这些评论。这一部分尤其没有长久的意义。这些评论以黑格尔的方式试图说明,苏的小说包含着揭开现代社会秘密的钥匙。马克思以长长的篇幅既批评了这种虚幻的解释,又批评了小说家本人的道德化语气"。"这部著作中真正有意义的三个部分是:马克思回答鲍威尔对蒲鲁东的抨击的那一部分、讨论大众在历史上的作用的那一部分以及讨论唯物主义的那一部分"①。"《神圣家族》出版时并没有多少人阅读,它当然也不是马克思的主要著作"②。

对于《神圣家族》的理论意义,卢森贝认为,"马克思和恩格斯在第一本合写的著作'神圣家族'中,给予了各种变形的唯心主义,特别是青年黑格尔派布鲁诺·鲍威尔及其拥护者在'批判的批判'的形式下所'发展了'的那种肤浅的变形以毁灭性的打击"③。雷蒙·阿隆写道:"在《神圣家族》中,马克思嘲笑青年黑格尔派,因为他们以巴黎的存在主义者或结构主义者(或伪结构主义者)的方式,用概念的推理来代替对事实和原因的研究"④。他认为,马克思和恩格斯合写的《神圣家族》是对思辨唯心主义的批判,而该著中所提供的哲学范式可以成为批判法国结构主义和存在主义哲学的典范。古斯塔夫·迈尔在他的《恩格斯》中认为,鲍威尔兄弟的思辨唯心主义并不像马克思和恩

---

① 〔英〕戴维·麦克莱伦:《马克思思想导论》,郑一明、陈喜贵译,北京:中国人民大学出版社 2008 年版,第 33 页。
② 同上书,第 35 页。
③ 〔苏〕卢森贝:《十九世纪四十年代马克思恩格斯经济学说发展概论》,方刚等译,北京:生活·读书·新知三联书店 1958 年版,第 165 页。
④ 〔法〕雷蒙·阿隆:《想象的马克思主义——从一个神圣家族到另一个神圣家族》,姜志辉译,上海:上海世纪出版集团 2007 年版,第 2 页。

格斯在《神圣家族》的序言中所说的那样,它根本不能危及"现实人道主义",当然也算不上对手或"敌人",因为鲍威尔的《文学总汇报》总是竭力与普通大众保持距离,而大众也对这份报纸不屑一顾。

二 《神圣家族》中的基本理论问题

首先是《神圣家族》中的马克思和鲍威尔的学术思想关系。

很多学者都认为,《论犹太人问题》、《神圣家庭》和《德意志意识形态》这三部著作均将鲍威尔描述为最糟糕的神学家,如果不从批判宗教的立场出发,就不能解决任何政治、社会或哲学问题,鲍威尔被视作一个完全脱离现实的思辨唯心主义者。但在波兰学者兹维·罗森看来,尽管马克思在《论犹太人问题》中对鲍威尔的批判很严厉,然而总的来看还是客观的和中肯的。但两年后出版的《神圣家族》中,马克思的态度就有了非常大的转变,主要表现出两个特点:"一是使用各种贬义的绰号;一是为了批判常常采取有选择地摘取鲍威尔概念的方法"[①]。在罗森看来,马克思仅仅罗列鲍威尔在《文学总汇报》中所阐述的观点,而对鲍威尔于1840年至1843年期间所发表的观点避而不谈,这样给读者的印象是,鲍威尔的观点内容空洞、脱离现实、毫无价值,从而使人们忽略了鲍威尔对马克思思想的真正影响。罗森在《布鲁诺·鲍威尔和卡尔·马克思》一书中详尽地论述了鲍威尔对马克思哲学思想的形成与发展所产生的实际影响。诺曼·莱文认为,《神圣家族》、《莱比锡宗教会议》和《哲学的贫困》"贯穿着一个共同的主题"[②],马克思在这三部著作中的战略目标分为三个部分:(1)取消黑格尔思辨哲学;(2)证明鲍威尔和施蒂纳不过是黑格尔思辨之维的延续;(3)否定这三位作者所践行的批判形式。马克思试图驳倒黑格尔式思辨思想,他的

[①] 〔波〕兹维·罗森:《布鲁诺·鲍威尔和卡尔·马克思——鲍威尔对马克思思想的影响》,王谨等译,北京:中国人民大学出版社1984年版,第2页。

[②] 〔美〕诺曼·莱文:《马克思与黑格尔的对话》,周阳等译,北京:中国人民大学出版社2015年版,第296页。

策略基于如下考量：如果他能证明鲍威尔兄弟和施蒂纳不过是站在黑格尔式思辨思想的延长线上，那他就能使他们声名扫地，揭发出他们是德国市侩阶层的"意识形态家"的事实①。

其次是《神圣家族》中马克思与费尔巴哈的关系。

国外学者中间也存在几种不同的看法，多数学者认为，在《神圣家族》中，马克思和恩格斯对费尔巴哈的观点的运用大为减少了，因而体现出了马克思哲学理论方面的进步，或者说，马克思并没有完全依赖和从属于费尔巴哈哲学的阶段。普列汉诺夫曾认为，在写作《神圣家族》时，马克思和恩格斯还处在费尔巴哈的立场上，第二国际的理论家们也赞同这样的观点。德国学者马·克莱恩等人认为，《神圣家族》和以前不久写作的文章虽然从它们的历史唯物主义的内容上来看，已远远超过了费尔巴哈，但在整体上说来还没有超过他的人本主义。②这些论述表明，在这里唯物主义已达到了它发展中的新的质变。它不再像在包括费尔巴哈在内的旧唯物主义者那里一样，抽象地和非历史地跟人类的东西直接联系在一起，而是完全具体地和历史地直接同这样的社会阶级相联系，这个阶级在它的存在中（也就是客观地），代表着最普遍的和同时最具体的历史意义上的人类的东西，从而它也能够实现这种东西。因此，马克思不仅把哲学的唯物主义奠立在新的社会基础之上，而且还赋予它一种实践的与理论的、不再仅仅是认识世界而且还要改变世界的历史作用，从此便开始了系统地制订辩证唯物主义与历史唯物主义的原理。但也有学者认为，仅从"人本主义"这个侧面来理解马克思和费尔巴哈的关系是不够的，特别是"感性"和"经验论"的立场才是费尔巴哈哲学的立脚点，在这个意义上，《神圣家族》中对费尔巴哈观点的运用要比《德法年鉴》的时候更多且更为深入。山之内靖则认为，《神圣家族》中的"对法国唯物主义的批判的战斗"一节能给我们提供

---

① 〔美〕诺曼·莱文：《马克思与黑格尔的对话》，周阳等译，北京：中国人民大学出版社 2015 年版，第 296 页。

② 〔东德〕马·克莱恩、埃·朗格、弗·李希特：《马克思主义哲学史》，熊子云等译，北京：中国人民大学出版社 1983 年版，第 231 页。

最为恰当的线索。紧接着《1844年经济学哲学手稿》而撰写的《神圣家族》的这个部分生动地显示了马克思是怎样从费尔巴哈那里受到很大影响的情况，即把黑格尔的绝对精神替换为"人"的立场。以"人"为原型置换"绝对精神"显然是马克思的立场，而且与《1844年经济学哲学手稿》中的立场没有本质上的差别。山之内靖还进一步指出，在马克思看来，不仅鲍威尔，赫斯也是从费希特自我意识的立场出发。马克思经过比较分析之后，并未采用赫斯的"主体"概念，而是以自然和精神的统一的费尔巴哈的"人"为基础，当时的马克思和恩格斯认为，费尔巴哈在哲学领域的贡献巨大，唯心论和唯物论过去在各方面的对立已经在斗争中消除，并为费尔巴哈永远克服，所以马克思和恩格斯在《神圣家族》中明确阐述了唯心主义和唯物主义相统一的"现实的人道主义"立场。

就《神圣家族》中的经济学问题而言，马克思和恩格斯在《神圣家族》中所阐述的基本原理，一方面是从前研究的结果和总结，另一方面又是以后研究的出发点，在这个意义上，卢森贝称《神圣家族》是"马克思主义政治经济学发展的一个阶段"①。虽然马克思和蒲鲁东都尖锐地批判私有制，但两人的不同在《神圣家族》中就已经表现出来，卢森贝认为，两人的方法和观点均不同，"马克思对私有制是辩证地考察和唯物主义地解释，但蒲鲁东却是形而上学的观点和唯心主义的理解"②。广松涉利用1845年3月17日恩格斯致马克思的信证明，马克思和恩格斯在经济学研究方面不同步，并且两人的观点也可能存在分歧。因为恩格斯在给马克思寄《神圣家族》的读后感时，虽然对"犹太人问题"以及"唯物主义"的部分表示了赞赏，但对蒲鲁东论则表示了沉默。广松涉推测那是因为恩格斯对伴随马克思的经济学认识的异化论没有给予评价。《神圣家族》明确地显示了马克思通过费尔巴哈而接受了英法经验主义的状态，而且在该"唯物主义"中留下了"唯名论是

---

① 〔苏〕卢森贝：《十九世纪四十年代马克思恩格斯经济学说发展概论》，方刚等译，北京：生活·读书·新知三联书店1958年版，第167页。
② 同上书，第173页。

英国唯物主义者理论的主要成分之一,而且一般说来它是唯物主义的最初表现"这样的语句。

尽管梅林对《神圣家族》的评价不高,但他也发现其中蕴含的理论价值,他说,"今天的读者很容易把这本书看成是一堆熄灭了的煤炭,但是如果他有一双相当敏锐的眼睛,他就会从煤炭中看到许多宝石向他发出永不消失的光辉"①。因而,对《神圣家族》的解读直到今天仍在持续,它至少提供了一个马克思和恩格斯早期思想发展过程的微观比较视域。

---

① 〔德〕弗·梅林:《德国社会民主党史》第一卷,青载繁译,北京:生活·读书·新知三联书店1963年版,第208页。

第五章 国内研究状况

在我国马克思主义研究领域中，专门研究《神圣家族》的著述很多，更有海量的文献通过《神圣家族》来研究马克思三义哲学、马克思主义发展史，以及科学社会主义理论等等，同时，在关于恩格斯思想专题研究的著述中，如朱传棨等人编写的《马克思恩格斯哲学思想比较研究》、徐琳的《恩格斯哲学思想研究》中，均大量涉及《神圣家族》的内容。总体而言，这些研究可以归纳为以下几个方面：

一 《神圣家族》的理论定位

关于《神圣家族》的理论定位是马克思主义哲学史，乃至马克思主义史研究中的重要问题，其实质是回答《神圣家族》是否标志着唯物史观的形成，或者称其为《神圣家族》与唯物史观的关系问题。在黄枬森、庄福龄、林利等人主编的八卷本《马克思主义哲学史》是迄今为止世界上最大篇幅的马克思主义哲学史研究专著，在第一卷中，编者认为，《神圣家族》一书对于无产阶级历史使命的论证，虽然还没有完全摆脱"人的本质"异化论的影响，但是它已开始着重从资本主义社会结构和无产阶级的经济地位出发去解决这个问题，并取得重要进展。① 黄枬森等进一步认为，马克思恩格斯这时已不再是用人的本质异化和复归的观点来解释人类社会历史，而是开始从现实的物质生产以及

---

① 黄枬森、庄福龄、林利主编：《马克思主义哲学史（修订本）》第 1 卷，北京：北京出版社 2005 年版，第 403 页。

物质利益的原则的视角,深入到历史发源地内部来观察分析历史活动,这就使他们日益接近于新世界观的科学体系。① 在 2012 年出版的"马克思主义理论研究和建设工程重点教材"《马克思主义哲学史》中,编者认为,"《神圣家族》奠定了马克思、恩格斯终生为无产阶级解放事业共同奋斗的基础。虽然此时他们还未意识到费尔巴哈哲学也是对人的一种抽象理解,但他们通过对青年黑格尔派思辨的唯心主义方法、敌视人民群众的观点以及抽象、孤立的利己主义的人的批判,通过对法国社会方面的唯物主义与社会主义学说必然联系的探讨等,已经接近了新世界观,处于历史唯物主义诞生的前夜"②。上述观点在我国学界具有一定的代表性和权威性。然而,我国学者也提出了很多不同意见。有学者认为,《神圣家族》是马克思和恩格斯在《德法年鉴》上分别达到的理论成就的进一步发展。在这部著作中,开始了为科学的无产阶级世界观共同制定基本原理,并逐步使其理论化、科学化。③ 有学者认为,"总观《神圣家族》一书,可以明显地看出马克思、恩格斯的世界观有了新的跃进。这表现在他们对思辨唯心主义的批判,充分运用了辩证唯物主义和唯物辩证法的新的观点。他们对人民群众在历史上地位和作用的论证,以及对十八世纪唯物主义反对唯心主义的历史考察,都渗透了唯物主义历史观和历史辩证法的学说"④。

一般而言,在说明《神圣家族》的理论定位时,不能回避其与马克思和恩格斯同时期写作的其他著述之间的关系,特别是其与《1844 年经济学哲学手稿》之间的关系,对此,我国学者也提出许多有借鉴和启示意义的观点。在高等教育出版社出版的"面向 21 世纪课程教材"系列中的《马克思主义哲学史》一书中,编者指出,"如果说,在此之前的《1844 年经济学哲学手稿》用以解答历史之谜的是异化劳动理论,

---

① 黄枬森、庄福龄、林利主编:《马克思主义哲学史(修订本)》第 1 卷,北京:北京出版社 2005 年版,第 398 页。
② "马克思主义理论研究和建设工程重点教材"《马克思主义哲学史》,北京:高等教育出版社/人民出版社 2012 年版,第 39 页。
③ 徐琳:《恩格斯哲学思想研究》,北京:北京出版社 1985 年版,第 75 页。
④ 同上书,第 105 页。

在此之后的《德意志意识形态》标志着唯物史观的形成,那么,处于两者之间的《神圣家族》则是由异化劳动理论到唯物史观的过渡"①。相对于《1844年经济学哲学手稿》而言,孙伯鍨指出了马克思和恩格斯在《神圣家族》中的理论转变,包括:第一,"从抽象的人的观点向现实的人的观点的转变",第二,"从人类概念向生产关系概念的转变",第三,"从异化史观向实践观点的转变"②。赵家祥认为,马克思在《1844年经济学哲学手稿》中虽然未提出"生产关系"概念,但异化劳动理论中蕴含了关于生产关系的内容及其本质的思想。马克思、恩格斯合写的《神圣家族》延续并深化了《1844年经济学哲学手稿》中的生产关系思想③,而这是根据传统马克思主义哲学教科书得出的结论。赵家祥还进一步认为,列宁并没有看到过《1844年经济学哲学手稿》,所以会认为《神圣家族》一书接近提出生产关系概念是完全合乎情理的。如果列宁当时看到了这部未发表的手稿,他也会认为马克思在《1844年经济学哲学手稿》中就已经接近提出生产关系概念。叶汝贤认为,在创立唯物史观的历史中,《1844年经济学哲学手稿》代表了一个重要的阶段。在这里,马克思借助于对异化劳动的分析,第一次试图阐明物质生产是社会历史发展的物质基础和动力,因而进一步深化了他正在形成过程中的唯物主义历史观。而"《1844年经济学哲学手稿》中的唯物史观的思想萌芽,在马克思和恩格斯合著的《神圣家族》一书中得到进一步的发展"④。这部著作的内容是十分丰富的。就历史观而言,主要是通过批判鲍威尔的自我意识哲学,发展了在《1844年经济学哲学手稿》中提出的关于社会历史发展的物质基础和动力的观点。⑤ 张一兵认为,"《神圣家族》并没有解决《1844年手稿》中留存下来的逻辑

---

① 黄枬森主编:《马克思主义哲学史》,北京:高等教育出版社1998年版,第36页。
② 孙伯鍨:《探索者道路的探索——青年马克思恩格斯哲学思想研究》,南京:南京大学出版社2002年版,第220—232页。
③ 赵家祥:《〈1844年经济学哲学手稿〉和〈神圣家族〉中的生产关系思想》,载《教学与研究》2011年第7期。
④ 叶汝贤:《马克思的唯物史观》,广州:广东高等教育出版社2000年版,第111页。
⑤ 同上书,第113页。

冲突，人本主义异化逻辑与客观科学逻辑并存，但是马克思针对前一阶段经济学研究而进行的理论总结要更加清晰而成熟。对于马克思恩格斯资本主义研究的深化而言，这集中表现为从抽象的人到现实的人的观点，从人类概念到生产关系概念，从异化概念到实践概念的转变"①。葛锡有等认为，可以清楚地看出，正是1844年，马克思主义创始人的思想迅速地变化着，以至于《1844年经济学哲学手稿》不同于《德法年鉴》，而《神圣家族》又不同于《1844年经济学哲学手稿》。正是由于这一急剧的质的"飞跃"，才为马克思主义由不成熟向成熟的发展奠定了坚实的思想基础。《神圣家族》就是这一转折关键时刻的思想标志②。还有学者认为，《神圣家族》是一部介于《1844年经济学哲学手稿》和《德意志意识形态》之间的重要著作，它的思想水平处于由异化劳动理论向唯物史观过渡的状态，在马克思主义哲学形成过程中起着承前启后的作用③。王伟光认为，《神圣家族》是唯物史观形成过程中的重要著作，是《1844年经济学哲学手稿》到《关于费尔巴哈的提纲》和《德意志意识形态》的联系环节。④ 赵常林认为，在《1844年经济学哲学手稿》之后，异化概念继续被沿用，但是异化思想作为一种理论显然是被抛弃了。这一点在《神圣家族》一书中就表现出来了。实际上是开始用关于现实的人及其历史发展的科学来代替人本主义。⑤ 刘秀萍认为，马克思在《神圣家族》中用非人性来刻画私有财产、用人的异化来揭示贫困和富有，是《1844年经济学哲学手稿》集中论述异化问题后思想上的又一次提升。在《神圣家族》中，异化劳动已经具有了很多现实的内容，因而成为马克思由《1844年经济学哲学手稿》走

---

① 张一兵、周嘉昕：《资本主义理解史（第一卷）：马克思恩格斯资本主义科学批判架构的历史生成》，南京：凤凰出版传媒集团、江苏人民出版社2009年版，第235页。
② 葛锡有等：《马克思主义诞生史》，长春：吉林人民出版社1982年版，第232页。
③ 郝永平：《从异化劳动理论向唯物史观的过渡——读〈神圣家族〉》，载《内蒙古大学学报》（哲学社会科学版）1987年第2期。
④ 王伟光：《马克思论人的本质和他的科学世界观的形成》，载《马克思主义研究》1985年第3期。
⑤ 赵常林：《马克思早期哲学思想研究》，北京：北京大学出版社1987年版，第163页。

向《德意志意识形态》以及《资本论》必不可少的中间环节。①

此外，有学者认为，《神圣家族》一书对唯物史观的形成有着突出的贡献。它向人们说明，在此时，马克思主义创始人虽然还没有完全摆脱费尔巴哈的影响，但已在用他们正在形成的崭新社会历史观来回击敌人，来说明社会历史了。马克思主义创始人在这一著作中阐发的上述唯物史观的诸重要观点，表明了《神圣家族》已是一部十分重要的著作：在此，马克思主义创始人已经更近地接近了他们不久之后就创立起来的唯物史观理论体系。②熊子云等认为，《神圣家族》是马克思和恩格斯共同创立崭新哲学体系的最初产物，《神圣家族》是马克思主义哲学创立过程中的一部奠基性著作。它是马克思和恩格斯在批判德国哲学唯心主义当时的主要表现形式的斗争中，开始共同制定自己的哲学基本原理的产物。③如果把马克思和恩格斯在"序言"中精辟表达的指导思想归结起来，我们可以清楚看到贯穿于这部长篇批判性著作的一条主线：通过全面清算鲍威尔主观唯心主义哲学，马克思恩格斯再次对黑格尔思辨哲学进行了彻底批判，在批判错误理论的同时，阐发了自己的哲学特别是唯物史观的一系列重要原理。这个主题也表明《神圣家族》一书在马克思主义哲学史上的重要地位。④葛锡有等人认为，揭露和批判以布鲁诺·鲍威尔为首的青年黑格尔派自我意识哲学，即思辨唯心主义，阐明唯物主义哲学的基本原则，是马克思和恩格斯写作《神圣家族》的主要任务。"唯物主义的基本观点，是贯穿整个《神圣家族》的一根红线"⑤。因此，《神圣家族》是马克思主义形成过程中的一部重要著作。王卫国等学者认为，马克思恩格斯在分析作为历史主体的人民群众，特

---

① 刘秀萍：《财产关系为什么会成为理解现代社会的"斯芬克斯之谜"？——重温〈神圣家族〉对〈蒲鲁东〉的分析和评判》，载《天津社会科学》2015年第6期。
② 彭立荣：《马克思恩格斯唯物史观的创立与发展》，上海：上海社会科学院出版社1989年版，第100页。
③ 熊子云、张向东：《唯物史观形成史》，重庆：重庆出版社1988年版，第151—152页。
④ 同上书，第153页。
⑤ 葛锡有等：《马克思主义诞生史》，长春：吉林人民出版社1982年版，第206页。

别是无产阶级创造历史的作用时,是非常强调客观的经济关系、社会物质生活条件对历史主体的制约性的。他们越是对现代资产阶级社会的整个结构和无产阶级的生活状况护进行深刻的分析,就越是坚信作为历史主体的无产阶级的伟大历史作用。这说明,《神圣家族》对于无产阶级历史作用的认识,已经接近唯物主义历史观的高度①。

二 《神圣家族》的理论观点

《神圣家族》的内容丰富,主题多样,其中包括:批判思辨哲学,阐明唯物主义思想的重要意义,揭露思辨哲学的主观唯心主义性质,批判"精神"与"群众"对立的观点,提出唯物史观的基本原理,总结近代欧洲唯物主义发展史,探索社会主义思潮和唯物主义的联系等等。2012年5月,"马克思主义理论研究和建设工程重点教材"《马克思主义哲学史》问世,其中将《神圣家族》中的哲学观点概括为五个主要方面:第一,揭露思辨结构的秘密。第二,批判精神和群众对立的观点。第三,物质生产是历史的诞生地。第四,批判抽象的个人的观点,论证人与人的社会关系。第五,18世纪法国唯物主义的起源、特点和理论归宿。可见,《神圣家族》的内容是十分丰富的,其中也包含着许多重要的理论观点。

在《马克思恩格斯全集》第一版第2卷的"说明"中,中文版编者归纳出四个主要观点:一是马克思和恩格斯在《神圣家族》中阐述了辩证唯物主义和历史唯物主义的许多重要原理,特别是"马克思已经接触到生产方式在社会发展中的决定性作用这一历史唯物主义的基本思想"。二是"关于人民、群众是人类历史的真正创造者的原理有巨大的意义",列宁还特别强调,该思想是历史唯物主义的最深刻最重要的原理之一。三是"几乎已经形成的关于无产阶级的世界历史使命的观

---

① 王卫国等:《马克思的第一个伟大发现——唯物史观的形成》,合肥:安徽人民出版社1985年版,第245页。

点"。四是马克思概括出"共产主义是唯物主义哲学的逻辑结论",即马克思在"对法国唯物主义的批判的战斗"一节中所概述的西欧哲学中的唯物主义的发展的内容具有重要的理论价值。① 以此为基础,我国学者相继提出了很多有代表性和有学术价值的理论观点。

我国学者大多是根据《神圣家族》的主题和内容来概括其中的主要观点,朱传棨认为,《神圣家族》可以概括为三个主要问题:"一、旧历史观的主要缺点;二、物质生产是历史的发源地;三、人民群众是历史的创造者"②。李淑梅将《神圣家族》的主题分为四个部分:"对蒲鲁东平等思想和埃德加的思辨歪曲的评判"、"揭露思辨结构的秘密"、"批判布鲁诺·鲍威尔,反对民主主义的思想"、"经验和超验哲学进路,社会政治旨趣的差异"③。诸如此类的概括层出不穷,本书不再赘述。

我国学者的研究也同样涉及《神圣家族》中马克思和费尔巴哈的关系。在孙伯鍨看来,在《神圣家族》一书中,马克思和恩格斯对鲍威尔等人的批判仍然是以费尔巴哈为出发点的。但由于费尔巴哈的原则已获得了更加广泛的运用和初步的改造,因而使理论本身的性质也发生了重大的变化。也就是说,费尔巴哈的唯物主义观点已经被大大地超过了。在这本书中,标志马克思和恩格斯思想发展进程的要点有两个:一是费尔巴哈的对抽象的人的崇拜已开始被关于现实的人的历史考察所代替;二是一度被用来解释历史的异化史观也逐渐被实践的观点所代替。虽然异化概念在作为对私有制社会中的某些对立现象的概括时还继续被使用,但它已不像在《手稿》中那样被当作支配人类发展的历史理论来运用了。因此,这部著作尽管对费尔巴哈的历史功绩作了言过其实的评价,但实际上已经远远超出了费尔巴哈人道主义世界观的范围,为历

---

① 详见《马克思恩格斯全集》第 2 卷,北京:人民出版社 1957 年版,"第二卷说明"。
② 朱传棨等:《马克思恩格斯哲学思想比较研究》,郑州:河南人民出版社 1995 年版,第 67 页。
③ 李淑梅:《政治哲学的批判与重建——马克思早期著作研究》,北京:人民出版社 2014 年版,第 249—287 页。

史唯物主义的创立奠定了基础。彭立荣也认为，马克思主义创始人虽然还没有完全抛弃费尔巴哈的人本主义，但已在立足点上开始离开费尔巴哈的抽象的人，从现实的人出发来观察、认识社会问题，并开始运用在《手稿》中已形成的唯物史观的理论核心——科学的实践观的基本观点，来对鲍威尔一伙的唯心史观进行批判。正是在此过程中，马克思主义创始人阐发了唯物史观的许多重要原理，在创立唯物史观的道路上迈开了重要的一步，为唯物史观的创立做出了重大贡献。① 方敏认为，在《神圣家族》中，马克思并不是完全停留在费尔巴哈人本主义哲学的语境之中，在某些观点中，马克思实现了对费尔巴哈的超越，而且这种超越是呈螺旋式的。② 还有学者认为，在《神圣家族》中，马克思和恩格斯还没有完全摆脱费尔巴哈的人本主义的影响，对费尔巴哈作了过高的评价。但这绝不是说这一时期他们还与费尔巴哈站在同一水平上。从上述著作的实际思想内容来说，他们已经越过了费尔巴哈，而在创立新唯物主义道路上前进了。③ 杨耕认为，从本质上看，"为思辨本身的活动所完善化并和人道主义相吻合的唯物主义"，是指批判继承了黑格尔的辩证法并高扬人的主体性的历史唯物主义。这实际上是《神圣家族》对新的哲学形态的基本规定。马克思当时认为，费尔巴哈在理论方面体现了这种"和人道主义相吻合的唯物主义"。实际上，费尔巴哈哲学并未达到这种高度。如前所述，费尔巴哈的人本唯物主义在总体上仍属于旧唯物主义范畴。真正创立这种高扬人的主体性的历史唯物主义并终结"形而上学"的实际上是马克思本人。④ 王卫国等学者认为，在《神圣家族》中，马克思还没有自觉地意识到他与费尔巴哈的原则分歧。甚至他在批判黑格尔、青年黑格尔派思辨唯心主义时，暂时仍把费尔巴哈抽

---

① 彭立荣：《马克思恩格斯唯物史观的创立与发展》，上海：上海社会科学院出版社1989年版，第88页。
② 方敏：《〈神圣家族〉在马克思思想发展史上的地位——从马克思与费尔巴哈的关系来看》，载《渤海大学学报》2013年第4期。
③ 中山大学哲学系：《马克思主义哲学史稿》，北京：人民出版社1981年版，第59页。
④ 杨耕：《为马克思辩护》，哈尔滨：黑龙江人民出版社2002年版，第39页。

此外，李培超认为，《神圣家族》中包含了丰富的伦理思想，该著批判了鲍威尔等人的抽象道德观，强调道德的现实利益基础，为马克思恩格斯伦理思想的发展奠定了基础，并确立了马克思和恩格斯伦理思想范式的初步形态②。谭培文认为，"马克思在《神圣家族》中论述社会主义哲学基础时，当探索 18 世纪法国唯物主义时，马克思第一次把利益概念与社会主义和共产主义相联系"③。孙伯鍨和张一兵曾认为，"在《神圣家族》一书中，马克思通过再一次批判青年黑格尔派的唯心主义历史观，力图把自己的理论建立在社会物质生活的基础上，从抽象的异化劳动走向客观的社会历史实践"④。黄枬森等认为，在《神圣家族》中，马克思恩格斯得出了现实的物质生产在历史上起决定作用的观点，因而他们就在批判鲍威尔一伙的英雄史观的同时，深刻地阐明了人民群众在历史上的伟大作用⑤。黄枬森等还认为，在《神圣家族》中，马克思和恩格斯仍然是用"市民社会"的术语来概括现实的社会关系的，但在内容上已有了新的进展⑥。有学者认为，具有特别重要意义的是，在《神圣家族》中，马克思、恩格斯运用他们当时所达到的辩证唯物主义的观点，去研究社会生活，探讨了什么是决定历史发展的动力，并在批判青年黑格尔派的唯心史观中，阐明了人民群众是历史的创造者⑦。葛锡有等认为，如果说《德法年鉴》，尤其是《1844 年经济学哲学手稿》是马克思和恩格斯的新世界观起点的话，那么，《神圣家族》则是他们前进路上的一个极为重要的中继站。在这里，他们的辩证唯物

---

① 王卫国等：《马克思的第一个伟大发现——唯物史观的形成》，合肥：安徽人民出版社 1985 年版，第 222 页。
② 李培超：《〈神圣家族〉的伦理思想探析》，载《伦理学研究》2012 年第 6 期。
③ 谭培文：《马克思主义的利益理论》，北京：人民出版社 2002 年版，第 67 页。
④ 孙伯鍨、张一兵主编：《走进马克思》，南京：江苏人民出版社 2001 年版，第 129 页。
⑤ 黄枬森、庄福龄、林利主编：《马克思主义哲学史（修订本）》第 1 卷，北京：北京出版社 2005 年版，第 392 页。
⑥ 同上书，第 386 页。
⑦ 中山大学哲学系：《马克思主义哲学史稿》，北京：人民出版社 1981 年版，第 55—56 页。

主义和历史唯物主义世界观得到了一定的发挥，把唯物主义扩大到社会生活和历史生活的广阔领域，第一次试图用物质实践的观点来解释历史发展观点的产生，在哲学、政治经济学和科学社会主义方面给予唯物主义以说明。总体看来，这些针对《神圣家族》中主要观点的讨论具有直接的借鉴价值。

三 《神圣家族》的理论意义

这里所说的理论意义指的是《神圣家族》对于马克思主义立场、观点和方法的形成和发展而言，一方面，突破唯心主义的思辨哲学的束缚，进而转向现实和群众对于马克思主义的形成，特别是唯物史观的创立具有重要理论意义。《神圣家族》这部重要著作远远超出了对哲学唯心主义单纯作批判的意义，它体现出马克思和恩格斯首次共同对他们新的哲学思想，特别对唯物主义的社会历史观的重要论述。在这里我们可以清晰地看到，辩证唯物主义与历史唯物主义在形成过程中是彼此紧密相连的，并且由于马克思和恩格斯始终注重于把理论研究同现实政治斗争密切结合起来，因而在他们的唯物主义哲学形成的初期，摆在首位的是阐述有关唯物史观的一些重要原则问题①。在黄枏森、庄福龄、林利等人主编的八卷本《马克思主义哲学史》第一卷中，编者认为，《神圣家族》在批判青年黑格尔的思辨唯心主义的过程中，已经唯物主义地论述了思维和存在的关系，阐明了个别与一般的辩证法，开始建立马克思唯物主义哲学史观，从而为唯物主义地彻底解决哲学基本问题奠定了理论基础②。有学者认为，《神圣家族》对黑格尔思辨哲学和青年黑格尔派的批判，鲜明地表现了马克思、恩格斯唯物主义地解决了思维和存在的关系问题。他们证明，在人的自我意识之外，存在着有别于思维的存

---

① 熊子云、张向东：《唯物史观形成史》，重庆：重庆出版社1988年版，第152—153页。
② 黄枏森、庄福龄、林利主编：《马克思主义哲学史（修订本）》第1卷，北京：北京出版社2005年版，第380页。

在、有别于精神的自然、有别于主体的客体、有别于理论的实践；存在着不以人的自我意识为转移的客观的外部世界。① 王卫国等认为，《神圣家族》是马克思同青年黑格尔派思想决裂的直接产物，是马克思思想发展的必然结果。② 在唯物史观的形成过程中，出发点的转变是一个具有决定意义的根本转变。在《神圣家族》中，马克思恩格斯虽然还未能最终完成这一转变，但是，已经为这一转变作出了具有决定意义的探索，这就是对于历史发源地的探索和向生产关系思想的接近。正是在这一基础上，马克思恩格斯开始了从费尔巴哈抽象的人向现实的人的过渡。这与列宁的观点如出一辙。

另一方面，确定唯物主义的哲学立场，制定出相应的哲学方法论对于马克思主义的形成，尤其是唯物史观的创立所具有的重要理论意义。徐琳认为，"马克思和恩格斯在《神圣家族》中，对法国唯物主义的起源，以及英法唯物主义的特点的历史考察，具有重要的理论和方法论的意义"③，而且，"马克思、恩格斯在《神圣家族》一书中，对人民群众在历史上的作用日益增长的规律性的论证，是他们世界观发展过程中，向唯物主义历史观发展的一个新的飞跃"④。有学者指出，"马克思、恩格斯在《神圣家族》一书中，关于资本主义社会客观辩证法的论述，关于对立统一规律的光辉论点，在马克思主义哲学发展史上都是带有首次表述的定义。可见，1844 年 9 月到 11 月，马克思、恩格斯创作《神圣家族》时，他们的辩证唯物主义世界观不仅已经成熟，而且第一次实现了唯物主义与辩证法的结合。在基本理论的表达方面，已经把唯物主义和辩证法作为一个统一的理论和方法来运用，运用它来研究、考察社会历史的发展，作出辩证唯物主义历史观的结论"⑤。王卫国等认为，《神圣家族》在唯物史观的形成史上有着重要的意义，它是继《1844 年

---

① 中山大学哲学系：《马克思主义哲学史稿》，北京：人民出版社 1981 年版，第 55 页。
② 王卫国等：《马克思的第一个伟大发现——唯物史观的形成》，合肥：安徽人民出版社 1985 年版，第 197 页。
③ 徐琳：《恩格斯哲学思想研究》，北京：北京出版社 1985 年版，第 103 页。
④ 同上书，第 95 页。
⑤ 同上书，第 86 页。

经济学哲学手稿》之后，对于新世界观的进一步探索。它直接利用了《手稿》的研究成果，并作了重要的发挥和发展。从总体上说，虽然它还不是成熟的著作，但却为随后诞生的第一部成熟著作《德意志意识形态》作了直接的理论准备。因此，《神圣家族》已处于唯物史观形成的前夜，它表明马克思的理论观点已经接近唯物史观的基本思想。① 有学者认为，马克思和恩格斯在《神圣家族》中发现了物质生产的背后人类创造历史的根本依据和理论底蕴，达到了从能动的和实践的方面理解唯物主义的思想高度，为"实践的唯物主义"的产生奠定了坚实的理论基础，《神圣家族》甚至为马克思主义哲学的最终形成做出了特殊的具有决定意义的贡献。②

  此外，很多学者注意到《神圣家族》中首创的思想所具有的理论意义。孙伯鍨指出，"在《神圣家族》一书中，马克思第一次用共产主义称呼自己的学说，也第一次接受了唯物主义这个名称"③。因而，"《神圣家族》是马克思恩格斯早期思想演变的最后阶段，是历史唯物主义诞生的前夜，在马克思主义哲学史上有着极其重要的意义"④。王卫国等学者认为，《神圣家族》在社会历史观的出发点和论证方法上仍然没有克服逻辑上的矛盾。马克思一方面已经开始从抽象的人转向现实的人，即从人们的现实社会关系出发看待人的本质，这已经接近唯物史观，另一方面又没有完全放弃有一个抽象不变的人性，人的本质的观点，这又是与唯物史观根本对立的。转向现实的人而又未彻底摆脱抽象的人，接近唯物史观的体系而又未完全达到唯物史观的高度，这就是《神圣家族》在马克思早期思想演变中的特殊地位，这种情况表现在理

---

① 王卫国等：《马克思的第一个伟大发现——唯物史观的形成》，合肥：安徽人民出版社1985年版，第191—192页。
② 赵民、刘建宁：《〈神圣家族〉："实践的唯物主义"产生的理论基础之一》，载《科学社会主义》2015年第5期。
③ 孙伯鍨：《探索者道路的探索——青年马克思恩格斯哲学思想研究》，南京：南京大学出版社2002年版，第214页。
④ 同上书，第194页。

论上特别反映在马克思当时所采用的"真正的人道主义"的概念上①。葛锡有等人认为,对于《神圣家族》而言,既要看到马克思和恩格斯在这里所取得的思想成果的一面,又要看到它不成熟的一面。对于术语的不精确,对于旧哲学的影响,甚至个别观点的错误,不能忽视,也不能夸大,而应进行具体地历史地分析。同时,更为重要的是,从这部不成熟的著作中首先要根据马克思和恩格斯的新的思想获得,例如,对哲学基本问题的解决,历史唯物主义的某些基本观点,尤其是群众在历史的作用和无产阶级历史作用的原理,等等。这些思想正是这部早期著作的重要价值和实质所在。

四 《神圣家族》的文献学问题

在《神圣家族》的研究中还存在一个文献学问题,即《神圣家族》与《关于费尔巴哈的提纲》的思想关系问题。《关于费尔巴哈的提纲》在马克思的众多著述中是篇幅最短,但阐释空间最大的著述。作为"包含着新世界观的天才萌芽的第一个文件",它在马克思主义哲学史乃至马克思主义发展史上具有极为重要的地位和价值,具有里程碑式的性质,但是它在写作时间、写作动机、思想史定位等问题上,仍存在不少争议,亟待深入研究。

国内学者关于《神圣家族》的文献学研究基于俄国学者巴加图利亚和德国学者英格·陶伯特的观点,前者认为,《关于费尔巴哈的提纲》写于1845年4月,并且是《德意志意识形态》的"思想提纲";后者认为,《关于费尔巴哈的提纲》写于1845年7月初,而且是《神圣家族》的后续工作,并不是《德意志意识形态》的写作大纲。

《关于费尔巴哈的提纲》写于1844—1847年的札记本中,在《关于费尔巴哈的提纲》第一条之前,马克思写下了四行文字:

---

① 王卫国等:《马克思的第一个伟大发现——唯物史观的形成》,合肥:安徽人民出版社1985年版,第226页。

神灵的利己主义者同利己主义的人相对立。

革命时期关于古代国家的误解。

"概念"和"实体"。

革命——现代国家起源的历史。①

在陶伯特看来,这四行字对应的是《神圣家族》中评价法国和英国的唯物主义以及费尔巴哈的唯物主义和人道主义的那几个小节。马克思很有可能是在看到了人们对《神圣家族》的评价和反应之后才写了这四行字。

对此,我国学者也展开了相关的讨论。多数学者赞成《关于费尔巴哈的提纲》写于"1845年春",即恩格斯的回忆是比较准确的。聂锦芳也从这四句话入手,试图说明《关于费尔巴哈的提纲》不是《德意志意识形态》的思想提纲,而仅仅是《神圣家族》的后续工作。其理由:第一,马克思完成了对鲍威尔的批判以及在对与之相关的法国唯物主义的清算以后,需要进一步对费尔巴哈的哲学思想进行清理。第二,马克思写作《关于费尔巴哈的提纲》是为了回应围绕《神圣家族》所展开的争论。姚顺良、夏凡通过文献考证历史的缜密研究,进一步证实了《关于费尔巴哈的提纲》是《德意志意识形态》的"思想提纲",而写作《德意志意识形态》的最初动因是施蒂纳的《唯一者及其所有物》出版,直接动因恰恰是鲍威尔在《维干德季刊》第3期上批判费尔巴哈与马克思、恩格斯等人的文章。其中,与鲍威尔划清界限的任务已经在《神圣家族》中完成,与费尔巴哈划清界限的任务就是在《关于费尔巴哈的提纲》和《德意志意识形态》中完成的。目前,这个方面的研究还刚刚起步,还会出现更多有价值的理论观点

五 《神圣家族》中马克思和恩格斯的思想关系

朱传棨认为,马克思和恩格斯的学术思想关系是清晰可见的,从

---

① 《马克思恩格斯全集》第42卷,北京:人民出版社1979年版,第273页。

《神圣家族》中可以看出,马克思和恩格斯既有共同的观点,也有各自的思想,"从《神圣家族》一书中可以看出,他们都在各自所写的冠以特殊标题的章节下面署了名。从而我们就可以分析出当时各自的观点以及在为创立唯物史观的过程中的作用"①。在《马克思恩格斯哲学思想比较研究》一书中,朱传棨通过比较包括《神圣家族》在内的,马克思和恩格斯各个时期的思想,就《神圣家族》而言所得出结论是:"综上所述,马克思和恩格斯在共同创立新哲学中,他们的功绩都是巨大的,他们对旧历史观的批判和对新历史观的基本观点是完全一致的,但在创立新历史观中所发挥的作用是不完全相同的,如果说马克思的探索是侧重于对历史客体的本质问题作了科学揭示;而恩格斯的探索却侧重于对历史主体作用的本质问题进行科学论证。共同的目的是为确立唯物史观的起点,对包括德国古典哲学在内的旧哲学长期纷争而未获解决的历史的主客体关系问题予以科学回答"②。有学者认为,恩格斯在《神圣家族》中的贡献是很大的,特别是在肯定和借鉴费尔巴哈哲学方面,恩格斯的贡献是突出的,"恩格斯热烈地赞扬费尔巴哈摧毁了黑格尔唯心主义体系的历史功绩"③。"在批判鲍威尔等人的唯心主义历史观时,恩格斯运用并革新了费尔巴哈的人本主义观点,更加明确地强调人民群众在历史上的创造作用,认为现实的人是全部人类活动和全部人类关系的本质和基础"④。"恩格斯在这里用现实的人,活生生的人来代替费尔巴哈的抽象的人,这就抓住了费尔巴哈历史观中的致命弱点",在以上方面,恩格斯的贡献是十分明显的。

关于恩格斯的作用,叶汝贤认为,恩格斯在写完《神圣家族》的有关章节之后,又用了几个月的时间,撰写了《英国工人阶级状况》一书。这部书像《神圣家族》一样,论证了历史发展的物质基础和无

---

① 朱传棨等:《马克思恩格斯哲学思想比较研究》,郑州:河南人民出版社1995年版,第67页。
② 同上书,第88页。
③ 马绍孟等:《恩格斯和马克思主义》,北京:中国人民大学出版社1985年版,第34—35页。
④ 同上书,第35页。

产阶级的历史作用。所不同的是后者从批判青年黑格尔派的唯心史观出发，前者则以恩格斯在英国所作的亲自调查为依据。因此，这部著作是《神圣家族》的进一步发展和必要的补充。特别是对无产阶级的历史地位和历史作用的分析比《神圣家族》前进了一步①。

综上所述，目前国内学者提出了许多有借鉴和启示意义的观点，它标志着我国对《神圣家族》的研究仍然处在不断深化和发展的过程中。

---

① 叶汝贤：《马克思的唯物史观》，广州：广东高等教育出版社 2000 年版，第 117 页。

第三部分　当代解读

第六章 《神圣家族》的结构和主要内容

前文已经通过"写作契机与成书经过"一节介绍了马克思和恩格斯写作《神圣家族》的动机,是从事实的角度加以阐释的。这里旨在介绍《神圣家族》的结构和主要内容。《神圣家族》全书共分为篇幅不等的9个章节,本章依据内容与主题,并将其划分为5个小节,分别介绍马克思对蒲鲁东的评价,即《神圣家族》第四章第4节的内容;马克思对黑格尔哲学的评价,即该著第五章和第八章的内容;马克思和恩格斯对布鲁诺·鲍威尔的正面批判,即该著第六章的内容;马克思和恩格斯对"通讯"的批判,即该著第七章的内容;以及恩格斯独立写作的5个短篇。《神圣家族》各章节的结构极不平衡,篇幅不等,有的章节篇幅很长,有的篇幅很短,因而导致本章在结构上同样是篇幅长短不一。

马克思在《神圣家族》的序言中写道,

"现实人道主义在德国没有比唯灵论或者说思辨唯心主义更危险的敌人了。思辨唯心主义用'自我意识'即'精神'代替现实的个体的人"[①]。

马克思写在《神圣家族》伊始的这句话很容易使人产生误解,也就是说,马克思称鲍威尔为代表的思辨唯心主义是"胡说"或者仅仅只是"思辨的高见",它怎么会有众多的听众,它又怎么会危及马克思观点的地位,并妨害它在德国的传播呢?这里存在着两种合逻辑的可能

---

① 《马克思恩格斯文集》第1卷,北京:人民出版社2009年版,第253页。

性：一方面，如果马克思说的是对的，鲍威尔的观点就没有任何意义，也就没有必要把它们看作是"危险的敌人"，因而批判这种无意义的观点也是无意义的；另一方面，如果马克思说的是不对的，鲍威尔的观点的确很"危险"，那么，马克思把鲍威尔的观点统统说成是肤浅的、陈词滥调等等，显然是或者至少是言过其实了。

马克思在《神圣家族》中用了300多页来反对布鲁诺·鲍威尔及其伙伴，马克思的行文很长，甚至对于没有普遍意义的次要部分也详加论述，这使恩格斯也感到"震惊"。恩格斯负责写作的部分仅用了20多页，而且恩格斯所写的虽然短小而却具有讽刺性的内容，已经可以把鲍威尔的真实面目完全公之于众了。

1842年以前，马克思对鲍威尔的最初评价是极高的，他曾说鲍威尔以其深刻的评论，证明了神学家们的无知，而且对鲍威尔在写作上泼辣的风格、尖锐的批判、机智的论辩、透彻的论证、丰富的想象力和旺盛的斗志都赞赏有加，并和他长期共事合作。由此可见，马克思清楚地知道，许多人都阅读鲍威尔的书，鲍威尔的思想很得人心。鲍威尔被免去了波恩大学职务就是明显的例证。在鲍威尔被免职以后，对福音书和基督教进行的批判就得不到广泛的支持，卢格的《德国年鉴》和包括《莱茵报》在内的某些报纸的抗议，并不能改变这种局面。鲍威尔的批判矛头并非指向专制的普鲁士政府，而是转向批判群众的消极性，以及强调纯粹思辨的理论性质。这样，鲍威尔的思想就丧失了革命性，失去了对进步知识分子的吸引力。因此，马克思在《神圣家族》中对鲍威尔的批判，仅仅指鲍威尔1844年以后所宣扬的那些思想。马克思在《神圣家族》中对鲍威尔及其伙伴的清算，同时也是对自己的一次清算，他试图证明，在鲍威尔的概念体系和他本人的概念体系之间已经不再有任何共同之处，或者更确切地说，二者之间已出现了一道理论鸿沟。因而马克思极力贬低鲍威尔及其著作，使用了很多侮辱性的词句，并对鲍威尔理论加以讽刺。其实质是：马克思完全拒斥了鲍威尔的自我意识的批判哲学。

马克思在序言中还提到：

"我们的阐述自然要取决于阐述的对象。批判的批判在各方面都低于德国的理论发展已经达到的水平。因此,如果我们在这本书中不再对这一发展本身进行评论,那是因为我们所阐述的对象的本性使我们完全有理由这样做。

更确切地说,是批判的批判使我们不得不用现已达到的成果本身来批驳它"①。

这里所说的"现已达到的成果"主要指的是费尔巴哈的哲学和蒲鲁东的经济学,而在马克思看来,这两项理论成果已经超越了黑格尔哲学,鲍威尔及其伙伴却还处于拙劣地模仿和歪曲地运用黑格尔哲学的水平,因而用"现已达到的成果"就已经足够了。

一 赋予特征的翻译和批判性的评注:马克思对蒲鲁东的评价

《神圣家族》第四章题为"体现为认识的宁静的批判的批判或埃德加先生所体现的批判的批判",其中第 4 节出自马克思的手笔,他拟定的标题是"蒲鲁东",埃德加·鲍威尔于 1844 年 4 月《文学总汇报》第 5 期中发表了《蒲鲁东》一文,马克思执笔的这一节就是对此的正面回应。这一节从内容上看可以分为相互关联的两个部分:一是"赋予特征的翻译",一是"批判性的评注"。2009 年出版的《马克思恩格斯文集》中节选了"批判性的评注"部分,本书的引用原则是先引《马克思恩格斯文集》中的原文,如该文集未曾刊载则引用 1956 年出版的《马克思恩格斯全集》第一版第 2 卷中的译文。

1. 蒲鲁东其人其书

蒲鲁东于 1809 年 1 月 15 日出生在法国小镇贝桑松的城郊,他比马克思大 9 岁,1865 年 1 月死于巴黎,享年 56 岁。蒲鲁东的一生以 1848 年欧洲革命为界可以分为前后两个阶段,即前期的理论批判阶段和后期

---

① 《马克思恩格斯文集》第 1 卷,北京:人民出版社 2009 年版,第 253—254 页。

的革命活动阶段。

（1）理论批判阶段

蒲鲁东出身于贫苦的手工业者家庭，在蒲鲁东很小的时候，店铺由于经营不善而破产，生活窘迫的蒲鲁东12岁就开始在一家旅馆当佣工挣钱糊口，后来中学没毕业又被迫到一家印刷厂当排字工人。按照当时在手工业者中仍然流行的帮工制，他曾周游法国，辗转于巴黎、里昂、土伦、马赛等地，因为找不到固定的职业而过着半流浪式的生活。1836年回到贝桑松后，他和两个同伴合资开办了一所印刷厂，但蒲鲁东及其伙伴又因资金不足和经营不善，背上了债务，他几乎耗尽一生才还清。

蒲鲁东一生未接受过系统的学校教育，他的学问完全出于自学。但是他很勤奋，读过很多书，写了许多著作。1838年，蒲鲁东写了《论通用文法》，他试图通过这本小册子申请贝桑松大学"苏阿尔奖学金"，没有成功，但经过努力，他获得了为期三年、每年500法郎的助学金，这使他有可能献身于理论著述活动。这期间，蒲鲁东发表了两部作品：1839年的《论星期日进行宗教仪式对于卫生、道德以及家庭和社会的好处》和1840年的《什么是财产？或关于法和权力的原理的研究》①。《什么是财产？》使蒲鲁东一举成名，成为当时社会主义思潮的重要代表人物。在这本书中，蒲鲁东提出了"所有权就是盗窃"的观点，他自认为这是历史上伟大的发现。贝桑松大学的教授对蒲鲁东"革命"的言论惊慌失措，并宣布与蒲鲁东断绝关系，还打算取消他的助学金，甚至把他送交法院审判。蒲鲁东在法庭上的巧辩使他免于有罪的判决，并且因为这次审讯，他的知名度和影响力反而大增。

1843年，蒲鲁东来到里昂，受雇于科底叶兄弟公司，从此开始了大城市的生活。蒲鲁东在工作中接触到了形形色色的人物和思想，其中最大的一个组织是"互助主义者"。在某种程度上，"互助主义者"的思想与蒲鲁东的经济与社会改良思想有共同之处，他发表的书也在互助

---

① 另译为《什么是所有权》，孙署冰译，北京：商务印书馆1963年版，本书为叙述方便均使用《什么是财产？》。——编者注

主义者中找到了读者。在里昂时期,蒲鲁东积极投身于秘密的革命组织,这是他一生中唯一的一次,后来他将自己的理论命名为"互助主义"。

1844年,蒲鲁东在巴黎结识了马克思,同时他还与卢格、巴枯宁和格律恩交往。马克思将蒲鲁东视为当时法国最出色和最有代表性的社会主义者。两人当时常常就黑格尔哲学展开彻夜的争论,但这种密切的关系只维持了不长时间。1846年初,马克思和恩格斯在布鲁塞尔创立了共产主义通讯委员会,他们写信邀请蒲鲁东参加,并充任委员会在巴黎的通讯员。蒲鲁东在回信中实际是拒绝了马克思的邀请。1846年,蒲鲁东写了《贫困的哲学》,试图通过对古典政治经济学的分析来回答什么是财产的问题,并借助黑格尔的辩证法说明经济范畴的体系。该书的出版恰逢法国工人运动暗潮涌动的1846年,在工人中造成了很大的思想混乱,使马克思不得不出手反击,最终使两人的友谊永远结束。《贫困的哲学》出版之后,蒲鲁东在一年多的时间里没有进行任何著述活动。

(2) 革命活动阶段

1848年可以看作是蒲鲁东一生活动的分水岭。在1848年革命以前,蒲鲁东几乎未参与任何政治活动,只是一个纯粹的理论批评家。从1848年二月革命开始,他致力于从事紧张的政治活动和时评活动。从这一年开始,蒲鲁东的社会主义思想和社会改革计划开始在工人群众中大范围地传播,其影响丝毫不逊于马克思主义,甚至持续到蒲鲁东去世之后。

1847年年底,蒲鲁东来到巴黎,他就敏感地察觉到了即将来临的暴风雨,在塞纳河岸边租住的房子里,蒲鲁东亲眼目睹了1848年革命的全过程。当时,蒲鲁东对于革命的态度似乎有些矛盾,他认为,人民草率地发动了革命,二月革命背后没有革命理论的支撑。所以,革命后组建的新政府无法解决革命的原因,也就是"经济"问题。可见,蒲鲁东与马克思一样,也认识到经济问题的基础性地位和作用,但他却拒绝接受革命的策略。1848年2月,蒲鲁东发表了《社会问题的解决》

一文，主张建立人民银行来解决资本主义社会中的一切矛盾。很快，蒲鲁东组织出版了命名为《人民代表》的报纸。1848年3月到6月间，蒲鲁东还出版了两本小册子《信贷组织》和《社会问题概观》，这都使蒲鲁东越来越多地进入了巴黎市民的视线之中。在4月的选举中，他被提名为候选人，但是落选。在其后6月国民议会的补选中，他被选为巴黎的代表。选举纲领是蒲鲁东社会改良思想的一次公开展示，他将1846年关于人民银行的组织计划扩充成了一个完整的政府理论。

　　1849年初，蒲鲁东通过报纸招募股份，筹建人民银行。在资本主义竞争的条件下，他的"人民银行"还没有正式开业就不得不宣布关闭。由于蒲鲁东在巴黎民众和民主知识分子中的声望日盛，政府对于他的影响力深感不安，《人民代表》被查封。1849年3月，蒲鲁东以另一份报纸《人民》取而代之，因为在报纸上发表反对新当选的总统路易·拿破仑的言论，随即被当局判处一万法郎的罚金和三年监禁。他被迫逃亡比利时，不久又潜回到法国，不幸被密探发现，被捕入狱。三年的铁窗生涯中，蒲鲁东专心于写作，共出版了三本书：《一个革命者的自白》、《十九世纪革命的总观念》和《无息信贷》。其中尤以《十九世纪革命的总观念》最为重要，该书被视为无政府主义的经典著作。

　　出狱以后，蒲鲁东继续进行他的著述活动。1852年，蒲鲁东写了《从十二月二日政变看社会革命》，1858年，蒲鲁东出版了三卷本的哲学著作《论革命和宗教中的正义》，对天主教会进行了尖锐的批判。蒲鲁东被判处三年监禁。具有讽刺意味的是，拿破仑三世1859年的大赦释放了所有的政治犯，唯独没有赦免当时曾经支持过他的"朋友"蒲鲁东，就是在1862年蒲鲁东回到法国以后，帝国还在限制他的活动，直到1865年蒲鲁东去世，他一直处于当局的监控之下。

　　在活动的最后一段时期，蒲鲁东仍然著述甚丰。1857年他出版了《交易所投机者手册》，因该书内容通俗、具体，所涉及的又都是大众所关心的热门话题，所以出版后影响很大，两个多月内就印了七版。之后，蒲鲁东陆续出版了《战争与和平》（1861年）、《论联合原则》（1863年）、《论工人阶级的政治能力》（1865年）。其中最重要的是

《论工人阶级的政治能力》，此书可以看作是蒲鲁东的政治遗嘱，最后一章甚至是他在弥留之际，口授完成的。

蒲鲁东的一生颠沛流离，始终处于贫困的阴影之中。但艰苦的生活条件并没有磨灭他求知的渴望，他博览群书，蒲鲁东从不轻易相信书中所读到的内容，总是用批判的眼光考察书中的观点，充分消化吸收后为己所用，即使是对于卢梭、康德这类大哲学家的著作也不例外。大量的阅读和特别的阅读方式造就了蒲鲁东与众不同的写作风格。因为反对任何体系，他的作品往往非常散漫，把所能想到的一切与论题有关的东西都放到著作中，经常引起重复和矛盾，为此，他不是个说理明晰的作家。但他写作的体裁非常新颖，格调自然，马克思在提到蒲鲁东的著作《什么是财产？》时说道："这一著作如果不是由于内容新颖，至少是由于论述旧东西的那种新的和大胆的风格而起了划时代的作用"①。

蒲鲁东在法国的影响深刻而持久。在 19 世纪 50 和 60 年代，他的影响在巴黎工人中占据支配地位，同时也控制了早期的国际工人协会法国支部。另外，蒲鲁东对无政府主义的学说发展影响巨大，是思想史上公认的无政府主义之父。

2. 赋予特征的翻译

马克思在《神圣家族》第四章第 4 节中将埃德加·鲍威尔的观点区分为"赋予特征的翻译"和"批判性的评注"两个部分，二者是穿插写作的。本书将分别论述这两个部分，需要深入研究的读者当然还需完整地阅读原著，特别是本书将略去马克思举出的诸多关于法文翻译的实例。在每一个具体的实例中，马克思均先列举埃德加·鲍威尔的说法，称之为"批判的蒲鲁东"或"蒲鲁东第一"，然后再重新将蒲鲁东的法文著述中的观点译出，并称之为"真正的蒲鲁东"或"蒲鲁东第二"，这样，通过对比的方式揭示出埃德加·鲍威尔利用翻译对蒲鲁东思想的歪曲。

马克思开门见山地指出，"埃德加尔先生赋予这部著作以特征的方

---

① 《马克思恩格斯文集》第 3 卷，北京：人民出版社 2009 年版，第 16 页。

法是翻译。当然他赋予它的是丑恶的特征,因为他把它变成了'批判'的对象"①。随后,马克思举出很多的实例来证明,埃德加·鲍威尔怎样利用翻译篡改了蒲鲁东的原意。比如:蒲鲁东追求的不是抽象的科学目的,而是通过"废除特权"向社会提出一些直接实践的要求,或者说是根据法国群众的实践来谈公平,公平是蒲鲁东立论的要领。在埃德加·鲍威尔赋予特征之后,蒲鲁东的公平思想就变得无从理解了。埃德加·鲍威尔将"物质界的事实"译作"物理学的事实",把"精神生活的事实"译作"智慧的事实",这样蒲鲁东通过历史上的事实例证法来证明"公平"会不断实现,即原则通过自身的否定而实现的观点就被彻底歪曲了。马克思说,"既然被批判地赋予特征的蒲鲁东和真正的蒲鲁东之间有这样一些分歧,那末,蒲鲁东第一所企图证明的东西跟蒲鲁东第二所要证明的东西完全不同,就丝毫也不值得奇怪了"②。"批判的批判"指责蒲鲁东将平等神圣化,从而也将财产神圣化,在分割土地的一瞬间就实现了从占有到财产的过渡。马克思仍是通过列举"批判的蒲鲁东"和"真正的蒲鲁东"来说明,土地耕作是土地占有的基础,仅仅保护劳动果实,不同时保证生产工具是不够的。财产的最初占有者并非由于关心自身的需要,就会忽略财产的发展进程。可见,蒲鲁东所理解的财产并不是僵化的、固定不变的,更不是从平等的原则中引申出来的。"批判的批判"为了批判蒲鲁东的观点,就先修改了法国经济学家萨伊的术语,即把"自然的占有物"译为"自然的财富"。但是,萨伊在《政治经济学概论》中十分明确地指出,他所说的财富既不是财产,也不是占有物,而是"价值的总和"。埃德加·鲍威尔认为,萨伊从土地比空气和水易于占有的事实出发,引申出把田野变为财产的权利,但是萨伊没有从土地比较容易占有这个事实引申出土地所有权,蒲鲁东并不同意萨伊的观点,因为萨伊用"可能性"来代替权利,从而把可能性的问题和权利的问题混为一谈。同样,埃德加·鲍威尔批判社会学家

---

① 《马克思恩格斯全集》第2卷,北京:人民出版社1957年版,第27页。
② 同上书,第34页。

孔德，说他是从有限和无限这两个概念出发来进行论证的。如果他把不必需和必需这两个概念作为主要范畴的话，就可能会得出其他结论。马克思随后阐述了蒲鲁东对孔德的批判，如果孔德以空气、食物和衣服的必要性为出发点，那么，土地也是第一必需品，为什么土地成为私有财产，在蒲鲁东看来，孔德的论证方式恰恰证明了和他的论点相反的东西，马克思也赞成蒲鲁东的分析。总之，"批判的批判通过翻译真正的蒲鲁东的著作创造了一个批判的蒲鲁东，从而向群众表明，什么是批判地完成的译文。它向我们表明了什么是'恰如其分的翻译'"①。马克思使用引号，表示对埃德加·鲍威尔的讽刺。

3. 批判性的评注

该节都是先正面阐述并评价蒲鲁东的思想，然后再批判埃德加·鲍威尔的观点，也属于立论后的驳论，但这里的"立论"却不能完全代表马克思的观点，正如马克思在《神圣家族》的"序言"中所说，"是批判的批判使我们不得不用现已达到的成果本身来批驳它"②，也就是利用蒲鲁东的成果来批判鲍威尔及其伙伴。

（1）国民经济学中的人性假象

哲学研究有一个很重要的特点就是前提批判，蒲鲁东的《什么是财产？》的主旨是批判国民经济学，是根据国民经济学的观点对国民经济学所做的批判，对于这本书中有关法律的部分，马克思在《神圣家族》中没有深入研究。蒲鲁东的观点与当时马克思、恩格斯的观点有很大的相似之处。恩格斯的《国民经济学批判大纲》与马克思写作的《1844年经济学哲学手稿》都认为私有财产是国民经济学的前提，国民经济学家对此不作任何进一步的考察，因而马克思在《神圣家族》中对蒲鲁东的评价极高，他说，

> "蒲鲁东则对国民经济学的基础即私有财产作了批判的考察，而且是第一次具有决定意义的、无所顾忌的和科学的考察。这就是

---

① 《马克思恩格斯全集》第2卷，北京：人民出版社1957年版，第63页。
② 《马克思恩格斯文集》第1卷，北京：人民出版社2009年版，第253页。

蒲鲁东在科学上实现的巨大进步，这个进步在国民经济学中引起革命，并且第一次使国民经济学有可能成为真正的科学。蒲鲁东的著作《什么是财产？》对现代国民经济学的意义，正如西哀士的著作《第三等级是什么？》对现代政治学的意义一样"①。

按照马克思的理解，蒲鲁东本人是用国民经济学的这些前提来反驳国民经济学家，这就与恩格斯不同，恩格斯在《国民经济学批判大纲》已经将工资、商业、价值、价格、货币等看作私有财产的进一步的形式。但是蒲鲁东对国民经济学的前提批判却具有十分重要的理论意义。在国民经济学中，私有财产不仅是天然合理的，而且合乎人性的和合理的关系，正像神学家经常从合乎人性的观点来解释宗教的起源及其观念的演变一样。马克思以工资为例展开论述，在国民经济学中，工资表现为产品中劳动应得的份额，工资和资本的利润本应处在最敌对的、相反的关系中，即工资和资本的利润属于正相关的反比关系，却被国民经济学家描述为处在最友好的、互惠的、仿佛最合乎人性的关系中。

恩格斯曾认为，商品的价值是由物品的生产费用和物品的社会效用来确定的。蒲鲁东的著作还揭示出另外的方面，即价值是一个纯粹偶然的规定，它甚至同生产费用和社会效用无关。在形式上，工资的多少是工人和资本家自由协商来确定的，因而双方都是自由的，而蒲鲁东发现，在实质上，工人是被迫与资本家签订劳动合同的，工资也是由资本家确定，资本家把工资压到尽可能低的水平同样是被迫的，否则资本家也不能存在下去，因而双方都是不自由的，以此类推，商业等其他方面的情况也是如此。可见，在国民经济学中，对现实经济关系的描述就与人性的假象发生无法解决的深层矛盾，这种矛盾无法在国民经济学内部得到解决。因此，马克思再一次肯定蒲鲁东的贡献，他写道：

"蒲鲁东永远结束了这种不自觉的状态。他严肃地看待国民经济关系的人性的假象，并让这种假象同国民经济关系的非人性的现

---

① 《马克思恩格斯文集》第 1 卷，北京：人民出版社 2009 年版，第 256 页。

实形成鲜明的对照。他迫使这些关系在现实中成为它们把自己想象成的那种东西；或者更确切些说，他迫使这些关系抛弃它们关于自身的这种想象而承认自己是真正非人性的。因此，蒲鲁东始终不同于其他国民经济学家，他不是以限于局部的方式把私有财产的这种或那种形式描述为国民经济关系的扭曲者，而是以总括全局的方式把私有财产本身描述为国民经济关系的扭曲者。从国民经济学观点出发对国民经济学进行批判时所能做的一切，他都已经做了"①。

在马克思看来，"埃德加先生"、"认识的宁静"或"批判的批判"完全没有把握住蒲鲁东《什么是财产？》这部著作的观点的特征，埃德加·鲍威尔既没有谈到国民经济学，也没有揭示出蒲鲁东的著作所具有的不同于其他社会主义者的特点，而蒲鲁东的重要贡献恰恰是将私有财产的实质问题看作对国民经济学来说生死攸关的问题。在埃德加·鲍威尔看来，蒲鲁东的最大特点是"发现了某种绝对的东西，发现了历史的永恒基础，发现了为人类指引方向的神。这就是公平"②。那么，由于蒲鲁东提出了历史上的绝对的东西，也就是说，蒲鲁东所坚持对所谓"公平"的信仰，这样就可以将蒲鲁东变成神学的对象。而"批判的批判"就是对神学的批判，因而就可以抓住蒲鲁东的"宗教观念"大做文章了。在埃德加·鲍威尔看来，蒲鲁东的著述符合宗教观点的特点，即蒲鲁东坚持的信条是：两个对立的事物中必有一个最后要战胜另一方，从而成为最后的唯一和真实的事物。马克思也按照同样的方法指出，"批判的批判"和"群众"也是对立中的双方，鲍威尔及其伙伴认为，"批判"最后会作为唯一的真理战胜"群众"，而蒲鲁东却把"群众"的"公平"当作绝对的东西，贬低的"批判"的地位，这就是蒲鲁东的罪过。那么，在马克思看来，"批判的批判"和"公平"都非常明确地保留"神"的地位。

---

① 《马克思恩格斯文集》第1卷，北京：人民出版社2009年版，第257页。
② 〔德〕埃德加·鲍威尔：《蒲鲁东》，载《文学总汇报》第5期。转引自《马克思恩格斯文集》第1卷，北京：人民出版社2009年版，第258页。

(2) 关于贫穷的事实

在"批判性的评注2"中，马克思先引述了埃德加·鲍威尔的原话，即"贫困、贫穷的事实使蒲鲁东片面地进行了一些思考；他认为这个事实是同平等和公平相**抵触**的；这个事实使他有了自己的武器。于是，对于他，这个事实就成了绝对的、合理的，而财产存在的事实则成为不合理的了"①。在这简短的表述中，埃德加·鲍威尔竟然自我矛盾，一方面蒲鲁东认为，贫困的事实同"公平"相抵触，显然，蒲鲁东本人就不会认为这个事实是合理的；另一方面，埃德加·鲍威尔紧接着写道，对于蒲鲁东来说，贫困和公平相抵触的事实又是绝对的、合理的。那么，这种前后两句话相互矛盾的表述已经说明了鲍威尔的论述纯属无稽之谈。

在这里，马克思仍然是高度肯定了蒲鲁东的理论出发点，以往的国民经济学均是为私有财产进行辩护的论述，将私有财产的运动看作是为国民创造的财富，但蒲鲁东与其不同，

"蒲鲁东从国民经济学用诡辩掩盖的相反的方面出发，即从私有财产的运动造成的贫穷出发，进行了否定私有财产的思考。对私有财产的最初的批判，当然是从那种体现私有财产充满矛盾的本质的最彰明较著、最触目惊心、最令人激愤的形式，即贫穷、贫困的事实出发的"②。

蒲鲁东看到了贫穷和财产之间的内在联系，他要废除私有财产，以便消灭贫困，而且蒲鲁东还详尽地证明了资本的运动如何造成贫困。然而，埃德加·鲍威尔并未肯定蒲鲁东的贡献，他的水平还低于蒲鲁东，因为他对财产和贫穷的事实还毫无认识，却在自己想象中将贫穷和财产这两个事实合而为一，使二者成为一个整体，进而探寻这个整体本身存在的前提，此来反驳蒲鲁东所做出的详尽证明。在马克思看来，这更是

---

① 〔德〕埃德加·鲍威尔：《蒲鲁东》，载《文学总汇报》第5期。转引自《马克思恩格斯文集》第1卷，北京：人民出版社2009年版，第259页。

② 《马克思恩格斯文集》第1卷，北京：人民出版社2009年版，第259页。

一个多余的问题,因为是埃德加·鲍威尔本人刚刚创造了这个"整体本身",又将"批判的批判"凌驾于对立的两个极端之上,那就是用真正神学的方式在这个"整体"之外寻求其存在的前提。这个所谓的"整体存在的前提"正是蕴含在对立的两个方面的本性中,可是批判的思辨却根本不去研究这个形成整体的现实运动,而是玩弄自身思想的创造物,这远远不及蒲鲁东的水平。

在此,马克思也按照蒲鲁东的思路分析了贫困和私有财产这两个事实,即在资本主义世界中的无产阶级和资产阶级的对立,无产阶级表现为贫困,资产阶级则表现为占有财产,只说明它们是整体的两个方面是不够的。按照辩证法的思路,私有财产作为财富,为了保持自身的存在,就不得不保持自己的对立面,即无产阶级的存在。这是对立的肯定方面,私有财产得到自我满足。相反,无产阶级作为贫困的代表,就要求消灭自身,因而不得不消灭它的对立面,即私有财产。这是对立的否定方面,是已被瓦解并且正在瓦解的私有财产。无产阶级和资产阶级虽然同样表现了人的自我异化,但是,无产阶级在异化中感到自己的无力和非人的生存的现实,资产阶级在自我异化中感到幸福,并在异化中获得人的生存的外观。无产阶级必然会对这种异化的状态感到不满,转而寻求变革自己的现实生活。因此,"在这种对立内,私有者是保守的一方,无产者是破坏的一方。从前者产生保持对立的行动,从后者则产生消灭对立的行动"①。

接着,马克思讲到了消灭这种对立的条件,一方面,私有财产只有通过不以它为转移的、不自觉的、同它的意志相违背的、为事物的本性所决定的发展,即私有财产已经不能带来社会的总体富足;另一方面,只有当私有财产造成作为无产阶级的无产阶级,造成意识到自己在精神上和肉体上贫困的那种贫困,造成意识到自己的非人化从而自己消灭自己的那种非人化时,无产阶级获得胜利就意味着私有财产才能走向自我瓦解,无产阶级本身以及私有财产都会消失。这样,无产阶级将发挥具

---

① 《马克思恩格斯文集》第1卷,北京:人民出版社2009年版,第261页。

有世界历史意义的作用，由于在无产阶级的生活条件中集中表现了现代社会的非人性状态，由于在无产阶级身上实际表现为绝对的贫困，所以无产阶级能够而且必须自己解放自己。但是，如果无产阶级不消灭它本身的生活条件，它就不能解放自己。马克思指出，"问题不在于某个无产者或者甚至整个无产阶级暂时提出什么样的目标，问题在于无产阶级究竟是什么，无产阶级由于其身为无产阶级而不得不在历史上有什么作为"①。马克思在《德法年鉴》上发表的文章中已经公开表述，无产阶级的目标和历史使命已经在自己的生活状况和现代资产阶级社会中明显地展露出来了，当时的工人运动表明，英国和法国的无产阶级已经意识到自己的历史任务，并使这种意识进一步明确起来。而"批判的批判"却无视无产阶级贫困的事实，反而宣告自己是历史的唯一创造因素，它只能成为无产阶级运动的对立面。

（3）关于平等的观念

在"批判性的评注3"伊始，马克思还是先引用了埃德加·鲍威尔在《文学总汇报》上对蒲鲁东的那篇评论文章中的论述，即"蒲鲁东根据什么来证明财产是不可能的？还是根据那个平等的原则，这简直令人难以置信！"②他直接反驳了埃德加"难以置信"的说法。蒲鲁东将"平等"作为论述的基础，与布鲁诺·鲍威尔把"无限的自我意识"作为一切论述的基础如出一辙。蒲鲁东把"平等"看成私有财产的创造原则，这又与鲍威尔将"自我意识"看成福音书的创造原则如出一辙。马克思进一步指出，平等是法国的用语，蒲鲁东的原则是"按法国的方式即用政治语言和具象思维的语言所说的东西"，自我意识是德国的用语，鲍威尔的原则是"按德国的方式即用抽象思维所表达的东西"③。自我意识是思维中的平等，平等实践中的自我意识。在此，马克思肯定了蒲鲁东的贡献，因为蒲鲁东揭示了人同人的社会关系或人的关系，这恰恰是费尔巴哈从哲学出发得出的深刻结论，它在德国已经取

---

① 《马克思恩格斯文集》第1卷，北京：人民出版社2009年版，第262页。
② 同上书，第263页。
③ 同上书，第263—264页。

代了自我意识原则而代表"德国的理论发展已经达到的水平",但是在费尔巴哈以前,通过自我意识来反对或批判现存的、确定的事物,马克思本人也曾深信自我意识原则,这一点在马克思的博士论文中表现得最为明显。在费尔巴哈对"现实的人"进行考察以后,自我意识原则就成为了旧哲学的代表,而鲍威尔兄弟仍在维护这种旧哲学。

埃德加·鲍威尔说,"蒲鲁东竭力反对哲学,这件事本身我们不能怪他。但他为什么反对呢?他认为,哲学到现在为止还是不够实际的,它昂然骑在思辨的高头大马上,因此人们在它的面前显得过分渺小。我认为,哲学是超实践的,也就是说,它到现在为止无非是事物现状的抽象表现;它总是受被它认为是绝对的东西的事物现状的前提的束缚"①。这段话更加暴露了"批判的批判"对德国哲学的最新进展视而不见。在德国古典哲学中,费尔巴哈第一次证明哲学的抽象性,并将哲学称作思辨的和神秘的经验,这样,哲学就应该从思辨的天国下降到人类贫困的深渊,这是极具启示力和震撼力的结论。与此相反,埃德加却将哲学看作是超实践的,这只是说哲学曾经飘浮在实践之上,它也就无法对世界作出任何实际的判断,也无法识别任何的现实,更无法通过实践来干预事物的进程,这样埃德加·鲍威尔所谓的"哲学"只是满足于抽象形式的实践。于是,埃德加·鲍威尔为代表的"批判的批判"在本质上属于旧思辨哲学,特别是与黑格尔哲学具有极大相似性。例如,当这种思辨哲学在谈到"人"的时候,都不是指具体的东西,而是抽象的东西,即观念、精神等。

埃德加·鲍威尔指责蒲鲁东从平等概念出发反对私有财产,那么,埃德加本人也是用自我意识概念直接反对神的存在,自我意识是一切宗教观念的基础。自我意识是宗教观念的创造原则,但它是脱离自身的、自相矛盾的、外化和异化了的自我意识,因此,自我意识就是支配着它的自我外化的各种产物的力量。但是蒲鲁东对财产的事实本身进行考察。他在否定私有财产的同时,也历史地说明了私有财产存在的理由。

---

① 转引自《马克思恩格斯文集》第1卷,北京:人民出版社2009年版,第264页。

另外，蒲鲁东本人就是工人或无产者，他写作的出发点是群众的、现实的、历史的利益，这就远远超出批判的批判的视域。所以，马克思此时的评价是：蒲鲁东的著作是"法国无产阶级的科学宣言，因此具有与任何一个批判的批判家的拙劣作品完全不同的历史意义"①。

马克思指出，"批判的批判"到处都只看到一些范畴，因此，按照埃德加的看法，拥有、工资、匮乏、需要、劳动等等，都无非是一些范畴，其中，拥有和不拥有对蒲鲁东来说是两个绝对的范畴。如果社会必须摆脱拥有和不拥有这两个范畴，那么为社会"克服"和"扬弃"这两个范畴，是一件轻而易举的事。但是，如果拥有和不拥有不只是一个范畴，而是最悲惨的现实，那么，蒲鲁东把不拥有看作最重要的思考对象，就是无可指摘的。

在此，马克思也指出了蒲鲁东所有权理论的缺陷，

"蒲鲁东想扬弃不拥有以及拥有的旧形式，这同他想扬弃人与自己的**对象性本质**的实际异化的关系，以及想扬弃人的自我异化在**国民经济学**上的表现，其实都是完全相同的一回事。但是，由于他对国民经济学的批判还受到国民经济学的前提的束缚，因此，蒲鲁东仍以国民经济学的**占有**形式来理解对象世界的重新获得"②。

与"批判的批判"用拥有范畴去反对不拥有范畴完全不同，蒲鲁东是用"占有"去反对拥有的旧形式，即私有财产，而占有又被蒲鲁东解释为"社会职能"。但是蒲鲁东没有对这个思想作出恰当的阐述。"平等的占有"是国民经济学的观念，因而也是作为人的对象性存在，以及人同人的社会关系的异化表现。蒲鲁东是在国民经济学的异化范围内扬弃国民经济学的异化，并未超越国民经济学的狭隘视域。

---

① 《马克思恩格斯文集》第 1 卷，北京：人民出版社 2009 年版，第 267 页。
② 同上书，第 268 页。

(4) 关于价值的规定性

在"批判性的评注4",马克思谈到了劳动产品的价值问题。埃德加·鲍威尔代表的"批判的批判"企图证明,蒲鲁东从国民经济学的观点出发错误地驳斥国民经济学。在这里,"批判的批判"显露出对国民经济学的真正无知。埃德加先生论证道:蒲鲁东如果把劳动时间当作劳动产品的国民经济学上的价值的尺度,就犯了前后不一贯的错误。

马克思则指出,埃德加把"valeur"("价值")译成了"geltung"("效用"),因此在谈到法的效用和劳动产品的价值时,可以混淆使用这两个词,并把空闲时间和劳动时间等量齐观。

在马克思看来,生产物品所花费的劳动时间,属于该物品的生产费用,该物品的生产费用也就是它的价值,这里面暂时不考虑竞争的因素。国民经济学家在计算生产费用时,不仅把劳动时间和劳动材料计算在内,还把土地所有者的地租以及资本家的利息和赢利已计算在内。而在蒲鲁东的理论中,地租、利息和赢利不加以考虑,因为蒲鲁东所依据的前提不是私有财产,那样就只有劳动时间和预支费用。马克思说,

"由于蒲鲁东把劳动时间,即人类活动本身的直接定在,当作工资和产品价值规定的尺度,他就使人成了决定性的因素;而在旧国民经济学中却是资本和地产的物质力量起决定作用,这就是说,蒲鲁东还是以国民经济学的、因而也是充满矛盾的形式恢复了人的权利"①。

马克思在此又一次肯定了蒲鲁东的正确性,而国民经济学的奠基者亚当·斯密在《国民财富的性质和原因的研究》中也持同样的见解,即在不存在私有财产的条件下,即私有制确立以前,劳动产品的价值的尺度就是劳动时间。马克思此时虽然还没有形成自己的价值理论,但他已经初步接受了劳动价值论的基本观点。马克思明确表述为,"在直接的物质生产领域,确定某物品是否应当生产,即确定这种物品的**价值**,

---

① 《马克思恩格斯文集》第1卷,北京:人民出版社2009年版,第270页。

这主要取决于生产该物品所需要的劳动时间。因为社会是否有时间来实现合乎人性的发展，就取决于时间"①，并且精神生产也是如此。但蒲鲁东仍是以国民经济学的观点对国民经济学所进行的批判，承认人的活动的一切本质规定，但只是在异化的、外化的形式中来承认，时间对人的劳动的意义变为时间对工资、对雇佣劳动的意义。埃德加还指责蒲鲁东竟滥用自由贸易概念，马克思否认了埃德加的观点，蒲鲁东是把在国民经济学家那里只是名义上的、虚拟的东西，即签订劳资合同的双方的自由，设想为现实的东西。

（5）关于私有财产的历史可能性问题

在"批判性的评注5"中，马克思从工人消费的角度评价了蒲鲁东的理论并反驳埃德加·鲍威尔的无端指责。"批判的批判"不去深入研究蒲鲁东关于利息制度和利润制度等国民经济学中重要问题的论述，回避了蒲鲁东的论述中最重要的方面，由于缺乏私有财产运动的实际知识，也没有能力批判蒲鲁东。于是，"批判的批判"就指出蒲鲁东的证明缺少一个反题，即提供私有财产在历史上是可能的证明。

蒲鲁东在《什么是财产？》一书中证明，对于普通的劳动者来说，工人不能用自己劳动的工资重新买回自己的产品。埃德加却认为，"是因为产品始终是集体的产品，而工人本身无非是单个的被雇用的人罢了"②。他还认为，工人的思维只顾自己，只是为他个人而索取报酬，却不考虑他在同其他力量合作中所产生的那种巨大的、不可估量的力量，因而，问题的根源在于工人们的"思维"中。在马克思看来，产品对于工人自身来说是已经丧失了的、异化的对象，而且工人不得不把自己的产品重新买回来，否则就不能生活。代表私有财产的资本家则相反，他们不仅能重新买回劳动产品，而且还能重新买回更多的东西。如果要探讨二者的实质性差异，就必须要说明劳动和资本的相互关系，必须去探究资本的实质。这样的研究在蒲鲁东的著作中随处可见，而在

---

① 《马克思恩格斯文集》第1卷，北京：人民出版社2009年版，第270页。
② 同上书，第272页。

"批判的批判"的《文学总汇报》中却不可能找到。

正是蒲鲁东最先机敏的发现，工人的工资的总和也不足以偿付物化在产品中的集体力量，资本家得到了利润远远大于付给工人的工资的总和，因此，工人不是作为集体劳动力的一部分被雇用的。马克思则是以事实为依据，即在英国和法国的工人联合会中，工人们彼此不仅谈论他们作为工人的直接需要，而且也谈论他们作为人的各种需要，他们非常全面而充分地认识到合作中所产生的那种"巨大的"、"不可估量的"力量。曼彻斯特和里昂的工人也已经认识到，用"纯粹的思维"根本不能够摆脱自己实际的屈辱地位，对于他们来说，存在和思维之间、意识和生活之间的差别是真实的和痛苦的。他们还认识到，财产、资本、金钱、雇佣劳动等等，完全不是想象中的幻影，而是工人自我异化的十分实际、十分具体的产物，那么，也必须用实际的和具体的方式来消灭它们，以便真正成为人。"批判的批判"却给出了相反答案，第一，它要求工人们在思想中消除了雇佣劳动的观念，或者说，只要工人们在思想上不再认为自己是雇佣工人，不再为他们个人而索取报酬，那么他们在现实中就不再是雇佣工人了；第二，它要求工人们在思想上征服"资本"的范畴，也就消除了现实的资本；第三，它要求工人们在意识中改变"抽象的我"，就会现实地发生变化并使自身成为现实的人。尽管"批判的批判"也自称为社会主义者，但是它同群众的社会主义和共产主义的区别是十分明显的，和工人们的实际诉求也是格格不入的。总之，"批判的批判"把现实中的诸事物都看作是一些范畴，它自然也就把人的一切活动和实践统统归结为"批判的批判"的辩证思维过程。

此外，马克思宣告还要从欧仁·苏的小说《巴黎的秘密》中摘引几段话，如"贫民银行"和"模范农场"中，以证明"批判的批判"在未能认识最基本的经济关系之前，就对蒲鲁东品头论足，当然也就属于无稽之谈了，本书在此不再赘述。

马克思最后十分巧妙地转换到对鲍威尔一伙的"文学评论"的批判，他说，

"在批判的批判作为认识的宁静'制服了'一切群众性的'对立面'之后,在它用范畴的形式夺得了整个现实并把人的一切活动消融在思辨的辩证法中之后,我们将看到,它又用思辨的辩证法重新创造世界。不言而喻,为了使采用批判的思辨形式来创造世界的奇迹不致遭到'亵渎',就只能用**秘密**形式向普通群众进行宣示。于是,批判的批判就化身为维什努-塞利加,以**贩卖秘密的商人**的身份出现了"①。

在此,我们还要做一些补充说明。马克思在《神圣家族》中对蒲鲁东的评价并非马克思最后的观点。在《神圣家族》出版以后,马克思知道,解答历史之谜必须贯通经济学和哲学,这或许也是马克思抓紧时间,大量摘录和研读经济学著作的原因。1845年春天,马克思在布鲁塞尔的皇家图书馆继续着巴黎时期的经济学研究,他已经意识到,不研究英国的材料就不能全面、批判地分析资产阶级的政治经济学。1845年5月至7月,马克思继续从事经济学的研究,写了《布鲁塞尔笔记》,7月至8月,马克思与恩格斯一起访问了英国,在这期间,马克思又在曼彻斯特写下了一批经济学摘录的笔记,即《曼彻斯特笔记》(共九册)。马克思在《布鲁塞尔笔记》和《曼彻斯特笔记》中更加深入地了解了当时经济学前沿的理论成果,为沟通经济学和哲学做了相当充分的准备。在《布鲁塞尔笔记》和《曼彻斯特笔记》中,马克思摘录和研究了萨伊、西斯蒙第、威廉·配第、埃·吉拉丹、查·拜比吉、安·尤尔、弗·费里埃、罗西、汤普逊、布雷、霍吉斯金、约翰·格雷、威廉·西尼尔、托马斯·库珀、麦克库洛赫、约翰·斯图亚特·穆勒等数十位经济学家的著作。马克思搜集的材料所涉及的主要内容包括:以往的经济学家们怎样给政治经济学的研究对象下定义;他们怎样理解政治经济学中的价值、价格、生产费用、资本、工资、利润、货币、信贷等经济学范畴;如何评价手工生产向机器生产的过渡;如何理解生产过剩的经济危机等等。马克思的这些研究都在批判蒲鲁东的过程中发挥了重

---

① 《马克思恩格斯文集》第1卷,北京:人民出版社2009年版,第274—275页。

要作用，成为批判蒲鲁东的理论基础。

同时，马克思通过对以莫泽斯·赫斯、卡尔·格律恩等人为代表的"真正的社会主义"的批判，明确反映了对蒲鲁东评价的质的变化。蒲鲁东与格律恩保持着特殊的关系。赫斯称"费尔巴哈是德国的蒲鲁东"，格律恩则称"蒲鲁东是法国的费尔巴哈"。马克思一直提醒蒲鲁东要同格律恩保持距离，却遭到拒绝。马克思在批判"真正的社会主义"滥用黑格尔辩证法时，提到蒲鲁东的观念史观和所谓"系列辩证法"，认为蒲鲁东关于政治经济学的"一切证据都是错误的"，他的平等观点只是"法学家和经济学家的幻想"。

至此，我们还需提及另一位德国哲学家，即麦克斯·施蒂纳。施蒂纳是德国古典哲学和青年黑格尔派的过客，然而，就是这样一个流星式的哲学家却为终结青年黑格尔派的逻辑做出了重要贡献，为马克思和恩格斯走向唯物史观奠定了重要的理论基础。同时，《德意志意识形态》中近70％的篇幅是用来批判施蒂纳的，而只有大约10％的篇幅才是批判费尔巴哈的，所以，对施蒂纳以及马克思针对施蒂纳展开的批判就是无法回避的。更重要的是：施蒂纳是马克思、恩格斯和赫斯彻底超越青年黑格尔派的路标，唯物史观正是在施蒂纳的启示下走出了最为关键的一步。施蒂纳对费尔巴哈乃至对一般形而上学的批判，使得某些学者认为，施蒂纳在费尔巴哈之后对马克思有重要影响。这种影响的实质是：它导致马克思（以及恩格斯）对费尔巴哈的决定性的批判，而这一思想完全体现在《德意志意识形态》的创造过程中。

1845年底，马克思和恩格斯为了清算"过去的哲学信仰"，合作了《德意志意识形态》，总结性地批判了费尔巴哈直观的唯物主义和黑格尔派的客观唯心主义，对唯物史观的基本原理做出了比较系统的阐述。如果说，马克思在1845年之前尽管意识到蒲鲁东的观点中存在着问题，但尚无法找到正确的方法来批判其理论局限的话，那么，以施蒂纳为思想参照系，此时的马克思已经完全具备了从历史唯物主义的角度批判蒲鲁东的能力。

对蒲鲁东的超越以及对自身思想的清算体现在如何对待黑格尔哲学，在这一点上，马克思与蒲鲁东形成鲜明对照。在马克思看来，施蒂纳"所不同于黑格尔的地方是：他不靠辩证法而完成了同样的事"①。实际上，施蒂纳《唯一者及其所有物》的写法在很大程度上是参照了黑格尔的《精神现象学》，他也采取逻辑与历史、个人与社会相统一的辩证法去刻画"唯一者"的产生和发展，但是施蒂纳手中的辩证法更加抽象和极度主观化，这或许和施蒂纳贫乏的历史知识和生搬硬套的主观杜撰有关。而蒲鲁东在《贫困的哲学》中对分工、竞争等问题的分析与施蒂纳类似，都是歪曲运用黑格尔哲学的结果。对于黑格尔来说，世界既是精神化的，又是去精神化的。蒲鲁东始终没有理解这一点，在青年黑格尔派中，只有马克思和恩格斯认真清理了黑格尔的遗产，从而避免成为神圣的辩证法专家或与黑格尔彻底决裂。通过批判施蒂纳，马克思彻底扬弃了纯粹的抽象思辨，代之以实证的政治经济学，并回到人们的实际生活过程中探究生产力，一直回溯到原始人手中的"微不足道的棍子"，同时，马克思又保留了辩证法，但却不是黑格尔意义上的精神辩证法，代之以生产力自身变化发展的辩证法，以及生产力和交往形式矛盾运动的辩证法，并把它理解为"一切历史冲突的根源"。施蒂纳哲学是极具典型性的，马克思把施蒂纳作为黑格尔之后的德国哲学的标本来批判，这对于马克思清算自己以前的哲学信仰，创立唯物史观，具有关键性的意义。正是以施蒂纳的哲学为参照，马克思也同时具备了穿透蒲鲁东经济学的能力。

马克思也是在批判施蒂纳著述的过程中，产生了建构唯物史观的灵感与正面阐发唯物史观的动机，并在《德意志意识形态》的"费尔巴哈"章中正面阐发了唯物史观的核心原理，即生产力和生产关系的辩证法，它也成为"有决定意义的论点"明确地写入《哲学的贫困》。马克思对蒲鲁东的态度也从此彻底地改变了。

---

① 《马克思恩格斯全集》第3卷，北京：人民出版社1960年版，第211页。

二 批判的秘密与秘密的批判：马克思对黑格尔的评价

《神圣家族》的第五章和第八章在主题上相近，却不重复。这两章中讨论的对象都是针对欧仁·苏的小说《巴黎的秘密》，以及《文学总汇报》第 7 期上的一篇评论文章，题为《欧仁·苏的〈巴黎的秘密〉》，署名"施里加-维什努"。马克思为第五章拟定的标题为"贩卖秘密的商人所体现的批判的批判或施里加①先生所体现的批判的批判"，该章从施里加的视角展开对"批判的批判"的批判，第八章题为"批判的批判之周游世界和变服微行，或盖罗尔施坦公爵鲁道夫所体现的批判的批判"，是从小说主人公鲁道夫的视角展开批判。在这部分的最后才详尽解读第五章的第 2 小节，即"思辨结构的秘密"与第八章的第 4 小节，即"被揭露了的有关'观点'的秘密"，这两个小节也收录到 2009 年版《马克思恩格斯文集》的第一卷中。

1.《巴黎的秘密》梗概

《巴黎的秘密》是 19 世纪 40 年代法国的一部畅销小说，作者欧仁·苏（1804—1857）。这部小说于 1842 年 6 月至 1943 年 10 月长达一年有余的时间里，在法国巴黎的《评论报》上连载，连载时就引起了社会的轰动，汇集成书出版后随即又成为畅销书，很快就被译成英文、德文、意大利文、荷文、比利时文等几国文字出版。在德国，青年黑格尔派的重要理论阵地之一是布鲁诺·鲍威尔主编的《文学总汇报》，该报 1844 年 6 月出版的第 7 期上发表了一篇题为《欧仁·苏的〈巴黎的秘密〉》的长文，其作者是青年黑格尔派的一个骨干、普鲁士军官弗兰茨·齐赫林斯基（1816—1900）。《神圣家族》的第五、八章就是以这篇评论文章为对象，展开了对布鲁诺·鲍威尔为代表的"批判的批判"的批判。

---

① "施里加"是《马克思恩格斯全集》中文第 1 版的译名，该译名在 2009 年版《马克思恩格斯文集》第 1 卷中被译为"塞利加"，为了引用方便，本书沿用《马克思恩格斯全集》的译法。——编者注

《巴黎的秘密》叙述是鲁道夫按照批判的范畴"奖善惩恶"的故事。以下是小说内容的梗概：

他年轻时曾同一位年轻的女阴谋家萨拉·塞顿小姐秘密结婚，生下了一个女孩，后来因为发现她不忠实，将她逐出自己的领地。

随后，鲁道夫就出去周游世界，奖善惩恶，帮助穷人。在佛罗里达他从一个残酷的种植园主手里解放了一位混血姑娘塞西莉，并把她嫁给自己的黑人侍医。后来，他发现塞西莉生活淫荡，又将她终身监禁。

最后，他到了巴黎。一天，他在一条下流街道游逛的时候，从一个号称"刺客"的地头蛇手里救出一位年轻女仆玛丽花。"刺客"本是屠夫，以杀马为生，十六岁投奔骑兵部队当了一名小兵，由于不甘受伍长的侮辱而杀死伍长，被判死刑，后经律师的极力辩护改判五年徒刑。刑满释放后，他到处流浪。玛丽花是个小酒馆的妓女，吃不饱、穿不暖，天天受着老板娘的打骂。鲁道夫把她置于自己的保护之下。他没有想到，她就是遭到母亲遗弃的他的亲生女儿。一旦知道了真情，鲁道夫开始关心玛丽花的道德教育。他把她委托给一位教士，让这位教士帮助她忏悔和赎罪。鲁道夫在舞会上偷听了两个女人克雷门斯·达尔维尔和萨拉·麦克格莱哥尔伯爵夫人的谈话，谈话内容包括怎样才能为可爱的孩子们祝福，怎样才能使丈夫得到最大的幸福，以及怂恿达尔维尔夫人不忠于她的丈夫，在秘密结婚以后生下了孩子等等。同时，鲁道夫将"刺客"收为自己的仆从，靠这个人保护他来对付两个恶棍，即"校长"和"猫头鹰"。"校长"在小说中是个杀人凶犯，秉性强悍，放荡不羁。因为这两个人正在萨拉的唆使下跟踪侦察他。借"刺客"的帮助，鲁道夫抓住了"校长"，命令医生弄瞎了他的眼睛，又靠经过改造的"校长"惩罚了"猫头鹰"。鲁道夫为了拯救玛丽花的灵魂，先把她送到布克伐尔的模范农场，然后在她忏悔后又让她进了修道院。不久，她做了修道院院长，并死在修道院里。

2. 秘密的批判（一）：施里加的视角

在第五章"贩卖秘密的商人所体现的批判的批判或施里加先生所体现的批判的批判"中，马克思列出了7个小标题：

(1) "文明中的野蛮的秘密"和"国家中的无法纪的秘密"
(2) 思辨结构的秘密
(3) "有教养的社会的秘密"
(4) "正直和虔敬的秘密"
(5) "秘密——讥讽"
(6) "斑鸠"（丽果莱特）
(7) "巴黎的秘密"的世界秩序

从这些标题中所加的引号来看，鲍威尔兄弟及其伙伴"批判的批判"是将现实中存在的真实事物或状态称为"秘密"，欧仁·苏的小说很好地呈现了这些"秘密"，

"谁都知道，费尔巴哈把基督教关于投胎降世、三位一体、永生不灭等等的观念看做投胎降世的秘密、三位一体的秘密、永生不灭的秘密。施里加先生则把现今人世的一切关系都看做秘密。如果说费尔巴哈揭露了现实的秘密，那末施里加先生却反而把现实的平凡的东西变成了秘密。他的本领不是要揭露被掩盖的东西，而是要掩盖已经被揭露的东西"①。

现实生活中存在罪犯和犯罪的事实，国家中存在着有法不依的事实，以及社会生活中存在不平等的事实都是真实存在的现象，施里加却把这些现象都统称为"秘密"，但问题是：究竟是揭露了这些"秘密"的小说是一个秘密，还是小说与"批判的批判"的观点暗合是一个秘密呢？马克思已经不屑于再深究措辞的问题，而是直接指向这些"秘密"本身。

---

① 《马克思恩格斯全集》第2卷，北京：人民出版社1957年版，第69页。

在第 1 小节中，马克思直接引用了施里加的三段评论加以批判：第一，施里加将"人不论富贵贫贱都一律平等"视为国家的首要信条，马克思则认为相反，大多数国家的信条都一开始就规定富贵贫贱在法律面前不平等。第二，马克思引证宪章运动中的口号来说明，施里加所期望的贫富关系在当时的英国和法国早已不存在了，国民经济学已经从实证的角度说明了工人的肉体贫困和精神贫困。第三，欧仁·苏在小说中描写了罪犯的酒吧间、巢穴和言谈，施里加却好像是发现了一个"秘密"，并认定"作者"的目的是要研究作恶的动机的秘密。马克思指出，罪犯的巢穴和他们的言谈反映罪犯的性格，这是罪犯日常生活中的组成部分，所以必然要描写到这些方面。欧仁·苏本人已经明确表示，描写上述一切是为了投合读者"又害怕又好奇的心理"，显然，施里加的解读完全是一厢情愿的。

按照欧仁·苏的小说的叙事结构，马克思在第 1 小节中分析施里加对罪犯的酒吧间等社会下层场所的思辨解释，然后又在第 3 小节中转为分析"有教养的社会的秘密"，即上流社会，特别是圣热尔门区的舞会上。施里加将上流社会解释为有教养的社会，教养则成为上流社会的秘密。为了把贵族社会变成"秘密"，施里加几次阐释"教养"的含义，他先给贵族社会全面地加上一些秘密的性质，以便后来再去发现贵族社会并不具备这些"秘密"，然后他就把这一发现当作有教养的社会的"秘密"。但是，在欧仁·苏的小说中，从平民社会转到贵族社会的过程是通过写作小说的一般手法来完成的。小说主人公鲁道夫的身份使他既可以深入社会的下层，又可以接近社会的上层。在小说主人公在舞会上偷听到两个女人的谈话以后，施里加又开始研究爱情的秘密，在他看来，"只要爱情不再是结婚的本质、一般伦理的本质，情欲就成为爱情、道德和有教养的社会的秘密"①，这两个女人得不到内心的满足，既然没有从婚姻生活中找到爱的对象，她们就到婚姻生活以外去寻找爱的对象。婚姻生活中的爱情对她们说来是"秘密"，她们沉醉于秘密的爱

---

① 转引自《马克思恩格斯全集》第 2 卷，北京：人民出版社 1957 年版，第 82 页。

情,于是,"秘密"成为爱情的"本质"。如果把思辨的结构和欧仁·苏的小说比较一下,被当作爱情的秘密的并不是情欲,而是神秘、猎奇、挫折、恐惧、危险,尤其是被禁止的事物的诱惑力。施里加强调,爱情的秘密不在于被禁止的事物的诱惑力,而欧仁·苏却强调,被禁止的事物的诱惑力构成爱情的"最大的魔力",可见,欧仁·苏和施里加的思辨解释者完全相反。施里加在批判了情欲以后还必须表明:为什么欧仁·苏一写到上流社会就要描写舞会?而这几乎是所有的法国小说家都喜欢采用的一种手法,英国小说家一写到上流社会往往是描写打猎或乡间别墅。实际上,欧仁·苏根本没有对跳舞作任何描写。他之所以要利用舞会,只是为了便于把上层社会的人汇集在一个缩影中,正如欧仁·苏在描写罪犯们的巢穴和言谈的时候,绝不是他对这些巢穴和言谈的描写本身发生兴趣。在第 3 小节中,马克思还谈到一个小说中的人物,即塞西莉。塞西莉是没有受过教育的女奴,突然被送入宫廷,在那里的风俗的强制下,她必然会走入歧途而放纵起来,但是在以前,正是这种本性使她拒绝了主人的一切卑鄙的要求,始终忠实于自己的爱情,塞西莉因而成为有教养的社会的被揭露了的秘密。

第五章第 4 节的标题是"正直和虔敬的秘密",在此,马克思先引用了施里加的一段评述,然后指出"这些魔术般的钩子把思辨的论述之链的各个环节紧紧地连接在一起"①。施里加使"秘密'离开罪犯世界进入到上流社会以后,还必须构造另一个秘密,即上流社会有它的特殊集团,这些集团的秘密对人民来说是一种秘密。在施里加看来,教养、文明就等于贵族的教养。马克思指出,施里加看不到工业和商业正在建立另一种王国,它是不同于基督教和道德、家庭幸福和小市民福利所建立的包罗万象的王国。在此,施里加把基督教变成个人的特质,即"虔敬",而把道德变成另一种个人的特质,即"正直"。他把这两种特质结合在一个人身上,即小说中名为雅克·弗兰的人物。可是雅克·弗兰只是假装有这两种特质,于是,施里加试图将雅克·弗兰的遗著变成

---

① 《马克思恩格斯全集》第 2 卷,北京:人民出版社 1957 年版,第 69 页。

"正直和虔敬的秘密"。

施里加的目的"秘密"本身成为"公共财产",成为全世界和每个人的秘密。它是什么秘密呢? 既不是国家中的无法纪的秘密,也不是有教养的社会的秘密,而是抽象的秘密,是"秘密"这个范畴,并使秘密这个范畴完成思辨的过程。在第5小节"秘密——讥讽"中,马克思揭示了施里加的错误,即将仆人和看门人皮普勒及其妻子描写为绝对的秘密的体现,因为巴黎的看门人是房东的代表和密探。虽然看门人有偷听、看穿和探索秘密的可能性,正如俗话所说"隔墙有耳",挨着关着的门偷听,并不是施里加发现的,这也不是什么"秘密"。马克思说,

"绝对的秘密这样从本质转化为概念,从它本身是被掩盖着的东西的客体阶段转化为它自己掩盖自己的主体阶段,或者更好一些,转化为'我'掩盖'它'的阶段,但我们并没有因此获得任何进展。相反地,困难却似乎增加了,因为人们头脑中和人们心中的秘密比海底的秘密更不可捉摸,更不易揭露"①。

在此,马克思讽刺施里加是从掩盖自己的秘密达到掩盖秘密的"我",从这个"我"达到关着的门,从关着的门达到探索,从探索达到探索的原因,达到幸灾乐祸,从幸灾乐祸达到幸灾乐祸的原因,达到要比别人好的愿望。马克思又以欧仁·苏小说中的警探"红手"为例,说明警察所处的地位要比仆人所处的"最有利的地位"还有利,施里加幻想看门人的地位比较独立,与事态没有利害关系。事实上,在很多情况下,看门人的工钱不是来自房东,而是来自房客,由于收入很不稳定,看门人除了自己的正式职业以外,还常常充当秘密警察的主要代理人。欧仁·苏没有把皮普勒太太描写成心地善良的人,而是一开始就描写她在兑钱时欺骗鲁道夫。在施里加那里,皮普勒太太用某种方式进行反秘密的游击战,他认为必须把皮普勒太太"嘴上刻薄"的特点转化为特殊的本质,在欧仁·苏的小说里,皮普勒太太是巴黎看门女人的典

---

① 《马克思恩格斯全集》第2卷,北京:人民出版社1957年版,第91—92页。

型,作为"讥讽"的秘密的代表。

在第 6 节中,马克思举出了一个极为精彩的例子,以揭穿思辨的"滑稽戏":

> "题目:试说明人是怎样成为动物的主宰的。思辨的解答:假定我们有六种动物,譬如说有狮子、鲨鱼、蛇、牛、马和哈巴狗。我们从这六种动物中抽象出'一般动物'这个范畴。把'一般动物'想象为独立的存在物。把狮子、鲨鱼、蛇等等看做'一般动物'的化装或体现。我们既可以把我们的想象的东西,即我们抽象的'动物'变成某种现实的存在物,同样也就可以把现实的动物变成我们抽象的创造物,即我们想象的创造物。我们看见'一般动物'体现为狮子,就会把人撕得粉碎;体现为鲨鱼,就会把人吞下去;体现为蛇,就会用毒液伤人;体现为牛,就会用角觝人;体现为马,就会用蹄子踢人;但是,如果'一般动物'体现为哈巴狗,就只会对人吠叫,并把和人的搏斗完全变成搏斗的外观。从哈巴狗的例子中,我们已经看到:'一般动物'在它自己的渐次的发展中必然会被迫降到表演纯滑稽戏的地步。如果小孩或孩子气的人看见哈巴狗就逃跑,那末现在所要做的只不过是使个人不再演出这种愚蠢的喜剧。某甲在这一步做得不能再纯朴了,他向哈巴狗挥动了自己的竹杖。从这里,你可以看出'一般的人'如何通过某甲和哈巴狗而成为'一般动物'的主宰,从而也就成了现实的各种动物的主宰;这个人如何制服了体现为哈巴狗的动物,从而也就制服了作为动物的狮子"①。

在施里加的评论中,"斑鸠"本身就是"秘密"这个范畴的实现,因为她自己并未意识到自己的伦理价值,因此她对自己说来,也还是个秘密。而在欧仁·苏的小说中,"斑鸠"是一个漂亮的、浪漫的、亲切的女人,并富于人情的性格。这与那些虚伪、冷酷、自私自利的资产者

---

① 《马克思恩格斯全集》第 2 卷,北京:人民出版社 1957 年版,第 96 页。

的太太，和整个资产阶级的圈子即整个官方社会形成了一个真正人性的对比。

在第7小节，即本章的最后一节中，针对施里加将"巴黎的秘密"中的个人活动合成为一幅完整的"世界秩序"图画，马克思指出，施里加本人暴露了批判的秘密。施里加先是叙述了一些单个的秘密，这些秘密的价值在于它们自身组成许多环节的有机的连贯性，而这些环节的总和就是秘密，它并不是逻辑的、任何人都看得见的、自由的批判机体，而是一种神秘的存在。小说主人公鲁道夫的使命就是"揭露秘密"。随后，马克思在《神圣家族》的第八章中以鲁道夫的活动为背景，揭示小说人物描写的非现实性。

3. 秘密的批判（二）：鲁道夫的视角

欧仁·苏在小说《巴黎的秘密》中所表现出来的创作上的唯灵论，不仅是把理想人物鲁道夫当作自己主观精神的传声筒，而且还扼杀了其他人物"固有的个性"，让他们服从他所宣扬的"以基督教的爱拯救世界"的宗教说教的需要。马克思通过对小说中玛丽花、"刺客"、"校长"三个人物被"批判改造"过程的分析，揭示了这一"秘密"。

《神圣家族》的第八章题为"批判的批判之周游世界和变服微行，或盖罗尔施坦公爵鲁道夫所体现的批判的批判"，该标题预示着鲁道夫在他周游世界期间"赎补了双重的罪行"，一方面是他个人的罪行，即他在跟父亲争吵时向父亲挥动宝剑；另一方面是"批判的批判"的罪行，马克思指的是"批判的批判"在贬低群众时被罪恶的激情所控制，同时，鲍威尔及其伙伴在《文学总汇报》的文章中没有揭露任何一个秘密，而鲁道夫则通过他的特殊身份"偷听"到很多秘密，并揭露了这一切秘密，因而也就赎补了这个罪过。施里加在他的文章中将鲁道夫视为"敢于无情地批判的人"、"人类国家的头等公仆"、"领会了纯批判的思想"的人，因而就是"一切秘密本身的被揭露了的秘密"。随后，马克思按照小说中主人公的活动，逐步揭示出这些"秘密"，这一章共列出以下小标题：

（1）屠夫批判地变成了狗，或"刺客"

（2）揭露批判的宗教的秘密，或玛丽花

（3）揭露法纪的秘密

（4）"观点"的被揭露的秘密

（5）揭露利用人的欲望的秘密，或克雷门斯·达尔维尔

（6）揭露妇女解放的秘密，或路易莎·莫莱尔

（7）揭露政治经济的秘密

（8）鲁道夫，"一切秘密本身的被揭露了的秘密"

其中，刺客、玛丽花、校长、达尔维尔、莫莱尔等都是小说中的人物，贫民银行和模范农场是小说中的事件，这些人物和事件均与鲁道夫神秘地联系在一起。

关于小说中的"刺客"，马克思是按照情节的发展线索，描述性地介绍了鲁道夫改造"刺客"的过程。"刺客"的职业本是屠夫，曾因杀人而入狱。在小说的伊始，即第一章中，刺客凌辱玛丽花时被鲁道夫遇见。鲁道夫通过武力打败了"刺客"，于是博得了"刺客"的尊敬。鲁道夫对他说："你还是有心肝和骨气的"，这句话激起了他的自尊心。"刺客"神奇地改邪归正了，变成了"有道德的生物"。鲁道夫把他留在自己身边，开始了对"刺客"的改造。马克思分析了改造的六个阶段：在第一阶段，鲁道夫利用道德来感化"刺客"，帮助他练习伪善、背信、狡黠和伪装，从而把"刺客"变成了密探和奸细。"刺客"在"校长"面前伪装放弃"不偷的信条"，怂恿"校长"偷盗并诱入鲁道夫所设置的圈套。马克思指出，"靠着批判的批判的'纯粹'诡辩，鲁道夫没有花多大功夫就说服了这个自然之子，使他相信：下流的勾当如果出于'善良的、道德的'动机，就不算是下流的勾当"①。可见，"刺客"被改造的秘密就是道德教化。在第二个阶段，"刺客"看护病中的鲁道夫，成为"有道德的生物"。例如，小说中描写了为了怕弄脏地毯，"刺客"连黑人医生请他坐在地板上他都推辞了。他甚至向鲁道夫

---

① 《马克思恩格斯全集》第2卷，北京：人民出版社1957年版，第209页。

说，他对他就像看家狗对自己的主人一样顺从，因此马克思说，在这个阶段"昔日的屠夫变成了狗"①，一只有道德的狗。小说作者欧仁·苏还给了"刺客"一张标签，即"刺客"时刻不忘的一句话："'你有心肝和骨气'这几个字使我成了人"②。从此，他按照绝对"忠顺"的原则生活，他的独立性、他的个性完全消失了。他不是在自己的人类个性中寻求行为的动机，而是到这句标签式的话语中去寻找动机。在第三个阶段，鲁道夫把他派往非洲，从此，"刺客"所表现的就不是自己固有的人性，而是基督教的教义。在第四个阶段，"刺客"变成一个温顺的和谨小慎微的人。在第五个阶段，"刺客"的道德修养水平更进一步，他甚至将鲁道夫视为上帝。在第六个阶段，"刺客"为救鲁道夫而死，他在临死时却对鲁道夫说："我有理由说，像我这样的一撮尘土对于像您这样伟大的殿下有时也许是有点用处的"③。小说的情节使人相信，鲁道夫对"刺客"的改造是成功的，然而这样的人物性格和行为仅仅是作者脱离实际生活的想象，是作者的一厢情愿。

"玛丽花"也是《巴黎的秘密》中十分重要的角色，施里加在《文学总汇报》的论文中称之为"雏菊"。在谈论欧仁·苏所塑造的人物之前，马克思先分析了施里加笔下的"思辨的"雏菊。马克思写道：

"施里加先生对雏菊的设计跟鲍威尔对圣母的设计有异曲同工之妙"④。

因为施里加唯恐读者不能理解欧仁·苏对"世界秩序"的描述，因而补充了一些思辨哲学的奇谈怪论。雏菊执行的任务就是展现世界的秘密和鲁道夫洞察、揭露秘密的冲突，并使这种冲突艺术地结合为一个真正统一的整体。例如，根据对圣母的设计，雏菊应该是鲁道夫的母亲，施里加也论证说，"按照逻辑的连贯性的要求"，鲁道夫应该是雏

---

① 《马克思恩格斯全集》第 2 卷，北京：人民出版社 1957 年版，第 209 页。
② 同上书，第 210 页。
③ 同上书，第 211 页。
④ 同上书，第 213 页。

菊的儿子。事实上，小说的鲁道夫不是雏菊的儿子，而是雏菊的父亲，施里加仍将其解说为一个"新秘密"，也就是"现在"孕育的不是"未来"，而是早已消逝的"过去"。于是，施里加的思想与黑格尔的思辨哲学如出一辙。在黑格尔哲学中，精神产生自然界，如同施里加所说的儿子生出母亲，即结果产生起源。马克思指出，

"批判的批判指责'浪漫主义艺术'的'统一教条'，可是它现在却力求获得'真正统一的整体'、'现实的统一体'，并且抱着这个目的，用虚幻的联系、神秘的主客体来代替世界秩序和世界事件之间的自然的合乎人性的联系，这就**像黑格尔**用邪一身兼为整个自然界和全体人类的绝对的主客体——**绝对精神**来代替人和自然界之间的现实的联系一样"①。

然而，欧仁·苏笔下的玛丽花，以及鲁道夫在她身上所创造的批判的奇迹，呈现出的是文学创作的出发点或基础问题。马克思说，"对玛丽花必须从她初出场起就做细密的观察，这样才能把她的本来的形象和批判的变态做一个对比"②。例如，刚刚出场的玛丽花和被鲁道夫改造后的玛丽花完全不同。玛丽花一出场就拿起剪刀来抵抗"刺客"，是善于捍卫自己权利，能够坚持斗争的女孩。尽管她是一个妓女，生活在罪犯们之间，经常受到屈辱，但她仍然保持着人类的高尚心灵、人性中良善的一面。这些品质感动了她周围的人，这些品质说明她在非人的境遇中得以合乎人性地成长。再如，在和鲁道夫的第一次散步过程中，玛丽花不论是言谈（"我的苦是受够了，但是至少我从来没有害过什么人"），还是举止（"她走下马车，给鲁道夫摘了许多花，几乎高兴得说不出话来"），都表现出她用来衡量自己的生活境遇的量度是她固有的个性和天赋的本质。鲁道夫指定拉波特牧师对玛丽花进行批判的改造，玛丽花被改造以后就失去了纯真的形象，转而在"赎罪"的道路

---

① 《马克思恩格斯全集》第 2 卷，北京：人民出版社 1957 年版，第 213 页。
② 同上书，第 215 页。

上挣扎，在欧仁·苏的小说中，玛丽花前后判若两人。玛丽对大自然美的纯真的喜爱变成了宗教崇拜，她领悟到她的本质的一切人性表现都是"罪孽深重"，由此玛丽花皈依了基督教，把一切自然的、人类的关系化为对上帝的关系。马克思在此指出，"她已经为宗教的伪善所支配，这种伪善把我对别人的感恩拿过来归之于上帝，把人身上一切合乎人性的东西一概看做与人相左的东西，而把人身上一切违反人性的东西一概看做人的真正的所有"①。从此，玛丽花就成了赎罪意识的奴隶，如果说，以前她还知道在自己身上培养可爱的人类个性，还能意识到自己的人的本质是自己的真正本质，那么被改造以后，现代社会的污浊在她眼中成了她的内在本质，"折磨自己就成了美德，而忏悔则成了荣誉"②。后来，玛丽花完全脱离了尘世，进入修道院，最终得到了女修道院长的圣职。玛丽花的世俗德行已经变成了福音德行，或者说，她的实际德行必须采取福音的、漫画的形式。最后，她死于修道院。在马克思看来，基督教的信仰并不能使人获得真正的、现实的解放，它只能在想象中给人以慰藉，反过来说，对基督教的依赖正是人的现实生活和现实本质的消灭，如同玛丽花的死一样。

在第3小节中，马克思又以"校长"这个人物为线索，揭示出小说中所蕴含的唯心主义思辨哲学的特质。"校长"身上隐藏着刑罚的秘密、单人牢房的秘密和医学的秘密。在《巴黎的秘密》中，主人公鲁道夫采取非法律的形式捉住了校长，并想批判地改造他，利用惩治"校长"给法律界创造一个范例。"校长"是个有教养、有学识的人，却成为杀人犯，他完全同资产阶级社会的法律和习惯格格不入，所以在他身上无从找到适当的、合乎人性的活动方式。鲁道夫与法律界的争端不是"刑罚"本身，而是刑罚的种类和方式。鲁道夫发明了独特的刑罚理论，因而有资格成为一个"最伟大的德国刑法学家"。鲁道夫反对死刑，死刑对罪犯没有任何效用，对人民也没有任何效用，他

---

① 《马克思恩格斯全集》第2卷，北京：人民出版社1957年版，第221页。
② 同上书，第223页。

命令黑人医生大卫弄瞎了"校长"的眼睛。鲁道夫区分了"校长"和"校长"的灵魂,灵魂是神圣的,而人的肉体则是非神圣的,他不是拯救实际的"校长"这个人,而是从精神上拯救"校长"的灵魂。按照施里加的看法,灵魂是人真正的本质,灵魂是属于天国的,因此,对"校长"的肉体和他的力气就不应加以合乎人性的改造。这种眼睛作恶就挖掉眼睛,手作恶就砍掉手的惩罚属于基督教道德教育的手段。马克思指出,"这种把法学和神学结合在一起的刑罚理论,这种'秘密本身的被揭露了的秘密',不过是天主教教会的刑罚理论而已,这一点边沁在他的著作'惩罚和奖赏的理论'中已经详尽地表明了"①。边沁在这部著作中证明了现今的各种刑罚在道德上是无效的。而鲁道夫的惩罚手段是基督教的拜占庭帝国所通用的刑罚,即为了人能改邪归正,就使他脱离感性的外部世界,强制他沉没于抽象的内心世界。马克思指出,"这种被揭露了的秘密本身的秘密是黑格尔的刑罚理论"②。

在小说中,"校长"杀害了"猫头鹰",在鲁道夫把"校长"抓住并将他的眼睛弄瞎,结果产生了一个道德奇迹,也就是把人同外界隔绝,强制他的灵魂陷于孤独之中,这是把现行法律的惩罚方式同神学的惩罚方式结合起来,而这种做法中所运用的刑罚观念就是"单人牢房制",惩罚的结果竟然使"校长"幡然悔悟。欧仁·苏认为,犯罪的流行是由于设立监狱,那么,为了把罪犯救出邪恶的社会,他们只能把罪犯单独一个人留在社会之中,这显然是一个秘密。

在最后,马克思指出,"如果说,欧仁·苏先生和他那批判的主人公鲁道夫无论是通过天主教的刑罚理论还是通过监理会教派的单人牢房制,都未能使法纪贫乏到只有一个秘密,那末,他们却以许多新的秘密丰富了医学"③;在第三卷第三章中,"校长"身上发生了奇迹,他又复明了,看见了鲁道夫和玛丽花。这种创作方法与鲍威尔写

---

① 《马克思恩格斯全集》第 2 卷,北京:人民出版社 1957 年版,第 227 页。
② 同上书,第 228 页。
③ 同上。

作《复类福音作者批判》的方法如出一辙，这与现代医学相悖，只能是个"秘密"。

在《巴黎的秘密》中，主人公鲁道夫向读者揭示了一种用赏善罚恶的方法来维护社会的新理论，即所谓的"双重裁判"。然而，在马克思看来，"这种被揭露了的秘密不过是重复边沁在他的上述一书中详尽阐明过的旧学说而已"①。

为了使读者能明了，马克思做了一个对照表，如下②，

批判地完成的裁判表

现行的裁判	批判的补充的裁判
名称：刑事裁判	名称：善行裁判
征象：手中持剑，旨在斩断恶人之头。	征象：手中持冠，旨在给善人加冕。
目的：惩罚恶人，监禁、凌辱、处死。人民当知为恶受罚之可畏。	目的：奖赏善人，奖金、尊崇、保障生命之安全。人民当知为善载誉之可歌。
发现恶人的手段：警察密探、特务，以便侦缉恶人。	发现善人的手段：道德密探、特务，以便查访善人。
某人是否属于恶人的决定：Les assises du crime，审理罪行的陪审法庭。官府纪录并宣布被告的罪行，给被告以公开的报复。	某人是否属于善人的决定：Assises de la vertu，审理善行的陪审法庭。官府纪录并宣布被告的善行，给被告以公开的表彰。
罪犯在判决后的情形：他处于高级警察的监视之下。养活于监狱中，国家担负其费用。	行善者在判决后的情形：他处于最高的道德仁爱的监督之下。养活于自己家中，国家担负其费用。
执行判决：罪犯上断头台。	执行判决：在处决罪犯的断头台正对面建立一座大善人高踞其上的高台——善行台。

---

① 《马克思恩格斯全集》第 2 卷，北京：人民出版社 1957 年版，第 240 页。
② 同上书，第 241 页。

该表集中体现了欧仁·苏笔下的社会组织的图景，但在欧仁·苏看来，这种社会组织还是乌托邦，然而马克思指出，在当时的法国，政府已经设置了"德行奖"、"蒙提昂奖金"、"罗节奖"等等鼓励善行或德行的奖赏，因而也并非是完全的乌托邦。

马克思在第3小节最后写下了"消除文明中的野蛮和国家中的无法纪"的标题，并标为"（C）"。小说作者欧仁·苏在《巴黎的秘密》中借鲁道夫的言行展示了消除国家中的无法纪的方法，即"修改法国刑法典中关于'滥用信任'的那一节，其次，特别是任命一批领取固定薪俸的律师为穷人办事"①。马克思指出，法纪和事实存在很大的区别，二者不能混为一谈，但对于小说家或者"批判的批判"来说还是"秘密"。司法程序方面的改革并不能直接改变事实，例如巴黎的个别街道上没有瓦斯灯，巴黎个别区的初等教育存在很多缺陷，这不是"法纪"本身所能解决的问题。

第4小节集中探讨了"批判的批判"与黑格尔哲学的关联，我们最后将谈到。

在第5小节中，马克思以小说中鲁道夫与克雷门斯·达尔维尔的对话为例，揭露鲁道夫如何利用"恋情"使克雷门斯·达尔维尔的优良的天性得到适当的发展。鲁道夫在同克雷门斯谈话时所使用的词句，泄露了鲁道夫的"智谋的秘密来源"是傅立叶的学说，并得到了通俗的阐明。至于侯爵夫人从事的慈善事业，马克思指出，"慈善事业只是一种外在的理由，只是一种借口，只是一种供消遣用的材料"②。

在第八章第6小节，马克思分析了"妇女解放"的问题。小说主人公鲁道夫在路易莎·莫莱尔被捕时所谈的"主奴关系"尚未达到社会主义的高度，他显露出对妇女在现代社会中的非人性状况毫无了解。而鲁道夫致力于补充的"惩办诱奸者并把忏悔和赎罪跟严厉的惩治结合起来的法律"，在英国的立法中已经实现了。施里加为代表的思辨唯心

---

① 《马克思恩格斯全集》第2卷，北京：人民出版社1957年版，第243页。
② 同上书，第247页。

主义关于妇女解放的理论甚至没有达到傅立叶的水平，尽管傅立叶的思想也具有空想成分。马克思在此并未展开论述，因为"把傅立叶关于婚姻问题的精辟的评述以及法国共产主义的唯物主义派别的著作拿来同鲁道夫的论断对比，完全是多余的"①。

《神圣家族》第八章第7小节题为"揭露政治经济的秘密"，涉及的是小说中有关国家经济和政治的问题，马克思先是"从理论上揭露政治经济的秘密"，他列举了鲁道夫在小说中所揭露的六个方面，即

第一点揭露：富有常常使人挥霍无度，挥霍无度则使人破产。
第二点揭露：刚才所指出的富有的后果是由于富家子弟缺乏教养的缘故。
第三点揭露：继承权和私有制是神圣不可侵犯的，而且也必须是这样。
第四点揭露：富豪在道德上有责任向工人说明他使用自己财产的理由。
第五点揭露：国家应该以个人节俭的基本原理来教导阅历不深的富家子弟。国家应该使富有道德化。
第六点揭露：国家应该研究解决劳动组织这个重大的问题。

对于前四点揭露，马克思根本未予理会，对于第五、六点"揭露"中有关国家的内容，马克思认为，实际上，国家根本就没有，也不可能采用鲁道夫的办法，原因是鲁道夫根本就不懂政治经济学的基本原理，这些范例表明了一点：最为人所熟悉的、现实生活中的经济关系，对于小说作者欧仁·苏、对于小说主人公鲁道夫先生、对于小说的评论者施里加等来说却还是"秘密"。马克思随后谈到鲁道夫创立了"贫民银行"。该银行的章程是"银行的主旨是对规矩的有家室的工人在失业期间予以救济"②。贫民银行每年有12000法郎的收入，发放20到40法郎

---

① 《马克思恩格斯全集》第2卷，北京：人民出版社1957年版，第250页。
② 同上书，第251页。

一份的无息救济贷款，它的功能是代替施舍和当铺。失业工人必须出具相关手续才能获得贷款，并在重新就业起开始归还贷款。在马克思看来，贫民银行是纯粹的虚构，它不能满足最贫苦的工人的十分之一，救济的金额甚至不如法国囚犯的开支，特别是银行的管理费占总金额的45%，贫民银行给予工人的救济只是虚幻的救济，而不是真正的救济。而在施里加看来，贫民银行在于从工人在业期间的工资口扣除他在失业期间为维持生活所必需的费用。马克思尖锐地指出，这是建立在一些假设基础上：一是银行一定会给无望还贷的人贷款；二是工人想还贷款时一定能够还得上，而当工人能还时一定是想还的；三是存款采取预支的形式，因此银行不给工人的存款支付利息。可见，"批判的贫民银行不同于群众的储蓄银行的，就是工人失掉利息，银行失掉资本"①。关于布克伐尔的模范农场，马克思称其为"幻想的空中楼阁"②，在此做工的6个男工除高收入外，还有免费的食宿。马克思大加讽刺，如果普遍效法模范农场，不仅在国民财富的分配方面，而且在国民财富的生产方面，都要引起一场革命，就是完全消灭法国的畜牧业。马克思进一步指出，鲁道夫把自己的全部"地租"收入送给工人，也只能是小说的虚构。

在最后的第8小节中，马克思写下了"一切秘密本身的被揭露了的秘密"的标题，在此，马克思分析了主人公鲁道夫的人物背景和性格，揭露隐藏在鲁道夫背后的真实秘密。首先，"使鲁道夫能够实现其全部救世事业和神奇治疗的万应灵丹不是他的漂亮话，而是他的现钱"③。马克思在此说明了一个浅显的道理，即道德学家要模仿他们心目中的英雄，就必须是百万富翁，鲁道夫想要完成小说中所描写的各种活动需要一个基本的前提和基础，就是有大量的金钱，马克思将其比喻为巴格达的哈里发，如果不去盘剥德意志公国的百姓，鲁道夫就不能这样随意和悠闲地生活。这和神学家的行善如出一辙，教会通过"香火"和捐赠

---

① 《马克思恩格斯全集》第2卷，北京：人民出版社1957年版，第253页。
② 同上书，第255页。
③ 同上。

能够大量地敛财，然后才能从事各种各样的布施活动，因而鲁道夫也是神学道德的代表，他所做的每一件事都是有花费的并且需要付给别人"酬劳"。其次，"还在我们这位批判的海格立斯的少年时代，'善'与'恶'的对立就已经以两个化身——鲁道夫的两位教师穆尔弗和波利多里——出现在他的面前"①。马克思通过鲁道夫生活的早期经历来揭示小说主人公的人物性格。在鲁道夫的少年时代，穆尔弗教他行善，而且本人是"善人"，他被描写为不太"有学问"、"在智能方面"不突出的人，但诚实、单纯、沉默寡言；波利多里教他作恶，而且本人是"恶人"，他是一个聪明绝顶、学识渊博、教养有素的奇才，但同时也是一个"最没有道德"的人。鲁道夫是二者结合的化身，他行走世间的目的就是奖善惩恶。再次，"决定他对别人的态度的，不是某种抽象的固执观念，就是一些完全个人的、偶然的动机"②。马克思举出小说中的例子来证明，鲁道夫的经历与他本人的猎奇性格有关。例如，他解救黑人医生不是出于同情心，不是为了解放他，而是为了惩罚他的不信上帝。他所以关心玛丽花，不是关心穷人的命运，而是因为她是他的女儿。他对达尔维尔侯爵夫人的同情是由于如果没有老达尔维尔侯爵及其和亚历山大皇帝的友谊，鲁道夫的父亲就不能成为德国君主。他对若尔日夫人的仁慈也是由于同一原因，等等。最后，"鲁道夫的整个性格完全表现为一种'纯粹的'伪善"③。马克思指出，鲁道夫把自己的邪恶的情欲的发泄描述为对恶人的情欲的愤怒。欧仁·苏小说的这种写作方式与鲍威尔兄弟及其伙伴的思辨哲学一样，把自身的愚蠢说成是群众的愚蠢，把自己的利己主义硬说成是群众对精神的利己主义式的抵抗。这里，马克思又以"校长"、萨拉·麦克格莱哥尔伯爵夫人以及雅克·弗兰为例，说明鲁道夫的"纯粹的"伪善行为中，无一不包含着他的私心，如，想把麦克格莱哥尔伯爵夫人的文书夹弄到自己手里、为家族复仇、弥补杀父的罪过等等。这样，在鲁道夫全部的善行背后，隐藏着真

---

① 《马克思恩格斯全集》第 2 卷，北京：人民出版社 1957 年版，第 256 页。
② 同上书，第 261 页。
③ 同上。

正的秘密，鲍威尔及其伙伴并未能发现并揭示出这些秘密，相反，他们对《巴黎的秘密》大加追捧，并用思辨的方式掩盖了这些秘密。在这一章的最后，马克思写下了一段极具讽刺意味的评论：

"为了弥补这位唐·吉诃德在其他各方面的渺小，'**批判的威力**'使他成了'善良的房客'、'善良的邻居'、'善良的朋友'、'善良的父亲'、'善良的资产者'、'善良的公民'、'善良的君主'；而且，施里加先生的赞歌的这个音阶还在那里回响不已。**这比'人类在其整个历史上'所获得的全部成果还要多。**单是这，就足以使**鲁道夫**两次**拯救'世界'于'灭亡'**了"①。

4. 批判的秘密与黑格尔的"精神现象学"

在《神圣家族》的第五、八章中，马克思多次指出，鲍威尔及其伙伴的哲学是对黑格尔哲学的拙劣运用。第八章第4节题为"被揭露了的有关'观点'的秘密"

"对《巴黎的秘密》所作的批判性叙述的秘密，就是思辨结构即黑格尔结构的秘密"②。

因此，思辨结构的秘密就是黑格尔哲学的秘密，只要理清黑格尔精神现象学的要点，揭示出黑格尔与鲍威尔兄弟及其伙伴的相似之处，问题就可以迎刃而解。

马克思举例说，人们可以从现实的苹果、梨、草莓、扁桃中得出"果品"概念，如果再进一步想象，人们就可以从各种现实的果实中得到的"果品"这个抽象观念，果品本身是存在于人之外的本质，而且是梨、苹果等等的真正的本质，思辨哲学家就可以宣布"果品"是梨、苹果、扁桃等等的"实体"。因此，在思辨哲学中，思想和现实的关系发生倒置，梨的本质是果品，梨是非本质的；对苹果说来，苹果之成为

---

① 《马克思恩格斯全集》第2卷，北京：人民出版社1957年版，第265—266页。
② 《马克思恩格斯文集》第1卷，北京：人民出版社2009年版，第276页。

苹果，也是非本质的。恰恰这些所谓的"本质"是不可直观的，从而也是非现实的，它是哲学家们强加给实际事物的本质。于是苹果、梨、扁桃等等仅仅是"果品"的单纯的存在形式，是它的样态。苹果、梨、扁桃之间的差别也因非本质而变得无关紧要。马克思随即指出，这是典型的思辨哲学的方法，"用这种方法是得不到内容特别丰富的规定的"①。这种想象的本质仅看到实际事物的联系，看不到真正的差别。如果一位植物学家仅限于指明一切植物实际上都是植物，即看到任何一种植物都说，这是"植物"，那么他的学问就是有多少种现实的植物就重复多少遍"植物"这个词。思辨哲学从现实的水果中得出一个抽象的"果品"是容易的，从"果品"返回到现实的千差万别的平常的果实，返回到梨、苹果、扁桃等就不容易了。人们会问："果品"又怎么会忽而表现为苹果，忽而表现为梨，忽而又表现为扁桃呢？因此，思辨哲学家又用一种思辨的、神秘的方法抛弃了"果品"这个抽象，思辨哲学家回答道：这种外观之所以产生，是因为"果品"并不是僵死的、无差别的、静止的本质，而是活生生的、自身有区别的、能动的本质。因此，千差万别的水果是"果品"的不同的生命表现，"果品"把自己设定为梨，"果品"把自己设定为苹果，"果品"把自己设定为扁桃，它们之间的差别是"果品"的自我差别，这些差别使各种特殊的水果正好成为"果品"生活过程中的千差万别的环节。在每一个环节中，"果品"都给自己一个更为发展的、表现得更为鲜明的定在，直到它最后作为一切果实的"概括"，同时又是活生生的统一体。这种理解现实的方式就是思辨哲学，即有多少事物就有多少化身，思辨哲学家最感兴趣的就是，把现实的、普通的果实的存在制造出来，但是在思辨的世界里重新找到的这些苹果、梨、扁桃和葡萄干最多不过是虚幻的苹果、虚幻的梨、虚幻的扁桃和虚幻的葡萄干，而不是土地中生长出来的，是"果品"的化身，是绝对主体的化身。因此，马克思指出，"当一个普通人说有苹果和梨的时候，他并不认为自己说出了什么非同寻常的东

---

① 《马克思恩格斯文集》第 1 卷，北京：人民出版社 2009 年版，第 277 页。

西。但是，如果哲学家以思辨的方式说出这些存在物，那他就是说出了非同寻常的东西。他创造了一个奇迹，他从"果品"这个非现实的理智本质中造出了现实的自然的实物——苹果、梨等等，也就是说，他从他自己的抽象的理智（即他所设想的在他身外的一种绝对主体，在这里就是"果品"）中创造出这些果实。在思辨哲学家说出的每一种存在物中，他都完成了一次创造行动"①。这种思辨的方法被黑格尔表述为"实体就是主体"，而鲍威尔兄弟及其伙伴的思维方式就具有黑格尔方法的基本特征。而塞利加（即施里加）对《巴黎的秘密》的评论也是运用黑格尔精神现象学的方法，塞利加把现实的法、文明等消融在"秘密"这个范畴中，进而把"秘密"变为实体，他就登上了真正思辨的、黑格尔的高峰，而小说中的诸角色、桃色事件、舞会、农场等等就成了这一主体的生命表现。他的逻辑是先从现实世界造出"秘密"这一范畴，然后又从这一范畴造出现实世界，这与黑格尔哲学如出一辙。一方面，黑格尔善于用诡辩的手法把哲学家借助感性直观从一个对象过渡到另一个对象时所经历的过程，说成是绝对主体所完成的过程。另一方面，黑格尔常常在思辨的叙述中作出把握住事物本身的、现实的叙述。马克思说，"这种在思辨的阐述之中所作的现实的阐述会诱使读者把思辨的阐述看成是现实的，而把现实的阐述看成是思辨的"②。在塞利加那里，由于不深入任何现实的内容，尽可以自由地思辨。

在马克思看来，"批判的批判"的主要秘密之一，就是"观点"和用观点来评判观点，它的秘密在于黑格尔的《精神现象学》。黑格尔用"自我意识"来代替"人"，人表现为自我意识的一种特定形式，表现为自我意识的一种规定性。自我意识是单纯的"思想"，因此，能够在"纯粹"思维中扬弃并且通过纯粹思维克服这种"思想"。在黑格尔哲学中，人的自我意识的各种异化形式所具有的物质的、感性的、对象性

---

① 《马克思恩格斯文集》第 1 卷，北京：人民出版社 2009 年版，第 279 页。
② 同上书，第 280 页。

的基础被置之不理，因此，黑格尔最后完全合乎逻辑地用"绝对知识"来代替全部人的现实，之所以用知识，是因为知识是自我意识的唯一存在方式，因为自我意识被看做人的唯一存在方式。马克思一针见血地指出，"黑格尔把人变成自我意识的人，而不是把自我意识变成人的自我意识，变成现实的、因而是生活在现实的对象世界中并受这一世界制约的人的自我意识"①。在这个意义上，黑格尔把世界头足倒置，他也就能够在头脑中消灭一切界限。鲍威尔把"绝对知识"改名为"批判"，将"自我意识"改名为"观点"，仍然未能解决思维和存在的关系问题。"世界"既是实存的，又是一个范畴。意识和存在是不同的，世界作为范畴、作为观点的存在的时候，改变主观意识而并没有用真正对象性的方式改变对象性现实，这个世界仍然还像从前一样继续存在。因此，马克思说，"存在和思维的思辨的神秘的同一，在批判那里作为实践和理论的同样神秘的同一重复着"②。"批判的批判"仅限于把国家、私有财产等宣布为自我意识的无限普遍性的对立物，恰好相反，国家、私有财产等怎样把人变为抽象概念，而不是成为单个的、具体的人的现实。在马克思看来，黑格尔还是在许多方面提供了"真实地评述人的关系"的要素，鲍威尔及其伙伴却相反，他们只是提供了"一幅毫无内容的漫画"③。

最后还要在此提及的是，《巴黎的秘密》也同时引起了恩格斯的注意。他在1844年1月写了一篇题为《大陆上的运动》的通讯发表在英国宪章派的刊物《新道德世界》上。恩格斯开门见山地写道，

"欧仁·苏的著名小说《巴黎的秘密》给舆论界特别是德国的舆论界留下了一个强烈的印象；这本书以令人信服的笔触描写了大城市的'下层等级'所承受的困苦窘迫和道德败坏，这样的笔触不能不使社会关注所有穷人的状况。正像《总汇报》这个德国的

---

① 《马克思恩格斯文集》第1卷，北京：人民出版社2009年版，第357页。
② 同上书，第358页。
③ 同上书，第359页。

《泰晤士报》所说的，德国人开始发现，近十年来，小说写作的风格发生了一场彻底的革命；先前这类故事的主人公都是国王和王子，现在却是穷人、被歧视的阶级，而构成小说主题的，则是这些人的遭遇和命运、欢乐和痛苦；最后，他们发现，这一类新的小说著作家，如乔治·桑、欧仁·苏和博兹，确实是时代的标志"①。

由此可见，恩格斯在写作《神圣家族》一年之前还对《巴黎的秘密》和《文学总汇报》的评论都持肯定态度，他注意到小说题材的变化，即转向对贫困人群的关注，但却未能完全划清与青年黑格尔派的界限。

三　绝对的批判的批判：马克思和恩格斯对布鲁诺·鲍威尔的批判

马克思和恩格斯为第六章拟定的标题是"绝对的批判的批判或布鲁诺先生所体现的批判的批判"，马克思撰写了绝大部分内容，只有第六章第2节的（a）部分由恩格斯执笔完成。本章共分为三节并包含若干小节，其目录如下：

（1）绝对批判的第一次征讨

（a）"精神"和"群众"

（b）犹太人问题，第一号。问题的提法

（c）辛利克斯，第一号。关于政治、社会主义和哲学的神秘暗示

（2）绝对批判的第二次征讨

（a）辛利克斯，第二号。"批判"和"费尔巴哈"。对哲学的谴责

（b）犹太人问题，第二号。关于社会主义、法学和政治学

---

① 《马克思恩格斯全集》第3卷，北京：人民出版社2002年版，第556页。

（民族性）的批判的发现

（3）绝对批判的第三次征讨

（a）绝对批判的自我辩护。它的"政治的"过去

（b）犹太人问题，第三号

（c）对法国革命的批判的战斗

（d）对法国唯物主义的批判的战斗

（e）社会主义的最后的败北

（f）小节拟定的标题为"绝对批判的思辨循环和自我意识的哲学"

1. 第一次征讨

在这一章中，马克思和恩格斯将批判的对象直接指向"神圣家族"的"家长"，即布鲁诺·鲍威尔。如果说赖哈特、埃德加尔、法赫尔等人代表的是批判的个性或有个性的批判，那么《文学总汇报》中所展现的批判已经是"绝对的批判"或称"纯批判"，批判本身已经成为主体，而且布鲁诺·鲍威尔是绝对批判的化身。

马克思援引了布鲁诺·鲍威尔文章中关于"真理"的论述后指出，鲍威尔本人对于真理的理解与黑格尔如出一辙，即真理是一部自动论证自己的机器，人始终追随真理的认识，现实发展的结果是被证明了的真理。同理，对于历史的认识也是如此，植物所以存在，是为了给动物充饥，动物所以存在，是为了给人类充饥，人为了历史存在，历史为证明真理而存在，总之，"人和历史所以存在，是为了使真理达到自我意识"[①]。在马克思看来，布鲁诺·鲍威尔将过去历史上不言而喻的真理仅归结为寥寥无几，那只能证明批判的批判在历史知识上的贫乏，而历史的结果是："最复杂的真理、一切真理的精华（人们）最终会自己了解自己"[②]。在布鲁诺·鲍威尔的笔下，真理对群众说来是一目了然，而且一开始就是不言而喻的，是无需证明的。由此引申出真理和群众的

---

① 《马克思恩格斯全集》第2卷，北京：人民出版社1957年版，第101页。

② 同上。

关系问题。马克思认为,鲍威尔发明了绝对的"一开始"和抽象的不变的"群众",似乎16世纪群众的"一开始"和19世纪群众的"一开始"没有什么差别的。对于"绝对的批判"来说,如果谈论上帝的辩证法,那么,"不言而喻的真理"就丧失了全部的精华、意义和价值。马克思极具讽刺意味地说,"所以,绝对的批判一方面证明一切不言而喻的东西,此外,还证明许多幸而难于理解因而永远不会不言而喻的东西。另一方面,它又宣布凡是要引申和证明的东西都是不言而喻的。为什么呢?因为不言而喻,实际的任务不是某种不言而喻的东西"①。如果"真理"是脱离物质和群众的主体,不是面向经验的人,而是面向"心灵的深处",就无法关注到居住在英国的地下室中的穷苦大众,或是法国库房的阁楼里的人,从而彻底丧失批判的现实性。"绝对的批判"打算用批判的历史取代群众的历史,似乎只有符合某种"思想"的理解才不是表面的理解。马克思在此特别强调指出,被布鲁诺·鲍威尔称为"表面的"东西其实就是过去的全部历史,而历史上的活动和思想都是"群众"的思想和活动。那么,根据过去的、非批判的历史,群众对历史的目的"关怀"到什么程度,多少群众会有"热情"呢?在马克思看来,一方面,"'思想'一旦离开'利益',就一定会使自己出丑"②。另一方面,历史承认的群众的"利益"在最初出现时,总是在"思想"或"观念"中远远地超出自己的实际界限,很容易使自己和全人类的利益混淆起来。在1789年的资产阶级革命中,利益压倒了一切,并获得了实际成效,这种利益强大有力,只是对于并不关于自己的实际"利益"的观念才是不成功的。实际上,群众获得解放的现实条件和资产阶级借以解放自身和社会的那些条件是根本不同的,因为革命在本质上不超出其生活条件的范围的那部分群众,是并不包括全体居民在内的特殊的、有限的群众,革命的原则并不代表他们的实际利益,并不能引起了群众的"关怀",所以不成功。在马克思看来,"历史活

---

① 《马克思恩格斯全集》第2卷,北京:人民出版社1957年版,第102页。
② 同上书,第103页。

动是群众的事业,随着历史活动的深入,必将是群众队伍的扩大"①。而布鲁诺·鲍威尔看到的历史是观念的历史,而不是行动着的群众的历史,更不是群众的"利益"。马克思指出,仅仅在思想上解放是不行的,因为现实的、感性的、用任何观念都不能解脱的枷锁还套在群众的头上,布鲁诺·鲍威尔等从黑格尔的"精神现象学"中学会了抽象思辨的本领,即将现实的、客观的"枷锁"变成只是观念的或主观的"枷锁",因而就把一切斗争变成了与观念的斗争。

马克思随即指出,"绝对的批判宣布'群众'是精神的真正敌人"②,也就是说,布鲁诺·鲍威尔及其伙伴归纳出两个具有本质性的概念,即"精神"和"群众",双方均是凝固不动的本质,然后再将双方视为永久不变的极端相互对立起来。鲍威尔一伙不去研究"精神"本身,不去研究精神的唯灵论本性,不去反思"精神"是否就是"空话"、"自我欺骗"、"萎靡不振"的根源。恰恰相反,他们将精神看作是绝对的,它的对立面就是群众。这样,"群众"就成为一个抽象的概念,没有具体内容的集合名词,它完全不同于实际的群众,真实存在的群众只是为了"批判"才作为"群众"存在。而在共产主义和社会主义的著作中,思辨哲学已经成为被批判的对象,一方面,无论怎样精心设计的行动都没有出色的结果,反而蜕化为平庸的事情;另一方面,所谓精神的进步都是损害群众的进步,使群众陷入每况愈下的非人境遇。因此,以傅立叶为代表的空想社会主义者已经意识到,文明世界存在根本的缺陷,"进步"仅仅是不能令人满意的抽象词句,因此,他们转而对现代社会的现实基础进行了无情的批判。在实践中,与社会主义和共产主义批判相适应的则是广大群众的运动,例如,英国和法国工人对科学的向往、对知识的渴望、他们的道德力量和他们对自己发展的不倦的要求等等,都反映了共产主义运动中人的高尚性。与此相反,鲍威尔的思辨的结果是,精神总是受到限制,和精神相对的是"精神的空虚",

---

① 《马克思恩格斯全集》第2卷,北京:人民出版社1957年版,第104页。
② 同上。

即"思想懒惰"、"表面性"、"自满"等,他们不去研究精神的空虚、思想懒惰、表面性和自满的客观物质来源,而在这些品质中寻出精神的对立物,并从道德上去加以侮辱,这个对立物就是"群众",而且还被赋予了很多抽象的品质。一方面,群众是消极的、非历史的、物质的历史因素;另一方面是批判,即布鲁诺及其伙伴,他们是积极的因素。马克思进一步揭示了"精神和群众"的关系隐蔽的思辨哲学特质,

"布鲁诺先生**所发现**的'精神'和'群众'的关系,事实上不过是**黑格尔历史观的批判的、漫画式的完成**,而黑格尔的历史观又不过是关于**精神和物质**、**上帝**和**世界**相对立的**基督教德意志**教条的思辨表现。在历史的范围内,在人类本身的范围内,这种对立表现为:代表**积极**精神的少数杰出**人物**与代表**精神空虚**的群众、代表**物质的**人类**其余**部分相对立"①。

从马克思的论述中可知,黑格尔历史哲学的前提是"绝对精神",是一种完全抽象的形式,绝对精神的发展是自在的,人类仅仅是绝对精神的有意识或无意识的承担者,也就是群众。因此,黑格尔构造了思辨的历史,人类的历史本身也就变成了抽象的绝对精神的历史,对于群众或现实的人来说,就是人类的彼岸精神的历史。与黑格尔的历史哲学如出一辙,法国的空论派也得出类似的结论。法国空论派是指复辟时期1815年至1830年间法国资产阶级政客集团,是与君主立宪、民主和革命运动相对立的势力,其代表人物是历史学家弗·基佐和哲学家保·鲁瓦埃-科拉尔,他们的观点是对18世纪法国唯物主义和法国资产阶级革命的民主思想的反动。法国空论派竟然宣布理性的独立自主是和人民的独立自主对立的,其实质是排斥群众并实行独裁统治。如果现实的人的活动是单个人的活动,那么抽象的、普遍性的理性或精神应该在少数个人身上得到抽象的表现,而个人是否愿意充当"精神"的代表取决于个体的社会地位和个人的想象力。可见,空论派在反对群众方面与黑格

---

① 《马克思恩格斯全集》第2卷,北京:人民出版社1957年版,第108页。

尔的历史哲学相通。

在马克思看来，布鲁诺·鲍威尔比黑格尔在思辨的道路上走得更远，黑格尔在群众中搜寻所需要的材料，并且首先表现在哲学中，真正的历史运动已被绝对精神无意地完成了，哲学家不过是"绝对精神"在完成"自我认识"之后用来回顾历史，并意识到自身的一种工具，所以哲学家是事后才出场的。但是，黑格尔并未宣称现实的哲学家就是绝对精神，所以历史只是发生在哲学家的意识、见解、观念和思辨的想象中。布鲁诺·鲍威尔则更进一步，他一方面宣布"批判"是绝对精神，而他本人就代表着"批判"，批判并不是通过群众体现出来，而仅仅是通过少数杰出人物体现出来的，即鲍威尔一伙人；另一方面，鲍威尔有意识地在扮演世界精神的角色，故意发明历史和实现历史。总之，"改造社会的事业被归结为批判的批判的大脑活动"①。

马克思执笔写作的（b）部分针对的是布鲁诺·鲍威尔在1843年12月出版《文学总汇报》第1期上发表了《犹太人问题的最新论文》一文。鲍威尔之前曾发表《犹太人问题》一文，马克思在《德法年鉴》上做出了正面批判。除马克思外，菲利普逊、希尔施也撰文批判布鲁诺·鲍威尔的观点，这篇发表在《文学总汇报》第1期上的文章就是鲍威尔对上述三者的回应。在马克思看来，布鲁诺·鲍威尔不但丝毫没有反省，反而肯定他关于犹太人问题的观点具有"真正的"和"普遍的"意义。布鲁诺·鲍威尔反驳马克思关于"人权"问题的看法，对于马克思在《德法年鉴》上的《论犹太人问题》中已经说明，布鲁诺·鲍威尔不了解这些"权利"的实质，并且持一种教条主义的态度。马克思随后又从布鲁诺·鲍威尔和菲利普逊、希尔施等人的争论中举出几个例子来说明，"布鲁诺先生把国家和人类、人权和人本身、政治解放和人类解放混为一谈，就必然会思索或者至少是想象一个特殊类型的国家即国家的哲学理想"。从争论中可知，在《犹太人问题》这本小册子受到的攻击以后，布鲁诺·鲍威尔仍旧把取消宗教、把无神论看作市

---

① 《马克思恩格斯全集》第2卷，北京：人民出版社1957年版，第109页。

民的平等的必要条件，因而仍未能理解国家的本质。马克思在这一小节的最后指出，以布鲁诺·鲍威尔为代表的"批判的批判"的主要任务之一就是给当代的一切问题以正确的提法。他们恰好没有回答现实的问题，却制造了自己的、批判的批判的问题。例如，如果人们谈论拿破仑法典的历史意义，那么"批判的批判"就会证明：这实际上是谈"摩西五经"。可见，它对"当代的问题"的提法就是对这些问题的批判的曲解和歪曲。对此，马克思强调，"和绝对批判的其它一切新颖的表现一样，这种方法也是思辨戏法的重演"[①]，或者说，思辨哲学把一切现实的问题变为思辨的问题。

第1节（c）小节的标题是"辛利克斯，第一号。关于政治、社会主义和哲学的神秘暗示"，这里，辛利克斯是老年黑格尔派成员，他于1843年出版了两卷本《政治讲义两卷集》。布鲁诺·鲍威尔于1843年12月出版的《文学总汇报》第1期上发表了一篇评论该书第一卷的文章，随后又在1844年4月的第5期上发表了对该书第2卷的评论。这里所说的"第一号"指的就是第1期上的文章，下文所说的"第二号"即为第5期上文章。

布鲁诺·鲍威尔在文章中提到，辛利克斯没有区分政治的意义和社会的意义，所有的政治利益在社会利益面前都将变得毫无意义。马克思注意到，布鲁诺·鲍威尔从前是大谈政治的哲学家，在《文学总汇报》问世以前，布鲁诺就出版了《国家、宗教和政党》这本典型的政治性著作。现在，也就是在《文学总汇报》的文章中，布鲁诺·鲍威尔开始突出强调"社会"、"社会的"等词汇，这主要是受社会主义著作在德国传播的影响，在辛利克斯著作发表以前，布·鲍威尔在其文章中凡是做出实际结论的，也都做出了政治的结论，然而，现在又要求辛利克斯通过熟读布鲁诺·鲍威尔的著作中来领会社会主义，这显然是一个可笑的结论，正如马克思所说"辛利克斯教授无论如何不可能用布鲁诺先

[①] 《马克思恩格斯全集》第2卷，北京：人民出版社1957年版，第115页。

生的尚未发表的文章来补充他已发表过的文章"①。这就是标题所说"神秘暗示"的含义。这样，辛利克斯就做了布鲁诺·鲍威尔先前那种"政治的"错误观点的替罪羊，也成为运用黑格尔方法和观点的替罪羊。"政治"和"哲学"成为辛利克斯的偶像，布鲁诺·鲍威尔在第一次征讨中就推翻了它自己长期以来所坚持的观点。

2. 第二次征讨

第六章第2节的（a）部分由恩格斯执笔完成，标题是"辛利克斯，第二号。'批判'和'费尔巴哈'。对哲学的谴责"，该标题明确了这一小节的主旨和内容。恩格斯指出，布鲁诺·鲍威尔显然是阅读了费尔巴哈的《未来哲学原理》，之后写成了驳斥辛利克斯的第二篇论文。有趣的是，鲍威尔一直沿袭着黑格尔的术语和思维方式，也在试图突破黑格尔哲学体系的束缚，一旦阅读费尔巴哈的著作之后，马上开始运用费尔巴哈的术语及主要观点，如"人类关系的真正丰富性"、"历史的无穷尽的内容"、"人的意义"等等，并堂而皇之地宣称这是他本人的理论创见。恩格斯写道：

> "到底是谁揭露了'体系'的秘密呢？是**费尔巴哈**。是谁摧毁了概念的辩证法即仅仅为哲学家们所熟悉的诸神的战争呢？是**费尔巴哈**。是谁不是用'**人的意义**'（好像人除了是人之外还有什么其它的意义似的！）而是用'**人**'本身来代替包括'无限的自我意识'在内的破烂货呢？是**费尔巴哈**，而且仅仅是**费尔巴哈**。他所做的事情比这还要多。他早已摧毁了现今正被'**批判**'乱用的那些范畴：'人类关系的真正丰富性、历史的无穷尽的内容、历史的斗争、群众和精神的斗争'等等"②。

在恩格斯看来，哲学思考的关键不在于思辨地把握概念，而是在于认识到"人"是全部人类活动和全部人类关系的本质和基础，而这正

---

① 《马克思恩格斯全集》第2卷，北京：人民出版社1957年版，第116页。
② 同上书，第118页。

是费尔巴哈的贡献。布鲁诺·鲍威尔则相反,他重新把"人"本身变成某种抽象的范畴,进而演绎出一系列范畴的原则,从而使历史也成为事实的抽象序列。"批判的批判"将"群众"和"精神"之间的斗争看作是历史的"目的",宣称"群众"是"卑贱"的"纯粹的无",将群众称为"物质",并把"精神"和"物质"对立起来。这显然是哲学上的一种倒退。在恩格斯看来,历史什么也没有做,

> "创造这一切、拥有这一切并为这一切而斗争的,不是'历史',而正是人,现实的、活生生的人。'历史'并不是把人当做达到自己目的的工具来利用的某种特殊的人格。历史**不过是**追求着自己目的的人的活动而已"①。

可见,鲍威尔并未达到费尔巴哈的水平,甚至庸俗地重复着费尔巴哈的天才发现。"批判的批判"的最大特点是:德国的普通群众都开始理解费尔巴哈并领会费尔巴哈的结论,但布鲁诺·鲍威尔却不能正确地理解和成功地运用费尔巴哈的任何一个原理。

第2节的(b)部分是马克思就"犹太人问题"而写的对布鲁诺·鲍威尔的反驳,其中涉及社会主义、政治学和法学等方面的内容。首先,就社会主义而言,"批判的批判"宣扬的是基督教关于精神自由,即使人们在物质生活的束缚中也是自由的,它仅仅存在于观念中。社会主义则是明确否认纯理论领域内的解放,除了要求"意志"自由以外,还要求完全可感知的物质条件,它必须进行物质的、实际的变革。其次,就政治方面而言,马克思赞同里谢尔对鲍威尔的批判。马克思在《论犹太人问题》中已经指出,鲍威尔将政治解放同人类解放混淆起来,也就必然把解放的政治手段同解放的人类手段混淆起来。再次,就法的方面而言,马克思指出,鲍威尔并未能理解,法本身必须同"情感和良心"区别开,这种划分一旦实现就构成法的发展的最高阶段,然而,布鲁诺·鲍威尔利用"情感和良心"干涉法,在谈法的时候谈情

---

① 《马克思恩格斯全集》第2卷,北京:人民出版社1957年版,第118—119页。

感和良心，无异于在谈法律教义的时候谈神学教义，从而使社会成为批判的天堂。马克思说，布鲁诺·鲍威尔"就是通过曲折的神学道路才走向现代的历史运动的"①，从而使"批判"决定着未来的命运，批判也把自己的意志赋予自己的创造物，像上帝一样神通广大，并把它的神通与个人的自由、意志和天性结合起来。

3. 绝对批判的第三次征讨

第六章第 3 节的内容很长，分为 6 个小节，它们均出自马克思的手笔。

在（a）部分，即"绝对批判的自我辩护。它的'政治的'过去"中，马克思按照布鲁诺·鲍威尔在《文学总汇报》第 5 期上一篇文章的逻辑展开了批判，揭露了鲍威尔为过去的政治诉求所做的辩护的虚伪性和思辨抽象的本质。

布鲁诺·鲍威尔是从"目前什么是批判的对象？"这一问题开始的，它的答案是："批判除了认识事物之外，别无他图"。马克思指出，这样，一切事物都是批判的对象。而"批判"又将矛头指向群众，所以"批判"就要清除它本身的群众性，摆脱其群众的外观。

> "第一、群众**不认**为著作活动是'**纯粹的著作活动**'，因而是错误的。同时，群众认为著作活动是'唯一的'或'纯粹的'**著作活动**，因而犯了相反的错误。毫无疑问，不管怎样'群众'都是不对的，因为它**同时**犯了两个互相排斥的错误"②。

但是，马克思讽刺说，批判还是一味迁就群众的偏见和理解力，正像神启示世人时所常做的那样，这就揭露出鲍威尔哲学的神学特征，或是神学的变化形式。在马克思看来，"批判"或理论根本不能变成任何东西，它反而成为一切事物的起源，如同神的意识预先规定了一切事物，这就是布鲁诺·鲍威尔的根本错误，即"批判"不可能被人重视，

---

① 《马克思恩格斯全集》第 2 卷，北京：人民出版社 1957 年版，第 125 页。
② 同上书，第 128 页。

由于它来自神秘的天国。

在鲍威尔看来,"批判"必须研究思辨神学,这是不言而喻的,那为什么"批判"甚至必须从事政治呢?马克思认为是与鲍威尔被解除大学教职直接相关,因为被控告,所以"批判"曾不得不从事政治。但是在政治中,鲍威尔又不断地重复黑格尔"思辨的辩证法",而且是以一种神学的方式,在神学的基础上低水平的重复,鲍威尔在《复类福音作者批判》中就是这样做的。因而,"批判的批判"迄今的政治活动完全是无效的和思辨的,它只存在于观念的领域,正如马克思所说,"既然被解决了的矛盾不是矛盾,那末,确切地说,批判根本没有跟它的真正的因素发生过矛盾,没有跟自己发生过矛盾。——这样,它的自我辩护的总目的似乎已经达到了"①。

第3节的(b)部分围绕马克思在《德法年鉴》上发表的《论犹太人问题》一文而展开,是正面和集中对鲍威尔观点的批判,在《神圣家族》全书中占有重要的理论地位。马克思在《德法年鉴》中揭露了鲍威尔把政治解放和人类解放混为一谈的错误。鲍威尔在《文学总汇报》的回应是,第一,马克思没有对旧的犹太人问题提供"正确的提法",它是考察和解决现代问题的依据;第二,鲍威尔承认把政治本质和人类本质混为一谈,但那却是两年前部分地所持的立场。马克思否定了鲍威尔的第二种说法,即在1843年的《国家、宗教和政党》一书中,鲍威尔的观点仍未改变。简言之,鲍威尔用无限的自我意识来代替人,用黑格尔的形式来重谈基督教的创世说,因而仍是一位神学家。

首先,鲍威尔关于政治问题的看法表明鲍威尔是一位神学家,他在政治上所研究的不是政治,而是神学。具体而言,鲍威尔将犹太人的自由问题看作是纯粹的宗教问题,看不到宗教问题的社会意义。在马克思看来,对宗教问题的研究应进一步描述了犹太人在现代市民社会中的真实处境,剥掉掩盖着犹太精神实质的宗教外壳,揭示出犹太精神的经验的、世俗的、实际的内核。鲍威尔只了解犹太精神的宗教本质,但不了

---

① 《马克思恩格斯全集》第2卷,北京:人民出版社1957年版,第136页。

解宗教本质的世俗的现实的基础。他把宗教当作某种独立的实质加以批判，不是用现实的犹太人去解释犹太教的秘密，而是用犹太教去解释现实的犹太人。现实的世俗的犹太精神是市民生活的产物，并在货币制度中获得了高度发展。马克思认为，犹太精神是依靠历史、通过历史并且同历史一起保存下来和发展起来的，它不是单纯依靠神学家或宗教学说所能揭示的，而只有回到人们的世俗生活，在工商业的实践中才能被完整地揭露出来。现代犹太人的生活不能以他们的宗教来解释；恰恰相反，犹太教的生命力只能用虚幻地反映在犹太教中的市民社会的实际基础来解释。因此，犹太人的解放，不是犹太人的特殊政治任务，而是现代世界的普遍的实践任务，实际上就是消灭市民社会中犹太精神的任务，消灭现代生活实践中的非人性的任务，在马克思所生活的时代，非人性的最高表现就是货币制度。在这个意义上，马克思说：

> "鲍威尔先生这位**名副其实**的神学家，尽管他是**批判的神学家**，或者是**神学的批判家**，也没有能够超乎**宗教**的对立之上。他把犹太人对基督教世界的关系仅仅看做**犹太教**对**基督教**的关系。他甚至不得不通过犹太人和基督徒跟**批判**的宗教（**无神论**、**最高**的**有神论**、对神的**否认**）的对立，来批判地恢复犹太教和基督之间的宗教对立。最后，他由于自己的**神学狂**，不得不把'现代犹太人和基督徒'即现代世界'获得自由'的能力，仅仅**局限于**他们理解神学的'批判'和在这种'批判'的圈子之内进行活动的能力。正如正统的神学家所认为的，整个世界都可以归结为'宗教和神学'"①。

其次，就真实的政治问题而言，鲍威尔并未研究现代国家对于宗教的真正关系。马克思在《德法年鉴》中已经指出，政治解放和人类解放是有差别的，即在一些国家中，犹太人在政治上已经获得了解放，但

---

① 《马克思恩格斯全集》第2卷，北京：人民出版社1957年版，第141页。

还远远没有获得人类意义上的解放。其中的关键是对政治解放的实质的研究，也就是对发达的现代国家的实质的研究，马克思在《德法年鉴》中就是根据这一观点来研究犹太人问题。鲍威尔将特权国家、基督教德意志国家设想成绝对的基督教国家，在没有任何社会政治生活的国家里要求参与社会政治生活，在只有政治特权的地方要求政治权利，沉浸在关于"德国政治制度"的"妄想"之中，以"基督教国家"不可能从政治上解放犹太人来说明犹太人在德意志国家的处境，这就歪曲了事情的真相。鲍威尔把人划分为非宗教的公民和宗教的个人，犹太人要求政治自由而又不想放弃自己的宗教，当国家摆脱了宗教并且让宗教在市民社会范围内存在时，国家就从宗教下解放出来了，同样，当单个的人已经不再把宗教当作公事而当作自己的私事来对待时，他在政治上也就从宗教下解放出来了。可见，鲍威尔不研究现代国家对于宗教的真正关系，而设想一个批判的国家，并把他本人扩张为国家的神学批判家。在鲍威尔看来，国家是批判神学的心愿的执行者，政治的权威代替了宗教的权威。鲍威尔把注意力集中在国家和宗教之间的对立上，以致对政治解放的批判变成了对犹太教的批判。在此，马克思对鲍威尔的评价是："**批判**终于能把自己的反**非批判的**神学的著作说成是社会的作品，而且也可以毫无阻碍地来研究自己的**批判的**神学——使精神和群众对立，——以及宣告批判的恩人和救世主即将降临"①。

最后，在人权、自由的人性等哲学问题上，鲍威尔甚至未能达到黑格尔哲学的水平。"自由的人性"就是普遍人权所承认的典型，鲍威尔从犹太人力图承认自己的自由的人性出发来说明他们力图获得普遍人权。马克思已经在《德法年鉴》中证明："自由的人性"就是承认利己的市民个人，承认个人的生活内容，因此，"人权并没有使人摆脱宗教，而只是使人有信仰宗教的自由；人权并没有使人摆脱财产，而是使人有占有财产的自由；人权并没有使人放弃追求财富的龌龊行为，而只是使

---

① 《马克思恩格斯全集》第2卷，北京：人民出版社1957年版，第144页。

人有经营的自由"①。而且，现代国家承认人权同古代国家承认奴隶制如出一辙。现代国家的自然基础是市民社会以及市民社会中的个人，现代国家是通过普遍人权承认了这种自然基础，并没有创立这个基础，现代国家是挣脱政治桎梏的市民社会的产物，因此，政治解放以及"人权"是双方相互制约的结果，而不是"天赋的权利"。黑格尔很早就提出，"人权"不是天赋的，而是历史地产生的，鲍威尔甚至尚未达到这种理解水平，他还寄希望于放弃信仰的特权。于是，鲍威尔并未对政治解放的本质进行批判性分析，它总是在政治本质中寻求解决矛盾的方法，把"特权的实际势力"和"自由的理论"对立起来，把"公法状况"和"特权的立法效力"对立起来，也就无法揭露它和人类本质的关系。

> "鲍威尔先生犯了一个最根本的错误，他认为，由于把这个矛盾当做'普遍的'矛盾来理解和批判，他便从**政治**的本质上升到了**人类**的本质。对于这个矛盾的这种理解只是说明了从半政治的解放上升到完全政治的解放，从立宪君主制上升到民主代议制国家"②。

在马克思看来，工业活动并不因行会特权的消灭而消灭，相反，真正的工业只有在消灭特权之后才会发展；土地私有制并不因土地占有特权的消灭而消灭，相反，在废除私有制的特权以后，才开始土地私有制的扬弃；贸易并不因贸易特权的消灭而消灭，相反，贸易的真正实现只有通过自由贸易才能够获得等等，因此，"自由的理论和特权的实际势力之间不但不存在任何矛盾，特权的实际消灭、自由的工业和自由的贸易等反而与'自由的理论'相适应，任何特权的闭塞都不与公法状况相对立，批判所发现的矛盾已被消除——只有在这里，才存在着完备的

---

① 《马克思恩格斯全集》第 2 卷，北京：人民出版社 1957 年版，第 145 页。
② 同上书，第 148 页。

现代国家"①。

在"犹太人问题"上，布鲁诺·鲍威尔不断地自我矛盾，在"犹太人问题"第一号里，"批判的批判"还是绝对正确的，而且揭示了"犹太人问题"的"真正的"和"普遍的"意义。在第二号里，"批判的批判"承认它既不想也没有权利超出批判的范围。但是在第三号里，批判希望再走"一步"，然而可笑的是，"批判的批判"又觉得这一步是"不可能的"。

在第3节的（c）部分，即"对法国革命的批判的战斗"中，马克思对鲍威尔对法国革命的贬低阐述了自己的观点。在鲍威尔看来，"法国革命是一种还完全属于18世纪的实验"，法国革命仅仅是暴露了"群众"的局限性，因为法国革命的"思想"并没有超出暴力革命的范围。马克思针锋相对地指出，

> "**思想从来也不能超出旧世界秩序的范围**：在任何情况下它都只能超出旧世界秩序的思想范围。思想根本不能**实现什么东西**。为了实现思想，就要有使用实践力量的人"②。

马克思指出，法国革命产生了超越旧世界秩序的思想，即共产主义思想。从1789年开始，以勒克莱尔克、巴贝夫为代表所组织的革命运动成为新世界秩序的思想。在这一历史进程中，鲍威尔又仅将批判的任务确定为摆脱民族的利己主义和封建等级的利己主义，进而实现普遍国家秩序的自发的利己主义，对于法国革命没有任何独特的见解。鲍威尔将个人理解为"利己主义原子"，马克思认为，市民社会的成员根本不是"原子"，原子是没有需要的，是自我满足的，如果把市民社会的利己主义者设想为原子，就是将其"设想成和任何东西无关的、自满自足的、没有需要的、绝对完善的、极乐世界的存在"③。但是，市民社会

---

① 《马克思恩格斯全集》第2卷，北京：人民出版社1957年版，第149页。
② 同上书，第152页。
③ 同上书，第154页。

中的个人是感性的，每一种感觉都迫使个体相信世界和他人的真实存在，而每种本质活动、特性和生活本能都会成为一种需要，需要时显示的而非思想、精神或批判赋予的，否则，人们之间的需要的真实联系就会成为抽象的，与实际生活无关的联系。

"由此可见，正是**自然的必然性**、**人的特性**（不管它们表现为怎样的异化形式）、**利益**把市民社会的成员彼此连接起来。他们之间的**现实的联系**不是**政治生活**，而是**市民生活**。因此，把市民社会的**原子**彼此连接起来的不是**国家**，而是如下的事实：他们只是在**观念中**、在自己的**想象**这个**天堂**中才是**原子**，**而在实际上**他们是和原子截然不同的存在物，他们不是**神类的利己主义者**，而是**利己主义的人**。在今天，只有**政治上的迷信**才会以为国家应当巩固市民生活，而事实上却相反，正是市民生活巩固国家"①。

在揭示了鲍威尔的错误观点之后，马克思指出了法国革命在实践和理论上的不足，包括罗伯斯庇尔和圣茹斯特的观点，即自由、正义、美德是"人民"的必然的表现，是"人民本质"的属性的观点，拿破仑的革命恐怖主义观点等，他认为，随着资产阶级社会的确立，人权已经不再仅仅是一种理论了，它标志着政治启蒙运动已经完成，这就是法国革命的积极启示，最终将引申出共产主义的理论和实践。

在第 3 节的（d）部分，即"对法国唯物主义的批判的战斗"中，马克思指出，

"18 世纪的法国启蒙运动，特别是**法国唯物主义**，不仅是反对现存政治制度的斗争，同时是反对现存宗教和神学的斗争，而且还是反对 17 **世纪的形而上学**和反对**一切形而上学**，特别是反对**笛卡儿**、**马勒伯朗士**、**斯宾诺莎和莱布尼茨**的形而上学的**公开而鲜明的斗争**"②。

---

① 《马克思恩格斯全集》第 2 卷，北京：人民出版社 1957 年版，第 154 页。
② 同上书，第 159 页。

对抗形而上学是当时哲学的主流,费尔巴哈在批判黑格尔的思辨哲学方面已经迈出了重要的一步。在近代哲学史上,法国启蒙运动特别是18世纪的法国唯物主义已经给17世纪的形而上学以致命打击,然而在德国哲学中,特别是在19世纪的德国古典的思辨哲学中,还在重复这个过程。德国古典哲学的集大成者无疑是黑格尔,他把17世纪的形而上学同后来的一切形而上学及德国唯心主义结合起来,并建立了一个形而上学的思辨王国,在黑格尔以后,对思辨的形而上学和一切形而上学的进攻是在哲学和神学的关系中展开的。在理论方面,费尔巴哈的哲学体现了和人道主义相吻合的唯物主义,而在实践方面,法国和英国的社会主义和共产主义则体现了这种唯物主义。更进一步而言,17世纪的形而上学的没落是由18世纪唯物主义理论的影响造成的,而理论运动本身是由当时法国生活的实践性质所促成的。这种生活趋向于直接的现实,这样,形而上学在实践上已经威信扫地。

"**法国唯物主义**有**两个派别**:一派起源于**笛卡儿**,一派起源于**洛克**。后一派**主要**是**法国**有教养的分子,它直接导向**社会主义**。前一派是**机械**唯物主义,它成为真正的法国**自然科学**的财产。这两个派别在发展过程中是相互交错的"①。

马克思随后十分详细地阐释了法国唯物主义的理论谱系。

笛卡儿认为,"物质"具有独立的创造力,在物理学的范围内,物质是唯一的实体,是存在和认识的唯一根据。笛卡儿的学生勒卢阿、卡巴尼斯、拉美特利继承了这条唯物主义道路。其中,勒卢阿和拉美特利把笛卡儿关于动物结构的学说用到人体上来,并宣称思想是机械运动。另一方面,伽桑狄首先利用伊壁鸠鲁的唯物主义来反对笛卡儿,而法国和英国的唯物主义始终同德谟克利特和伊壁鸠鲁保持着紧密的联系。另一个反对者是英国的唯物主义者霍布斯。霍布斯把培根的唯物主义系统化以后,没有更详尽地论证培根关于知识和观念起源于感性世界的基本

---

① 《马克思恩格斯全集》第2卷,北京:人民出版社1957年版,第160页。

原则，因而变得无视"人"的存在。18世纪初，实证科学脱离了形而上学，成为独立的研究领域。比埃尔·培尔是个关键的哲学家，他对17世纪说来，是最后一个形而上学者，而对18世纪说来，则是第一个哲学家。比埃尔·培尔用怀疑论摧毁了形而上学，为法国人掌握唯物主义哲学打下了基础。马克思指出，"英国唯物主义和整个现代实验科学的真正始祖是培根"①。在培根看来，自然科学是真正的科学，感觉是不仅是可靠的，还是一切知识的泉源。科学就是"实验"科学，就在于用理性方法去整理感性材料，唯物主义还处于朴素的形式中。当时迫切需要一部能够把"生活实践"归结为一个体系并从理论上加以论证的著作，于是洛克的《关于人类理性的经验》应运而生。洛克论证了哲学必须基于"人的感觉"和以这种感觉为依据的"理性"。在洛克之后，孔狄亚克用感觉论反对17世纪的形而上学，公开驳斥了笛卡儿、斯宾诺莎、莱布尼茨和马勒伯朗士等人的体系。孔狄亚克还在《关于人类知识的起源的经验》中进一步证明，经验和习惯的事情不仅是灵魂，而且是感觉，因此，人的全部发展都取决于教育和外部环境。爱尔维修也是从洛克的观点出发，把唯物主义运用到社会生活方面，并将感性看作是道德的基础。霍尔巴赫的《自然体系，或物质世界和精神世界的规律》一书，一方面结合法国和英国的唯物主义论述物理学；另一方面是以爱尔维修的观点为依据论述道德。在这一部分中，马克思一方面说明了法国唯物主义的两重起源，即起源于笛卡儿的物理学和英国的唯物主义，另一方面又说明了法国唯物主义同17世纪的形而上学，即笛卡儿、斯宾诺莎、马勒伯朗士和莱布尼茨的形而上学的对立。

"**笛卡儿**的唯物主义成为**真正的自然科学**的财产，而法国唯物主义的另一派则直接成为**社会主义和共产主义**的财产"②。

至于法国唯物主义与社会主义、共产主义之间的联系，马克思指

---

① 《马克思恩格斯全集》第2卷，北京：人民出版社1957年版，第163页。
② 同上书，第166页。

出，关于人性问题、人的智力平等问题、关于经验和教育等问题、环境的影响问题、工业的意义问题等唯物主义学说，与共产主义和社会主义之间有着必然的联系。一方面，如果人是从感性世界中的经验中汲取知识，那就必须使周围的世界具有人的属性，从而使人在人话自然中认识和领会合乎人性的东西，使人成为人，这是唯物主义学说的理论旨趣。既然人的性格是由环境造成的，那就必须使环境成为合乎人性的环境。另一方面，如果利益是道德的基础，那么个人利益就必须符合于全人类的利益，这也是唯物主义学说的重要方面，特别是体现在爱尔维修的著述中。既然人是社会生物，只有在社会中才能发展真正的天性，那就不应以个人的力量为准绳，而应当以整个社会的力量为准绳。

"**傅立叶**是直接从法国唯物主义者的学说出发的。**巴贝夫主义者**是粗鲁的、不文明的唯物主义者，但是成熟的共产主义也是**直接起源于法国唯物主义**的。这种唯物主义正是以**爱尔维修**所赋予的形式回到了它的祖国**英国**。**边沁**根据爱尔维修的道德学建立了他那**正确理解的利益**的体系，而**欧文**则从**边沁**的体系出发去论证英国的共产主义。亡命英国的法国人**卡贝**受到了当地共产主义思想的鼓舞，当他回到法国时，他已经成了一个最有声望然而也是最肤浅的共产主义的代表人物。比较有科学根据的法国共产主义者**德萨米、盖伊**等人，像欧文一样，也把**唯物主义**学说当做**现实的人道主义**学说和**共产主义的逻辑**基础加以发展"①。

以上是马克思对法国唯物主义理论谱系的总结性看法，他特别强调了法国唯物主义与共产主义的关联。布鲁诺·鲍威尔及其伙伴对法国唯物主义的评价则完全不同，马克思一针见血地指出，鲍威尔的批判完全是对黑格尔的片面解读。黑格尔《哲学史讲义》于1833年—1836年第一次发表于《黑格尔全集》第一版的第13至15卷中，在这里，黑格尔把法国唯物主义理解为斯宾诺莎的"实体"的实现。同时，黑格尔在

---

① 《马克思恩格斯全集》第2卷，北京：人民出版社1957年版，第167—168页。

《精神现象学》中也谈到自然神论和唯物主义是对同一个基本原则持不同理解的两个派别，布鲁诺·鲍威尔却未能提到这个方面，而只是试图将"实体"过渡为"自我意识"。由此可见，"批判的批判"依赖黑格尔哲学，但只是片面的依赖。

在这一节的结尾，马克思加了一段"注释"。为了和"批判的批判"相区别，只要论述笛卡儿和洛克的哲学与法国唯物主义之间的联系，以及18世纪的哲学同17世纪的形而上学的对立就足够了。但是，18世纪的唯物主义同19世纪的英国和法国的共产主义的联系，则还需要详尽地阐述。马克思在此只引证了一些具有代表性的段落，即爱尔维修在《精神论》第一卷、霍尔巴赫在《社会体系，或道德和政治的自然原则》第一卷中关于"道德"的观点，以及边沁在《惩罚和奖赏的理论》第二卷中关于"个人利益必须服从社会利益。……个人利益是唯一现实的利益"的观点。

（e）部分的标题为"社会主义的最后的败北"，这是布鲁诺·鲍威尔的观点，即革命、唯物主义和社会主义的各种运动都是毫无结果的失败了，马克思在此对这种观点进行了犀利的批判。首先，布鲁诺·鲍威尔指责法国的社会主义运动是"幻想"，马克思指出，英国的经济革命和法国的政治革命是组织真正的群众的运动，而绝非幻想，鲍威尔无法解释德国的社会主义运动，只好归咎于施泰因的《现代法国的社会主义和共产主义》一书对法国所发生的革命运动的介绍，因而鲍威尔不了解英国革命的真实进程，也未能阅读到英国的著述，只能对法国的社会主义体系高谈阔论。马克思指出，"如果批判比较熟悉下层人民阶级的运动，它就会知道，下层阶级从实际生活中所受到的最坚决的抵抗使它们每天都有所改变"①，即便是没有"批判的批判"的指引，英国和法国的下层人民也能把自己提高到精神发展的更高水平。其次，布鲁诺·鲍威尔认为，"组织群众"就是社会主义运动的全部精神财富，马克思对此则指出，法国政治激进派很早就提出"组织劳动"的口号，这不是

---

① 《马克思恩格斯全集》第2卷，北京：人民出版社1957年版，第171页。

社会主义者的发明，社会主义者进而将"组织群众"看做作是应当解决的任务，而且事实已经表明，资产阶级社会本身、旧的封建社会的解体正是组织群众。"批判的批判"也通过某种形式把群众重新组织起来，把它看成"批判的批判"绝对的敌人，还宣称这是重要发现。马克思讽刺道，

> "**批判把自己的发现加上了引号**［Gänsefüsse］。嘎嘎叫着暗示鲍威尔先生去拯救卡皮托里的鹅，无非就是他**自家的鹅**，即**批判的批判**"①。

布鲁诺·鲍威尔将"批判"看作是组织工作，群众是原料，历史则是批判的产品。马克思在此使用德语的"Gänsefüsse"一词属于双关语，直译是"鹅足"，"Gans"本义为"鹅"，转义为愚蠢的化身，从而引出一个典故。相传，罗马有个古堡是卡皮托里，守卫此古堡的卫兵凭借鹅的叫声发现了偷袭的敌人，"鹅"也就是"批判的批判"的挖苦和讽刺。事实上，革命、唯物主义和社会主义取得一系列的辉煌胜利，在组织群众追求自由和幸福的生活方面，起到了不容忽视的重要作用，但是在布鲁诺·鲍威尔的眼中却是毫无结果地失败了。马克思最后呼应了这一节的标题，他说，"革命、唯物主义和共产主义**就这样**完成了自己的历史使命。它们以本身的灭亡为批判的主开辟了道路"②。

马克思为（f）小节拟定的标题为"绝对批判的思辨循环和自我意识的哲学"，他简明扼要地指出，布鲁诺·鲍威尔的"批判"就是神学的领域，就是从《复类福音作者批判》一书到《基督教真相》中所阐述的思辨哲学，其本质是一种自我意识的哲学。

马克思先是援引了《复类福音作者批判》第一卷前言中的一段话，

> "施特劳斯仍然忠实于把实体视为绝对物的观点。具有这种普遍性形式、具有尚未达到现实的和理性的规定性的这种普遍性形式

---

① 《马克思恩格斯全集》第 2 卷，北京：人民出版社 1957 年版，第 172 页。
② 同上书，第 173 页。

的宗教传说，不外就是抛弃了自己的逻辑单纯性并采取了**公社力量**的特定存在形式的实体；因为普遍性的这种现实的和理性的规定性只有在**自我意识**中，在自我意识的**单一性**和**无限性**中才能达到"①。

对于布鲁诺·鲍威尔的这段论述，马克思指出，"批判的批判"首先是借鉴了斯宾诺莎关于"实体"的观点，但鲍威尔不满意施特劳斯关于"公社力量"和关于"传说"的观点，并认为施特劳斯是"神秘化"的，在解释和清楚地描述福音历史的起源过程时，它只能提供关于过程的假象。鲍威尔随即转向了黑格尔哲学，把实体理解为内部过程，利用"主体"、"实体就是主体"、"无限的自我意识"等思辨的形式恢复了基督教的创世说。鲍威尔又遵照黑格尔在《精神现象学》中关于"实体必须提升为自我意识"的观点，将自我意识提升为自我意识的实体，或作为实体的自我意识，这样，自我意识就从人本身的属性变成了独立于人之外的主体。马克思称"这是一幅讽刺人脱离自然的形而上学的神学漫画"②。显然，在布鲁诺·鲍威尔那里，自我意识的本质并不是人，而是理念，自我意识是人化了的理念，因而它是无限的，人的所有属性就神秘地成为无限的自我意识的属性。马克思指出，

"**施特劳斯**和**鲍威尔**关于**实体**和**自我意识**的争论，是在**黑格尔**的思辨**范围之内**的争论。在**黑格尔**的体系中有三个因素：**斯宾诺莎的实体**，**费希特的自我意识**以及前两个因素在**黑格尔**那里的必然的矛盾的统一，即**绝对精神**。第一个因素是形而上学地改了装的、**脱离人的自然**。第二个因素是形而上学地改了装的、**脱离**自然的**精神**。第三个因素是形而上学地改了装的以上两个因素的**统一**，即**现实的人和现实的人类**"③。

在此，马克思提出的是理解黑格尔哲学体系瓦解的理论框架。众所

---

① 转引自《马克思恩格斯全集》第2卷，北京：人民出版社1957年版，第174页。
② 同上书，第176页。
③ 同上书，第176—177页。

周知，黑格尔学派的分裂和解体是从哲学与神学的关系开始的，施特劳斯和鲍威尔正是青年黑格尔派的先驱式人物，二者都十分彻底地把黑格尔的哲学体系应用于神学，但二者的区别也是明显的。施特劳斯是从斯宾诺莎的"实体"概念出发，鲍威尔是从费希特的"自我"概念出发，二者都是抓住黑格尔体系中的一个因素反对黑格尔的整个哲学体系，他们使每一个因素都获得了片面的、因而是彻底的发展。尽管两人自称都超出了黑格尔哲学的范围，但同时他们两人都继续停留在黑格尔思辨的范围内，都只是代表了黑格尔体系的一个方面。在马克思看来，只有费尔巴哈才是从黑格尔的观点出发而结束和批判了黑格尔的哲学，也只有费尔巴哈的哲学才代表了当时的最高水平和最新成果。费尔巴哈把形而上学的绝对精神归结为"以自然为基础的现实的人"，从而彻底地完成了对宗教的批判。同时也利用"主谓颠倒"的方法巧妙地制定出对黑格尔的思辨以及一切形而上学的批判的基本要点，从而影响了当时哲学的走向。

就布鲁诺·鲍威尔来说，其哲学体系中最基本、最重要的概念是"无限的自我意识"，或者说是自我意识的哲学。马克思在布鲁诺·鲍威尔《复类福音作者批判》的前言中引用了两段话，该书在谈到法国唯物主义者时说：

"如果唯物主义的**真理、自我意识的哲学**已被发现，而**自我意识**又被认为是**一切**，是**斯宾诺莎的实体**这个迷的解答和真正的 *causa sui*〔**自身原因**〕……那末又何必要**精神**呢？**又何必要自我意识呢？自我意识**建立了**世界**，建立了**差别**，并且在它自己所创造的东西中创造**它自身**，因为它重新消除了**它的创造物和它本身的差别**，并且只有在创造中和在运动中才是它本身，——好像这种自我意识在这种运动中没有自己的目的似的！可是它本身就是这个运动，并在其中首次掌握了自己。"

"法国唯物主义者的确曾把自我意识的运动看做普遍本质即物质的运动，但是他们**还未能看出，宇宙的运动只有作为自我意识的**

运动,才能**真正**成为自为的运动,从而达到与本身的统一。"①

马克思认为,第一段话表明:唯物主义和唯心主义是对立的,自我意识概念引申出的是典型的唯心主义体系,即精神就是一切。在精神之外没有任何东西,"自我意识"是世界的创造者,世界是自我意识的生命表现,否认实在的物体是有别于自我意识的物体。唯心主义者必须完成一种诡辩的过程,先把世界变成头脑的产物,然后宣布它是纯粹的幻想,以便最后宣布它是唯一的、至高无上的、不再为外部世界所限制的存在。第二段话则表明:法国唯物主义者曾把物质的运动看作是精神化的运动,但他们未能指出,这是自我意识或纯思想的运动,而真正的运动是现实的,是有别于观念的和思想的运动的物质运动。

马克思进一步指出,布鲁诺·鲍威尔的自我意识哲学是思辨的创世说,"在黑格尔的著作中几乎可以一字不差地找到",马克思援引黑格尔在《精神现象学》中的论述来加以证明。既然鲍威尔坚持自我意识的哲学,那么他就应该同自己臆想的幻影打交道。鲍威尔还利用"批判"的武器,不承认有别于思维的存在,不承认有别于理智的人的本质力量,不承认有别于主体的客体,不承认有别于理论的实践等等,最终将自我意识之外的物质存在都变成单纯的假象和纯粹的思想,用创造者来代替创造者的这些创造物。

在此,马克思对鲍威尔的评价是:"鲍威尔先生最先是一个**神学家**,但并不是一个普普通通的神学家,而是一个**批判的神学家**或**神学的批判家**"②。可见,对"神"的批判方式合理地复活了,青年黑格尔派致力于神学批判的成果又以哲学的形式复活了,无非是"神"被"自我意识"所取代。但是,对神的批判和对人的批判不同,正如对天国的批判不能代替对尘世的批判。马克思讽刺1836—1838年间在柏林出版的《思辨神学杂志》现在变成了《文学总汇报》,鲍威尔正在扮演"救世主"的角色。马克思总结道,"**绝对的批判**返回到自己的出发点以后,

---

① 转引自《马克思恩格斯全集》第 2 卷,北京:人民出版社 1957 年版,第 178 页。
② 同上书,第 181 页。

就结束了思辨的循环，从而也结束了自己的全部生涯"①。那么，既然是纯粹的和超越群众利益的思辨循环，"批判的批判"就已经远离了群众，群众对它也丝毫不感兴趣了，"批判"与"群众"的对立也由于互不相关而消失殆尽。

四 "通讯"作为非批判的群众

马克思和恩格斯为第七章拟定的标题是"批判的批判的通讯"，该章的论述视角与其他各章有所不同，尽管内容上有交叉或相似之处。"通讯"指的是记者们对于"批判的批判"的观点所做的一系列相关报道。本章中提到的记者主要有：驻柏林的记者采尔莱德、驻布勒斯劳的记者弗莱什汉默尔、驻苏黎世的记者希采尔、驻杜宾根的记者埃德曼，以及马克思提到的一位匿名的记者等等。这些记者介于"批判的批判"和"群众"之间，被马克思和恩格斯戏称为"批判的群众"，这些记者写作的通讯表现出他们对"批判的批判"的"崇拜"，因而有必要专门进行批判，这就是马克思和恩格斯合作写作这一章的目的。

马克思和恩格斯将第七章分为三节，即

（1）批判的群众（马克思）
（2）"非批判的群众"和"批判的批判"
（3）非批判的批判的群众或"批判"和"柏林学社"

其中，第（2）节又分为三个小节

（a）"冥顽不灵的群众"和"不知足的群众"
（b）"软心肠的"和"求救的"群众
（c）天恩之降临于群众

从写作分工来看，马克思写作了第七章的绝大部分内容，恩格斯仅

---

① 《马克思恩格斯全集》第2卷，北京：人民出版社1957年版，第182页。

写作了第 2 节的（b）部分。

在第 1 节中，马克思引用了法国作家让·弗·马蒙台尔的独幕喜剧"吕锡尔"第四场中的一段话，即"世上难道还有什么地方能比家族的怀抱更温暖？"开始了这一章的批判。① 以布鲁诺为代表的"批判的批判"宣称，群众是它的对立面，群众即本身不是批判的批判的全体人类，群众为了批判和精神的无上光荣而存在，这样，群众就成为批判的批判的材料而成为它的对象，"批判的批判宣称，它同群众的关系是现代的具有全世界历史意义的关系"②。但是在马克思和恩格斯看来，"批判的批判"单方面宣布自己为全世界的对立面还不够，也不能使自己成为具有全世界历史意义的对立面。马克思在此讽刺道，"一个身体不灵活因而处处碰人的人也未尝不可以自命为一切人的绊脚石"③。因此，要成为具有全世界历史意义的对立面，一方面需要我宣布世界是我的对立面，另一方面必须世界宣布我是它的对立面。记者们的"通讯"在此恰恰代表了"世界"，或称为来自各地的声音，批判的批判借助于这些"通讯"获得了这种承认，即来自"世界"方面的承认。

马克思指出：

"批判的批判认为自己**是绝对的主体**。绝对的主体需要崇拜，而**真正的**崇拜则需要第三者，即信仰绝对主体的个人。因此，**沙洛顿堡的神圣家族**从它的记者们那里受到它所应受的崇拜。记者们告诉它，它**是**什么，它的敌人即群众**不是**什么"④。

可以说，"批判的批判"为了避免自说自话就需要"第三方"对其做出评价。于是"批判"和"群众"结合为"批判的群众"来承担这项任务，他们的使命就是从其他的角度重复鲍威尔一伙的重要言论和观点。马克思指出，这些记者作为批判的群众的成员是很尴尬的，一方面

---

① 《马克思恩格斯全集》第 2 卷，北京：人民出版社 1957 年版，第 183 页。
② 同上。
③ 同上。
④ 同上书，第 184 页。

由于"批判的批判"是唯灵论的主宰,它不能容忍任何外来的干涉;另一方面,记者们仅是"似是而非的主体",他对批判的批判所具有的独立性也似是而非。记者们向批判的批判报道的消息,都是它早已洞悉和体验到的。马克思列举出了采尔莱德、弗莱什汉默尔、希采尔说、埃德曼等的报道,表现"批判的批判"的礼贤下士的精衶,这样,批判与群众就成为对立面,而记者们处于双方之间的立场,属于"纯洁的群众",而群众与批判相比,表现出的是"蠢笨无能、性情鄙劣、懦怯、冷酷、畏缩、狂暴、凶狠"①,群众仅仅满足于"主张"、"善良的愿望"、"言辞"、"信仰"等等,马克思讽刺说,批判的群众表达的也不过是一些"主张"和"信仰",无非它表达的是"批判的主张"、"批判的信仰"、"批判的善良愿望"的言辞。马克思最后指出,"可见,**批判的**记者们光是用批判的言语向神圣家族'祈祷'并同时向群众念'咒语'是不够的。为了证明群众和批判之间有**真正的**纷争,必须要有**非批判的群众的**记者,必须要有**群众**派往批判的批判的**真正的使节**"②。

第七章第2节的(a)部分出自马克思的手笔,其中含有一段引用极多的论述如下:

> "难道批判的批判以为,只要它从历史运动中排除掉人对自然界的理论关系和实践关系,排除掉自然科学和工业,它就能达到即使是才**开始**的对历史现实的认识吗?难道批判的批判以为,它不去认识(比如说)某一历史时期的工业和生活本身的直接的生产方式,它就能真正地认识这个历史时期吗?诚然,唯灵论的、**神学的**批判的批判仅仅知道(至少它在自己的想象中知道)历史上的政治、文学和神学方面的重大事件。正像批判的批判把思维和感觉、灵魂和肉体、自身和世界分开一样,它也把历史同自然科学和工业分开,认为历史的发源地不在尘世的粗糙的**物质**生产中,而是在天上的云雾中"。

---

① 《马克思恩格斯全集》第2卷,北京:人民出版社1957年版,第187页。
② 同上书,第188页。

这里涉及的是"非批判的群众"和"批判的批判"在对待真正的、现实的物质生产时所采取的不同态度。当时的情景是：记者们竭力为鲍威尔的言词找到正确运用的方法，而同"柏林学社"论战。"柏林学社"是"文学总汇报"的记者对一些不属于鲍威尔一伙并在若干枝节问题上批评"文学总汇报"的柏林青年黑格尔派的称呼，其中就有施蒂纳。在记者们看来，"柏林学社"作为非批判的群众的代表具有"冥顽不灵"和"不知足"的特点，其精神境界还不够高，因为自然科学是哲学的基础，科学家同哲学家的关系，就像哲学家同神学家的关系一样，因而必须要提升到精神的高度。记者们认为，自然科学的和工业的知识当然必须掌握，但需要的知识是关于世界和人类的知识，它不是单凭思想敏锐所能获得，而是必须使所有的感官都起作用，而且人的一切才能当作必需的和最重要的工具来加以利用；否则就会导致道德的丧失。

第 2 节（b）部分出自恩格斯的手笔。在此，恩格斯针对"批判的批判"的几段论述展开针锋相对的批判。布鲁诺·鲍威尔在"德国现代哲学和政论界轶文集"第 2 卷中发表了题为"神学意识的痛苦和快乐"一文，在文中，布鲁诺·鲍威尔将群众称为"轻装部队"，但是鲍威尔存在"失误"：一方面，将轻装部队称为"我们的圣徒"、我们的"先知"、"主教"等等，这批轻装部队所表现的自我牺牲精神、道德毅力和热忱又是值得称道的，这与鲍威尔及其伙伴对群众的看法不符；其次，在《基督教真相》一书的序言中，鲍威尔声称，这批"轻装"部队"是不可战胜的"，他们一定会把整个世界翻转过来，他们能够赋予世界以新的面貌，这也是一个"失误"。那么，结论不正是这批轻装部队能够赋予世界以新的面貌吗？关于法国社会理论，恩格斯认定鲍威尔及其伙伴所指的是"傅立叶主义"，因为他们引用并讨论了很多"和平民主日报"上的观点，而该报恰恰又是傅立叶主义的机关报。在恩格斯看来，傅立叶主义不能说是法国人的"社会理论"，法国人社会理论层出不穷。"和平民主日报"并非纯粹的傅立叶主义，而是一部分慈悲为怀的资产阶级的社会学说。目前，共产主义已经深入人心，同时分裂为许多不同的派别,这场运动才刚刚开始。恩格斯写道:"这一运动决不会像批判的批判所想的那样完成于纯粹的,即抽象的理论中,而必定完成于决不去关心批判的那种无条件的范畴的实实在在的实践中"①。法国人和英国人同样批判社会,而且是作为社会积极成员的个人所进行的活动,这些个人同样有痛苦,有感情,有思想,有行动。因此,他们的批判同时也贯串着实践,他们的共产主义不仅体现着他们的思维,更主要的是体现着他们的实践活动。因此,他们的批判是对现存社会的生动的现实的批判。

(c)部分出自马克思的手笔。马克思在此指出,记者们面临着两种选择,是站在"批判的批判"一边,还是站在群众一边;也就是皈依鲍威尔兄弟的思辨哲学,还是世俗的群众,马克思讽刺道:"正像罪人的灵魂的极端堕落先于**上帝的**天恩的降临一样,在这里,令人沮丧的**糊涂**也是先于**批判**的天恩而出现的。当批判的天恩最后降临于群众的时候,中选者所失去的自然不是自己的**愚蠢**,而是**自己愚蠢这种意识**。"②。

第七章第3节题为"非批判的批判的群众或'批判'和'柏林学社'",由马克思执笔写作。从标题可知,马克思在此是评论记者们对于"批判"和"柏林学社"之间的争论的评论。马克思提到了"一位是软心肠的记者",他不是批判的对立面,而是渴望靠拢批判,因此被称为"非批判的批判的群众"。但是他丝毫不能代表群众的利益,不是群众的真正的成员,"而是批判的批判的准备受坚信礼的徒弟"③。在马克思看来,作为批判的批判的对象的群众同真正的群众毫无共同之点,批判的批判的群众是批判的批判本身"制造"出来的。为了成为真正的群众的对立面,批判的批判还需要有某种特定的、可以经验地指出来的,而不只是假想的群众,"柏林学社"正是这种既批判又非批判的群众。马克思随后多次援引记者们对于争论的评论,揭示出记者们无非是

---

① 《马克思恩格斯全集》第2卷,北京:人民出版社1957年版,第194页。
② 同上书,第197页。
③ 同上。

倾向于思辨哲学而不是真实的群众。这样，现实中的对立被鲍威尔兄弟及其伙伴置换成"批判"和"世界"、"神圣精神"和"世俗群众"之间的对立。批判以高度抽象的姿态高高在上，但它实际上也并未脱离与现实的对象发生真正的社会关系，"因为**它的对象**不过是**它的想象**的对象，是想象中的对象——这种批判的**自白**的真实性已由我们的全部叙述所证明了"①。批判不过是一种形式，而在批判看来，在它本身之外不存在任何内容，它本身就创造对象，它是绝对的主客体。从而，"嘲笑"竟成了"批判的批判"所运用的，甚至是他所必须运用的一种范畴。马克思在此指出，批判不是现实的人类主体所特有的活动，主体不是人类中的个人所实现的批判，而是批判的非人类的个人。批判并非是人的表现，而是人是批判的异化，因此批判家完全生活在社会之外。因此，鲍威尔兄弟及其伙伴为自己建立起一个神圣家族，正像上帝渴望在神圣家族里消除他同整个社会相隔绝一样。批判必须使用"嘲笑"的办法来对付"比它低下但自认为和它平等的观点"，马克思和恩格斯也用一段极具讽刺意味的表述结束了这一章：

> "但是，不能不承认，经过一场海格立斯式的斗争（批判在这场斗争中所追求的唯一目的就是把自己同非批判的'世俗的群众'、甚至同'一切'**隔绝**开），批判终于幸福地达到了它那**孤独的、上帝似的、自足的、绝对的存在**。如果说，当它的这种'新面貌'初次表现出来的时候，**罪恶的情感**的旧世界看来对它还有某些支配力的话，那末我们现在就将在某个'**艺术形象**'中看到它的**美学的渐趋冷静和飞升**。它要在'艺术形象'中为自己**赎罪**，以便最后作为第二个胜利的**基督**来完成**批判的末日的审判**，并在战胜龙之后安然地升入天堂"。

---

① 《马克思恩格斯全集》第2卷，北京：人民出版社1957年版，第202页。

五　关于恩格斯的五个短篇

恩格斯在《神圣家族》中共承担篇幅不等的七个部分的写作，其中有三个部分尽管篇幅不大，但独立成章，即 1845 年版中的第一、二、三章。有两个部分被编为第四章的第（1）、（2）两个小节中，这里介绍以上 5 个部分的主要内容。另有两个部分我们已经在前文介绍过，一个是第六章第（2）节（a），即"辛利克斯，第二号。'批判'和'费尔巴哈'。对哲学的谴责"；另一个是第七章第（2）小节（b），即"'软心肠的'和'求救的'群众"。

1. 批判赖哈特《关于赤贫化的论文》

恩格斯为第一章拟定的标题"以订书匠的姿态出现的批判的批判或赖哈特先生所体现的批判的批判"，他将"批判的批判"比作基督耶稣降世，而赖哈特在《关于赤贫化的论文》中以一个社会主义者的立场批判社会贫困问题。恩格斯列举了赖哈特谈到的"贫困制度"、"责任感学说"、"艺术建筑"、施泰因的"政治遗嘱"、"自由"、"信任"、"理智"、"全民福利的教育"、"监督"、"人民机体"、"成年洗礼证书"、"人民特殊使命"、"民族意志的幻想"、"渴望暴富"、"伟大历史的回忆"等等，搬用"一大堆不可理解的外国字"，恰如中世纪的订书匠，将各种观点和意见堆砌在一起。赖哈特本人自认为采用了通俗化的方式来表达，这又与"批判的批判"所使用的高深莫测的思辨语言形成鲜明的反差，显然，"批判的批判"以群众的姿态出现，是为了提升群众，为了使群众摆脱自己的群众的群众性，或者说，将群众的通俗化的表现方法提升为"批判的批判"的思辨语言。恩格斯对此讽刺说，"如果批判掌握通俗化的群众语言，并把这种粗野的俚语改造成批判的批判的辩证法所具有的莫测高深的词句，那末这正说明批判把自己的身份降低到了极点"①。

---

① 《马克思恩格斯全集》第 2 卷，北京：人民出版社 1957 年版，第 12 页。

2. 批判法赫尔《英国的迫切问题》

恩格斯为第二章拟定的标题为"体现为《MüHLEIGNER》的批判的批判或茹尔·法赫尔先生所体现的批判的批判",其中,Mühleigner 是法赫尔按英国字 mill-owner 的形式生造的字,直译是"磨坊主",德语里本没有这个字,恩格斯在这里使用这个词具有讽刺意味,特指法赫尔用外国话在实践和历史中胡言乱语,他肯定"英国的迫切问题"给我们提供了真正批判的英国工业史概要。本章集中体现了恩格斯对英国现实问题的关注与理论视野,还充分地体现了恩格斯的文风。在这里,恩格斯用了一系列排比的手法对比了"批判的批判"与现实之间的差别,如"在真正的历史中……在批判的历史中……","实际上……在批判中……"和"批判武断地说……"等等,诸如此类的对比句式出现了 20 余次,清晰地刻画出"批判的批判"对于真正历史的无知,以及对真正历史的思辨解释。其中包括:曼彻斯特、波尔顿和普累斯顿在没有工厂以前就已经是繁荣的工厂城市了;把骡机誉为珍妮纺纱机和阿克莱的纺纱机这两个极端的思辨的同一;蒸汽机被当成整个建筑物的顶点,因而在时间上是最晚的;商务联系成了出口的原因,而商务联系和出口这二者则是两个城市成为近邻的结果;机器代替了思维;机器却有意志;一旦英国的谷物法被废除,农业短工就一定会同意降低工资;艾释黎勋爵的十小时法案是肤浅的中庸的措施,等等诸如此类,不胜枚举。对于法赫尔完全脱离历史事实的评论,恩格斯讽刺道,"批判能有这些发现真是妙不可言","批判硬这样说算是妙极了"①。

3. 批判荣格尼茨《瑙威尔克先生和哲学系》

恩格斯为第三章拟定的标题为:"'批判的批判的彻底性'或荣(荣格尼茨?)先生所体现的批判的批判",他针对瑙威尔克作为一名大学教授与普鲁士的国家哲学,即黑格尔哲学发生了矛盾,并引发了波恩大学哲学系内部的广泛争论,以荣格尼茨为代表的"批判的批判"对

---

① 《马克思恩格斯全集》第 2 卷,北京:人民出版社 1957 年版,第 20 页。

此事件做出了评论,并试图回答以下问题:

(1) 为什么哲学系一定要和国家哲学家发生"冲突",而不和逻辑学家或形而上学者发生"冲突";

(2) 为什么这次冲突不可能像批判和神学在波恩的争斗那样激烈和彻底;

(3) 为什么这次冲突实际上是一件蠢事,既然批判在波恩的冲突中已经穷尽了一切可能的原则和一切可能的内容,而且从那时起,世界史只好变成批判的抄袭者了;

(4) 为什么哲学系把对瑙威尔克先生的著作的攻击看成对自己的攻击;

(5) 为什么瑙威尔克先生除了自动离职就别无出路;

(6) 为什么哲学系不想背弃自己就一定得维护瑙威尔克先生;

(7) 为什么"哲学系内部的纷争必然要表现在"哲学系同时认为瑙威尔克和政府都对又都不对这一点上;

(8) 为什么哲学系在瑙威尔克的著作中找不出他被撤职的根据;

(9) 什么东西使得整个判断都不明确;

(10) 为什么"作为科学机关的"哲学系"认为自己有权利观察事件的根源";

(11) 为什么哲学系仍然不愿意用瑙威尔克先生那样的方式从事写作。

恩格斯讽刺该文"彻底性"分析了这些问题,而且是运用黑格尔的逻辑来证明"现实的就是合理的",任何"神"都无法反对。以布鲁诺·鲍威尔为代表的"批判"的观点时常强调,目前还没有一个历史时代已经被认识,当然原因是缺乏"批判的批判"的精神。恩格斯最后十分幽默地说,"由于谦逊,它不便说它至少已经充分认识了即使本身并不就是时代但是在它看来终归还是构成了时代的它自己的冲突和瑙威尔克的冲突"①。

4. 批判埃德加尔对特莉斯坦的误解

恩格斯在此分析的是埃德加尔在《文学总汇报》上发表的评论，评论的对象是弗洛拉·特莉斯坦所著的《工人联合会》一书。在特莉斯坦看来，工人制造一切，但其本身却一无所有。埃德加尔提出了相反的证明，即工人什么也没有制造，所以他们一无所有；他们之所以什么都没有制造，是因为他们的工作是为了满足自己的需要，是平凡的工作。恩格斯讽刺埃德加尔说，"凡是现实的、活生生的东西都是非批判的、群众的，因此，它是'无'，只有批判的批判的理想的、虚幻的创造才是'一切'"②。在此，埃德加尔的观点实属高度的抽象，以至于根本不了解"人"或"人性"，实际上，在现代资本主义生产体系中，各个单个的、互有内在联系的劳动部门是分离的，甚至互相对立，就是因为劳动没有组织起来。积极的结论应是将劳动有机组织起来，特莉斯坦的著作就表述了这种观点，因而领先于"批判的批判"。在恩格斯看来，恰恰相反，正是工人才创造一切，"批判的批判"什么都没有创造，英国和法国的工人已经在经济和政治方面证明了这一点。因此，恩格斯指出，"批判的批判"仅仅是"用现存事物的范畴来制定公式"，用黑格尔哲学和现存的社会意向来制定公式。但是，公式仅仅是一种形式，而没有内容。埃德加尔尽管抨击了教条主义，但是他也还是教条主义的另外一种形式。

5. 批判埃德加尔对贝罗的误解

第四章第二小节是针对埃德加尔对贝罗著作的评论，题为"贝罗论娼妓问题"。贝罗是一个警察，他写了一部关于娼妓制度的著作。埃德加尔指责贝罗是从一个警官的视角看待娼妓问题，因而对其的观点表示不满，并认为自己也有责任干预"淫乱的关系"，在《文学总汇报》第5期的文章《论蒲鲁东》中，埃德加尔试图证明贝罗是错误的。恩格斯

---

① 《马克思恩格斯全集》第2卷，北京：人民出版社1957年版，第20页。
② 同上书，第21页。

一方面讽刺埃德加尔过问社会问题，与高高在上的思辨哲学不符，因而属于降低了身份。另一方面，埃德加尔在文中并未正面阐述自己的观点，因而令人费解。恩格斯说，"当批判跟娼妓在一起鬼混的时候，是不能要求它在公众面前做到这一点的"①。

---

① 《马克思恩格斯全集》第2卷，北京：人民出版社1957年版，第2页。

第七章 《神圣家族》的重要理论观点

《神圣家族》中包含着马克思和恩格斯的许多重要理论观点。本章将不涉及对鲍威尔兄弟及其伙伴的批判的观点，而是正面阐述马克思和恩格斯在《神圣家族》中所建构的观点。在《马克思恩格斯全集》第2卷的"说明"中，中文版编者归纳了该著中的四个主要的理论观点，即一是马克思和恩格斯在《神圣家族》中阐述了辩证唯物主义和历史唯物主义的许多重要原理，特别是"马克思已经接触到生产方式在社会发展中的决定性作用这一历史唯物主义的基本思想"。二是"关于人民、群众是人类历史的真正创造者的原理有巨大的意义"，列宁还特别强调，该思想是历史唯物主义的最深刻最重要的原理之一。三是"几乎已经形成的关于无产阶级的世界历史使命的观点"。四是马克思概括出"共产主义是唯物主义哲学的逻辑结论"，即马克思在"对法国唯物主义的批判的战斗"一节中所概述的西欧哲学中的唯物主义的发展的内容具有重要的理论价值。① 本章将这些观点概括为两个方面，即实践观和群众观。

一 《神圣家族》中的实践观

实践是马克思主义哲学中至关重要的概念之一。在"实践唯物主义"、"实践哲学"、"实践人学"、"实践思维方式"、"实践人道主义"、"实践是马克思主义哲学首要的和基本的问题"等术语和命题中人们均

---

① 详见《马克思恩格斯全集》第2卷，北京：人民出版社1957年版，"第二卷说明"。

可见实践概念的重要地位。因而理清《神圣家族》中的实践观是完全必要的。

1. 实践概念的由来

古希腊哲学家苏格拉底最先使用实践（praxis）概念，亚里士多德使"实践"成为一个哲学范畴，他对实践概念有很多极具创造性和包容性的论述，对后世的启示很大。

亚里士多德在《形而上学》中区分了"理论"、"实践"和"制作"，因此首先应辨析这三个概念的区别。在古希腊，"理论"是指"看"、"沉思"，它总是与知识联系在一起。在《尼各马可伦理学》中，亚里士多德认为，实践或称行为，它是一种目的性行为，是道德的和政治的，是以某种"善"为目的，换句话说，特指伦理的或道德的行为，它不同于理论。具体而言，实践活动作为人所特有的活动，区别于动物的本能性活动，是一种目的性行为。其中的关键在于，实践是一种趋向某种目的，实现某种目的的活动。这种目的性规定着人的实践活动的发展方向。人的目的可以分为很多方面与层次，具有多样性，如"医术的目的是健康，造船术的目的是船舶，战术的目的是取胜，理财术的目的是财富"。[①] 目的又是分层次和等级的，最终的和最圆满的目的恰恰是"最高的善"，或者说是一种最高的美德。进而言之，实践是一种美德性行为。人的实践活动有各种具体的和直接的目的，但这些具体的和直接的目的又都趋向于和服从于一个最高的目的，也就是"善"，终极的"善"则是一种超验的纯形式。人对现实生活的超越性，就是对幸福的追求。而幸福是合乎德性的，是最高的善。以合乎德性的行动来追求和实现幸福，达到善的目的，或者说，善的目的如何通过德性实践来实现。

区分了"理论"之后，亚里士多德又将"实践"和"制作"区别开，二者互不包含，"实践不是一种制作，制作也不是一种实践"。[②] 首

---

① 〔古希腊〕亚里士多德：《尼各马可伦理学》，廖申白译，北京：商务印书馆2003年版，第4页。

② 同上书，第171页。

先,实践重在"做",它是一种道德活动,是德性的实现;制作重在"知",它是依据自然原理,按照理性的原则去制作。亚里士多德甚至认为,在实践中,没有知识的人也可能比有知识的人"做"得更出色。其次,实践的理性是"明智",制作的理性是"理智"。明智是一个善良人的实践,就是善于策划对自身的善及有益之事,明智的人就是善于策划的人。明智是"一种同善恶相关的、合乎逻各斯的、求真的实践品质"①,明智是与技术不同的德行,明智所支配的活动是一种非技术性的道德活动。理智(nous)则是科学和技术的理性,理智的对象具有普遍永恒的特点。再次,实践是一种以自身为目的的活动,善作为目的是内在于实践活动之中,制作则是以外在的事物为目的活动。复次,实践是无条件的、自由的活动,制作则是有条件的、非自由的活动。最后,实践的目的是终极的、完满的,它本质上是一种终极的道德关怀;制作则是片面的、手段性的东西。实践的目的是完满的,这里的完满首先意味着只有最高的善才是某种最后的东西。所以,实践的智慧要靠经验来积累,制作的技艺离不开运气,它们都不可能形成稳定可靠的认识。理论领域是由可定义的形式所决定的领域,理论所求的是关于这些形式的确定性知识,但是,实践领域和制作领域则是由人的目的所引导的领域,它们所求得的只能是意见。总之,在亚里士多德看来,实践是关于完满的和终极的"善"的实现活动,它不包含我们今天通常理解的技术活动和生产活动,实践本质上是一种终极的道德关怀。

  在古希腊,科学是一种与功利无关的、纯粹的理论活动,制作则是工匠的经验性功利活动,在近代,亚里士多德关于"制作"的观点由培根为代表的近代哲学家发展为一种认识论哲学。培根将"工匠的手艺"和"自然科学的实验"注入实践概念中,使实践成为人类征服自然和改造自然的重要手段,科学的方法必须成为经验的方法,即使是纯形式科学的数学也必须为经验所验证,由此便产生了理论和实践的关系

---

  ① 〔古希腊〕亚里士多德:《尼各马可伦理学》,廖申白译,北京:商务印书馆2003年版,第173页。

问题。培根和百科全书派把工匠的手艺、认识自然的实验一起列入实践的内涵，从而使实践的含义发生了"技术化"的根本改变，它将"实践智慧"转变为技术性思维或称科学思维，不再坚持亚里士多德关于实践和制作的区分。在培根看来，实践更主要的是表述一种科学实验活动和生产性活动，培根还提出了研究自然界和实验过程的"新工具"，即归纳法。实际上，亚里士多德的论述中已经出现了拓展实践概念的萌芽，他说，"实践的理智其实也是生产性活动的始因"①，在此，实践的理智是生产或劳动的初始性因素，或者说，制作和生产也是实践的内容。

康德区分了实践哲学与理论哲学，他认为，"实践哲学的对象是行为，理论哲学的对象是认知"②。前者是关于自然的哲学，而后者是关于自由的或道德的哲学，许多人对"实践"概念的误用，即混淆"按照自然概念的实践"和"按照道德概念的实践"的根本区别。康德区分了技术实践的原则与道德实践的原则，与因果的自然概念相关的技术上的实践规则都只是技艺规则，一切技术上的实践规则都只是理论哲学对特别情况的应用，包含有艺术和技能的规则，如培根对实践的讨论。但是，由于这种技术实践是和道德上的实践无关，唯有基于自由概念的道德实践法则，才能被归属于与理论哲学相对的实践哲学。这表明尽管康德已注意到实践的不同形态，但对他而言与实践哲学相关的实践主要仍是道德实践，事实上在实践理性这一主题下，康德所讨论的主要是道德领域的实践。青年时代的马克思对亚里士多德、培根和康德都很熟悉，因而马克思的实践概念与上述三者的联系是显而易见的。

2. 马克思实践观的萌芽与发展：《博士论文》到《1844年经济学哲学书稿》

任何理论都不是一蹴而就的，都需要经历由不完善到完善的过程，同样，马克思的实践观也经历了萌芽、形成、成熟和发展的过程。

---

① 〔古希腊〕亚里士多德：《尼各马可伦理学》，廖申白译，北京：商务印书馆2003年版，第168页。

② Kant, *Lectures on Ethics*, Hackett Publishing Company, 1963, pp.1-2.

大学时期是马克思实践观的萌芽阶段，在马克思的《博士论文》中，他第一次使用了"实践"概念，实践的基本含义沿用着古希腊哲学的语境，即"行动"或"做"，这与马克思大学时期集中研究古希腊哲学，特别是熟悉亚里士多德的思想有关。马克思写道：

"哲学的实践本身是理论的"①。

马克思在此所讲的实践是哲学的实践，亦即"做"哲学或"研究"哲学，一方面，如果将哲学的概念和原则作为主要规定，那么它的活动就是"批判"，即根据本质来衡量个别的存在，根据观念来衡量特殊的现实；另一方面，如果将哲学的实在性环节作为主要规定，那么它的活动就是进行哲学思考的尝试，即自由的理论的精神将会变成实践的力量。前者是哲学转向外部，后者是哲学转向自身。哲学的实践也就是哲学的世界化和世界的哲学化。

从1842年4月到《莱茵报》工作，直到1844年3月《德法年鉴》的出版是马克思实践观的形成阶段。这期间，马克思直接参与了普鲁士的政治斗争，他对政治制度和社会现实有了更加深刻的认识。在遇到"物质利益"问题时，马克思很快意识到，仅仅有理论的批判是不够的，若要克服思想本身的局限性，必须通过某种现实的手段。总结《莱茵报》时期的斗争经验，以及受费尔巴哈哲学的影响之后，马克思转向对黑格尔法哲学的批判分析，这是马克思在实践观上的一个重要进展，他区分了"批判的武器"和"武器的批判"，即从事政治批判不仅需要革命理论，而且还需要物质力量，这个物质力量就是掌握了革命理论的无产阶级。除在《莱茵报》上发表了一系列针砭时弊的文章外，马克思还写作了《黑格尔法哲学批判》、《〈黑格尔法哲学批判〉导言》、《论犹太人问题》等著述，在这些论著中，马克思将实践特别理解为政治批判和推翻现存制度的实际斗争，他着重分析了理论批判和实际斗争的关系、政治解放和人类解放的关系、市民社会和国家的关系等。在阐

---

① 《马克思恩格斯全集》第1卷，北京：人民出版社1995年版，第75页。

明这些问题的同时，马克思与黑格尔、鲍威尔以及青年黑格尔派划清了界限，他将理论批判和实际斗争的关系看作"同一件事情"，在此，理论批判是一种手段，而不是目的本身。马克思把实践进一步理解为物质活动，而不是思想上的活动。马克思在《德法年鉴》中证明，犹太精神是通过历史保存和发展起来的，然而，神学家的视野看不到这种发展，只有用世俗的眼光，只有在工商业的实践中才能看到这种发展。《德法年鉴》还证明，消除犹太本质的任务实际上就是消除市民社会中的犹太精神的任务，就是消除现代生活实践中的非人性的任务。马克思说，

"对思辨的法哲学的批判既然是对**德国**迄今为止政治意识形式的坚决反抗，它就不会专注于自身，而会专注于**课题**，这种课题只有一个解决办法：**实践**"①。

然而，马克思在研究政治经济学以前还没有研究生产实践问题，也不了解生产实践在社会发展中的作用，也还没有彻底解决理论对实践的依赖性问题。正是在《1844年经济学哲学手稿》中，马克思的实践观取得了重大的进展。马克思赋予"实践"以很高的地位，创造对象世界、改造无机界的生产活动被马克思理解为"实践"，即

"**整个所谓世界历史**不外是人通过人的劳动而**诞生**的过程，是自然界对人来说的生成过程，所以关于他通过自身而**诞生**、关于他的**形成过程**，他有直观的、无可辩驳的证明。因为人和自然界的**实在性**，即人对人来说作为自然界的存在以及自然界对人来说作为人的存在，已经成为实际的、可以通过感觉直观的，所以关于某种**异己的**存在物、关于凌驾于自然界和人之上的存在物的问题，即包含着对自然界的和人的非实在性的承认的问题，实际上已经成为不可能的了"②。

---

① 《马克思恩格斯文集》第1卷，北京：人民出版社2009年版，第11页。
② 同上书，第196—197页。

从这里就可以看到，马克思所理解的劳动和实践不再与制作及工艺性的活动相对，从而限于伦理政治等领域，仅仅是一个道德概念。相反，制作及工艺性的活动构成了劳动和实践的应有之义，作为实践的本源形式，劳动不仅创造了人，而且也造就了属人的世界。与此相连，劳动也不再是黑格尔意义上的精神劳动，实践也不再是黑格尔意义上的理念活动或逻辑的演绎，而是表现为现实的"感性活动"，这种活动包括人与自然之间的物质交换，这种活动本身同时又展现为一个社会历史过程。于是，马克思扩展了"实践"的概念，他将亚里士多德置于实践之外的内容重新纳入实践的内涵中，马克思使用的是"劳动"概念，劳动是生产活动的具体展开，由此就把亚里士多德所说的"制作"，培根所说的"科技"和"实验"等更广义的实践囊括进来。马克思吸纳亚里士多德以来的西方实践哲学传统以及培根的技术实践论的内涵，他对实践概念的理解在外延上大于亚里士多德，但是遗憾的是，后来的某些马克思主义的教条主义者对劳动进行了教条化的处理，使之走向了与亚里士多德等人相反的另一个极端，也就是把整个实践活动等同于劳动。同时，对于理论和实践的关系，马克思明确指出，

"**理论的**对立本身的解决，**只有**通过**实践**方式，只有借助于人的实践力量，才是可能的；因此，这种对立的解决决不只是认识的任务，而是一个**现实生活**的任务，而**哲学**未能解决这个任务，正因为哲学把这**仅仅**看作理论的任务"①。

马克思写作《1844年经济学哲学手稿》过程中累积的经济学基本理论为更好地阐述《神圣家族》中的思想奠定了基础。

3. 马克思实践观的形成：《神圣家族》

《神圣家族》标志着马克思实践观的形成并且达到了一个新的阶段，尽管其中很多的观点是通过论战的形式来表达的。

首先，关于哲学和实践的关系。蒲鲁东已经指出，哲学到现在为止

---

① 《马克思恩格斯文集》第1卷，北京：人民出版社2009年版，第192页。

还是不够实际的，因为它是思辨的和抽象的。埃德加·鲍威尔对此写道，"哲学是超实践的"①，即哲学是事物现状的抽象表现。在马克思看来，将"哲学"称为思辨的和神秘的经验并对此做出证明的是费尔巴哈，费尔巴哈已经接近于阐明哲学与实践的关系。一方面，正因为以往的哲学只是事物现状的超验的、抽象的表现，而这种超验性和抽象性使哲学本身在哲学家们的想象中不同于真实的世界，因而以往的哲学将事物的现状和现实的人看作是远远低于哲学的，这种超越实践的观点实际上是一种哲学思辨；另一方面，以往的哲学并非在实际上与世界不同，而是它未能对世界作出任何实际的判断和有效的说明，因而未能表现出对世界有任何现实的识别力，也就只能用思辨来代替实践的方式理解整个真实存在的世界。这样，鲍威尔及其伙伴将现实仅仅当作一个范畴，当作"自我意识"的一个环节，那么，人的实践活动就只能被归结为"批判的批判"的辩证思维过程，马克思指出，

"**未能通过实践**来干预事物的进程，而至多只是不得不满足于抽象形式的实践。所谓哲学曾经是超实践的，这只是说哲学曾经飘浮在实践之上"②。

可见，与大学时代的实践观，即"哲学的实践本身是理论的"相比，马克思对于哲学和实践的关系有了更加深入的认识和理解，这里的"实践"已经具有了丰富的内涵。在恩格斯执笔的第二章中，他讽刺鲍威尔及其伙伴"不顾自己的身份在实践和历史中胡言乱语"③。在此，恩格斯所指的实践包括珍妮纺纱机为代表的生产技术、商业活动、劳资谈判、争取人权的政治运动等等，这和马克思的理解是一致的。马克思和恩格斯已经不再局限于纯哲学的领域来谈论实践问题，而是从思辨转向现实。只有在实践中，马克思和恩格斯所主张的共产主义运动才能与群众的运动相适应。

---

① 转引自《马克思恩格斯文集》第 1 卷，北京：人民出版社 2009 年版，第 264 页。
② 同上书，第 264—265 页。
③ 《马克思恩格斯全集》第 2 卷，北京：人民出版社 1957 年版，第 13 页。

其次，关于实践的主体问题。鲍威尔及其伙伴在《文学总汇报》中大谈思想、精神、批判在人类历史进程中不可替代的绝对地位，然而都是思辨的谈论，对于当时的社会革命来说，"批判的批判"不仅不能促成革命时代的到来，恰恰相反，它只能起到阻碍进步的作用。究其根源，马克思指出：

"**思想**永远不能超出旧世界秩序的范围，在任何情况下，思想所能超出的只是旧世界秩序的思想范围。思想本身根本**不能实现什么东西**。思想要得到实现，就要有使用实践力量的人"①。

"思想"和"实践"、"想"和"做"是人类两种存在方式，马克思在此所说的"使用实践力量的人"不同于"思想着的人"，思维主体和实践主体也不能等同。马克思是着眼于"实现"来强调"实践"，从而提出人在实践中实现思想的问题。因而，必须把"实践"作为思想的逻辑起点，实践使人的主体地位得到最终确认。任何一种实践活动都以实践对象的存在为前提和基础，进而通过实践创造出特定的社会成果，"实践"本身蕴含着人的主动性、能动性、创造性，实践是主体性的充分体现，在实践中，主体才能实现自身。对世界单纯的思辨无法实现主体的目的，无法使主观客观化，无法使主体对象化。任何美好的蓝图都必须付诸实践，否则都只能停留在思想中，而要实践，就要有使用实践力量的人。

再次，关于生产实践的首要性地位。马克思和恩格斯在《神圣家族》中将现实的物质生产看作历史的发源地，从而将现实的生产劳动视为实践的根本性内容，如果不能理解某一历史时期工业生活本身的直接生产方式，就不能真正认识这个历史时期。马克思所说的"实践"是指人类的各种物质生产活动，它决定了人类与动物的根本分别。"实践"一方面调节和产生人与自然界之间的物质能量交换；另一方面调节和产生人与人之间的社会关系的变革。当然，人们的实践活动要以物质

---

① 《马克思恩格斯文集》第 1 卷，北京：人民出版社 2009 年版，第 320 页。

世界的客观存在为前提,生产实践改变的是物质存在的形态。马克思在反驳鲍威尔时问道,

> "难道批判的批判以为,只要它把人对自然界的理论关系和实践关系,把自然科学和工业排除**在**历史运动**之外**,它就能达到,哪怕只**是初步**达到对历史现实的认识吗?难道批判的批判以为,它不把比如说某一历史时期的工业,即生活本身的直接的生产方式认识清楚,它就能真正地认清这个历史时期吗?"①

进一步而言,将生产看作是实践的中心是马克思和恩格斯理解历史、观察社会的基本观点。早在《1844年经济学哲学手稿》中,马克思就已经深刻地认识到,"宗教、家庭、国家、法、道德、科学、艺术等等,都不过是生产的一些特殊的方式,并且受生产的普遍规律的支配"②,在《神圣家族》中,马克思和恩格斯在批判鲍威尔等人的自我意识哲学时指出,"正像批判的批判把思维和感觉、灵魂和肉体、自身和世界分开一样,它也把历史同自然科学和工业分开,认为历史的诞生地不是地上的粗糙的**物质**生产,而是天上的迷蒙的云兴雾聚之处"③,因而,"生产"就成为马克思考察历史存在与发展的实证性起点。马克思和恩格斯在后来的《德意志意识形态》中指出,理解历史就必须从现实出发,"因此第一个历史活动就是生产满足这些需要的资料,即生产物质生活本身,而且,这是人们从几千年前直到今天单是为了维持生活就必须每日每时从事的历史活动,是一切历史的基本条件"④,他们又将历史冲突的根源理解为"生产力和交往形式的矛盾",由此奠定了生产范式的基本理论结构,唯物史观的哲学视域基本形成。总体而言,"实践"蕴含着深刻的概念框架的转换,它为理解人类社会历史进程提供了广阔的前提假设。正是凭借实践观,马克思才从自身的思想母体中

---

① 《马克思恩格斯文集》第1卷,北京:人民出版社2009年版,第350页。
② 同上书,第186页。
③ 同上书,第350—351页。
④ 同上书,第531页。

脱胎而出，超越了黑格尔、青年黑格尔派的理论视域。将现实世界理解为生产的结果，或称生产的历史性序列，或者说，改变构成特定存在方式的实际物质生产活动，才能改变个人的生活。个体或主体概念的批判性重构也只有在实践中才成为可能。

最后，关于实践与唯物主义的关系。在黑格尔那里，"绝对精神"代表了一个形而上学的包罗万象的理论王国，其本质是唯心主义的。费尔巴哈利用"自然界"揭示了黑格尔哲学体系的神秘化倾向，他对思辨的形而上学和一切形而上学的批判是在宗教批判的框架下展开的，其结果是使形而上学被与人道主义相吻合的唯物主义所取代。马克思指出，

"**费尔巴哈**在**理论**领域体现了和**人道主义**相吻合的**唯物主义**，而法国和英国的**社会主义**和**共产主义**则在**实践**领域体现了这种和人道主义相吻合的唯物主义"①。

可见，马克思在此是利用18世纪的唯物主义理论来解释17世纪的形而上学的衰败，其根本原因在于，人们对这种理论运动的过程和走向是通过当时法国生活的实践形态来解释的。这种生活实践所关注的是直接的现实，是世俗的享乐和世俗的利益，因而具有唯物主义的基本特性。同理，与反神学的、反形而上学的、唯物主义的实践相适应的，必然是反神学的、反形而上学的、唯物主义的理论。总之，"形而上学在实践上已经威信扫地"②。在这个意义上，马克思高度评价了洛克的著作，这部著作的最大特点就是将当时的生活实践归纳为一个体系并从理论上加以论证。

4. 马克思实践观的成熟：《关于费尔巴哈的提纲》和《德意志意识形态》

在《马克思恩格斯全集》第2卷的"说明"中，中文版编者指出，

---

① 《马克思恩格斯文集》第1卷，北京：人民出版社2009年版，第327页。
② 同上书，第329页。

在这个意义上，马克思《关于费尔巴哈的提纲》中深化和发展了以往的研究成果，并将实践作为马克思主义哲学的基本范畴提了出来，从而形成了成熟的实践观。在被称为"包含着新世界观的天才萌芽的第一个文件"中，马克思共14次集中使用实践概念来规定自己的哲学特质，可以归结为两个主要的观点：

第一，马克思将实践理解为认识的本质。黑格尔将"理性"当作检验真理的标准，费尔巴哈曾认为，真理的本质在于"直观"。马克思在《关于费尔巴哈的提纲》中指出了包括费尔巴哈在内的一切唯物主义的缺陷，即对事物、现实和感性只是从客体或者直观的形式去理解，看不到人的感性活动，即实践在认识事物和现实中的重要作用。唯心主义和唯物主义相反，只是抽象地发展了能动的方面，它同样不理解实践在认识过程中的建构性作用。由于割裂了实践与认识之间的内在关系，看不到实践对人的认识的基本作用，必然对事物的认识只是一种直观的反映。同时，不论是唯物主义还是唯心主义均未将事物和现实看作是人们改造过的对象，看作是人类世代活动的结果，因而也就无法理解实践在检验认识真理性时所应发挥的关键性作用，从而无法从根本上阐明认识的本质。可以说，认识论是从奥古斯丁、阿奎那，经培根和笛卡儿再到黑格尔的哲学思考的主导模式，但是正如马克思深刻揭示的，在思想、意识、认识是否符合外部对象的哲学框架中，不能完整地阐明对象的起源、性质，特别是其历史构成。马克思将"实践"范畴引入了认识论，在他看来，实践不能作为认识的环节引入认识论，而是相反，认识是实践的一个组成部分，是实践的内在阶段或环节。换句话说，外在客观世界是给定的，甚至社会环境也是每一代人留给后一代的，但是，何者能够成为认识的对象则是人在实践中确立的，它是作为人在各种可能性中自觉和自由选择的结果，因而，感知并非简单的沉思和对各种现象的被动反映，而是人根据各种实践做出的选择和解释。在认识过程中，人通过实践首先设定认识对象，从而形成认识主体和客体的分化，这种分化不是固定和静止的，而且人在认识过程中不断地再生产出认识的主体和客体。这样，实践在认识过程中的本质作用就被深刻地揭示出来了。

第二，马克思揭示了社会的实践本质。费尔巴哈虽然批判了黑格尔哲学的神秘与思辨的本性，但他本人在批判宗教时也未能阐明宗教产生的社会根源，反而用"宗教感情"、"爱"等"类本质"的观念来改造人与人之间的关系，费尔巴哈视野中的"人"不是在现实社会中受各种社会关系约束的个人，而是彼此孤立的、无差别的自然实体，最终导致他在历史观上陷入唯心主义。马克思指出："全部社会生活在本质上是**实践的**。凡是把理论引向神秘主义的神秘东西，都能在人的实践中以及对这种实践的理解中得到合理的解决"①。正如《神圣家族》中所揭示的，以往的哲学割裂了社会生活与实践的关系，看不到生产方式在社会发展中的决定性作用，必然也看不到实践对社会发展的作用。《关于费尔巴哈的提纲》中的这个论断是概括性和综合性的，是对之前观点的系统化总结。在马克思看来，人的生存依赖时刻从事实践活动，实践活动是多样化的，包括经济、政治、思想、教育、文化活动以及一切活动。其中，生产实践是整个现存的感性世界的基础，没有物质生产就没有人类社会的存在及其发展。物质生产是人类最基本的实践活动，它制约着人类的其他实践活动，如政治、法律、道德、宗教、科学、艺术等等。

《德意志意识形态》标志着马克思主义哲学的诞生，这里，马克思对实践作了更具体的阐发，并且从实践，特别是从生产实践出发，提出并论证了人们的社会存在决定人们的社会意识这一历史唯物主义的基本原理，并指出生产方式在整个社会生活中的决定作用。《关于费尔巴哈的提纲》和《德意志意识形态》标志马克思实践观的成熟。

5. 实践观的当代意义

马克思的实践观是开放的和发展的，它必须时刻随着时间的推移与社会的变化而变化。马克思的实践观是理解世界和历史的方法论原则，无论是在理论上，还是在现实上都对后世产生了深刻的、深远的、持久

---

① 《马克思恩格斯文集》第 1 卷，北京：人民出版社 2009 年版，第 501 页。

的影响。

就理论意义上而言，马克思的实践观为我们重新理解马克思主义哲学的本质、超越苏联教科书体系的狭隘视野提供了指南。它能更新许多模糊的认识，从而彻底摆脱苏联教科书体系的教条主义特质。马克思阐明了实践是人类社会赖以存在和发展的基础，它对于克服唯心主义哲学和旧唯物主义哲学的缺陷，实现主体与客体、主观与客观、唯物论和辩证法的内在统一具有重要的理论意义。运用马克思的实践观来解释自然界、人类社会以及思维发展的进程，可以将唯物主义的自然观、历史观在实践的基础上融合为一个有机整体，从而更新以往的理论观点。

就现实意义而言，今日的世界依然存在着经济剥削、社会不平等、政治不自由、精神空虚、贫困、饥饿和战争动荡等，其中有许多问题已经在中国共产党的领导下在中国大地上得到了相当程度的解决，中国的综合国力已经上升到世界第二位，我们不能低估，更不能忘记这些努力奋斗的重要成果。然而，这也不意味着今后的道路会一帆风顺。今日的中国，尽管经过30多年的快速发展，但是人口多、底子薄、发展不平衡的基本国情没有改变，发展中国家的地位没有改变，社会主义初级阶段的特征没有改变。此外，诸如自然资源短缺、环境污染严重、消费需求不足、劳动力的结构性缺失、科技创新能力不强、社会保障体系不健全、城乡收入差距较大以及腐败等问题仍亟待解决，我们也不能视而不见。那么，马克思的实践观必然要发挥重要的作用。毛泽东和邓小平都深受马克思实践观的影响，从而解决了中国的革命问题和发展问题。当前的全面建设小康社会和社会主义和谐社会也离不开科学的实践观，离不开人作为实践的主体地位。

二 《神圣家族》中的群众观

群众观是马克思主义理论中的重要组成部分之一。马克思的群众观是与唯物史观的形成紧密的结构在一起的，它也有萌芽、形成、发展和成熟的过程。本书认为，在《神圣家族》中，马克思主义的群众观已经形成,并第一次得到公开阐释。

1. 群众观的萌芽阶段

群众观的萌芽阶段是从马克思的中学时代到《莱茵报》时期。马克思生于律师家庭,他的父亲极力推崇18世纪法国启蒙思想,他后来的岳父威斯特华伦则对圣西门的思想推崇备至,马克思的中学校长维登·巴赫对康德哲学有着很深入的研究,他们都对马克思产生了直接的影响,特别是引导了马克思的价值观。马克思在中学毕业论文,即《青年在选择职业时的考虑》一文中写道:

> "在选择职业时,我们应该遵循的主要原则是人类的幸福和我们自身的完美。……人的天性本应如此:人们只有为同时代人的完美和幸福而工作,才能使自己也达到完美。……如果我们选择了最能为人类而劳动的职业,那么,重担就不能把我们压倒,因为这是为大家而献身;那么我们所感到的就不是可怜的、有限的、自私的乐趣,我们的幸福将属于千百万人,我们的事业将默默地,但是永恒发挥作用地存在下去,面对我们的骨灰,高尚的人将洒下热泪"①。

马克思在此使用"人类的幸福"、"同时代人的完美"、"为人类而劳动"、"为大家而献身"等等都表现出他强烈的社会责任感,表明他已经确立了人生的目标和远大的理想,这也是群众观的基础和出发点。马克思在柏林大学的专业是法律,但他更关心和感兴趣的是哲学和历史,他广泛研究康德、费希特、卢梭等人的哲学思想,特别是认真又系统地读了黑格尔的全部著作和黑格尔的弟子的大部分作品。他参加了青年黑格尔派成员组织的"博士俱乐部",开始接受鲍威尔的"自我意识"哲学。马克思吸收了黑格尔哲学中理想和现实、应有和现有、应然和实然对立的辩证思想,提出哲学的世界化和世界的哲学化的主张,并在他的博士论文中充分地体现出来。马克思的博士论文是一篇探讨古希

---

① 《马克思恩格斯全集》第1卷,北京:人民出版社1995年版,第459—460页。

腊哲学的学术性论文，他详细论证德谟克里特哲学与伊壁鸠鲁在自然哲学方面的区别，突出了伊壁鸠鲁的"偏斜说"，从而为人的自由和自我意识的能动性奠定了这些基础，其直接的理论指向则是批判宗教神学。此时，马克思哲学思想的基础性概念是"自我意识"，是一种基于"个体"的哲学，但是，自我意识的自由不是与世隔绝的、纯粹内心的自由，而是人与人之间全面交往和相互承认的"自由"，因而，在马克思的博士论文中就蕴含着个体上升到社会或群体的理论逻辑，这是马克思群众观发展过程中的一个非常重要的环节和阶段。

马克思大学毕业以后在《莱茵报》做编辑，后来担任主编，这个时期也是马克思真正深入生活和社会的时期。他每天都要接触到的大量的经济、政治、文化等多方面的问题，迫使马克思必须对这些问题进行深入的分析。当时，代表大地主利益的普鲁士的封建专制政府与广大人民产生了尖锐的矛盾，马克思作为群众的"喉舌"发表了很多具有激进批判精神的文章，提出很多具有震撼作用的观点。马克思就普鲁士政府的书报检查令和莱茵省议会关于新闻出版自由的辩论，为争取人们的权利而战，在马克思看来，人民有出版和发表言论的自由权利，"自由的出版物是人民精神的慧眼，是人民自我信任的体现，是把个人同国家和整个世界联系起来的有声纽带"①。他与被压迫的劳动人民站在一起，为了实现人民的出版自由，"不仅要用矛头而且要用斧子去为它战斗了"②。在这个阶段，马克思也阐明了哲学和现实世界的关系，他认为，哲学同现实、同人民有着紧密的联系，因而哲学要用双脚站立，"人类的其它许多活动领域早已双脚立地，并用双手攀摘大地的果实"，而哲学家们同样

"是自己的时代、自己的人民的产物，人民最精致、最珍贵和看不见的精髓都集中在哲学思想里。那种用工人的双手建筑起铁路的精神，现在在哲学家的头脑中树立哲学体系"。

---

① 《马克思恩格斯全集》第1卷，北京：人民出版社1956年版，第74页。
② 同上书，第96页。

马克思由此得出一个非常著名的结论，即"哲学都是自己时代精神的精华"。同时，哲学也必须"要和自己时代的现实世界接触并相互作用"，哲学"已浸入沙龙、神甫的家、报纸的编辑部和国王的接待室，浸进同时代人的灵魂，也就是浸进使他们激动的爱与憎的感情里"①。可以看出，马克思的思想前进了一大步，"工人的双手建筑起铁路"和人类"双手攀摘果实"等提法已经接近了人民群众是财富创造者的思想。

2. 群众观的形成阶段

从马克思离开《莱茵报》编辑部到马克思和恩格斯合写《神圣家族》是群众观的形成阶段。根据马克思1859年在《〈政治经济学批判〉序言》中的回忆，他在《莱茵报》时期遇到了对"物质利益"发表意见的难事，因而从社会舞台退回到书房，开始精心研究黑格尔的法哲学，他写道：

"不是国家制度创造人民，而是人民创造国家制度。"

"如果说，国王可以主宰一切，只是因为他代表了人民的统一性，那他本人就只是人民主权的代表和象征。人民的主权不是从国王的主权中派生出来的，相反地，国王的主权倒是以人民的主权为基础的"②。

在此，马克思将事实和苦恼的问题进行了理性的升华，表明群众观已经达到了一个新的质的阶段。首先，马克思在此阐明了人民主权思想；其次，马克思阐明了理论批判不能代替群众斗争的观点；最后，马克思阐明了群众作为解放自身的物质力量的观点，即《〈黑格尔法哲学批判〉导言》中的"批判的武器不能代替武器的批判，物质力量只能用物质力量来摧毁"③，马克思这里所说的物质力量就是无产阶级。但无产阶级的这种历史使命不是自发的，它必须有科学的理论特别是哲学

---

① 《马克思恩格斯全集》第1卷，北京：人民出版社1956年版，第121页。
② 同上书，第281、279页。
③ 同上书，第460页。

的指导,"理论一经掌握群众,也会变成物质力量","哲学把无产阶级当做自己的物质武器,因此,无产阶级也把哲学当做自己的精神武器"①。

马克思在《1844年经济学哲学手稿》中引入了政治经济学的视角,已经包含了劳动者的生产活动在社会发展中起决定作用的思想。马克思曾说,社会财富是工人生产的,劳动者通过实践创造对象世界,整个世界历史是人通过劳动而诞生的过程,等等,马克思在此特别指出,"工业的历史和工业的已经生成的对象性的存在,是一本打开了的关于人的本质力量的书"②,即从劳动的角度论证群众是历史的创造者。

《神圣家族》则标志着马克思主义群众观的最终形成。按照列宁的观点,《神圣家族》是马克思恩格斯从唯心主义向唯物主义、从革命民主主义向共产主义转变中的重要哲学著作。在这里,马克思和恩格斯针对鲍威尔及其伙伴贬低群众的英雄史观进行了激烈的批判,从而形成了完整的群众观。其中包括:第一,《神圣家族》阐发了'历史活动是群众的事业'的思想。鲍威尔及其伙伴在哲学上制造"自我意识"和"实体"的对立,在历史观上制造"精神"和"群众"的对立。他们认为,历史就是英雄反对群众的过程,群众是"历史发展的障碍"。针对鲍威尔等人的荒谬理论,马克思和恩格斯针锋相对指出,鲍威尔等人的观点是对黑格尔的唯心主义历史观的拙劣运用,而历史是追求自己目的的人的活动,离开物质利益人的历史根本就不存在,在马克思恩格斯看来,思想和精神是由物质因素决定的,任何思想都不能离开物质利益,"'思想'一旦离开'利益',就一定会使自己出丑"③。人类历史上确实有一些失败的历史活动,究其原因,并非革命"唤醒"了群众的"热情"和"关怀",而是"革命的原则"脱离了群众的实际利益,并不是群众的革命原则。在这个意义上,"历史活动是群众的事业,随着

---

① 《马克思恩格斯全集》第1卷,北京:人民出版社1956年版,第467页。
② 《马克思恩格斯文集》第1卷,北京:人民出版社2009年版,第192页。
③ 《马克思恩格斯全集》第2卷,北京:人民出版社1957年版,第103页。

历史活动的深入，必将是群众队伍的扩大"①。第二，《神圣家族》阐发了"工人才创造一切"的思想。鲍威尔及其伙伴鼓吹"思想"创造一切，而工人什么东西也没有创造，所以他们也就一无所有是理所应当的。马克思和恩格斯指出，工人所创造的东西在他们眼里，仅仅是"单一的东西"，而实际上正相反，"批判的批判什么都没有创造，工人才创造一切"②，英国工人在经济领域，法国的工人在政治领域所创造的物质和精神财富是鲍威尔及其伙伴根本无法比拟的。第三，《神圣家族》阐发了"无产阶级能够而且必须自己解放自己"的思想。鲍威尔及其伙伴否定群众的主体作用，从而否定无产阶级的历史作用。马克思和恩格斯认为：资本主义的私有制是无产阶级和资产阶级对立的根源。无产阶级和资产阶级一样都是人的自我异化的产物，资产阶级在自我异化中感到的是满足，无产阶级在异化中感到的是被毁灭，这样，资产阶级代表保守的方面，无产阶级代表是破坏的和否定的方面。无产阶级只有消灭自身的对立面才能获得胜利，消灭私有制的经济运动只有通过无产阶级才能实现，无产阶级身上已经完全丧失了合乎人性的外观，无产阶级的生活条件已经达到了违反人性的顶点，因而，无产阶级"不得不愤怒地反对这种违反人性的现象，由于这一切，所以无产阶级能够而且必须自己解放自己"③。在马克思和恩格斯看来，英法两国的无产阶级已经意识到自己的历史任务，并且不断地努力去完成这个任务。

此后，马克思在《关于费尔巴哈的提纲》、《德意志意识形态》和《共产党宣言》中不断完善群众观的基本表述，例如，阐述人民群众在改造环境中的决定作用，但是理论观点已经在《神圣家族》中形成并奠定。

3. 群众观的当代意义

《神圣家族》中所阐发的群众观对马克思和恩格斯之后的一系列著作产生了极其巨大的影响，它为社会主义和共产主义运动的实现找到了

---

① 《马克思恩格斯全集》第2卷，北京：人民出版社1957年版，第104页。
② 同上书，第22页。
③ 同上书，第45页。

物质力量，甚至影响了整个20世纪的历史进程。同时，《神圣家族》中的群众观对于中国特色社会主义道路、制度和体制，对于社会主义和谐社会的建构也具有极其重要的现实意义。

首先，坚持人民群众创造历史的观点始终不动摇。群众观自《神圣家族》发表以来，始终遭到西方资产阶级思潮的攻击。自马克思主义传入中国以来，群众观也屡屡遭到国人的攻击，英雄史观、"英雄和群众共同创造历史"的观点也曾一度流行。近年来，随着马克思主义哲学研究的深入，理论界少数人开始宣扬马克思主义的群众观过时论，他们认为"群众"是一个模糊的概念，过于抽象，应为"个人"概念所取代。近年来出版的一些马克思主义哲学教科书也弱化或淡化群众观。重温马克思和恩格斯在《神圣家族》中所阐发的观点，可以坚定马克思主义的群众史观的信念，群众观不仅不能被否定、弱化和取消，而且应该继续深化、丰富和拓展。

其次，坚持人民群众是社会主义的观点不动摇。在中国封建社会的时代，"民本思想"就是对待群众的最高洞见。然而民本思想中的"民"或"群众"仅仅是客体，现实生活中只有掌握权力的统治者才是主体，其实质是统治者以民为本。广大群众在当权者眼中不过是"草芥"，由此形成了"君君、臣臣、父父、子子"的等级观念，群众都是可以被任意使用、宰割的工具。尽管一些开明人士所提倡的"重民"、"民为贵"、"水可载舟，亦可覆舟"等思想不同于马克思主义的群众观，但中国的文化传统通过各种方式渗透到社会生活的各个角落。坚持马克思主义群众观，特别是《神圣家族》中所阐发的"工人创造一切"、"历史活动是群众的事业"、"无产阶级自己解放自己"等思想，要求群众中的每个个体自觉地扮演社会和国家的真正主人的角色，为成为社会的真正主人而奋斗，从而真正实现"以人为本"。

第四部分　经典著作选编

马克思　恩格斯

《神圣家族》（节选）

序　言

　　现实人道主义在德国没有比**唯灵论**或者说**思辨唯心主义**更危险的敌人了。思辨唯心主义用"**自我意识**"即"**精神**"代替现实的个体的人，并且用福音书作者的话教诲说："叫人活着的乃是灵，肉体是无益的。"① 显而易见，这种没有肉体的精神只是在自己的臆想中才具有精神。在**鲍威尔的**批判中，我们所反对的正是以**漫画形式**再现出来的**思辨**。我们认为这种思辨是**基督教日耳曼**原则的最完备的表现，这种原则通过把"**批判**"本身变为某种超验的力量来作自己的最后一次尝试。

　　我们的阐述主要涉及**布鲁诺·鲍威尔**的《文学总汇报》（我们手边有该杂志的前八期），因为在该报中鲍威尔的批判，从而**整个德国思辨**的胡说达到了顶点。批判的批判（即《文学报》的批判）越是把哲学对现实的颠倒变成最明显的滑稽剧，那就越有教益。（请看**孚赫**和**塞利加**二人的例子。）《文学报》提供了一份材料，就连广大的读者也能通过这份材料识破思辨哲学的幻想。这也就是我们写作本书的目的。

　　我们的阐述自然要取决于阐述的**对象**。批判的批判在各方面都**低于**德国的理论发展已经达到水平。因此，如果我们**在这本书中**不再对这一

---

① 引自《新约全书·约翰福音》第6章第63节。这句话中的"灵"，德文原文为"Geist"，通常译做"精神"。——编者注

发展本身**进行评论**，那是因为我们所阐述的对象的本性使我们完全有理由这样做。更确切地说，是批判的批判使我们不得不用现已达到的成果**本身**来批驳它。

因此，我们先发表这部论战性的著作，然后再写几部独立的著作，在那些著作里，我们——当然是各自单独地——将正面阐述自己的观点，从而也正面阐述自己对现代哲学学说和社会学说的态度。

恩格斯　马克思

1844年9月于巴黎

第四章　体现为认识的宁静的批判的批判或埃德加先生所体现的批判的批判

（4）蒲　鲁　东

批判性的评注 1

对任何科学的最初的批判都必然要拘泥于这个批判所反对的科学本身的种种前提，同样，蒲鲁东的《什么是财产?》这部著作也是根据国民经济学的观点对**国民经济学**所做的批判。——至于该书有关法律的部分，即根据法的观点来批判法的这一部分，我们在这里没有深入研究的必要，因为该书的主旨是批判国民经济学。——因此，通过对**国民经济学**，其中包括对蒲鲁东所了解的国民经济学的批判，蒲鲁东的著作才能被科学地超越。这一工作正是由于蒲鲁东本人做过的一切才有可能进行，正如蒲鲁东所做的批判是以重农学派对重商主义学说的批判、亚当·斯密对重农学派的批判、李嘉图对亚当·斯密的批判以及傅立叶和圣西门的著作为前提一样。

国民经济学的一切论述都以**私有财产**为前提。国民经济学把这个基本前提当做确定不移的事实，而不作任何进一步的考察，甚至像**萨伊**所坦率承认的那样，国民经济学只是"偶然"提到这一事实。蒲鲁东则对国民经济学的基础即**私有财产**作了批判的考察，而且是第一次具有决定意义的、无所顾忌的和科学的考察。这就是蒲鲁东在科学上实现的巨大进步，这个进步在国民经济学中引起革命，并且第一次使国民经济学有可能成为真正的科学。蒲鲁东的著作《什么是财产？》对现代国民经济学的意义，正如**西哀士**的著作《第三等级是什么？》对现代政治学的意义一样。

如果说蒲鲁东本人还没有把私有财产的各种进一步的形式，如工资、商业、价值、价格、货币等等，像《德法年鉴》那样看做私有财产的形式（见弗·恩格斯的《国民经济学批判大纲》），而是用国民经济学的这些前提来反驳国民经济学家，那么这是完全符合他上述从历史上说具有充足理由的观点的。

把私有财产关系当做合乎人性的和合理的关系的国民经济学，不断地同自己的基本前提——私有财产——发生矛盾，这种矛盾正像神学家所碰到的矛盾一样：神学家经常从合乎人性的观点来解释宗教观念，而正因为如此，他们就不断地违背自己的基本前提——宗教的超人性。例如在国民经济学中，工资最初表现为产品中劳动应得的那个合乎比例的份额。工资和资本的利润彼此处在最友好的、互惠的、仿佛最合乎人性的关系中。后来却发现，这二者是处在最敌对的、**相反的**关系中的。最初，价值看起来确定得很合理：它是由物品的生产费用和物品的社会效用来确定的。后来却发现，价值是一个纯粹偶然的规定，这个规定根本不需要同生产费用和社会效用有任何关系。工资的数额起初是通过自由的工人和自由的资本家之间的**自由**协商来确定的。后来却发现，工人是被迫让资本家去确定工资，而资本家则是被迫把工资压到尽可能低的水平。**强制**代替了立约双方的**自由**。商业和其他一切国民经济关系方面的情况也都是这样。有时国民经济学家们自己也感觉到这些矛盾，而且对这些矛盾的论述成了他们相互之间斗争的主要内容。但是，在国民经济学家们意识到这些矛盾的情况下，**他们自己**也指责**私有财产**的某种**个别**形式扭曲了本来（即在其想象中）合理的工资、本来合理的价值、本来合理的商业。例如，亚当·斯密有时抨击资本家，德斯杜特·德·特拉西抨击汇兑业者，西蒙德·德·西斯蒙第抨击工厂制度，李嘉图抨击土地所有制，而几乎所有现代的国民经济学家都抨击**非产业**资本家，即仅仅作为**消费者**来体现财产的资本家。

可见，国民经济学家们只是有时候，特别是在他们抨击某种特殊的滥用行为的时候，才破例地维护经济关系上的人性的假象，但在一般场合，他们恰恰是从这些关系同人性显然有**区别**的方面，从严格的经济意义上来把握这些关系的。他们总是不自觉地在这种矛盾中跄跄而行。

蒲鲁东永远结束了这种不自觉的状态。他严肃地看待国民经济关系的**人性的假象**，并让这种假象同国民经济关系的**非人性的现实**形成鲜明的对照。他迫使这些关系在现实中成为它们把自己想象成的那种东西；或者更确切些说，他迫使这些关系抛弃它们关于自身的这种想象而承认自己是真正非人性的。因此，蒲鲁东始终不同于其他国民经济学家，他不是以限于局部的方式把私有财产的这种或那种形式描述为国民经济关系的扭曲者，而是以总括全局的方式把私有财产本身描述为国民经济关系的扭曲者。从国民经济学观点出发对国民经济学进行批判时所能做的一切，他都已经做了。

埃德加先生想**说明**《什么是财产？》这部著作的观点的**特征**，当然，他根本没有谈到国民经济学，也根本没有谈到蒲鲁东的著作所具有的不同于他人的特点，而这种特点正是在于把**私有财产的实质**问题看做对国民经济学和法学生死攸关的问题。对于批判的批判说来，这一切都是不言而喻的。蒲鲁东并未因他否定私有财产而有了任何新的发现。他不过是无意中透露了批判的批判讳莫如深的秘密罢了。

埃德加先生在进行了他那赋予特征的翻译之后，马上接着说道："于是，蒲鲁东发现了某种绝对的东西，发现了历史的永恒基础，发现了为人类指引方向的神。这就是公平。"①

1840年出版的蒲鲁东这部法文著作并不是立足于1844年德国发展的观点。这就是蒲鲁东的观点,也是许多与他截然对立的法国作家所共有的观点,这种观点给批判的批判以方便,使它可以对两种截然相反的观点的特征不加区分而一笔带过。此外,只要把蒲鲁东自己所提出的规律,即公平通过对自身的否定而实现的规律坚持贯彻到底,就可以摆脱历史上的这个绝对的东西。如果说蒲鲁东没有做到坚持贯彻到底,那么这是因为他不幸生为法国人,而不是德国人。

对埃德加先生说来,由于蒲鲁东提出了历史上的绝对的东西,由于他坚持对公平的信仰,所以他就成了**神学的**对象;而批判的批判由于职业的缘故就是神学的批判,现在就可以抓住蒲鲁东,从而在"宗教观念"上大做文章了。

"一切宗教观念的特点都是把这样一种情况奉为信条:两个对立面中有一个最后总要成为胜利的和唯一真实的。"

我们将看到,宗教的批判的批判是把这样一种情况奉为信条:两个对立面中有一个——"**批判**"——最后会作为唯一的真理战胜另一个对立面——"**群众**"。可是蒲鲁东却把群众的公平当做绝对的东西,奉为历史上的神,从而就犯下了更不公平的过错,因为公平的批判已经**非常明确地**为自己保留了这个绝对的东西、这个历史上的神的地位。

批判性的评注2

"贫困、贫穷的事实使蒲鲁东片面地进行了一些思考;他认为这个事实是同平等和公平相**抵触**的;这个事实使他有了自己的武器。于是,对于他,这个事实就成了绝对的、合理的,而财产存在的事实则

---

① 埃·鲍威尔《蒲鲁东》,载于1844年4月《文学总汇报》第5期,本节中的引文均出自此文。——编者注

成为不合理的了。"

认识的宁静告诉我们说，蒲鲁东认为贫困的事实是同公平相抵触的，可见，他认为这个事实是不合理的；可是话音未落，认识的宁静就连忙硬说，对于蒲鲁东，这个事实成了绝对的、合理的。

以往的国民经济学从私有财产的运动仿佛为**国民**创造的**财富**出发，进行了为私有财产辩护的思考。蒲鲁东从国民经济学用诡辩掩盖的相反的方面出发，即从私有财产的运动造成的贫穷出发，进行了否定私有财产的思考。对私有财产的最初的批判，当然是从那种体现私有财产充满矛盾的本质的最彰明较著、最触目惊心、最令人激愤的形式，即贫穷、贫困的事实出发的。

> "可是，批判把贫穷和财产这两个事实合而为一；它认清了二者的内在联系，使它们成为一个整体，并且向这个整体本身探询其存在的前提。"

批判直到现在对财产和贫穷的事实还毫无认识，"可是"，它却用仅仅在自己想象中完成的行为来反驳蒲鲁东的真实的行为。它把**两个事实**合而为**一**，并且在把**两个事实**变为一个**唯一的**事实之后，又认清了**二者**的内在联系。批判不能否认，蒲鲁东也认清了贫穷和财产这两个事实之间有一种内在联系，正是由于这种内在联系，他才要废除财产，以便消灭贫穷。蒲鲁东甚至还做得更多。他详尽地证明了资本的运动**怎样**造成贫困。可是，批判的批判却不干这种琐碎的小事。它认识到贫穷和私有财产是**两种对立的东西**：这本是广为流传的知识。它使贫穷和财富**成为一个整体**，并且"向这个整体**本身**探询其存在的前提"，这更是一个多余的问题，因为批判自己刚刚**创造了**这个"**整体本身**"，那么它的这种**创造**本身就是这个整体存在的前提。

批判的批判既然向"整体本身"探询其存在的前提，那就是用真正神学的方式在这个"整体"**之外**寻求其存在的前提。批判的思辨在它自称正在研究的那个对象以外运动着。**整个对立无非是对立的两个方**

面的运动,整体存在的前提正是包含在这两个方面的本性中,可是批判的思辨却避而不去研究这个形成整体的现实的运动,以便能够宣称,批判的批判作为认识的宁静是凌驾于对立的两个极端之上的,唯有它那创造"整体本身"的活动才能消灭它所创造的抽象物。

无产阶级和财富是两个对立面。它们本身构成一个整体。它们是私有财产世界的两种形态。问题在于它们二者在对立中所占有的特定地位。只说明它们是整体的两个方面是不够的。

私有财产作为私有财产,作为财富,不得不保持**自身的存在**,因而也不得不保持自己的对立面——无产阶级的**存在**。这是对立的**肯定**方面,是得到自我满足的私有财产。

相反,无产阶级作为无产阶级,不得不消灭自身,因而也不得不消灭制约着它而使它成为无产阶级的那个对立面——私有财产。这是对立的否定方面,是对立内部的不安,是已被瓦解并且正在瓦解的私有财产。

有产阶级和无产阶级同样表现了人的自我异化。但是,有产阶级在这种自我异化中感到幸福,感到自己被确证,它认为异化是它**自己的力量**所在,并在异化中获得人的生存的**外观**。而无产阶级在异化中则感到自己是被消灭的,并在其中看到自己的无力和非人的生存的现实。这个阶级,用黑格尔的话来说,就是在被唾弃的状况下对这种被唾弃的状况的**愤慨**,这是这个阶级由于它的人的**本性**同作为对这种本性的露骨的、断然的、全面的否定的生活状况发生矛盾而必然产生的愤慨。

因此,在这种对立内,私有者是**保守的**一方,无产者是**破坏的**一方。从前者产生保持对立的行动,从后者则产生消灭对立的行动。

的确,私有财产在自己的国民经济运动中自己使自己走向瓦解,但是私有财产只有通过不以它为转移的、不自觉的、同它的意志相违背的、为事物的本性所决定的发展,只有当私有财产造成**作为**无产阶级的无产阶级,造成意识到自己在精神上和肉体上贫困的那种贫困,造成意识到自己的非人化从而自己消灭自己的那种非人化时,才能做到这一点。无产阶级执行着雇佣劳动由于为别人生产财富、为自己生产贫困而给自己做出的判决，同样，它也执行着私有财产由于产生无产阶级而给自己做出的判决。无产阶级在获得胜利时，无论如何决不会因此成为社会的绝对方面，因为它只有消灭自己本身和自己的对立面才能获得胜利。到那时，无产阶级本身以及制约着它的对立面——私有财产都会消失。

如果社会主义的著作家们把这种具有世界历史意义的作用归之于无产阶级，那么这决不像批判的批判硬要我们相信的那样，是因为他们把无产者当做**神**。事实恰好相反。由于在已经形成的无产阶级身上，一切属于人的东西实际上已完全被剥夺，甚至连属于人的东西的**外观**也已被剥夺，由于在无产阶级的生活条件中集中表现了现代社会的一切生活条件所达到的非人性的顶点，由于在无产阶级身上人失去了自己，而同时不仅在理论上意识到了这种损失，而且还直接被无法再回避的、无法再掩饰的、绝对不可抗拒的**贫困**——**必然性**的这种实际表现——所逼迫而产生了对这种非人性的愤慨，所以无产阶级能够而且必须自己解放自己。但是，如果无产阶级不消灭它本身的生活条件，它就不能解放自己。如果它不消灭集中表现在它本身处境中的现代社会的**一切**非人性的生活条件，它就不能消灭它本身的生活条件。无产阶级并不是白白地经受那种严酷的但能使人百炼成钢的**劳动**训练的。问题不在于某个无产者或者甚至整个无产阶级暂时**提出**什么样的目标，问题在于**无产阶级究竟是什么**，无产阶级由于其**身为无产阶级**而不得不在历史上有什么作为。它的目标和它的历史使命已经在它自己的生活状况和现代资产阶级社会的整个组织中明显地、无可更改地预示出来了。英法两国的无产阶级中有很大一部分人已经**意识到**自己的历史任务，并且不断地努力使这种意识完全明确起来，关于这一点在这里没有必要多谈了。

"批判的批判"之所以不肯承认这一点，是因为它已宣告自己是历史的唯一创造因素。历史上的种种对立从它那里产生，消灭这些对立的行动也从它那里产生。因此，它借它的化身埃德加的口发布了如下的**宣言**：

"有教养和没有教养、有财产和没有财产，这些对立如果不应该**受到亵渎**，那就必须**受到完全而彻底的**批判。"

有财产和没有财产被当做批判的思辨的两个对立面而受到了形而上学的尊崇。因此，只有批判的批判的手才能触动它们而又不犯亵渎圣物的过错。资本家和工人则不应该过问他们自己的相互关系。

埃德加先生根本没有料想到，有人可能触动他的关于对立的批判观点，有人可能亵渎这些圣物，因此，他就让自己的论敌提出只有他自己才能对自己提出的异议了。

批判的批判所臆想的论敌问道："除了自由、平等这一类已有的概念而外，难道还可能使用其他的概念吗？我的回答是〈请注意埃德加先生的回答〉，当希腊语和拉丁语所表达的思想领域被穷尽的时候，这两种语言就已经死亡了。"

现在可以明白，为什么批判的批判没有用**德**语给我们提出任何一种思想。表达它的思想的语言还没有产生，尽管赖沙特先生通过批判地处理外语词汇，孚赫先生通过批判地处理英语，埃德加先生通过批判地处理法语为创造一种新的**批判的**语言做了许多准备工作。

批判性的评注 3

"蒲鲁东根据什么来证明财产是不可能的？还是根据那个平等的原则，这简直令人难以置信！"

其实只要稍微回想一下就足以促使埃德加先生相信这一点。埃德加先生不会不知道，布鲁诺·鲍威尔先生把"**无限的自我意识**"作为自己的一切论述的基础，甚至把这一原则看成福音书的创造原则，而福音书由于其无限的无意识性显然是同无限的自我意识直接矛盾的。同样，蒲鲁东把平等看成同平等直接矛盾的私有财产的创造原则。如果埃德加先生把法国的**平等**和德国的"自我意识"稍微比较一下，他就会发现，后一个原则**按德国的方式**即用抽象思维所表达的东西，就是前一个原则**按法国的方式**即用政治语言和具象思维的语言所说的东西。自我意识是人在纯粹思维中同他自身的平等。平等是人在实践领域中对他自身的意识，也就是说，人意识到别人是同自己平等的人，人把别人当做同自己平等的人来对待。平等是法国的用语，它表示人的本质的统一，表示人的类意识和类行为，表示人和人的实际的同一性，也就是说，它表示人同人的社会关系或人的关系。因此，正如德国的破坏性的批判在以**费尔巴哈**为代表对**现实的人**进行考察以前，试图用**自我意识**的原则来瓦解一切确定的和现存的东西一样，法国的破坏性的批判也试图用**平等**的原则来达到同样的目的。

"蒲鲁东竭力反对哲学，这件事本身我们不能怪他。但他为什么反对呢？他认为，哲学到现在为止还是不够实际的，它昂然骑在**思辨**的高头大马上，因此人们在它的面前显得过分渺小。我认为，哲学是超实践的，也就是说，它到现在为止无非是事物现状的抽象表现；它总是受被它认为是绝对的东西的事物现状的前提的束缚。"

哲学是事物现状的抽象表现这一看法，最初并不是埃德加先生提出的，而是**费尔巴哈**提出的；费尔巴哈最先把哲学称做思辨的和神秘的经验，并作了证明。可是，埃德加先生却能够使这种看法发生独创的、批判的变化。这就是说，费尔巴哈曾经得出结论，认为哲学应该从思辨的天国下降到人类贫困的深渊，而埃德加先生却相反，他教导我们说，哲学是超实践的。其实情况是这样：正因为哲学过去只是事物现状的超验的、抽象的表现，正由于它自己的这种超验性和抽象性，由于它**在想象中不同于**世界，它必定会以为事物的现状和现实的人是远远低于它自己的；另一方面，因为哲学过去并不是**在实际上**与世界有所不同，所以它也就未能对世界作出任何**实际的判断**，未能表现出对世界有任何现实的识别力，也就是说，未能**通过实践**来干预事物的进程，而至多只是不得不满足于抽象形式的实践。所谓哲学曾经是超实践的，这只是说哲学曾经飘浮在实践之上。批判的批判认为人类就是精神空虚的群众，这样它就为思辨认为现实的人无限渺小的论点提供了最明显的证据。旧的思辨在这一点上同批判的批判是完全一致的。例如，请大家看看黑格尔《法哲学》中的下面这一段话：

"从需要的观点看来，观念的具体对象就是我们称之为人的那种东西；因此，在这里，而且其实也只是在这里，就是在这个意义上来谈论人的。"①

当思辨在其他一切场合谈到人的时候，它指的都不是**具体的东西**，而是**抽象的东西**，即**观念**、**精神**等等。至于哲学表述事物现状的方式，孚赫先生对英国事物现状的描述和埃德加先生对法语的现状的描述，已经提供了生动感人的例子。

"可见，蒲鲁东也是很实际的：他发现了平等这个概念是证明财产的根据以后，就从这个概念出发振振有词地反对财产。"

蒲鲁东在这里的做法和德国批判家的做法是完全一样的，因为德国的批判家发现了人是证明神的存在的根据以后，就从人这个观念出发振振有词地直接反对神的存在。

"如果平等的原则所造成的结果比平等本身更强有力，那么蒲鲁东怎么还要帮助这个原则获得这么意外的强力呢？"

按照布鲁诺·鲍威尔先生的观点，自我意识是一切宗教观念的基础。在他看来，自我意识是福音书的创造原则。为什么自我意识的原则所造成的结果比自我意识本身更强有力呢？人们用德国的方式回答我们说，这是因为：自我意识固然是宗教观念的创造原则，但是它只有作为脱离自身的、自相矛盾的、外化和异化了的自我意识，才能成为这种创造原则。因此，达到了自身、理解了自身、认识了自己本质的自我意

---

① 《黑格尔全集》1833 年柏林版第 8 卷第 256 页（《法哲学原理》第 190 节）。——编者注

识,就是支配着它的自我外化的各种产物的力量。蒲鲁东的情况也完全是这样,当然有一点不同,就是:他讲法语而我们讲德语,因此他是用法国方式表达我们用德国方式所表达的东西。

蒲鲁东自己给自己提出了一个问题:虽然平等作为创造的理性原则是财产赖以确立的基础,而且作为最终的理性依据,它又是证明财产的一切论据的基础,但是,为什么不存在平等,反而存在对平等的否定——私有财产呢?因此,蒲鲁东就对财产的事实本身进行考察。他证明,"事实上,财产作为一种制度和原则是**不可能的**"(第34页),也就是说,**它本身是自相矛盾的**,而且正在各方面扬弃着自身;用德国的方式来说,它是外化了的、自相矛盾的和自我异化的平等的定在。和对这种异化的认识一样,法国的实际状况也以充分的理由向蒲鲁东指明了真正扬弃异化的必然性。

蒲鲁东感到,在否定私有财产的同时,也需要**历史地**说明私有财产存在的理由。像所有这一类最初的论述一样,蒲鲁东的论述也带有实用的性质,这就是说,他假定过去的各代人都自觉地和深思熟虑地想要在自己的各种制度中实现他认为代表人的本质的平等。

"我们一再提起这一点……蒲鲁东是为了无产者的利益而写作的。"

蒲鲁东写作的出发点不是自满自足的批判的利益,不是抽象的、自我构想的利益,而是群众的、现实的、历史的利益,是一种远远超出**批判**的、也就是导致**危机**的利益。蒲鲁东不单是为了无产者的利益而写作;他本人就是无产者,工人。他的著作是法国无产阶级的科学宣言,因此具有与任何一个批判的批判家的拙劣作品完全不同的历史意义。

"蒲鲁东是为了那些一无所有的人的利益而写作的。拥有和一无所有,在他看来是两个绝对的范畴。拥有在他看来是最重要的东西,因为在他看来不拥有同时也是最重要的思考对象。蒲鲁东认为,每一个人都应当拥有，但是只应当和别人一样多。但是请想一想，在我所拥有的一切东西中，我感兴趣的只是唯我独有的东西，我比别人多的东西。在平等的情况下，拥有与平等本身对我来说都将是无关紧要的了。"

按照埃德加先生的看法，**拥有**和**不拥有**对蒲鲁东来说是两个绝对的范畴。批判的批判到处都只看到一些**范畴**。因此，按照埃德加先生的看法，拥有和不拥有，工资，薪饷，匮乏和需要，为满足需要而进行的劳动，都无非是一些范畴而已。

如果社会所必须摆脱的只是拥有和不拥有这两个**范畴**，那么为社会"克服"和"扬弃"这两个范畴，对任何一个甚至比埃德加先生更差劲的辩证论者说来，该是一件多么轻而易举的事呵！埃德加先生也把这种事看做微不足道的小事，甚至认为面对蒲鲁东仅仅**说明**一下拥有和不拥有这两个范畴，都不值得做。但是，既然不拥有不只是一个范畴，而是最悲惨的现实，既然当今一无所有的人也就是极其卑微的人，既然他连一般的生存之路都已被切断，而合乎人道的生存之路就更无从谈起，既然不拥有的状态就是人完全脱离其对象性的状态，那么，蒲鲁东把不拥有看做最重要的思考对象，就是完全正确的；而且，正因为在蒲鲁东和所有的社会主义著作家以前很少有人考虑这个对象，所以这样做就更加正确。不拥有是最令人绝望的**唯灵论**，是人的完全的非现实，是非人的完全的现实，是一种非常实际的拥有，即拥有饥饿，拥有寒冷，拥有疾病，拥有罪过，拥有屈辱，拥有愚钝，拥有一切不合人道的和违反自然的现象。但是任何对象，只要它的重要性头一次被人们所充分认识从而成为思考的对象，那它就是**最重要的思考对象**。

蒲鲁东想扬弃不拥有以及拥有的旧形式，这同他想扬弃人与自己的**对象性本质**的实际异化的关系，以及想扬弃人的自我异化在**国民经济学**上的表现，其实都是完全相同的一回事。但是，由于他对国民经济学的批判还受到国民经济学的前提的束缚，因此，蒲鲁东仍以国民经济学的**占有**形式来理解对象世界的重新获得。

蒲鲁东并不是像批判的批判硬要他做的那样用拥有去反对不拥有；而是用**占有**去反对拥有的旧形式——**私有财产**。他把占有解释为"**社会职能**"。在一种职能中"值得关注的"不是"排斥"别人，而是使用和实现我自己的本质力量。

蒲鲁东未能对这个思想作出恰当的阐述。"**平等的占有**"是国民经济学的观念，因而本身也是下述状况的异化表现：**对象作为为了人的存在，作为人的对象性存在**，同时也就是**人为了他人的定在，是他同他人的人的关系，是人同人的社会关系**。蒲鲁东在国民经济学的异化范围内扬弃国民经济学的异化。

批判性的评注 4

"既然他〈蒲鲁东〉保留工资的概念，既然他把社会看做一个给我们工作并支付我们劳动报酬的机构，那么，他就更不能把时间当做报酬的尺度，因为他赞成**许霍·格劳秀斯**的看法，不久前阐述了一种观点，认为在事物的效用方面，时间是无关紧要的。"

唯有在这个地方批判的批判才企图解决自己的任务并企图向蒲鲁东证明，他从国民经济学的观点出发错误地驳斥国民经济学。在这里，批判的批判以真正批判的形式**大出其丑**。

同许霍·格劳秀斯的意见一致，蒲鲁东发挥了一种观点，即**时效**不能作为把**占有**变为**财产**、把一种"**法的原则**"变为另一种"**法的原则**"的根据，这就像时间不能把三角形三内角之和等于二直角这个真理变为三角形三内角之和等于三直角的真理一样。

蒲鲁东大声疾呼："你们决不可能使那本身什么都创造不了、什么都转变不了、什么都更改不了的时间把**使用**某物品的**人**变为该物品**的所有者**。"

埃德加先生由此得出的结论是：因为蒲鲁东说，单是时间不能把一种法的原则**变为**另一种法的原则，而且时间本身又什么都转变不了，什么都更改不了，所以他把**劳动时间**当做劳动产品的国民经济学上的**价值**的尺度，就犯了前后不一贯的错误。埃德加先生之所以能得出这个批判的批判的意见，是因为他把"valeur"〔"价值"〕译成了"Geltung"〔"效用"〕，因此在谈到法的原则的效用和谈到劳动产品的商业价值时，都可以在相同的意义上来使用这个词。他之所以能够做到这一点，是因为他把空闲的时间和充实的劳动时间等量齐观。如果蒲鲁东说时间不能把蚊子变为大象，批判的批判同样有理由得出结论说，既然如此，他就没有理由把劳动时间当做工资的尺度。

生产某个物品所**花费**的**劳动时间**，属于这个物品的**生产费用**，某个物品的生产费用也就是它**值**多少钱，因此撇开**竞争**的影响不谈，就是它能**卖**多少钱，甚至批判的批判本身也肯定会认识到这一点。除劳动时间和劳动材料外，国民经济学家还把土地所有者的地租以及资本家的利息和赢利也算入生产费用。在蒲鲁东那里，地租、利息和赢利都消失了，因为在他那里私有财产消失了。于是剩下的只有劳动时间和预支费用。由于蒲鲁东把劳动时间，即人类活动本身的直接定在，当做工资和产品价值规定的尺度，他就使人成了决定性的因素；而在旧国民经济学中却是资本和地产的物质力量起决定作用，这就是说，蒲鲁东还是以国民经济学的、因而也是充满矛盾的形式恢复了人的权利。他从国民经济学观点出发处理这个问题正确到何种程度，可以从下述事实看出来，即新国民经济学的奠基者**亚当·斯密**在其著作《国民财富的性质和原因的研究》的开头部分就阐发了这样的见解：在私有制确立**以前**，也就是在**不存在私有财产**的条件下，**劳动时间**曾经是**工资**以及与工资尚无区别的**劳动产品的价值**的尺度。

然而就算批判的批判暂时假定蒲鲁东没有从工资的前提出发吧。难道它认为生产某件物品所需要的**时间**将来**会有一天**不再成为包含在这件物品的"**效用**"中的主要因素吗？难道它认为时间将会丧失自己的**珍贵性**吗？

在直接的物质生产领域，确定某物品是否应当生产，即确定这种物品的**价值**，这主要取决于生产该物品所需要的劳动时间。因为社会是否有时间来实现合乎人性的发展，就取决于时间。

甚至**精神**生产也是如此。如果我想合理地行动，在确定某种精神作品的规模、结构和计划时，难道我不必考虑生产该作品所必需的时间吗？如果不考虑时间，我至少会遇到一种危险，即我思想中的物品永远不会变为现实中的物品，因而它也就只能获得想象中的物品的价值，也就是**想象的价值**。

以国民经济学的观点对国民经济学所进行的批判，承认人的活动的一切本质规定，但只是在异化的、外化的形式中来承认。例如在这里，这种批判把时间对**人的劳动**的意义变为时间对**工资**、对雇佣劳动的意义。

埃德加先生继续写道：

"为了强迫有才能的人接受上述的尺度，蒲鲁东竟**滥用自由贸易**这个概念，并断言社会和社会的单个成员本来就有权利拒绝有才能的人的产品。"

在**傅立叶主义者**和**圣西门主义者**那里，有才能的人站在国民经济学的基础上提出了**对报酬**的过高**要求**，并把他们关于自己具有无限价值的幻想提出来作为确定其产品的**交换价值**的尺度。蒲鲁东对这些有才能的人的回答，跟国民经济学对任何想使价格大大超过所谓自然价格即所提供的物品的生产费用的奢求所作的回答一样——他用自由贸易来回答。不过，蒲鲁东并没有在国民经济学的意义上**滥用**这种关系，相反，他把在国民经济学家那里只是名义上的、虚拟的东西，即缔约双方的**自由**，设想为现实的东西。

批判性的评注 5

"蒲鲁东根据人类因利息制度和利润制度以及消费和生产的不平衡而特别遭到损害这一点，对财产的不可能性进行了证明；这个证明缺少一个反题,即指出私有财产在历史上是可能的。"

批判的批判具有良好的本能,不用去深入研究蒲鲁东关于利息制度和利润制度等等的论述,也就是说,不用去深入研究蒲鲁东的最重要的论述。问题在于,如果没有关于私有财产运动的完全实际的知识,要想在这一点上批判蒲鲁东,哪怕只是做个批判的样子,已完全是不可能的。于是,批判的批判就指出蒲鲁东没有提供私有财产在历史上是可能的证明,企图以此弥补自己的无能为力。批判除了空话什么也没有拿出来,它有什么理由要求别人给它提供**一切**呢?

"蒲鲁东用来证明财产的不可能性的论据是,工人不能用自己劳动的报酬重新买回自己的产品。蒲鲁东在探究资本的实质时,没有提出详尽透彻的论据。工人不能重新买回自己的产品,是因为产品始终是集体的产品,而工人本身无非是单个的被雇用的人罢了。"

与蒲鲁东的推论相反,埃德加先生本来甚至可以更详尽透彻地说,工人之所以**不能**重新买回自己的产品,是因为从根本上说工人不得不把自己的产品**重新买回来**。在购买的定义中就已经包含这样的意思:工人把自己的产品当做他失去的、异化了的对象来对待。顺便说一句,埃德加先生的详尽透彻的论据并没有详尽透彻地说明,资本家自己也**无非是单个的**人,而且还是**被**利润和利息**所雇用的**人,为什么资本家不仅能重新买回劳动产品,而且还能重新买回比劳动产品更多的东西。要说明这一点,埃德加先生就必须说明劳动和资本的相互关系,也就是说,必须去探究资本的实质。

前面援引的那段批判的话再明显不过地表明,批判的批判怎样立刻利用它刚从一位作家那里学来的东西,以便通过批判的言词使这些东西成为它自己的天才发明,用来反对那个作家。要知道,批判的批判正是从蒲鲁东那里汲取了这个未曾被蒲鲁东提出过而由埃德加先生提出来的论据。蒲鲁东说:

"分而治之[Divide et impera]……如果把工人彼此分离开来,

那么，付给每一个单个的人的日工资就很可能超过每一单个人的产品的价值；但是问题不在这里……虽然你们给一切个人力量支付了报酬，但是你们并没有给集体的力量支付报酬。"

蒲鲁东**最先**提醒人们注意，付给单个工人的工资的总和，即使在每一单个人的劳动都完全得到了报酬的情况下，也还是不足以偿付物化在大家的产品中的集体力量；因此，工人不是作为**集体劳动力的一部分**被雇用的。埃德加先生把这个思想牵强附会成了工人无非是单个的被雇用的人。这样，批判的批判就利用蒲鲁东的总的思想去反对同一个蒲鲁东对同一个思想所作的进一步的**具体**发挥。它用批判的方式夺过了这个思想，并在下面这段话中道出了**批判的社会主义**的秘密：

"当今工人的**思维**只顾及自己，也就是说，他只是为他个人而索取报酬。正是**工人自己**不考虑他在同其他力量合作中所产生的那种巨大的、不可估量的力量。"

照批判的批判的意见，一切祸害都只在工人们的"**思维**"中。而事实是，英国和法国的工人成立了各种联合会，在这些联合会中，工人们彼此谈论的话题不仅有他们作为**工人**的直接需要，而且也有他们作为**人**的各种需要，此外，在这些联合会中，他们表现出了对从他们的合作中所产生的那种"巨大的"、"不可估量的"力量的非常全面而充分的认识。但是，这些**群众**的共产主义的工人，例如在曼彻斯特和里昂的工场中做工的人，并不认为用"**纯粹的思维**"就能够摆脱自己的企业主和他们自己实际的屈辱地位。他们非常痛苦地感觉到**存在**和**思维**之间、**意识**和**生活**之间的**差别**。他们知道，财产、资本、金钱、雇佣劳动以及诸如此类的东西决不是想象中的幻影，而是工人自我异化的十分实际、十分具体的产物，因此，也必须用实际的和具体的方式来消灭它们，以便使人不仅能在**思维**中、在**意识**中，而且也能在群众的**存在**中、在生活中真正成其为人。而批判的批判却相反，它教导工人们说，只要他们在思想中消除了雇佣劳动的想法，只要他们在思想上不再认为自己是雇佣工人，并且按照这种极其丰富的想象，不再为他们个人而索取报酬，那么他们在现实中就不再是雇佣工人了。从这以后，作为绝对的唯心主义者，作为以太般的生物，他们自然就可以靠纯粹思维的以太来生活了。批判的批判教导工人们说，只要他们在**思想**上征服了资本这个范畴，他们也就消除了现实的资本；只要他们在意识中改变自己的"**抽象的我**"，并把**现实地**改变自己的现实存在、改变自己存在的现实条件、即改变自己的**现实的"我"**的任何行动当做非批判的行为轻蔑地加以拒绝，他们就会**现实地**发生变化并使自己成为现实的人。**这种'精神'**既然把现实只看做一些范畴，它自然也就把人的一切活动和实践统统归结为批判的批判的辩证思维过程。**批判的批判所主张的**社会主义**同群众的**社会主义和共产主义的区别也就在这里。

埃德加先生发表了自己的这番宏论之后，当然必定会"否认"蒲鲁东的批判具有"意识"了。

"**但是蒲鲁东也**想成为**讲求实际**的人。""他认为他已经有了认识。""虽然如此"，认识的宁静得意扬扬地大声叫道，"但我们现在也还是必须否认他**有认识的宁静**。""我们从他的著作中摘引几段话，以证明他很少认真考虑自己对社会的态度。"

在后面我们还要从批判的批判的著作中摘引几段话（见《贫民银行》和《模范农场》），以证明它连最基本的国民经济关系都还未能认识，更谈不到认真考虑，却以它所特有的批判的机敏，感到自己有责任对蒲鲁东作出自己的评价。

在批判的批判作为认识的宁静"**制服了**"一切群众性的"对立面"之后，在它用范畴的形式夺得了整个现实并把人的一切活动消融在思辨的辩证法中之后，我们将看到，它又用思辨的辩证法重新创造世界。不言而喻，为了使采用批判的思辨形式来创造世界的奇迹不致遭到"亵渎"，就只能用**秘密**形式向普通群众进行宣示。于是，批判的批判就化身为维什努—塞利加，以**贩卖秘密的商人**的身份出现了。

第五章　贩卖秘密的商人所体现的批判的批判或塞利加先生所体现的批判的批判

（2）思辨结构的秘密

对《巴黎的秘密》所作的批判性叙述的秘密，就是**思辨结构**即**黑格尔结构**的秘密。在塞利加先生宣称"文明中的野蛮化现象"和国家中的无权利处境是"秘密"，也就是把它们消融在"**秘密**"这个范畴之中以后，他就让"秘密"开始自己的**思辨的生命历程**。要说明这种思辨结构的**总的**特点，只要几句话就够了。塞利加先生对《巴黎的秘密》的论述就是对思辨结构的**具体**运用。

如果我从现实的苹果、梨、草莓、扁桃中得出"**果品**"这个一般的观念，如果我再进一步**想象**，我从各种现实的果实中得到的"**果品**"["*die* Frucht"] 这个抽象观念就是存在于我之外的一种本质，而且是梨、苹果等等的**真正**的本质，那么我就宣布（用**思辨的**语言来表达）"**果品**"是梨、苹果、扁桃等等的"**实体**"。因此，我说，对梨说来，梨之成为梨，是非本质的；对苹果说来，苹果之成为苹果，也是非本质的。这些物的本质的东西并不是它们的可以用感官感触得到的现实的定在，而是我从它们中抽象出来并强加于它们的本质，即我的观念的本质——"**果品**"。于是，我就宣布，苹果、梨、扁桃等等是"**果品**"的单纯的存在形式，是它的**样态**。诚然，我的有限的、有感觉支持的理智能把苹果和梨、梨和扁桃区别开来，但是我的思辨的理性却宣称这些感性的差别是非本质的、无关紧要的。思辨的理性在苹果和梨中看出了共同的东西，在梨和扁桃中看出了**共同的东西**，这就是"**果品**"。各种特殊的现实的果实从此就只是**虚幻的**果实，而它们的真正的本质则是"果品"这个"实体"。

用这种方法是得不到内容特别**丰富的规定**的。如果一位矿物学家的全部学问仅限于说一切矿物实际上都是**矿物**，那么，这位矿物学家不过是**他自己想象中的**矿物学家而已。这位思辨的矿物学家看到任何一种矿物都说，这是"**矿物**"，而他的学问就是有多少种现实的矿物就重复多少遍"矿物"这个词。

思辨从各种不同的现实的果实中得出**一个抽象的"果实"**——"**果品**"，所以，为了要达到某种现实内容的外观，它就不得不用某种方法从"**果品**"、从**实体**返回到现实的**千差万别**的平常的果实，返回到梨、苹果、扁桃等等。但是，从现实的果实得出"**果品**"这个抽象的观念很容易，而从"**果品**"这个抽象的观念得出各种现实的果实就困难了。

如果我不**抛弃**抽象，甚至不可能从抽象转到抽象的**对立面**。

因此，思辨哲学家又抛弃了"**果品**"这个抽象，但是，他是用一种**思辨的**、神秘的方法来抛弃的，就是说，使人看来好像他并**没有抛弃**抽象似的。因此，他事实上也只是在表面上越出了抽象的圈子而已。他大体上是这样进行推论的：

如果说苹果、梨、草莓实际上无非是"**实体**"、"**果品**"，那么，试问"**果品**"又怎么会忽而表现为苹果，忽而表现为梨，忽而又表现为扁桃呢？同我关于**统一体**、关于"**实体**"、关于"**果品**"的思辨观念显然相矛盾的**多种多样的外观**又是从何而来的呢？

思辨哲学家回答道：这种外观之所以产生，是因为"**果品**"并不是僵死的、无差别的、静止的本质，而是活生生的、自身有区别的、能动的本质。普通果实的千差万别，不仅对**我的**感性的理智有意义，而且对"**果品**"本身，对思辨的理性也是有意义的。通常的千差万别的果实是"**统一的果品**"的不同的生命表现，它们是"**果品**"本身所形成的一些结晶。因此，比如说，在苹果中"**果品**"给自己一个苹果形状的定在，在梨中就给自己一个梨形状的定在。因此，我们再也不能像从实体观点出发那样，说梨是"**果品**"，苹果是"**果品**"，扁桃是"**果品**"；而是相反，必须说"**果品**"把自己设定为梨，"**果品**"把自己设定为苹果，"**果品**"把自己设定为扁桃；把苹果、梨、扁桃彼此区别开来的差别，正是"**果品**"的自我差别，这些差别使各种特殊的果实正好成为"**果品**"生活过程中的千差万别的环节。这样，"**果品**"就不再是无内容的、无差别的统一体，而是作为**总和**、作为各种果实的"**总体**"的统一体，这些果实构成一个"**被有机地划分为各个环节的系列**"。在这个系列的每一个环节中"**果品**"都给自己一个更为发展的、表现得更为鲜明的定在，直到它最后作为一切果实的"概括"，同时又是活生生的**统一体**。这个统一体既把每一种果实全都消融于自身中，又从自身产生出每一种果实，正如身体的各部分不断消融于血液，又不断从血液中产生一样。

  人们可以看出，基督教认为，上帝只有**一个化身**，而思辨哲学则认为，有多少事物就有多少化身，比如在这里，在思辨哲学看来，每一种果实都是实体的化身，即绝对的果实的化身。所以，思辨哲学家最感兴趣的就是，把现实的、普通的果实的**存在**制造出来，然后以神秘的口吻说，有苹果、梨、扁桃、葡萄干。但是，我们在思辨的世界里重新找到的这些苹果、梨、扁桃和葡萄干最多不过是**虚幻的**苹果、**虚幻的**梨、**虚幻的**扁桃和**虚幻的**葡萄干，因为它们是"**果品**"这种抽象的**理智本质**的生命的各个环节，因而就是抽象的**理智本质**本身。在思辨中使人们感到高兴的，就是重新获得了各种现实的果实，但这些果实已经是具有更高的神秘意义的果实，它们是从你的脑子的以太中，而不是从物质的土地中生长出来的，它们是"**果品**"的化身，是**绝对主体**的化身。因此，当你从抽象，从"**果品**"这一**超自然**的理智本质返回到各种现实的**天然的**果实时，你倒使这些天然的果实具有了一种超自然的意义，使它们变成了纯粹的抽象。所以，你最感兴趣的正是证明"**果品**"在它的这一切生命表现即苹果、梨、扁桃等等中的**统一性**，也就是证明这些果实**的神秘的联系**，证明"**果品**"怎样在这些果实的每一种中**逐渐地**实现自身，并怎样**必然地**从自己的一种定在转变为另一种定在，例如，从葡萄干转变为扁桃。因此，通常的果实的价值**已经不**在于它们的**天然**属性，**而**在于使它们在"**绝对果品**"的生命过程中获得一定地位的**思辨**属性。

当一个普通人说有苹果和梨的时候，他并不认为自己说出了什么非同寻常的东西。但是，如果哲学家以思辨的方式说出这些存在物，那他就是说出了**非同寻常的东西**。他创造了一个**奇迹**，他从"**果品**"这个非现实的**理智本质**中造出了现实的**自然的实物**——苹果、梨等等，也就是说，他从他**自己的抽象的理智**（即他所设想的在他身外的一种绝对主体，在这里就是"果品"）中**创造出**这些果实。在思辨哲学家说出的每一种存在物中，他都完成了一次创造行动。

不言而喻，思辨哲学家之所以能完成这种不断的创造，只是因为他把苹果、梨等等东西中为大家所知道的、实际上是有目共睹的属性当做由他**发明**的规定塞了进来，因为他给只有抽象的理智才能创造出来的东西，即抽象的理智公式起了现实事物的**名称**，最后，因为他把从苹果的观念**过渡**到梨的观念这种他**自己**的活动，宣布为绝对主体即"**果品**"的**自我活动**。

这种办法，用思辨的话来说，就是把**实体**了解为**主体**，了解为**内在的过程**，了解为**绝对的人格**。这种了解方式就是**黑格尔**方法的基本特征。

为了便于大家理解塞利加先生，先作这些说明是必要的。如果说塞利加先生过去一直把现实的关系（例如法和文明）消融在秘密这个范畴中，从而把"秘密"变为实体，那么，现在他才登上了真正思辨的、**黑格尔的**高峰，并把"秘密"变成了**体现**为现实的关系和人的独立主体，而伯爵夫人、侯爵夫人、浪漫女子、看门人、公证人、江湖医生、桃色事件、舞会、木门等等就成了这一主体的生命表现。他先从现实世界造出"秘密"这一范畴，然后又从这一范畴造出现实世界。

由于塞利加先生无疑具有高出**黑格尔**的**两大优点**，所以他笔下的**思辨结构**的秘密就暴露得**更加清楚**了。首先，黑格尔善于用诡辩的巧妙手法把哲学家借助感性直观和表象从一个对象过渡到另一个对象时所经历的过程,说成是臆想出来的理智本质本身即绝对主体所完成的过程。其次,黑格尔常常在**思辨**的叙述中作出把握住**事物**本身的、**现实的**叙述。这种在思辨的阐述**之中**所作的现实的阐述会诱使读者把思辨的阐述看成是现实的,而把现实的阐述看成是思辨的。

在塞利加先生那里就没有这两种困难。他的辩证法丝毫没有伪善和矫饰。他以值得称赞的诚实和老实人的直率来表演他的特技。而且他不在**任何地方**掺入**现实的内容**,所以他的思辨结构没有任何碍手碍脚的附加物,没有任何模棱两可的掩饰,这种思辨结构让我们看到的是赤裸裸的美。而且,在塞利加先生那里还出色地表明:一方面,思辨怎样以虚假的自由方式从自身中先验地〔a priori〕造出自己的对象;另一方面,思辨又怎样由于想用诡辩来摆脱对**对象**的合理的、自然的依存关系,却偏偏陷入了对对象的最不合理和最不自然的**从属关系**,而不得不把对象的最偶然的和最个性化的规定臆造成绝对必然的和普遍的规定。

第六章 绝对的批判的批判
或布鲁诺先生所体现的批判的批判

(1) 绝对批判的第一次征讨

(a)"精神"和"群众"

到目前为止,批判的批判看来或多或少是对各种各样的**群众性**的对象进行批判的研究。现在我们却发现它正在研究绝对批判的对象,即**它自己**。到目前为止,它一直是靠批判地贬低、否定和改变**一定**的群众性的对象和人物来取得自己的相对荣誉。现在它却靠批判地贬低、否定和改变普遍的群众来取得自己的**绝对**荣誉。过去,相对的批判同相对的界限相对立。现在，绝对的批判同绝对的界限，群众的界限，即作为界限的群众相对立。同一定的界限相对立的相对的批判本身必然是**有限的**个体。而同**普遍的**界限即界限本身相对立的**绝对的**批判必然是绝对的个体。正像各种各样的群众性的对象和人物汇聚在"**群众**"这一锅**不纯的稀粥**里一样，表面上还是对象性的和人物性的批判变成了"**纯粹的批判**"。先前，批判看来或多或少是赖沙特、埃德加、孚赫等等这些批判的个体的**特征**。现在，批判却是**主体**，而布鲁诺先生则是它的化身。

先前，**群众性**看来或多或少是被批判的多种对象和多种人物的特性；现在，多种对象和多种人物却变成了"**群众**"，而"**群众**"则变成了一种对象和一种人物。以前的一切批判的关系都已化为绝对的批判的英明同绝对的群众性的愚蠢的关系。这种**基本的关系**现在表现为到目前为止的批判行动和批判斗争的**意图**、**趋向**、**解答**。

"纯粹的"批判根据其绝对的性质在登场时将立即发表与众不同的"**箴言**"，但是尽管如此，作为绝对的精神，它必定要经历一个辩证的过程。它的原初概念，只有在它的天体运行的终点上才会真正得到实现（见黑格尔《哲学全书》①）。

> 绝对的批判宣告说："还在几个月以前群众就以为自己是强大有力的，是注定要统治世界的，他们认为能够扳着指头计算这一天的到来。"

正是**布鲁诺·鲍威尔**先生在《自由的正义事业》（自然是"他**自己的**"事业）、《犹太人问题》等著作中扳着指头计算过统治世界的日子的到来，虽然他也曾承认不能够确切地指出这个日期。他竟把他自己的一大堆罪过列入群众的罪行录。

"过去群众以为自己掌握了许多对他们说来是不言而喻的真理"。"但是，只有当人们依靠**真理**的论据始终追随**真理**的时候，……人们

---

① 黑格尔《哲学全书纲要》1830年海德堡第3版。——编者注

才完全地**掌握了真理**。"

真理对鲍威尔先生来说也像对黑格尔一样，是一台自己证明自己的**自动机器**。人应该**追随**真理。现实发展的结果，也像在黑格尔那里一样，不外是**被证明了的**即**被意识到了的真理**。因此，绝对的批判可以用最褊狭固执的神学家的腔调问道：

"如果历史的任务不正是要**证明**一切真理中的这些最简单的真理（例如地球围绕太阳运行），那么还要**历史干什么呢？**"

正像在从前的目的论者看来，植物所以存在，是为了给动物充饥的；动物所以存在，是为了给人类充饥的；同样，历史所以存在，也是为了给理论的充饥（即**证明**）这种消费行为服务的。人为了历史能存在而存在，而历史则为了**真理的论据**能存在而存在。在这种**批判的**庸俗化的形式中重复着思辨的英明：人所以存在，历史所以存在，是为了使**真理**达到**自我意识**。

因此，**历史**也和**真理**一样变成了特殊的人物，即形而上学的主体，而现实的人类个体仅仅是这一形而上学的主体的体现者。所以，绝对的批判使用了下面这些空洞的说法：

"**历史**不容许别人对它漠然置之，**历史**在这方面尽了**它的**最大努力，**历史**已经承担了任务，否则还要**历史**干什么呢？**历史**明确地向我们提供证明；**历史**把真理提出来讨论"云云。

如果按照绝对的批判的说法，到现在为止，历史的任务只是证明这样**几条**终归是不言而喻的最简单的真理，那么，绝对的批判把人类过去的全部经验说得如此贫乏，这首先只是证明了绝对的批判**自己的**贫乏。相反，从非批判的观点来看，历史达到的结果是，最复杂的真理最终是不言而喻的，一切真理的总和，即**人**，最终是不言而喻的。

绝对的批判继续声称："但是，群众却**觉得**种种真理是如此一目了然，以至它们**一开始**就是不言而喻的……以至群众认为证明真理是多余的事，因此，这些真理不值得让历史明确地对它们提供证明；它们根本就不是历史要设法加以解决的那些任务的一部分。"

绝对的批判在对群众大发一通神圣的雷霆之怒的同时，又向群众巧言奉承了一番。的确，如果因为群众**觉得**真理一目了然，真理就真**是**一目了然，如果历史按照群众**这种态度**来**对待**真理，那么这样一来，群众的判断就是绝对的，准确无误的，是历史的**规律**，而历史只是要证明，什么东西对于群众来说还**不**是一目了然因而是需要加以证明的。所以，群众给历史规定了它的"任务"和它的"活动"。

绝对的批判谈的是"**一开始**就是不言而喻的真理"。它凭着自己的批判的天真想法，臆造出了绝对的"**一开始**"和抽象的不变的"**群众**"。在绝对的批判的心目中，16世纪群众的"一开始"和19世纪群众的"一开始"，就像这两个世纪的群众本身一样，是没有什么差别的。一种已经成为**真实**和**明显**的、不言而喻的真理的特点，正在于它"**一开始**就是不言而喻的"。绝对的批判对一开始就是不言而喻的真理的抨击，就是对完全"不言而喻"的真理的抨击。

对绝对的批判以及对神妙的**辩证法**说来，不言而喻的真理已丧失了它的精神实质、意义和**价值**。它像一潭死水一样，变得浑浊不清了。所以，绝对的批判一方面**证明**一切不言而喻的东西，以及许多幸而难于理解因而永远不会不言而喻的东西；另一方面，对它来说，凡是需要阐明的东西都是不言而喻的。为什么呢？因为**不言而喻，现实的任务都不是**不言而喻的。

因为"**真理**"和历史一样，是超凡脱俗的、脱离物质群众的主体，所以，它不是面向经验的人，而是面向"**心灵的深处**"，为了"**真正被认识**"，真理不去接触住在英国地下室深层或法国高高的屋顶阁楼里的人的**粗糙的躯体**，而是"完完全全"在人的唯心主义的肠道中"蠕动"。诚然，绝对的批判向"群众"提出证据证明，到现在为止，群众曾用自己的方式即肤浅的方式被那些由历史仁慈地"提出来讨论"的真理所触动；但同时绝对的批判又预言道：

"**群众同历史进步的关系将发生彻底的改变。**"

这一批判预言的隐秘含义立即就"使我们感到一目了然"了。

我们且听："到现在为止，历史上的一切伟大的活动之所以**一开始**就是不合时宜的和没有取得富有影响的成效，正是因为群众对这些活动**表示关注**和**怀有热情**。换句话说，这些活动之所以必然落得个悲惨的结局，是因为在这些活动中，重要的是这样一种思想，这种思想必须满足于对自己的肤浅理解，因而也就是指望博得群众的喝彩。"

看来，一种理解只有满足于一种思想，因而符合一种思想，才不再是肤浅的理解。布鲁诺先生只是**为了装样子**，才把**思想**同对它的**理解**之间的**关系**搬出来；正像他只是**为了装样子**，才把不合时宜的历史**活动**同**群众的关系**搬出来一样。如果绝对的批判因此而谴责某个对象是"肤浅的"，那么这个对象就是迄今为止的全部历史，因为历史的活动和思想就是"群众"的思想和活动。绝对的批判摒弃**群众**的历史并打算用**批判的**历史取而代之（见茹尔·孚赫先生论英国热点问题的文章）。此外，根据以往的**非批判的**历史，即不是按照绝对批判的意愿编纂的历史，应该严格地分清：**群众**对目的究竟"**关注**"到什么程度，群众对这些目的究竟**怀有**多大"**热情**"。"**思想**"一旦离开"**利益**"，就一定会使自己出丑。另一方面，不难理解，任何在历史上能够实现的群众性的"**利益**"，在最初出现于世界舞台时，在"**思想**"或"**观念**"中都会远远超出自己的现实界限，而同一般的**人**的利益混淆起来。这种**错觉**构成**傅立叶**所谓的每个历史时代的**色调**。资产阶级在 1789 年革命中的**利益**决不是"**不合时宜的**"，它"**赢得了**"一切，并且有过"**极有影响的成效**"，尽管"**激情**"已经烟消云散，尽管这种利益用来装饰自己摇篮的"**热情的**"花朵也已经枯萎。这种**利益**是如此强大有力，以至胜利地征服了马拉的笔、恐怖主义者的断头台、拿破仑的剑，以及钉在十字架上的耶稣受难像和波旁王朝的纯血统。这场革命只有对于**那样一些群众**来说才是"不合时宜的",那些群众认为在**政治**"**思想**"中并没有体现关于他们的现实"**利益**"的思想,所以他们的真正的根本原则和这场革命的根本原则并不是一致的,他们获得解放的现实条件和资产阶级借以解放自身和社会的那些条件是根本不同的。所以,如果说这场能够代表一切伟大的历史"**活动**"的革命是不合时宜的,那么,它之所以不合时宜,是因为它在本质上仍然停留在那样一种群众生活条件的范围内,而那种群众是**仅仅由少数人组成的**、不是把全体居民包括在内的、**有限的群众**。如果说这场革命是不合时宜的,那么,并不是因为群众对革命"**怀有热情**"和表示"**关注**",而是因为人数众多的、与资产阶级不同的那部分群众认为,在革命的原则中并没有体现他们的**现实利益**,并没有体现**他们自己的**革命原则,而**仅仅**包含一种"**思想**",也就是仅仅包含一个激起暂时**热情**和掀起表面**风潮**的对象罢了。

因此,历史活动是群众的活动,随着历史活动的深入,必将是群众队伍的扩大。在批判的历史中,事情当然必定是以另一种方式发生的,批判的历史认为,在历史活动中重要的不是行动着的群众,不是经验的活动,也不是这一活动的经验的**利益**,相反,"在这些活动中","**重要的**"仅仅是"**一种思想**"。

批判教导我们说:"精神的真正敌人应该到群众中去寻找,而不是像以前的自由主义的代言人所认为的那样**到别的地方**去寻找。"

在群众**以外**的进步之敌恰恰是独立存在的、具有**自己的**生命的、**群众的自轻自贱、自暴自弃和自我外化的产物**。所以,群众用反对他们的**自轻自贱**的独立存在的**产物**的办法来反对他们**本身**的缺点,就像一个人用反对上帝存在的办法来反对他**自己的宗教热忱**一样。但是,因为群众的这些**实际的**自我外化以外在的方式存在于现实世界中,所以群众必须同时以**外在**的方式同它们进行斗争。群众决不会把自己的自我外化的这些产物仅仅看做观念的幻影,看做**自我意识**的单纯的**外化**,同时也不想通过纯粹**内在**的唯灵论的活动来消灭**物质**的外化。早在1789年路斯达洛编辑的刊物上就有过这样的警句:

> "伟人们在我们看来显得伟大，
> 只是因为我们跪着。
> 让我们站起来吧！"

但是，要想站起来，仅仅**在思想**中站起来，而让用思想所无法摆脱的那种**现实的**、**感性的**枷锁依然套在**现实的**、**感性的**头上，那是不够的。可是，**绝对的批判**从黑格尔的《**现象学**》中至少学会了**这样一种技艺**，即把存在于**我身外**的**现实的**、**客观的**链条转变成**纯观念的**、**纯主观的**、只存在于**我身内**的链条，因而也就把一切**外在的**感性的斗争都转变成纯粹的思想斗争。

这种批判的转变**奠定了批判的批判和书报检查机关之间的先定的和谐**。从批判的观点看来，作家和书报检查官之间的斗争并不是"人与人"之间的斗争。相反，书报检查官只不过体现了我自己的、由早有防备的警察机关为了我而加以**人格化的机智**，也就是与我的不机智和非批判性进行斗争的我自己的机智。作家和书报检查官的斗争只不过是装样子的，只有在卑劣的感性看来，这种斗争才是某种跟作家**与他自己**进行的**内心斗争**不同的东西。**如果说书报检查官是在现实上**、**在个体上与我不同的**，用外在的与事物格格不入的标准来糟蹋我的精神产品的**警察刽子手**，那么，这样的书报检查官正是**群众性的**想象，是**非批判的幻想**。如果说费尔巴哈的《哲学改革纲要》曾遭到书报检查机关的查禁，那么罪过并不在于书报检查机关的官方的野蛮，而在于费尔巴哈的《纲要》的不文明。没有被任何群众和物质所玷污的"**纯粹的**"批判认为，书报检查官也是纯粹的、"超凡脱俗的"、脱离一切群众性现实的形象。

绝对的批判宣布"**群众**"是精神的**真正敌人**。它对这一点进一步作了如下解释：

> "现在精神知道，它应该到哪里去**寻找自己的唯一的对头**，——就是要到群众的自我欺骗和懦弱无能中去寻找。"

绝对的批判是从"精神"的绝对合理性的**信条**出发的。其次，它是从精神存在于**世界以外**即精神存在于人类群众以外的**信条**出发的。最后，它一方面把"精神"、"进步"，另一方面又把"群众"变成**固定不变**的本质，即概念，然后又把双方当做这种永久不变的两极彼此对立起来。绝对的批判并不想去研究"精神"本身，并不想去研究精神自己的唯灵论本性及其轻率的奢望是否就是"空话"、"自我欺骗"、"懦弱无能"的根源。相反，精神是**绝对的**，然而遗憾的是，精神同时不断地变为**精神的空虚**，因为它的如意算盘总是不如意。所以，它必须有一个对它施以奸计的**对头**。这个**对头**就是群众。

讲到"**进步**"，情形也是这样。尽管有"**进步**"的奢望，却经常出现**退步**和**兜圈子**。绝对的批判根本没有想到，这个范畴完全是没"**进步**"有内容的和抽象的，可是绝对的批判竟考虑得如此周全，以至为了能够虚拟出敌视进步的"**人格化的对头**"即群众来说明退步，而承认"**进步**"是绝对的。因为"**群众**"无非是"**精神的对立物**"，即"**批判**"所说的**进步**的"**对立物**"，所以也只能用这一想象的对立物来给群众下定义。如果把这一对立物撇开不谈，那么，关于群众的**意义**和存在，批判所能说的只不过是某种完全不确定的、因而也是**毫无意义的**东西：

"群众这个'词'的意思也包含所谓有教养的人士。"

对批判的定义来说，一个"也"或一个"所谓"就已经足够了。这样一来，**群众**也就不同于**现实的**群众，群众只是为了"**批判**"才作为"**群众**"而存在。

一切共产主义的和社会主义的著作家都从这样的观察出发：一方面，甚至最顺利的辉煌行动看来都没有取得辉煌的结果，并且还蜕化为平庸的行动；另一方面，**精神的一切进步**到现在为止都是**损害人类群众的进步**，群众陷入了日益严重的**非人境遇**。因此，那些著作家宣称（见**傅立叶**的著作）"**进步**"是不能令人满意的抽象的**空洞词句**；他们已推测出（见**欧文**及其他人的著作）文明世界的基本缺陷；因此，他们对现代社会的**现实**基础进行了深刻的**批判**。在实践中，一开始就和这种共产主义批判相适应的，是**广大群众**的运动，而过去的历史发展是与这个运动相对立的。人们只有了解英法两国工人的钻研精神、求知欲望、道德毅力和对自己发展的孜孜不倦的追求，才能想象这个运动的**合乎人道**的崇高境界。

面对这些精神的和实践的事实，"绝对的批判"只是片面地看出事情的**一个**方面即精神的不断破产，并且怀着由此产生的懊恼心情寻找"**精神**"的对头，而且认为"**群众**"就是这个对头，可见绝对的批判具有多么卓越的才智哟！而所有这些伟大的批判的发现最终都不过是**同义反复**。按照批判的意见，**精神**到现在为止一直受到限制，碰到障碍，就是说，它曾经有一个**对头**，**因为**它有过一个**对头**。谁是**精神**的对头呢？**精神的空虚**。因为批判把群众规定为只是精神的"对立物"，只是**精神的空虚**，只是精神空虚的更详细的定义，也就是"懒惰"、"肤浅"、"自满"。绝对的批判不去追溯精神的空虚、懒惰、肤浅和自满的根源，而是从**道德上**严加谴责，并且**发现**这些品质是精神、进步的对立物，——它比起共产主义的著作家来是多么高明哟！如果这些品质被说成是**群众**的品质，即与这些品质还有所不同的某个**主体**的品质，那么这种区分只不过是"批判的"虚假区分而已。绝对的批判认为，除了精神的空虚、懒惰等抽象的品质以外，还有一个**特定**的具体主体。它这样认为只是装样子的，因为根据批判的理解，"**群众**"无非就是这些抽象的品质，是这些品质的另一种**称呼**，这些品质的**虚幻的人格化**。

然而"精神和群众"的关系还有一层**隐蔽的**含义。这层含义在以后的论述过程中将完全揭示出来，这里我们只大略地谈一谈。布鲁诺先生**所发现的**"精神"和"群众"的关系，事实上不过是**黑格尔历史观的批判的漫画式的完成**，而黑格尔的历史观又不过是关于**精神和物质**、**上帝和世界**相对立的**基督教日耳曼**教条的思辨表现。在历史范围内，在人类世界本身范围内，这种对立表现为：作为**积极的**精神的少数杰出个人与作为**精神空虚的群众**、作为**物质**的人类其余部分相对立。

黑格尔的历史观以**抽象的**或**绝对的**精神为前提，这种精神是这样发展的：人类只是这种精神的无意识或有意识的承担者，即**群众**。可见，黑格尔是在**经验的**、公开的历史内部让**思辨的**、隐秘的历史发生的。人类的历史变成了**抽象精神**的历史，因而也就变成了同现实的人相脱离的人类**彼岸精神**的历史。

　　同这种黑格尔学说同时发展的，在法国有**空论派**的学说。他们宣布**理性至上**来同**人民至上**相对立，为的是排斥群众而**单独地**实行统治。这是十分彻底的做法。如果说**现实的**人类的活动无非是由人的个体构成的**群众**的活动，那么与此相反，**抽象的普遍性**即**理性**、**精神**则应该有一种抽象的表现，即在少数个体身上展示无遗的表现。在这种情况下，每一个个体是否愿意去冒充"精神"的这种代表，这就取决于他的地位和想象力了。

　　在**黑格尔**那里，历史的**绝对精神**已经在**群众**身上有了自己的材料，但只是在**哲学**中才有了自己相应的表现。不过，**哲学家**仅仅是创造历史的绝对精神在运动完成之后用来**回顾既往**以求意识到自身的一种工具。哲学家参与历史只限于他这种回顾既往的意识，因为现实的运动是由绝对精神**无意识地**完成的。所以，哲学家是事后［post festum］才上场的。

　　黑格尔的过错在于双重的不彻底性：首先，他宣布哲学是绝对精神的定在，同时却决不宣布**现实的哲学家个人**就是**绝对精神**；其次，他只是**在表面上**让绝对精神作为绝对精神去创造历史。因为绝对精神只是**事后**［*post festum*］才通过哲学家**意识**到自身是具有创造力的世界精神，所以，它制造历史的行动也只是发生在哲学家的意识中、见解中、观念中，只是发生在思辨的想象中。布鲁诺先生消除了黑格尔的这种不彻底性。

　　首先，他宣布**批判**就是绝对精神，而**他自己**就是**批判**。批判的因素被排除在群众之外，同样，群众的因素也被排除在批判之外。所以**批判**认为自己并不是通过**群众**体现出来，而仅仅是通过一小**撮**杰出人物即**鲍威尔**先生及其门徒体现出来的。

其次，布鲁诺先生又消除了黑格尔的另一种不彻底性：他不再像黑格尔的精神那样事后［post festum］在幻想中创造历史，而是同其余人类的群众相对立，**有意识地**扮演**世界精神**的角色，进入目前的同群众的**戏剧性**的关系中，在深思熟虑之后有目的地发明历史和完成历史。

一方面是群众，他们是历史上的消极的、精神空虚的、非历史的、**物质**的因素；另一方面是**精神**、**批判**、布鲁诺先生及其伙伴，他们是积极的因素，一切**历史**行动都是由这种因素产生的。改造社会的事业被归结为批判的批判的**大脑活动**。

是的，批判同群众的关系，也就是已经体现出来的批判即布鲁诺先生及其伙伴同群众的关系，实际上就是现代的**唯一**的历史关系。现代的全部历史都归结为这两个方面相互对立的运动。所有的对立都消融在这**一批判**的对立之中了。

因为批判的批判只有通过它的对立面，通过群众，通过**蠢物**才能**具体地存在**，所以它就必须经常为自己**制造**这种对立面，而孚赫、埃德加和塞利加三位先生已经提供了充分的证据，证明批判在它的专长方面，也就是在它把人和物进行**群众性的愚蠢化**方面具有高深的造诣。

现在，让我们跟着绝对的批判去看看它对**群众的征讨**。

（2）绝对批判的第二次征讨

（a）欣里克斯，第二号。"批判"和"费尔巴哈"。对哲学的谴责

根据第一次征讨取得的成果，**绝对的批判**可以认为"**哲学**"已被驱除，并且直截了当地把哲学称为"**群众**"的同盟者。

"**哲学家**命中注定是要去实现**群众的**心愿的。"那就是说，"群众**要求**有一些简单概念，以便同事物本身不发生任何关系，要求有一些秘诀，以便从一开始就能对一切问题应付裕如，要求有一些说法，以

便用来消灭批判。"①

而"哲学"正在满足"群众"的这个欲望!

被自己的胜利业绩弄得醉醺醺的绝对批判**莫名其妙地**对哲学大发雷霆。有一口隐藏的火锅,用蒸气激起了被胜利冲昏头脑的绝对批判的魁首的怒火,这口火锅就是**费尔巴哈的《未来哲学》**②。批判在三月里读了费尔巴哈的这部著作。这次阅读的成果,同时也是认真阅读的标准,就是那篇驳斥欣里克斯教授的第二号论文。

从未逃出黑格尔派考察方式的樊笼的绝对批判,在这里对着它的监狱的铁槛和围墙狂呼乱叫。"简单概念"、术语、哲学的全部思维方式,甚至整个哲学在这里都遭到鄙弃。"**人的关系的现实丰富性**"、"**历史的惊人的内容**"、"**人的意义**"等等突然把它们取代了。人们宣告"**体系的秘密**""**已被揭露**"。

然而,到底是谁揭露了"体系"的秘密呢?是**费尔巴哈**。是谁摧毁了概念的辩证法即仅仅为哲学家们所熟悉的诸神的战争呢?是**费尔巴哈**。是谁不是用"**人的意义**"(好像人除了是人之外还有什么其他的意义似的!)而是用"**人**"本身来代替包括"无限的自我意识"在内的破烂货呢?是**费尔巴哈**,而且仅仅是**费尔巴哈**。他所做的事情比这还要多。他早已摧毁了现今正被"批判"滥用的那些范畴:"人的关系的现实丰富性、历史的惊人的内容、历史的斗争、群众与精神的斗争"等等。

在认识到人是本质、是人的全部活动和全部状况的基础之后,唯有"**批判**"还能够发明出**新的范畴**来,并像它正在做的那样,重新把人本身变成一个范畴,变成一整套范畴的原则。当然,这样"批判"就走上了最后的求生之路,因为对惊慌不安和受到查究的**神学的**非人性说来已别无他路可走了。**历史什么事情**也没有做,它"不拥有任何惊人的丰

---

① 布·鲍威尔《欣里克斯〈政治讲义〉第二卷1843年哈雷版》,载于1844年4月《文学总汇报》第5期。——编者注

② 路·费尔巴哈《未来哲学原理》1843年苏黎世—温特图尔版。——编者注

富性",它"没有进行**任何**战斗"!其实,正是**人**,现实的、活生生的人在创造这一切,拥有这一切并且进行战斗。并不是"历史"把人当做手段来达到**自己**——仿佛历史是一个独具魅力的人——的目的。历史**不过是**追求着自己目的的人的活动而已。在**费尔巴哈**作了种种天才的阐述以后,**绝对的**批判竟还敢用新的形式来为我们重新制造一大堆陈腐的废物,而且正是在它突然把这些陈腐的废物当做"**群众的**"废物来痛骂的时候。可是它根本没有权利这样做,因为它并没有为哲学的解体动过一个指头。仅仅这一事实就足以揭露**批判的**"**秘密**",就足以使人们赞赏批判对欣里克斯教授(这位教授的"**疲惫**"已给批判帮了很大的忙)说出下面这些话时所表现的批判式的天真幼稚:

"凡是没有经历过发展进程的人都要承受**损失**,因此,**即使他们想要改变自己,也不可能做到这一点**;充其量来说,他们是想要改变**新的**原则——不!新东西决**不可能**被曲解为**空谈**,从新东西那里借用只言片语是不可能的。"

绝对的批判在欣里克斯教授面前夸耀自己解开了"**各门学科的奥秘**"。难道批判解开哲学、法学、政治学、医学、国民经济学等等的"奥秘"了吗?根本没有。批判曾经——请注意!——在《自由的正义事业》中指出,为谋生而进行的研究与自由的科学之间、教学自由与学科章程之间是互相矛盾的。

尽管"绝对的批判"并没有像它对待别人那样,把它在引证费尔巴哈时所误解和歪曲的原理强加给费尔巴哈,硬借**费尔巴哈**之口大放厥词,这当然是好的,不过,如果它诚实的话,它就该供认出它关于"哲学秘密"的所谓奇思妙想是来自何处。而且,"绝对批判"的**神学**观点还有一个特点:当现在德国的庸人们都开始理解**费尔巴哈**并接受他的结论时,批判却没有能力正确理解和恰当运用费尔巴哈的任何一个原理。

当批判把"**群众**"同"**精神**"的斗争"**规定**"为迄今为止全部历史的"**目的**"时,当批判宣称"**群众**"是"**卑贱**"的"**纯粹的无**"时,当批判径直把群众称为"**物质**",而把"**精神**"当做真理性的东西同"物质"对立起来时,批判实现了超过它的第一次征讨的业绩的真正进步。这样一来,难道绝对的批判不就是**真正基督教日耳曼的批判**吗?在唯灵论和唯物主义原先的对立在各个方面都已经决出胜负,并且被**费尔巴哈**一劳永逸地克服以后,"批判"又重新以最令人厌恶的形式把这种对立变成基本教条,并且让"**基督教日耳曼精神**'获得胜利。

最后,批判在这里把**精神**和**群众**的对立跟"**批判**"和群众的对立等同起来,这一点应当看做是批判在第一次征讨中还隐蔽着的秘密的发展。以后它会更进一步,把**自身**和"**批判**"等同起来,从而把自己说成是"**精神**",是绝对的,是无限的,相反把群众说成是有限的、粗野的、鲁莽的、僵死的和无机的,因为"**批判**"就是这样理解物质的。

历史的丰富性如果只限于人类和**鲍威尔先生**的关系,是多么惊人呀!

(b)犹太人问题,第二号。关于社会主义、法学和政治学(民族问题)的批判的发现

有人在向群众的、物质的犹太人传布**基督教**关于**精神自由**、**理论自由**的教义,那是一种**唯灵论**的自由,那种自由即使戴着锁链也把自己**想象成**是自由的,那种自由在"观念"中是称心如意的,而只是由于一切群众性的存在而感到拘束。

"犹太人现在在**理论**领域内有多大程度的进展,他们就获得多大程度的**解放**;他们在多大程度上**想要成为自由的人**,他们就在多大程度上**是自由的人**了。"

按照这个原理,人们立即就可以测量出那条把**群众**的世俗的共产主义和社会主义同**绝对**的社会主义分隔开来的批判的鸿沟。世俗社会主义的首要原理把**单纯理论领域内**的解放作为一种幻想加以摒弃,为了**现实的自由**,它除了要求有理想主义的"**意志**"以外,还要求有很具体的、

很物质的条件。"群众"认为，甚至为了争得一些仅仅为从事"**理论**"研究所需要的时间和资金，也必须进行物质的、实际的变革；这样的"**群众**"在神圣的批判面前显得多么低下啊！

我们暂且从纯粹精神的社会主义跳到**政治学**中来看看！

里瑟尔先生反对布·鲍威尔的观点，指出**他的**国家（即**批判的**国家）必须排除"犹太人"和"基督徒"。里瑟尔先生说得完全正确。既然鲍威尔先生把**政治**解放同**人的**解放混淆起来，既然国家只知道用强行排除敌对分子的代表**人物**的办法去对付那些敌对分子（基督徒和犹太人在《犹太人问题》中已经被判定为叛逆分子），比如，恐怖统治就曾想用砍掉囤积居奇者脑袋的办法来杜绝囤积居奇行为，那么鲍威尔先生在他的"批判的国家"中也就必然把犹太人和基督徒送上绞架了。既然鲍威尔已经把政治解放同人的解放混淆起来，那么他也就必然合乎逻辑地要把实现解放的**政治手段**同实现解放的**人的**手段混淆起来。但是，只要有人向绝对的批判指出其推论的**特定**含义，绝对的批判就会加以反驳，其用语同**谢林**以前反驳一切论敌时的用语如出一辙（那些论敌用**现实的**思想来取代谢林的空话）：

"**批判的**反对者之所以成为批判的反对者，是因为他们不仅用自己的**教条主义**的尺度来对待批判，而且认为批判本身也是**教条主义的**；换句话说，他们之所以反对批判，就是因为批判不承认他们的教条主义的区分、定义和托词。"

当人们把绝对批判的**特定的**、现实的含义、思想和观点作为前提时，他们对绝对批判当然就像对**谢林**先生那样，采取教条主义的态度。然而，为了适应并且为了向里瑟尔先生证明自己的博爱之忧，"**批判**"决心使用教条主义的区分、定义、特别是"**托词**"。

比如，有这样一段话：

"如果我在那本书里〈在《犹太人问题》中〉**愿意**或者**可以**越出批判的**范围**，我本来应当〈！〉谈论的〈！〉就不是**国家**，而是'社会'，因为'社会'并不排除任何人，只有那些不愿意参与社会发展的人才自己把自己从社会中排除出去。"

在这里，绝对的批判在它本来应当做的事（如果它没有做出相反的事的话）和它实际做的事之间进行了**教条主义的区分**。它用禁止它越出**"批判的范围"**的意愿和**许可**这种**"教条主义的托词"**来解释自己的小册子《犹太人问题》的局限性。怎么？**"批判"**应当**越出"批判"的范围**吗？由于教条主义的必然性，一方面势必要断言自己对犹太人问题的理解是绝对的，是"批判"，另一方面又不得不承认有更广泛的理解的可能性，绝对的批判才产生这种完全**群众性**的想法。

批判**"不愿意"**和**"不许可"**的秘密将在后面被揭开，原来这种秘密就是批判的**教条**。根据这种**教条**，"批判"的一切表面上的局限性无非是为迁就群众理解力而采取的必要的**适应行为**而已。

批判**不愿意**！批判**不许可**越出自己对犹太人问题的狭隘理解的范围！但是，如果它**愿意**或者**许可**的话，那它会做出些什么来呢？它会提出**教条主义的定义**。它会不谈"国家"而谈"**社会**"，因而它不会去研究犹太人同**当前市民**社会的**现实**关系！它会**教条主义地**给不同于"国家"的"**社会**"下定义，指出**国家**会把**那些**不愿参与社会发展的人从国家中排除出去，而这些人却是自己把自己从社会中**排除**出去的！

在排除异己方面，社会的做法跟国家的做法其实是一样的，只不过社会做得斯文一些罢了。社会不是把你一脚踢出门外，而是设法使你在这个社会里感到很不舒服，让你自己自愿地走出门外。

实际上，国家的做法也没有什么两样，因为国家并不排除那些能遵守其一切要求和一切禁令、并顺应其发展的人。**完备的**国家甚至无视事实，它把**现实的**对立说成是**非政治的**、对它毫无妨碍的对立。此外，绝对的批判本身还提出一种思想，认为就是因为犹太人排除国家，也就是说**犹太人自己**把自己从国家中排除出去，国家才排除犹太人。如果这种相互关系在**批判的**"社会"中采取更温文尔雅、更假仁假义、更阴险狡诈的形式,这只是证明"**批判的**""**社会**"的更加虚伪和发育不全。

我们再来看看绝对批判的"教条主义的区分"、"定义"、特别是"**托词**"。

例如,里瑟尔先生要求批判家"把法的范围以内的东西和法的范围以外的东西**区分开来**"。

批判家对于这种**法律**上的要求的蛮横无理表示愤慨。

他反驳说:"**可是**直到目前,情感和良心都干涉了法,常常补充它,由于法的**教条主义形式**〈因而不是法的教条主义**本质**?〉所决定的法的性质,就必须常常补充它。"

批判家只是忘记了,**法本身**也非常明确地**把**自身同"**情感和良心**"**区分开来**;他忘记了,这种区分可以由**法**的片面**本质**和教条主义**形式**来说明,这种区分甚至成了法的**主要教条之一**;最后,他忘记了这种区分的实际实现就构成**法的发展**的顶峰,正像宗教同全部世俗内容的脱离使宗教成为**抽象的**、**绝对的**宗教一样。"情感和良心"干涉法这个事实使"**批判家**"有足够的根据在谈法的地方谈情感和良心,在谈**法律**教义的地方谈**神学**教义。

通过绝对批判的"定义和区分",我们已经有了充分的准备去领教它关于"**社会**"和"**法**"的最新"**发现**"。

"**批判**准备了世界形式,**甚至第一次**准备了世界形式的**思想**。这种世界形式不**单单是法的**形式,而且是〈读者,请你提起精神来!〉**社会的**形式,关于这种形式**至少可以**说这么多〈这么少?〉:谁对它的建立毫无贡献,谁在它那里不凭自己的良心和情感来生活,他就不会感到在它那里就像在自己家里一样,也不可能参与它的历史。"

"**批判**"所准备的世界形式被规定为**不单单是法的**形式,**而且是**社会的形式。这个规定可以有两种解释。这里所引的这句话或者可以解释为世界形式"**不是**法的,**而是**社会的"形式;或者可以解释为世界形式"不单单是法的,而且**也是**社会的"形式。让我们按照这两种解释来考察一下这句话的内容,先按第一种解释来进行考察。绝对的批判在前面把这个不同于"国家"的新"世界形式"规定为"社会"。现在它却用形容词"社会的"来规定名词"社会"。欣里克斯先生的"政治的"一词曾经三次受到"社会的"这个词的批驳,而里瑟尔先生的"法的"一词则受到了"社会的社会"这个词组的批驳。如果向欣里克斯先生所作的那些**批判的**解释可以归结为这样一个公式:"社会的"+"社会的"+"社会的"=$3a$,那么,绝对的批判在其第二次征讨中就是从**加法**进一步转用**乘法**,让里瑟尔先生去找自我相乘的社会,社会的**平方**,即社会的社会=a^2。绝对的批判为了使它的关于**社会**的解释臻于完善,只剩下以分数计算、求社会的**平方根**等等办法尚未使用。

如果我们反过来按照第二种解释,即"**不单单是法的,而且也是社会的**"世界形式来考察,那么这种双重的世界形式无非是**现今存在的世界形式**,即**现今社会的**世界形式。"批判"在其史前时代的思维中就先为**现今存在的**世界形式的**未来存在作准备**,这是伟大的令人崇敬的**批判奇迹**。但是,不管"不单单是法的,而且是社会的社会"情况怎样,关于这种社会,批判除了讲"寓言教导"〔fabula docet〕,除了谈**道德教化**以外,眼下就再也不可能透露什么东西了。谁在这个社会里不凭自己的情感和良心来生活,"他就不会**感到**自己在它那里就像在自己家里一样"。到最后,除了"纯情感"和"纯良心",即"精神"、"**批判**"及其**自己人**之外,将不会有任何人在这个社会里生活。**群众**将会以这种或那种方式从社会中被排除出去,其结果是,"群众的社会"将置身于"社会的社会"之外。总而言之,这个社会无非是**批判的天堂**,而现实的世界则作为**非批判的地狱**从那里被排除出去。绝对的批判正在其纯粹思维中为这个"**群众**"和"**精神**"相对立的超凡入圣的**世界形式**作准备。

就**民族**命运问题向里瑟尔先生所作的解释,如同就"**社会**"问题所作的解释一样,具有同样的**批判的**深度。

绝对的批判从犹太人渴望解放和基督教国家渴望"把犹太人打入政府的另册"——仿佛犹太人不是早已被打入基督教政府的另册似的！——出发，最后作出了关于**各民族衰亡**的种种预言。我们看到，绝对的批判是通过多么复杂的曲折道路，也就是通过**神学的曲折道路**才走向现代的历史运动的。下面这句光芒四射的神谕般的预言证明，绝对的批判用这种办法获得了多么伟大的结果：

"各民族的**未来**——是——很——**黑暗的**！"

看在批判的面上，姑且让各民族的未来黑暗到批判想要达到的程度吧！然而有一点，而且是必要的一点显得很**清楚**：未来是**批判的创造物**。

批判大声疾呼："**命运**可以任意决定一切；我们现在知道，命运是**我们的创造物**。"

正如上帝把自己的意志赋予**自己的创造物**——人一样，**批判也把自己的意志赋予自己的创造物**——命运。所以创造命运的**批判**也像上帝一样是**万能的**。甚至它所"**遭遇到的**"来自身外的"**反抗**"也是它自己的创造物。"**批判创造**自己的对手"。所以，针对批判的那种"**群众性的愤慨**"只会"群众""严重威胁"自己。

既然批判像上帝一样是**万能的**，那么它也像上帝一样是**无所不知的**，并且善于把它的万能同个人的**自由**、**意志**和**天职**结合起来：

"如果批判没有本事使**每个人**成为自己**希望**成为的那种人，没有本事毅然决然地向每个人指出**适合其本性**和**意志**的那种观点，批判就不成其为**划时代**的力量了。"

与此相比，**莱布尼茨**恐怕也不可能更加顺利地实现上帝的万能同人的自由和天职之间的先定的和谐。

"**批判**"没有把想要成为某种东西的**意志**和可以成为某种东西的**能**

力区分开来,如果说它这样做看起来是违反了心理学,那么人们就必须想一想,批判是有确凿的根据来宣告这种"**区分**"是"**教条主义的**"。

让我们养精蓄锐进行第三次征讨!让我们再一次唤醒自己的记忆,回想一下"**批判创造自己的对手**"!但是,如果批判不说空话,它怎么能创造自己的对手——"空话"呢?

(3) 绝对批判的第三次征讨

(b) 犹太人问题,第三号

"绝对的批判"并不限于以自己的自传来证实它所特有的无所不能的本领,证实它能够"像**破天荒地首创新事物**那样**首创旧事物**"。它也不限于**亲自出马**为自己的过去撰写辩护书。现在,它给第三者、其余的世俗界提出了一项绝对的"任务",而且"**恰恰是目前**至关紧要的任务",这就是为鲍威尔的行为和"著作"**辩护**。

《德法年鉴》刊载了一篇对鲍威尔先生的小册子《犹太人问题》的评论①。这篇文章揭露了鲍威尔把"**政治**解放"和"**人的**解放"混为一谈的根本错误。固然,这篇文章没有使旧的犹太人问题首先获得一个"**正确的提法**",但是,对"犹太人问题"是根据对**旧**的时事问题作出新的解释的那种提法来探讨和解决的,也正是由于这种提法,旧的时事问题才由过去的"问题"变成了现代的"问题"。

看来,绝对的批判认为在**第三次**征讨中有必要给《德法年鉴》一个答复。绝对的批判首先**承认**:

"在《犹太人问题》中出了同样的'**纰漏**'——把人的本质和**政治本质混为一谈**。"②

---

① 指马克思《论犹太人问题》。——编者注
② 布·鲍威尔《目前什么是批判的对象?》,载于1844年7月《文学总汇报》第8期。《绝对批判的第三次征讨》一节引自《文学总汇报》的引文大都出自这篇文章。——编者注

批判指出：

"现在想要**指责**批判还在**两年前**部分地所持的立场，未免太迟了。""其实，重要的是应当对**批判**甚至曾不得不……从事政治这一点加以说明。"

"**两年前**"？现在，我们就按**绝对**的纪元，从批判的救世主即鲍威尔主编的《文学报》**诞生的那一年**算起吧！批判的尘世拯救者诞生于1843**年**。同年，《犹太人问题》增订第二版问世。在《来自瑞士的二十一印张》这一文集中对"犹太人问题"进行"批判的"研究，也是在旧历 1843 年，不过日期要晚一点。就在这重要的旧历 1843 年即批判的纪元元年，在《德国年鉴》和《莱茵报》被**查封**之后，鲍威尔先生的虚假政治的著作《国家、宗教和政党》出版了。这本书原封不动地重犯了鲍威尔在"**政治本质**"这一问题上的老毛病。辩护者被迫假造了一份**年表**。

对于为什么鲍威尔先生"**甚至曾不得不**"从事政治这一点的"**说明**"，只是在一定的条件下才具有普遍意义。也就是说，既然把绝对批判的可靠性、纯洁性和绝对性事先奉为**基本的信条**，那么，与这种信条相矛盾的事实当然会变成一堆谜，这些谜就像上帝的那些看来并不神圣的行动在神学家眼中那样深奥费解、意味深长、玄妙莫测。

相反，如果把"**批判家**"看做有限的个人，如果不把他和他所处的时代的**界限**分离开来，那就用不着再回答**为什么"批判家"甚至曾**不得不在世界范围以内求得发展这一问题了，因为**问题**本身已经不复存在了。

不过，如果绝对的批判要坚持自己的要求，那我们愿意提供一篇经院式的短论来阐明下面的**时事问题**：

"为什么恰好要由布鲁诺·鲍威尔先生来证明童贞玛利亚是因圣灵而怀孕这个事实呢？""为什么鲍威尔先生必须证明，向亚伯拉罕显现的天使是神的**真正**的流出体，是尚未达到**消化食物**所必需的浓度的流出体？""为什么鲍威尔先生必须为普鲁士王室作辩护并且把普鲁士国家奉为**绝对的**国家呢？""为什么鲍威尔先生在自己的《符类福音作者的福音故事考证》中必须用'**无限的自我意识**'来代替人呢？""为什么鲍威尔先生在《**基督教真相**》中必须用**黑格尔**的形式来重谈**基督教的创世说**呢？""为什么鲍威尔先生必须要求自己和别人来'**说明**'他必定要犯错误这种怪事呢？"

我们在证明这些既是"批判的"，同样也是"绝对的"必要性之前，还是先来仔细听听"**批判**"用于辩护的遁词。

"**犹太人问题**……作为**宗教的、神学的**问题和作为**政治的**问题，必须……首先获得一个**正确的提法**。""在探讨和解决这两个问题时，'**批判**'**既**不持**宗教的**观点，**也**不持**政治的**观点。"

这番话的由来是，《**德法年鉴**》将鲍威尔对"犹太人问题"的探讨宣布为**真正神学的**探讨和**虚假政治的**探讨。

首先，"**批判**"针对自己被"指责"为有**神学**局限性，作了这样的回答：

"犹太人问题是**宗教**问题。**启蒙**认为，只要把**宗教的**对立看做**无关紧要的对立**或者甚至予以否定，就可以解决犹太人问题。可是，批判却必须把这一纯粹的宗教对立表述出来。"

至于说到犹太人问题的**政治**方面，我们将会发现，神学家鲍威尔先生甚至在政治上研究的也不是政治，而是神学。

而《**德法年鉴**》反对鲍威尔把犹太人问题当做"**纯粹宗教的**"问题来探讨，那是专门针对布鲁诺·鲍威尔在《来自瑞士的二十一印张》文集里的一篇文章来说的，那篇文章的标题是：

《现代犹太人和基督徒获得自由的能力》。

这篇文章和旧的"启蒙"毫无关系。该文包含着鲍威尔先生对现代犹太人获得解放的能力，即获得解放的可能性的**肯定**见解。

"批判"说道:

"犹太人问题是**宗教**问题。"

疑问恰恰是:**什么是宗教**问题,特别是,当前**什么是**宗教问题?

这位**神学家**将根据**表面现象**作出判断,把**宗教**问题就看成**宗教问题**。但是,请"**批判**"回想一下它为反驳**欣里克斯**教授所作的那番解释:当前的**政治利益**具有**社会**意义,关于**政治利益**"**再也没有什么可**谈的了"。

根据同样的道理,《德法年鉴》曾对批判说过:**宗教**的焦点问题在当前具有**社会**意义。关于**宗教利益本身**再也没有什么可谈的了。只有这位**神学家**还会认为,这里涉及的是作为宗教的宗教。不过,《德法年鉴》也做了**不合道理的事情**,它竟不满足于单单使用"**社会的**"这个词。它还描述了犹太教在现代市民社会中的**现实**地位。在剥掉了犹太教的**宗教**外壳,使它只剩下经验的、世俗的、实际的内核之后,才能够指明那种可以消除这个内核的实际的、**真正社会**的方式。鲍威尔先生却心安理得地认为"宗教问题"就是"宗教问题"。

《德法年鉴》决没有否认犹太人问题也是**宗教**问题,那只是鲍威尔先生故意制造的**假象**。相反,该杂志曾经指出,鲍威尔先生只了解犹太教的**宗教**本质,但不了解这一宗教本质的**世俗的现实的基础**。他把**宗教意识**当做某种独立的本质来反对。所以,鲍威尔先生不是用**现实的犹太人**去说明犹太人的宗教的秘密,而是用**犹太人的宗教**去说明**现实的犹太人**。因此,鲍威尔先生对犹太人的理解仅限于犹太人是**神学**的直接对象或犹太人是**神学家**。

因此,鲍威尔先生就没有意识到,现实的**世俗的**犹太精神,因而**也连同宗教的**犹太精神,是由**现今的市民生活**所不断地产生出来的,并且是在**货币制度**中最终形成的。他之所以未能意识到这一点,是因为他没有认识到犹太精神是现实世界的一环,而只把它当做是**他的**世界即**神学**的一环;是因为他作为一个虔诚的、忠实于上帝的人,不是把进行工作的、从事**日常劳动的犹太人**,而是把在**安息日**里假装正经的**犹太人**视为

现实的犹太人。在这位**笃信基督**的神学家鲍威尔先生看来，犹太教的**世界历史**意义已经必不可免地从基督教**诞生**的那一时刻起荡然无存。所以，他必然要重复那种认为犹太教是**违反**历史而保存下来的陈旧的正统观点；而认为犹太教只是作为神的诅咒的**确证**，作为基督启示的**明证**而存在的陈旧的神学偏见，则必然要在鲍威尔那里以**批判的神学**的形式屡屡出现。根据这种形式，犹太教现在和过去都只是作为**在宗教上**对基督教的超世俗起源的**肆无忌惮的怀疑**而存在，也就是作为反抗基督启示的**明证**而存在。

与此相反，《德法年鉴》曾经证明，犹太精神是**通过历史、在历史中**并且同历史**一起**保存下来和发展起来的，然而，这种发展不是用神学家的眼睛，而是只有用世俗人的眼睛才能看到，因为这种发展不是在**宗教学说**中，而是只有在**工商业的实践**中才能看到。《德法年鉴》曾经说明，**为什么**实际的犹太精神只有在完备的**基督教**世界里才达到完备的程度；不仅如此，那里还指出，这种实际的犹太精神正是**基督教世界本身的完备的实践**。《德法年鉴》不是用犹太人的宗教——这种宗教竟然被认为是一种特殊的自为地存在的本质——来说明**现代犹太人**的生活，而是用那些在犹太人的宗教中得到**幻想**反映的市民社会的实际要素来说明犹太人宗教的顽强生命力。因此，在《德法年鉴》中，犹太人解放成为人，或者说人从犹太精神中获得解放，不是像在鲍威尔先生笔下那样，被理解为犹太人的特殊任务，而是被理解为彻头彻尾渗透着**犹太精神的现代世界的普遍的实践任务**。《德法年鉴》已经证明，消除犹太本质的任务实际上就是消除**市民社会中的犹太精神**的任务，就是消除现代生活实践中的非人性的任务，这种非人性的最高表现就是**货币制度**。

鲍威尔先生虽然是**批判的神学家**或者说是**神学的批判家**，但却是**名副其实**的神学家，他并没有能够超越**宗教**的对立。他把犹太人对基督教世界的关系**仅仅**看做是**犹太人的宗教**对**基督徒的宗教**的关系。他甚至不得不在犹太人和基督徒与**批判的宗教**——无神论、有神论的最后阶段、对神的**否定性的**承认——的**对立**中批判地恢复宗教对立。最后，他由于自己的**神学狂热**，不得不把"现代犹太人和基督徒"即现代世界"获得自由"的能力,仅仅**局限**于他们理解并亲自从事神学"批判"的能力。在正统的神学家看来,整个世界都应归结为"宗教和神学"(他也可以同样成功地把世界归结为政治学、国民经济学等等,并且给**神学**加上天国的**国民经济学**之类的名称,因为,它是一门关于"**精神财富**"和天国财宝的生产、分配、交换和消费的学说!),同样,在激进的批判的神学家看来,世界获得解放的**能力**就应归结为把"宗教和神学"作为"宗教和神学"加以批判的**唯一的**抽象能力。他所知道的唯一的斗争是反对自我意识的**宗教**局限性的斗争,然而自我意识的批判的"**纯粹性**"和"**无限性**"也同样是神学的局限性。

可见,鲍威尔先生之所以用**宗教**和**神学的**方式来考察**宗教**和**神学**问题,就是因为他把现代的"宗教"问题看做"**纯粹宗教的**"问题。他那种"对问题的**正确提法**",只不过使问题获得了一种同他回答问题的"**特有能力**"相符合的"**正确**"提法!

现在,我们就来谈谈**犹太人问题**的政治方面。

在许多国家,**犹太人**(如同基督徒一样)**在政治上**已经获得了完全的**解放**。但是,犹太人和基督徒还远远没有获得**人**的意义上的解放。可见,**政治**解放和**人的**解放之间必定是存在**差别的**。所以,必须对**政治**解放的实质,也就是对发达的现代国家的实质进行研究。而对那些还不能**在政治上**解放犹太人的国家,也应该对照完备的政治国家来加以衡量,指出它们是不发达的国家。

这就是研究犹太人的"**政治**解放"这一问题所应依据的观点,而《德法年鉴》所依据的就是这一观点。

鲍威尔先生为"批判"的"犹太人问题"作了如下的辩护:

"有人向犹太人指出,他们对他们要求获得自由的那种**制度**抱有幻想。"

鲍威尔先生的确已经指出**德国**犹太人的幻想,就是在不存在政治共同体的国家要求参加政治共同体,在只存在政治特权的国家要求**政治权利**。可是,《德法年鉴》已经向鲍威尔先生指出,他自己对"德国政治制度"所抱有的"幻想"并不比犹太人少。他就是用"**基督教国家**"不可能在政治上解放犹太人这一点来说明犹太人在德意志各邦的处境的。他歪曲了事实,他把**特权**国家、**基督教日耳曼**国家设想成绝对的基督教国家。可是,已经向他证明,《德法年鉴》那种没有任何宗教特权的政治上完备的现代国家,也就是完备的**基督教**国家;因此,完备的基督教国家不仅**能够**解放犹太人,而且已经解放了他们,同时按这种国家的本质来说,也必定会解放他们。

"有人向犹太人指出……如果他们以为,他们是在要求**自由**和要求承认**自由的人性**,那么他们是在给自己制造有关自身的最大的幻想,其实对他们来说,关键是而且只能是专门的**特权**。"

自由!承认自由的人性!专门的特权!这些都是为了在辩护中规避某些问题而使用的动听的字眼!

自由?这里指的是**政治**自由。《德法年鉴》已经向鲍威尔先生指出,犹太人要求自由而又不想放弃自己的宗教,这就是在"**从事政治**",而不是在提出任何与**政治**自由相抵触的条件。《德法年鉴》已经向鲍威尔先生指出,把人划分为不信宗教的**公民**和信奉宗教的**私人**,这同政治解放毫不矛盾。《德法年鉴》已经向他指出,当国家摆脱了**国教**,而在市民社会范围内则让宗教自由行事时,国家就从宗教中解放出来了,同样,当单个的人不再把宗教当做**公共**事务而当做自己的**私人事务**来对待时,他**在政治上**也就从宗教中解放出来了。最后,《德法年鉴》已经指出,法国**革命**对**宗教**采取的**恐怖**行动远没有驳倒这种看法,相反倒证实了这种看法。

鲍威尔先生没有去研究**现代**国家对宗教的现实关系,就必然要幻想出一个**批判的**国家来,这样的国家其实无非就是那种在自己的幻想中**狂妄地自认为体现着国家的神学批判家**。每当鲍威尔先生陷入**政治**的时候,他总是重新把政治当做自己的信仰即**批判的**信仰的俘虏。只要他研究国家,他总是把它变成对付"**敌人**"即**非批判的**宗教和神学的**论据**。国家以**批判神学**的心愿的实现者身份来效力尽职。

当鲍威尔先生第一次摆脱了**正统的**非批判的**神学**时，在他的心目中，**政治的权威**就代替了**宗教的权威**。他对耶和华的信仰就变成了对普鲁士国家的信仰。在布鲁诺·鲍威尔的著作《普鲁士福音教》中，不仅普鲁士国家，而且——这是合乎逻辑的——普鲁士王室也被设想为**绝对的**。其实，鲍威尔先生对这个国家并没有什么**政治**兴趣，相反，在"批判"看来，这个国家的功绩就在于通过教会**合并**来取消宗教信条，并利用警察来迫害持不同意见的教派。

1840年开始的政治运动使鲍威尔先生摆脱了**他的保守派政治**，并且一度使他上升到**自由派**政治的水平。但是，这种政治本来又不过是神学的**借口**而已。在《自由的正义事业和我自己的事业》这一著作中，自由的国家就是波恩神学院的批判家，就是反对宗教的论据。在《犹太人问题》中，国家和宗教的对立成了议论的主旨，以致对政治解放的批判变成了对犹太人的宗教的批判。在其最近的政治著作《国家、宗教和政党》中，这位狂妄地自认为体现着国家的批判家的最隐秘的心愿终于吐露出来了。**宗教为国家制度而牺牲**，或者更确切地说，国家制度仅仅是消灭"**批判**"的敌人即非批判的宗教和神学的**工具**。最后，正像1840年以后的政治运动使**批判**摆脱了自己的保守派政治一样，从1843年以来在德国传播的社会主义思想使批判摆脱了（虽然只是在表面上）一切政治，从此以后，**批判**终于能够把自己的反对**非批判的**神学的著作说成是社会的作品，并且能够毫无阻碍地从事它自己的**批判的**神学，宣扬精神和群众的对立，同时从事批判的救世主和尘世拯救者的布道事业了。

再回过头来谈我们的正题吧！

承认自由的人性？犹太人不是认为要去力求承认，而是的确一直在力求承认的那种"自由的人性"，就是在所谓普遍**人权**中得到**经典式**承认的那种"自由的人性"。鲍威尔先生本人却不容分说地把犹太人为了使他们的自由的人性得到承认所作的努力当成是他们为获得普遍**人权**所作的努力。

《德法年鉴》已经向鲍威尔先生阐明，这种"自由的人性"和对它的"承认"无非是对**利己的市民个体**的承认,也是对构成这些个体的生活状况的内容,即构成**现代**市民生活内容的那些精神要素和物质要素的**失去控制的**运动的承认;因此,**人权**并不是使人摆脱宗教,而是使人有信仰**宗教的自由**;人权并不是使人摆脱财产,而是使人有**占有财产的自由**;人权并不是使人摆脱牟利的龌龊行为,反而是赋予人以**经营的自由**。

《德法年鉴》已经指出,**现代国家承认人权**和**古代国家承认奴隶制**具有同样的意义。就是说,正如古代国家的**自然基础**是奴隶制一样,**现代国家**的**自然基础**是市民社会以及市民社会中的人,即仅仅通过私人利益和**无意识的**自然必然性这一纽带同别人发生联系的独立的人,即为挣钱而干活的奴隶,自己的利己需要和别人的利己需要的奴隶。现代国家通过**普遍人权**承认了自己的这种自然基础本身。它并没有创立这个基础。正如现代国家是由于自身的发展而挣脱旧的政治桎梏的市民社会的产物,而今它又通过**人权宣言**承认自己的出生地和自己的基础。可见,犹太人在**政治上**获得解放和赋予犹太人以"**人权**",这是一种彼此相互制约的行为。当里瑟尔先生提出自由活动、自由居留、自由旅行、自由经营以及诸如此类的其他种种要求时,他是正确地表达了犹太人要求承认自由的人性的含义。在法国人权宣言中,"**自由的人性**"的这些表现作为人权得到了明确的承认。因为"自由的市民社会'具有纯粹商业的犹太人的本质,而犹太人一开始就是这个自由的市民社会的必然成员,所以犹太人就更有权利要求承认自己的"自由的人性"。此外,《德法年鉴》还曾阐明,为什么市民社会的成员首先被称为"人",为什么人权被称为"天赋的权利"。

除了**黑格尔**曾经说过的"人权"**不是**天生就有的,而是历史地产生的话以外,"**批判**"说不出其他任何关于人权的批判性言论来。批判曾经断言,犹太人和基督徒为了使别人和自己获得普遍的人权,**就必须牺牲信仰的特权**(批判的神学家是用自己的**唯一的**固定观念来解释一切事物的)。为了反驳这种论断,《德法年鉴》最后专门指出了在一切非批判的人权宣言中写明的一项事实,即按照自己的意愿选择信仰的权利，进行任何宗教礼拜的**权利**，都作为**普遍的人权**得到了明确承认。此外，"**批判**"可能也知道，人们在推翻阿贝尔派时找到的借口就是该派侵犯了人权，因为它侵犯了**宗教自由**；同样，在后来恢复礼拜的自由时，人们也是以人权为依据的。

"至于谈到**政治的**本质，**批判**追溯了它的矛盾，追溯到 50 年来曾经最彻底地研究过**理论和实践之间的矛盾**的地方，——追溯到**法国代议制**，在这种代议制之下，理论自由被实践所否定，而实际生活的自由则在理论中徒然寻找自己的表现。

在主要的幻想如今也被消除之后，在**法国议会辩论**中被指出的**矛盾**，即**自由的理论**和**特权的实际效力**之间的矛盾，特权的法定效力和**公共状况**（在这种状况下，纯**个人的利己主义**力图支配**享有特权的封闭状态**）之间的矛盾，本来应该被看做这个领域的**普遍矛盾**。"

批判在法国议会辩论中所指出的矛盾，无非是**立宪主义**的矛盾。如果批判把它看做**普遍的**矛盾，它算是看到了立宪主义的普遍矛盾。如果批判走得比它认为"本来应该"走的还远一些，也就是说，如果它进而想要**消除**这个普遍的矛盾，它就会从立宪君主制进而正确地得出建立**民主代议制国家**即完备的现代国家的结论。批判根本没有对政治解放的本质进行批判的分析，根本没有探究这种本质和人的本质的确切的关系，所以，它只能触及政治解放的**事实**，触及发达的现代国家，也就是说，只能触及这样的地方，在那里，现代国家的存在是符合它的本质的，所以人们在那里所能看到并加以描述的不仅是相对的缺陷，而且还有绝对的**缺陷**，也就是那些构成现代国家本质本身的**缺陷**。

当**批判**以为自己大大高于"**政治本质**"，其实是大大低于这一本质的时候，它就不得不还是在政治本质中去寻求解决**自己的**矛盾的方法，并且还一味坚持自己对**现代国家的原则**茫然无知的态度。上面引用的那两段"批判的"话越是明显地证明这一点，它们就越有价值。

批判把"**特权的实际效力**"和"**自由的理论**"对立起来，把"**公共状况**"和"**特权的法定效力**"对立起来。

为了不曲解**批判**的看法,我们不妨回忆一下批判在法国议会辩论中所指出的那个矛盾,即"本来应该被看做"**普遍**矛盾的那个矛盾。

当时谈到了每周规定一天让童工歇班休息的问题。有人提议把这一天定在**礼拜日**。为此,有一个议员在提案中主张不要在法律中采用礼拜日这个提法,因为他认为这个提法是违反宪法的。而马丁(·迪诺尔)大臣则认为,这一提案实际上是宣布基督教已经不复存在的提案。克雷米约先生代表法国的犹太人宣称,犹太人出于对绝大多数法国人所信仰的宗教的尊重,并不反对礼拜日这一提法。可见,根据自由的理论,犹太人和基督徒是平等的,而根据这种实践,同犹太人相比,基督徒却享有特权,因为不然的话,基督教的礼拜日怎么能够在为全体法国人制定的法律中找到其位置呢?难道犹太教的安息日就没有同样的权利吗?或者说,在法国的实际生活中,犹太人实际上也并没有受到基督教特权的压制,然而法律却不敢确认这种实际的平等。鲍威尔先生在《犹太人问题》中所举出的政治本质的一切矛盾,**立宪主义**的一切矛盾,就是这种情况。而立宪主义总的说来就是现代代议制国家和旧的持权国家之间的矛盾。

鲍威尔先生犯了一个极其严重的错误,他认为,由于把这个矛盾当做"普遍的"矛盾来理解和批判,他便从**政治**的本质上升到了**人**的本质。其实他只是从局部的政治解放上升到了完全的政治解放,从立宪制国家上升到了民主代议制国家。

鲍威尔先生认为,随着**特权**的取消,特权的**对象**也会被取消。联系到马丁(·迪诺尔)先生所发表的意见,他指出:

"如果**不存在享有特权的宗教**,**也就不会存在任何宗教**。一旦抽掉宗教的排他力量,宗教也就不复存在了。"

但是,**行业活动**并不随着**行业特权**、行会**特权**和同业公会**特权**的取消而被取消,相反,只有在取消了这些特权之后,真正的**工业**才开始发展;**地产**并不随着**享有特权的**土地占有制的取消而被取消,相反,只有在取消了地产的特权以后,地产才通过土地的自由分割和自由让渡开始自己的普遍运动；**贸易**并不**因贸易特权**的取消而被取消，相反，它只有通过自由贸易才获得真正的实现；同样，只有在不存在任何享有**特权**的宗教的地方（请看实行共和制的北美各州），宗教才**实际**上普遍地发展起来。

现代的"**公共状况**"的基础、发达的现代国家的基础，并不像**批判**所认为的那样是特权的社会，而是**废除**和**取消**了**特权**的社会，是使在政治上仍被特权束缚的生活要素获得自由的发达的**市民社会**。在这里，没有**任何**"**享有特权的封闭状态**"同别的封闭状态相对立，同公共状况相对立。自由工业和自由贸易正在消除享有特权的封闭状态，从而也在消除各种享有特权的封闭状态之间的斗争；而与此同时，自由工业和自由贸易却用挣脱了特权束缚的（这种特权使人们同普遍整体隔绝开来，但同时又把他们结合成为较小的排他性整体）、自身不再由于普遍纽带的**假象**而依赖于他人的人，来取代那些封闭状态，从而引起人反对人、个人反对个人的普遍斗争。同样，整个**市民社会**就是这种由于各自的**个性**而从此相互隔绝的所有个人之间相互反对的战争，就是摆脱了特权桎梏的自然生命力的不可遏止的普遍运动。**民主代议制国家**和**市民社会**的对立是社会**共同体**和**奴隶制**的**典型**对立的完成。在现代世界，每一个人都既是奴隶制的成员，**同时**又是共同体的成员。这种**市民社会的奴隶制**在**表面**上看来是最大的**自由**，因为这种奴隶制看上去似乎是尽善尽美的个人**独立**，这种个人把自己的异化的生命要素如财产、工业、宗教等的既不再受普遍纽带束缚也不再受人束缚的不可遏止的运动，当做**自己的自由**，但是，这样的运动实际上是个人的十足的屈从性和非人性。在这里，**法**代替了**特权**。

所以，在这里，在自由的理论和特权的实际效力不发生任何矛盾，相反，特权的实际消灭、**自由的**工业和**自由的**贸易等与"自由的理论"相适应的地方，在**没有任何**享有特权的封闭状态与公共状况相对立的地方，在批判所阐述的矛盾已被**消除**的地方——只有在这里，才**存在着完备的现代国家**。

在这里，占统治地位的恰好是与法律截然**相反**的情况，鲍威尔先生在谈到法国议会辩论时，对法律发表了与马丁（·迪诺尔）先生一致的意见。

"正像马丁（迪诺尔）先生把反对在**法律**中提到**礼拜日**的建议看成是宣布基督教已经不复存在的提案一样，根据同样的理由（**并且这种理由是完全有根据的**），如果宣告**安息日戒律**对犹太人不再具有约束力，那就等于**宣布取消犹太教**。"

在发达的现代国家，情形正好**相反**。国家宣布，宗教，正像其他的市民生活要素一样，只有当国家宣布它们是**非政治的**因而让它们自行其是的时候，它们才**开始**获得充分的存在。取消这些要素的**政治**存在，比如说，通过废除**选举资格限制**来取消**财产**的政治存在，通过废除**国教**来取消**宗教**的政治存在，正是这种宣告这些要素对国家的隶属关系已经消亡的做法，才能使这些要素保持最强有力的生命，这个生命从此便顺利无阻地服从于自身的规律，并且充分扩展其生存的空间。

无政府状态是摆脱了使社会解体的各种**特权**的市民社会的规律，而**市民社会的无政府状态**则是现代**公共状况**的基础，正像公共状况本身又是这种无政府状态的保障一样。它们彼此既一分对立，同样又完全互相制约。由此可以看出，**批判**在领会"新事物"方面具有多大的才能。如果我们停留在"纯粹批判"的范围以内，那么试问，为什么批判不把它在谈到法国议会辩论时阐述的矛盾看做**普遍**矛盾呢？按照批判的意见，不是"本来"就"应该"把这种矛盾看做普遍矛盾吗？

"可是，当时要走这一步**是不可能的**，不仅因为……不仅因为……**而且因为**如果没有同自己的对立物在发生内部纠葛后留下的这点**最后残余**，批判**是不可能进行的**，并且也**不可能达到只有一步之差的那个地方**。"

不可能的……因为……是不可能的！**批判**肯定地说，为了"可能达到只有**一步**之差的那个地方"所要走的这不幸的"**一步**"是不可能迈出的。谁又能反驳这一点呢？为了达到只有"**一步**"之差的那个地方，绝对不可能再迈出那么"**一步**"，因为这一步必然使我们跨越那个地方，结果在背后又出现了"**一步**"之差。

结局好，一切好！**批判**在它和敌视鲍威尔先生的《犹太人问题》的**群众**的战斗接近尾声时供认，**它**对"**人权**"的理解，**它**对"法国革命时代的宗教的评价"，"**它有时在自己的议论结尾部分**指出的那种自由的政治本质"，总之，整个"法国革命时代对于**批判**说来，不多不少仅仅是一个象征——因此，那个时代并不是人们在直白的意义上明确指出的由法国人进行革命尝试的时代——也就是说，那个时代不过是**批判**在末尾看到的那些形象的虚幻的表现"。批判可以这样聊以自慰：如果说它在政治上犯有过失，那也只发生在它的著作的"结尾"和"末尾"。我们并不想剥夺**批判**的这种自我安慰。一个鼎鼎大名的酒鬼总是以自己从来没有在午夜以前喝得烂醉而自慰。

在"犹太人问题"这个领域，**批判**无疑从**敌人**手里赢得了越来越多的地盘。受鲍威尔先生庇护的**批判**的著作，在"犹太人问题"第一号里还是绝对的，而且揭示了"犹太人问题"的"**真正的**"和"**普遍的**"意义。在第二号里，**批判**"**不愿意**和**不许可**"越出**批判**的范围以外。在第三号里，批判本来应该再走"一步"，但是走这一步又是"不可能的"……因为……"不可能"。不是由于它"愿意和许可"，而是由于它陷入了自己的"对立物"的窘境之中，它才无法迈出这"**一步**"。它很想跳过最后一关，然而遗憾的是，它那批判性的神奇快靴却被**群众的最后残余**纠缠得寸步难行。

（c）对法国革命的批判的战斗

群众的局限性迫使"**精神**"、批判、鲍威尔先生不把**法国革命**当做人们在"**直白的意义上**"所说的那个由法国人进行革命尝试的时代，而"**只**"当做它自己的批判幻想的"**象征和虚幻表现**"。批判用对**这场革命**进行**新的考察**的办法，来对自己的"**失误**"进行**忏悔**。同时它还把这种"新的考察"的结果告诉"群众"，以此来惩罚这些使它断送清白的诱惑者。

"**法国革命**是一种还完全属于18世纪的实验。"

像法国革命这样的18世纪的实验还完全是18世纪的实验，而决不是19世纪的实验，这种年代学上的真理看来"还完全"属于那类"一开始就不言而喻的"真理。但是，在对"明如白昼"的真理深怀反感的**批判**所用的术语中，这样一种真理叫做"**考察**"，因此也就在"对这场革命的新的考察"中获得了理所当然的地位。

"但是，法国革命所产生的思想并没有超出革命想用暴力来推翻的那个**秩序**的范围。"

思想永远不能超出旧世界秩序的范围，在任何情况下，思想所能超出的只是旧世界秩序的思想范围。思想本身根本**不能实现什么东西**。思想要得到实现，就要有使用实践力量的人。由此可见，从字面的意思来看，上述批判的说法也是不言而喻的真理，因此也是"**考察**"。

法国革命没有受到这种考察的阻挠，这场革命产生了超出整个旧世界秩序的**思想**范围的思想。1789年在**社会小组**中开始、中期以**勒克莱尔**和**卢**为主要代表、最后同**巴贝夫**的密谋活动一起暂时遭到失败的革命运动，产生了**共产主义**的思想。1830年革命以后，在法国，这种思想又为**巴贝夫**的友人邦纳罗蒂所倡导。这种思想经过了彻底的酝酿，就成为**新世界秩序的思想**。

"因此〈!〉在这场革命消除了人民生活内部的封建主义界限以后，革命就不得不满足民族的纯粹利己主义要求，甚至煽起这种利己主义；而另一方面，革命又不得不通过对这种利己主义的必要补充，即承认一种最高的存在物，通过在更高的层次上确认那必须把单个的自私的原子联合起来的普遍国家制度，来约束这种利己主义。"

民族的利己主义是普遍国家制度的自发的利己主义，它同封建主义界限所体现的利己主义互相对立。最高的存在物就是在更高的层次上确认普遍国家制度，因而也就是在更高的层次上确认民族。尽管如此，最高的存在物却必须**约束**民族的利己主义，即普遍国家制度的利己主义！通过确认利己主义，而且通过在**宗教上**确认利己主义，即通过承认利己主义是超人的、因而是不受人约束的存在物，来约束利己主义，这是真正批判的任务！最高存在物的创造者对自己这种批判的意图是一无所知的。**毕舍**先生认为民族狂热是靠宗教狂热来支撑的，他更理解自己的英雄**罗伯斯比尔**。

罗马和希腊曾经由于民族问题而失败。因此，当**批判**说法国革命由于民族问题而失败的时候，**批判**并没有说出有关法国革命的任何独到见解。当它把民族的利己主义定义为**纯粹的**利己主义时，它同样也没有说出有关民族的任何东西。如果把这种纯粹的利己主义同**费希特的"自我"**的纯粹的利己主义加以对照，这种纯粹的利己主义反倒表现为非常阴暗的、掺杂着血和肉的、自发的利己主义。如果说这种利己主义的纯粹性只是相对的，因而与封建主义界限所体现的利己主义截然不同，那就没有必要对"革命"进行"新的考察"，以便发现以民族为内容的利己主义比以特殊等级和特殊团体为内容的利己主义更普遍或更纯粹。

批判对普遍国家制度的阐述也同样使人深受教益。这些阐述仅限于指出，普遍国家制度必须把单个的自私的原子联合起来。

在直白的意义上明确地说，市民社会的成员决不是**原子**。原子的**典型特性**就在于它没有**任何**特性，因此也没有任何受它自己的**自然必然性**制约的、同身外的其他存在物的关系。原子是**没有需要的**，是**自满自足的**；它身外的世界是绝对的**空虚**，也就是说，这种世界是没有内容的、没有意义的、空洞无物的，正因为原子是**万物皆备**于自身的。市民社会的利己主义的个人在他那非感性的观念和无生命的抽象中可以把自己夸耀为**原子**，即同任何东西毫无关系的、自满自足的、没有需要的、**绝对充实的**、极乐世界的存在物。而非极乐世界的**感性的现实**却决不理会他这种想象，他的每一种感觉都迫使他相信他身外的世界和个人的意义，甚至他那**世俗的**胃也每天都在提醒他：**身外的**世界并不是**空虚的**，而是真正**使人充实的**东西。他的每一种本质活动和特性，他的每一种生命欲望都会成为一种**需要**，成为一种把他的**私欲**变为追逐身外其他事物和其他人的**需求**。但是，因为一个个人的需要，对于另一个拥有满足这种需要的手段的利己主义的个人来说，并没有什么不言自明的意义，就是说，同这种需要的满足并没有任何直接的联系，所以每一个个人都必须建立这种联系，为此，每一个个人都同样要成为他人的需要和这种需要的对象之间的牵线者。可见，正是**自然必然性**、**人的本质特性**（不管它们是以怎样的异化形式表现出来）、**利益**把市民社会的成员联合起来。他们之间的**现实的**纽带是**市民生活**，而不是**政治**生活。因此，把市民社会的**原子**联合起来的不是**国家**，而是如下的事实：他们只是在**观念**中、在自己想象的**天堂中**才是**原子**，**而实际上他们是和原子截然不同的存在物**，就是说，他们不是**超凡入圣的利己主义者**，而是**利己主义的人**。在今天，只有政治上的迷信还会妄想，市民生活必须由国家来维系，其实恰恰相反，国家是由市民生活来维系的。

"**罗伯斯比尔和圣茹斯特**关于要造就完全按照**正义和美德**的准则生活的'**自由人民**'的伟大思想——例如，见圣茹斯特关于丹东罪行的报告及另一篇有关普遍警察制的报告——只是靠恐怖才得以维持一段时间，这种思想是一种**矛盾**，人民大众中的卑劣而自私的分子**对这种矛盾**是以怯懦和阴险的方式作出反应的，人们不可能指望这些人采取别的方式。"

这种**绝对批判**的言词把"自由人民"描绘成一种"**矛盾**"，而"**人民大众**"的分子必须**对这种"矛盾"**作出反应。这些言词是绝对的空话，其实，罗伯斯比尔和圣茹斯特所主张的**自由**、**正义**、**美德**只能是"**人民**"的生命表现，只能是"**人民大众**"的特性。罗伯斯比尔和圣茹斯特明确地谈到**古典古代的**、只属于"**人民大众**"的"**自由、正义、美德**"。**斯巴达人**、**雅典人**、**罗马人**在他们强盛的时代就是"自由的、正义的、有美德的人民"。

罗伯斯比尔在关于公共道德的原则的演说（在 1794 年 2 月 5 日召开的国民公会会议上）中问道："民主的或受民众拥护的政府的**根本原则**是什么？**是美德**。我说的是**公共**的美德，这种美德曾在**希腊**和**罗马**造成了那么伟大的奇迹，并且必将在共和制的法兰西造成更令人惊异的奇迹。我所说的美德无非就是热爱祖国和祖国的法律。"

接着，罗伯斯比尔明确地把**雅典人**和**斯巴达人**称做"自由人民"。他不断地唤起人们对古典古代的"**人民大众**的回忆"，并且既提到"人民大众"的英雄莱喀古士、狄摩西尼、米太亚得、亚里斯泰迪兹、布鲁土斯，也提到"人民大众"的败类卡提利纳、凯撒、克劳狄乌斯、皮索。

圣茹斯特在关于逮捕丹东的报告（批判引用了这一报告）中明确地说：

"在**罗马人**以后，世界变得空虚了，只有想起罗马人，世界才充实起来，才能够再预言**自由**。"

他以古典古代的方式把**丹东**称做**卡提利纳**，从而对丹东提出指控。

在**圣茹斯特**的另一篇关于**普遍警察制**的报告中，**共和主义者**被描写成完全具备**古典古代**精神即具有**坚强不屈**、**俭朴**、**单纯**等品质的人。**警察局**按其本质来说应当是相当于罗马**监察厅**那样的机关。柯德尔、莱喀古士、凯撒、小卡托、卡提利纳、布鲁土斯、安东尼、卡西乌斯等人的名字在报告中赫然在目。最后，**圣茹斯特**用一句话表明了他所要求的"**自由**、**正义**、**美德**"的特征，他说：

"革命者都应当成为**罗马人**。"

罗伯斯比尔、圣茹斯特和他们的党之所以灭亡，是因为他们混淆了**以真正的奴隶制为基础的古典古代实在论民主共同体**和**以被解放了的奴隶制即资产阶级社会为基础的现代唯灵论民主代议制国家**。他们认为必须以**人权的形式**承认和批准现代资产阶级社会，即工业、普遍竞争、自由地追求自己目的的私人利益、无政府状态、自我异化的自然个性和精神个性的社会，同时又力图在事后通过单个的个人来取缔这个社会的各种**生命表现**，同时还力图以**古典古代**的形式来造就这个社会的**政治首脑**，这是多么巨大的迷误！

当圣茹斯特在临刑之日指着悬挂在康瑟尔热丽大厅里的那块"**人权**"大牌子，怀着骄傲的自尊说"正是我创造了这个业绩"时，这种迷误就悲剧性地显现出来了。正是在这块牌子上宣布了**人的权利**，而这里所说的人不可能是古典古代共同体的人，正像这种人的**国民经济**状况和**工业**状况不是**古典古代**的一样。

这里不是替**恐怖主义者**的迷误进行历史性辩护的地方。

"在罗伯斯比尔倒台以后，**政治启蒙**和**政治运动**就迅速向成为**拿破仑**的俘获物这个方向发展，因此拿破仑在雾月十八日之后不久就能够说：'有了我的地方行政长官、宪兵和僧侣，我就可以利用法国来做我想做的一切了。'"

但是，**世俗的**历史告诉我们，罗伯斯比尔倒台以后，从前**想超越**自我的、**热情洋溢的政治启蒙**，才开始以质朴平淡的方式得到实现。尽管**恐怖主义**想要为古典古代政治生活而牺牲资产阶级社会，革命本身还是把资产阶级社会从封建的桎梏中解放出来，并正式承认了这个社会。在**督政府**统治时期，**资产阶级社会**在汹涌澎湃的生活浪潮中迅速崛起。创办工商企业的狂飙突进运动已经兴起，人人渴求发财致富，新的资产阶级生活使人眼花缭乱，这种生活的最初享受显得鲁莽、放荡、无礼而且令人陶醉；法兰西的**土地**状况**真正**被查清，土地的封建结构已经被革命的巨锤打得粉碎，现在许许多多新的所有者正怀着初次涌动的激情对土地进行全面耕作；获得了自由的工业也第一次活跃起来——这就是刚刚诞生的资产阶级社会的某些生命特征。**资产阶级社会**由**资产阶级**作为其**正面**的代表。于是资产阶级**开始**了自己的统治。**人权**已经不再仅仅作为一种**理论**而存在了。

在雾月十八日成为拿破仑的俘获物的，决不像**批判**忠贞不渝地相信的某位冯·罗泰克先生和韦尔克尔所说的那样，是整个革命运动，而是**自由资产阶级**。只要读一读当时的立法者们的演说，就会坚信这一点。读着这些演说，人们会以为自己仿佛离开了国民公会而置身于现在的某个众议院。

拿破仑进行的是**革命的恐怖主义**对同样也是由这场革命宣告诞生的**资产阶级社会**及其政治的最后一次战斗。拿破仑当然已经有了对**现代国家**的本质的认识；他已经懂得，现代国家是以资产阶级社会的顺利发展、私人利益的自由运动等等作为基础的。他决定承认并保护这一基础。他不是一个狂热的恐怖主义者。但与此同时，拿破仑还是**把国家看做目的本身**，而把市民生活仅仅看做司库和他的不许有**自己意志的下属**。他用**不断的战争**来代替**不断的革命**，从而**实施了恐怖主义**。他满足法兰西民族的利己主义要求，直到它完全餍足为止；但是他也要求，只要他的征服行动的政治目的需要，就立即牺牲资产阶级的生意、享乐、财富等等。当他专横地压制资产阶级社会的自由主义（即资产阶级社会的日常实践的政治理想主义）的时候，只要资产阶级社会的最重要的**物质利益**（即商业和工业）同他的政治利益发生冲突，他就不再顾惜这些物质利益了。他对实业家的鄙视是他对**意识形态家**的鄙视的补充。在内政方面，他也把资产阶级社会当做国家的对头来加以钳制，国家在他的心目中仍然是绝对的目的本身。例如，他曾在枢密院宣称，他不容许大土地占有者随便耕种或不耕种自己的土地。又如，他制定了计划，通过掌管**货物运输**把商业置于国家支配之下。法国的商人策划了首次动摇拿破仑权势的事件。巴黎的证券投机商们人为地制造饥荒，迫使拿破仑把宣布出征俄国的时间推迟了近两个月，结果使这次征战延期到过晚的时节。

如果说自由资产阶级在拿破仑时代再一次遇到了革命的恐怖主义，那么在波旁王朝即复辟时代则再一次遇到了反革命。1830年自由资产阶级终于实现了它在1789年的愿望，所不同的只是他们的**政治启蒙**现在已经**完成**，他们不再把立宪的代议制国家看做自己追求的国家的理想，看做世界的福祉和全人类的目的，而是把它看做自己的**独占**权力的**正式**表现，看做对自己的**特殊**利益的**政治上的**承认。

法国革命的各种要素中的一个要素在1830年取得了胜利，这个要素由于意识到其**社会**意义而得到了充实，但是，从1789年开始的法国革命的生命史到1830年并没有结束。

(d) 对法国唯物主义的批判的战斗

"18世纪，**斯宾诺莎主义**不仅在其以物质为实体的法国后续发展中占统治地位，而且也在赋予物质一个更具精神性的名称的自然神论中占统治地位……**法国的斯宾诺莎学派**和自然神论的信徒只不过是在**斯宾诺莎体系**的真谛这个问题上互相争辩的两个流派……在这一启蒙不得不向从法国运动兴起以来就开始出现的反动势力投降以后，这一启蒙的简单命运就是在**浪漫主义**中灭亡。"

批判就是这样说的。

我们将扼要地把法国唯物主义的世俗的群众的历史同法国唯物主义的批判的历史作一个对比。我们将毕恭毕敬地承认，在实际发生的历史同按照既是旧事物的创造者同样又是新事物的创造者的"绝对的批判"的命令发生的历史之间，存在着一条鸿沟。最后，我们将遵照**批判**的指示，把批判的历史的"为什么？""来自何处？""去向何方？"这三个问题作为"持久研究的对象"。

"在**直白的意义**上**明确地说**"，18世纪的法国启蒙运动，特别是**法国唯物主义**，不仅是反对现存政治制度的斗争，同时是反对现存宗教和神学的斗争，而且还是反对**17世纪的形而上学**和反对**一切形而上学**，特别是反对**笛卡儿**、**马勒伯朗士**、**斯宾诺莎**和**莱布尼茨**的形而上学的公开的、旗帜鲜明的斗争。人们用**哲学**来对抗形而上学，正像费尔巴哈在他第一次坚决地站出来反对**黑格尔**时以**清醒的哲学**来对抗醉醺醺的思辨一样。被法国启蒙运动特别是 18 世纪的**法国唯物主义**所击败的 17 世纪的**形而上学**，在**德国哲学**中，特别是在 19 世纪的**德国思辨哲学**中，曾经历过**胜利的和富有内容的复辟**。在**黑格尔**天才地把 17 世纪的形而上学同后来的一切形而上学以及德国唯心主义结合起来并建立了一个形而上学的包罗万象的王国之后，对**思辨的形而上学**和一切形而上学的进攻，就像在 18 世纪那样，又同对神学的进攻再次配合起来。这种形而上学将永远屈服于现在为**思辨**本身的活动所完善化并和**人道主义**相吻合的**唯物主义**。**费尔巴哈**在**理论**领域体现了和**人道主义**相吻合的**唯物主义**，而法国和英国的**社会主义**和**共产主义**则在**实践**领域体现了这种和人道主义相吻合的唯物主义。

"在**直白的意义上明确地说**"，**法国唯物主义**有**两个派别**：一派起源于**笛卡儿**，一派起源于**洛克**。后一派**主要**是**法国**有教养的分子，它直接导向**社会主义**。前一派是**机械唯物主义**，它汇入了真正的法国**自然科学**。这两个派别在发展过程中是相互交错的。我们没有必要来详细考察直接起源于**笛卡儿**的法国唯物主义，同样，我们也没有必要来详细考察法国的**牛顿**学派和法国一般自然科学的发展。

因此，我们只指出如下的几点：

笛卡儿在其**物理学**中认为**物质**具有自主创造的力量，并把**机械**运动看做是物质的生命活动。他把他的**物理学**和他的**形而上学**完全分开。在他的物理学的**范围**内，**物质**是唯一的**实体**，是存在和认识的唯一根据。

法国的**机械**唯物主义附和**笛卡儿**的**物理学**而同他的形而上学相对立。他的学生按职业来说都是**反形而上学者**，即**物理学家**。

这一学派由**医师勒鲁瓦**开创，医师**卡巴尼斯**使该学派达到了自己的最高峰，医师**拉美特利**是该学派的中心人物。当笛卡儿还在世的时候，勒鲁瓦把笛卡儿关于**动物**结构的观点用于人的灵魂（18 世纪**拉美特利**也这样做过），并宣称灵魂是**肉体的样态**，**思想**是**机械运动**。勒鲁瓦甚至还认为笛卡儿隐瞒了自己的真正的见解。笛卡儿提出了抗议。18 世纪末，**卡巴尼斯**在他的著作《人的肉体和精神的关系》[①] 中完成了笛卡儿的唯物主义。

法国直到今天还存在着**笛卡儿派**的唯物主义。它在**机械的自然科学**方面获得了伟大的成就，在**直白的意义**上**明确地**说，人们决不可能指责这种自然科学带有**浪漫主义**色彩。

17 世纪的**形而上学**，在法国以**笛卡儿**为主要代表，它从诞生之日起就遇上了**唯物主义这一**对抗者。代表唯物主义同笛卡儿较量的人物，是**伊壁鸠鲁**唯物主义的恢复者**伽桑狄**。法国和英国的唯物主义始终同**德谟克利特**和伊壁鸠鲁保持着紧密的联系。笛卡儿的形而上学所遇见的另一个对抗者是**英国的**唯物主义者**霍布斯**。伽桑狄和霍布斯正是在他们的对手已经作为官方势力统治着法国的一切学派的时候战胜这个对手的，而这已是他们去世以后很久的事了。

伏尔泰指出，18 世纪法国人对耶稣会派和詹森派的争论漠不关心，与其说这是由哲学造成的，还不如说是由**罗**的财政投机造成的。可见，人们之所以能用 18 世纪的唯物主义理论来解释 17 世纪的形而上学的衰败，仅仅是因为人们对这种理论运动本身是用当时法国生活的实践形态来解释的。这种生活所关注的是直接的现实，是世俗的享乐和世俗的利益，是**尘俗的**世界。同它那反神学的、反形而上学的、唯物主义的实践相适应的，必然是反神学的、反形而上学的、唯物主义的理论。形而上学在**实践上**已经威信扫地。在这里我们只需大略地叙述一下这种**理论的**发展过程。

17 世纪的形而上学（请大家想一想笛卡儿、莱布尼茨等人）还具有**实证的**、世俗的内容。它在数学、物理学以及其他一些表面看来从属于它的特定科学领域都有所发现。但是在 18 世纪初这种表面现象就已经被消除了。实证科学脱离了形而上学，给自己划定了独立的活动范围。全部形而上学的财富只剩下思想之类的东西和天国的事物，而正是

---

① 皮·让·若·卡巴尼斯《人的肉体和精神的关系》1843 年巴黎版。这部著作中很大一部分曾于 1798—1799 年在法国科学院学术通报上发表。——编者注

在这个时候，实在的东西和尘俗的事物却开始吸引人们的全部注意力。形而上学变得枯燥乏味了。在17世纪最后两位伟大的法国形而上学者马勒伯朗士和阿尔诺逝世的那一年，**爱尔维修**和**孔狄亚克**诞生了。

使17世纪的形而上学和一切形而上学**在理论上威信扫地**的人是**皮埃尔·培尔**。他的武器是用形而上学本身的符咒锻造而成的**怀疑论**。他本人起初是从笛卡儿的形而上学出发的。正像反对思辨神学的斗争把**费尔巴哈**推向反对**思辨哲学**的斗争，就是因为他认为思辨是神学的最后支柱，因为他不得不迫使神学家从伪科学逃回到**粗野的**、可恶的**信仰**，同样，对宗教的怀疑引起了培尔对作为这种信仰的支柱的形而上学的怀疑。因此，他批判了形而上学的整个历史发展过程。他为了撰写形而上学的灭亡史而成了形而上学的历史编纂学家。他主要是驳斥了**斯宾诺莎**和**莱布尼茨**。

皮埃尔·培尔不仅用怀疑论摧毁了形而上学，从而为在法国接受唯物主义和合乎健全理智的哲学作了准备，而且他还**证明**，由清一色的无神论者所组成的社会是能够存在的，无神论者**能够**成为可敬的人，玷辱人的尊严的不是无神论，而是迷信和偶像崇拜，通过这种**证明**，他宣告了不久将要开始存在的**无神论社会**的来临。

用一位法国作家的话来说，**皮埃尔·培尔**"是17世纪意义上的最后一个形而上学者，也是18世纪意义上的第一个哲学家"。

那时，人们除了要对神学和17世纪形而上学进行否定性的批驳之外，还需要有一个**肯定性的**、**反形而上学的**体系。人们需要一部把当时的生活实践归纳为一个体系并从理论上加以论证的书。这时，**洛克**关于人类理智起源的著作①适时地在海峡那边出现了，这部著作就像人们翘首以待的客人一样受到了热烈的欢迎。

试问：难道**洛克**是**斯宾诺莎**的学生吗？"尘世的"历史可以回答这个问题：

唯物主义是**大不列颠本土的**产儿。大不列颠的经院哲学家**邓斯·司**

---

① 约·洛克《人类理智论》1690年伦敦版。——编者注

各脱就曾经问过自己:"物质是否不能思维?"

为了使这种奇迹能够实现,他求助于上帝的万能,即迫使**神学**本身来宣讲**唯物主义**。此外,他还是一个**唯名论者**。唯名论是**英国**唯物主义者理论的主要成分之一,而且一般说来它是唯物主义的**最初表现**。

英国唯物主义和整个**现代实验科学**的真正始祖是**培根**。在他看来,自然科学是真正的科学,而感性的**物理学**则是自然科学的最重要的部分。提出**种子说**的阿那克萨哥拉和提出**原子论**的德谟克利特,都常常被他当做权威来引证。按照他的学说,**感觉**是确实可靠的,是一切知识的**源泉**。科学是**经验的科学**,科学就在于把**理性方法**运用于感性材料。归纳、分析、比较、观察和实验是理性方法的主要条件。在**物质**固有的特性中,第一个特性而且是最重要的特性是**运动**,——不又是物质的**机械的和数学的**运动,而且更是物质的**冲动**、**活力**、**张力**,或者用雅科布·伯麦的话来说,是物质的**痛苦**〔Qual〕。物质的原始形式是物质内部所固有的、活生生的、**本质的力量**,这些力量使物质获得个性,并造成各种特殊的差异。

唯物主义在它的第一个创始人**培根**那里,还以朴素的形式包含着全面发展的萌芽。物质带着诗意的感性光辉对整个人发出微笑。但是,那种格言警句式的学说本身却还充满了神学的不彻底性。

唯物主义在以后的发展中变得**片面**了。**霍布斯把培根的**唯物主义**系统化了**。感性失去了它的鲜明色彩,变成了**几何学家**的抽象的感性。**物理**运动成为**机械运动**或**数学运动**的牺牲品;**几何学**被宣布为主要的科学。唯物主义变得**漠视人**了。为了能够在漠视人的、毫无血肉的精神的领域制服这种精神,唯物主义本身就不得不扼杀自己的肉欲,成为**禁欲主义者**。它以**理智之物**的面目出现,同时又发展了理智的无所顾忌的彻底性。

霍布斯根据培根的观点声称,既然感性给人提供一切知识,那么观点、思想、观念等等,就无非是多少摆脱了感性形式的物体世界的幻影。科学只能为这些幻影命名。**一个名称可以用于若干个幻影。甚至还可以有名称的名称**。但是,一方面认为一切观念都起源于感性世界,另一方面又硬说一个词的意义不只是一个词,除了我们想象的永远是个别的存在物之外,还有一般的存在物,这就是一个矛盾。实际上,**无形体的实体**和**无形体的形体**,是一个同样的矛盾。**形体**、**存在**、**实体**是同一种**实在的**观念。不能把思想同思维着的**物质**分开。物质是一切变化的主体。如果"**无限的**"这个词不表示我们的精神具有无限增添补充的能力,这个词就**毫无意义**。因为只有物质的东西才是可以被感知、被认识的,所以人们对神的存在就一无所知了。只有我自己的存在才是确实可信的。人的一切激情都是有始有终的机械运动。欲求的对象是善。人和自然都服从于同样的规律。强力和自由是同一的。

霍布斯把培根的学说系统化了,但他没有更详尽地论证培根关于知识和观念起源于感性世界的基本原理。

洛克在他试论人类理智的起源的著作中,论证了培根和霍布斯的原理。

霍布斯消除了培根唯物主义中的**有神论的**偏见,而柯林斯、多德威尔、考尔德、哈特莱、普利斯特列等人则消除了洛克感觉论的最后的神学藩篱。自然神论至少对唯物主义者来说不过是一种摆脱宗教的简便易行、凑合使用的方法罢了。

我们已经提到过,洛克的著作的出现对于法国人是多么适时。洛克论证了 bon sens 的哲学,即合乎健全理智的哲学,也就是说,他间接地指出不可能有与人的健全的感觉和以这种感觉为依据的理智不同的哲学。

直接受教于洛克并将他的著作译成**法文**的**孔狄亚克**立即用洛克的感觉论去反对 17 世纪的**形而上学**。他证明,法国人把这种形而上学当做幻想力和神学偏见的拙劣作品加以抛弃,是有理由的。他发表了驳斥**笛卡儿**、**斯宾诺莎**、**莱布尼茨**和马**勒伯朗士**等人的体系的著作。

他在他的著作《人类知识起源论》[①] 中详细阐述了洛克的思想,他证明,不仅灵魂,而且感觉,不仅创造观念的艺术,而且感性知觉的艺

---

① 埃·孔狄亚克《人类知识起源论》1746 年阿姆斯特丹版。——编者注

术，都是**经验**和**习惯**的事情。因此，人的全部发展都取决于**教育**和**外部环境**。只是**折中主义**哲学把孔狄亚克从法国各学派中排挤出去了。

法国唯物主义和**英国**唯物主义的区别就是这两个民族的区别。法国人赋予英国唯物主义以机智，使它有血有肉，能言善辩。他们使英国唯物主义具有从未有过的气质和优雅风度。他们使它**文明化**了。

爱尔维修同样也是以洛克的学说为出发点的，在他那里唯物主义获得了真正法国的性质。爱尔维修立即把唯物主义运用到社会生活方面（爱尔维修《论人》①）。感性的特性和自尊、享乐和正确理解的个人利益，是全部道德的基础。人的智力的天然平等、理性的进步和工业的进步的一致、人的天然的善良和教育的万能，这就是他的体系中的几个主要因素。

拉美特利的著作是笛卡儿唯物主义和英国唯物主义的结合。拉美特利详尽地利用了笛卡儿的物理学。他的《人是机器》②一书是仿照笛卡儿的动物是机器的模式写成的。在霍尔巴赫的《自然体系》③中，物理学部分也是由法国唯物主义和英国唯物主义的结合构成的，而道德部分实质上则是以爱尔维修的道德论为依据的。还同形而上学保持着最密切联系并为此受到黑格尔赞许的法国唯物主义者**罗比耐**（《自然论》④），与**莱布尼茨**的学说有着明显的关系。

在我们既证明了法国唯物主义的两重起源，即起源于笛卡儿的物理学和英国的唯物主义，又证明了法国唯物主义同17世纪的**形而上学**的对立，即同笛卡儿、斯宾诺莎、马勒伯朗士和莱布尼茨的形而上学的对立以后，我们就既没有必要再来谈论沃尔涅、杜毕伊、狄德罗等人的观点，也没有必要再来谈论重农学派的观点了。自从德国人自己处于同**思辨的形而上学**的对立中以后，他们才有可能看到这种对立。

---

① 爱尔维修《论人的理智能力和教育》1775年伦敦版。第1版于1773年在海牙出版。——编者注
② 茹·拉美特利《人是机器》1751年伦敦版。——编者注
③ 保·霍尔巴赫《自然体系，或物质世界和精神世界的规律》1773年伦敦版。——编者注
④ 让·巴·罗比耐《自然论》1763—1766年阿姆斯特丹新版第1—4卷。——编者注

笛卡儿的唯物主义汇入了**真正的自然科学**，而法国唯物主义的另一派则直接汇入**社会主义**和**共产主义**。

并不需要多么敏锐的洞察力就可以看出，唯物主义关于人性本善和人们天资平等，关于经验、习惯、教育的万能，关于外部环境对人的影响，关于工业的重大意义，关于享乐的合理性等等学说，同共产主义和社会主义有着必然的联系。既然人是从感性世界和感性世界中的经验中获得一切知识、感觉等等的，那就必须这样安排经验的世界，使人在其中能体验到真正合乎人性的东西，使他常常体验到自己是人。既然正确理解的利益是全部道德的原则，那就必须使人们的私人利益符合于人类的利益。既然从唯物主义意义上来说人是不自由的，就是说，人不是由于具有避免某种事物发生的消极力量，而是由于具有表现本身的真正个性的积极力量才是自由的，那就不应当惩罚个别人的犯罪行为，而应当消灭产生犯罪行为的反社会的温床，使每个人都有社会空间来展示他的重要的生命表现。既然是环境造就人，那就必须以合乎人性的方式去造就环境。既然人天生就是社会的，那他就只能在社会中发展自己的真正的天性；不应当根据单个个人的力量，而应当根据社会的力量来衡量人的天性的力量。

诸如此类的说法，甚至在最老的法国唯物主义者的著作中也可以几乎一字不差地找到。这里并不是评论他们的地方。对于说明唯物主义的社会主义倾向具有典型意义的，是洛克的一个较早的英国学生**曼德维尔为恶习所作的辩护**。他证明，在**现代**社会中恶习是**必不可少的**和**有益的**。这决不是替现代社会辩护。

傅立叶是直接从法国唯物主义者的学说出发的。**巴贝夫主义者**是粗陋的、不文明的唯物主义者，但是成熟的共产主义也是**直接**起源于**法国唯物主义**的。这种唯物主义正是以**爱尔维修**所赋予的形式回到了它的祖国**英国**。**边沁**根据爱尔维修的道德论构建了他那**正确理解的利益**的体系，而**欧文**则从**边沁**的体系出发论证了英国的共产主义。亡命英国的法国人**卡贝**受到当地共产主义思想的鼓舞，回到法国，成为一个最受欢迎然而也是最肤浅的共产主义的代表人物。比较有科学根据的法国共产主义者**德萨米**、**盖伊**等人，像欧文一样，也把**唯物主义**学说当做**现实的人道主义**学说和**共产主义**的**逻辑**基础加以发展。

鲍威尔先生或**批判**究竟是从什么地方给法国唯物主义的批判的历史搜集资料的呢？

（1）**黑格尔**的《**哲学史**》①把法国唯物主义说成斯宾诺莎的实体的实现，这无论如何总比把它说成是"法国的斯宾诺莎学派"明智得多。

（2）**鲍威尔**先生从黑格尔的《哲学史》中得出自己的结论，以为法国唯物主义就是斯宾诺莎**学派**。既然他现在从黑格尔的另一著作里发现，自然神论和唯物主义是承认**同一个**基本原理的**两个派别**，那么他也会发现，斯宾诺莎有**两个**对其体系的意义进行争论的学派。鲍威尔先生可以在黑格尔的《现象学》中找到我们所谈到的这一段说明。现在就把它照抄在下面：

"在那个绝对本质的问题上，**启蒙**自己同自己发生了争执……并分裂成了**两派**……一派……把那个无谓语的绝对物称为……**最高的绝对本质**……另一派则把它称为**物质**……二者是**同一个**概念，区别并不在于事情本身，而仅仅在于两种解释的出发点不同。"（黑格尔《现象学》第420、421、422页）

（3）最后，鲍威尔先生还可以从黑格尔那里知道，如果实体不进一步发展为概念和自我意识，那它就会演变为"浪漫主义"。《哈雷年鉴》当时也曾表达过类似的看法。

但是，"**精神**"无论如何必定要给它的"敌人"**唯物主义**宣判一种"**简单的命运**"。

注释。法国唯物主义同笛卡儿和洛克的联系，以及18世纪的哲学

---

① 指黑格尔《哲学史讲演录》。——编者注

同 17 世纪的形而上学的对立，在大多数近代**法国**哲学史中都有详尽的阐述。为了反驳批判的批判，我们在这里只要重复一下大家都已经知道的东西就行了。可是，18 世纪的唯物主义同 19 世纪英国和法国的**共产主义**的联系，还需要详尽地加以阐述。我们在这里只引证爱尔维修、霍尔巴赫和边沁著作中少量精辟的段落。

（1）**爱尔维修**。"人并不恶，但是服从于自己的利益。因此，应该抱怨的不是人的恶，而是那些总是把特殊利益和普遍利益对立起来的立法者的无知。"——"道德家们迄今还没有获得任何成就，因为要拔除滋生恶行的根子，就必须到立法当中去挖掘。在新奥尔良，只要妻子对丈夫感到厌倦了，她就可以把自己的丈夫赶出家门。在这样的地方就没有行为不轨的妻子，因为妻子没有必要欺骗自己的丈夫。"——"如果不把道德同政治和立法结合起来，那么道德就不过是一门轻薄下贱的学问而已。"——"如果道德家们一方面对危害国家的恶行无动于衷，另一方面却对私人的恶行怒不可遏地加以抨击，那就可以看出他们是伪善的道德家。"——"人们并不是生而为善或生而为恶，但是他们亦可为善亦可为恶，这要看共同利益是把他们结合起来还是把他们分离开来。"——"如果公民们不实现普遍福利就不能实现自己的特殊福利，那么除了傻瓜以外就根本不会有染有恶行的人。"（《论精神》① 1822 年巴黎版第 1 卷第 117、240、241、249、251、339、369 页）——爱尔维修所理解的教育不仅是通常所谓的教育，而且是个人的一切生活条件的总和（同上，第 390 页），他认为正是这种教育在造就人；如果需要进行改革来消除特殊利益和共同利益之间的矛盾，那么为了进行这种改革，就必须同时转变人的意识："只有削弱人民对旧的法律和习俗的盲目崇敬"（同上，第 260 页），或者，如他在另一个地方所说，只有消除无知，"才能实现伟大的改革"。

---

① 爱尔维修《论精神》1822 年巴黎版第 1—2 卷。——编者注

（2）**霍尔巴赫**。"人在他所爱的对象中，只能爱他自己；人在与自己同类的存在物中，只钟爱他自己。""人在自己的一生中一刻也不能脱离开自己，他不能不关注自己。""促使我们去爱或去恨某些东西的……始终都是我们的好处、我们的利益。"（《社会体系》①1822年巴黎版第1卷第80、112页）但是，"人为了自身的利益应该爱别人，因为别人是他自身的幸福所必需的……道德向他证明，在一切存在物中，**人最需要的是人**"（第76页）。"真正的道德也像真正的政治一样，是那种试图使人们增进彼此了解，以便使他们能够为相互间的幸福而共同努力工作的道德。凡是把**我们的利益同我们同伴的利益**分开的道德，都是虚伪的、无意义的、违背天性的。"（第116页）"爱别人……就是**把自己的利益同我们同伴的利益融合在一起，以便为共同的利益而**工作……**美德**不外就是**为组成社会的人们谋利益**。""人若没有激情或愿望就（第77页）不再成其为人……一个完全不关爱自己的人，怎么能够让他去结交别人呢？人若对周围的一切漠不关心，毫无激情，自满自足，就不成其为合群的存在物……美德无非是**传播善事**。"（第118页）"宗教的道德从来没有被用来使世俗的人变得更合群些。"（第36页）

（3）**边沁**。我们只引证边沁驳斥"政治意义上的普遍利益"的一段话。"个人利益必须服从公众利益。但是……这是什么意思呢？每个人不都是像其他一切人一样，构成了公众的一部分吗？你们所人格化了的这种公众利益只是一种抽象的说法；它所体现的只是个人利益的总和……如果承认为了增加他人的财产而牺牲一个人的财产是一件好事，那么，为此而牺牲第二个人、第三个人、以至于无数人的财产，就更是好事了……个人利益是唯一现实的利益。"（边沁《惩罚和奖赏的理论》1826年巴黎第3版第2卷第229、230页）

---

① 保·霍尔巴赫《社会体系，或道德和政治的自然原则》1822年巴黎版第1—2卷。——编者注

（f）绝对批判的思辨循环和自我意识的哲学

因为**批判**在**一个**领域内使自己实现了所谓的**完善**和纯粹，**所以**，当它并没有在世界的**一切**领域都达到"纯粹"和"完善"时，批判就只是犯下了一种**过失**，"只是"暴露了一种"不彻底性"。这"一个"批判性的领域无非就是**神学**领域。这个领域的**纯粹**的疆土从布鲁诺·鲍威尔的《符类福音作者考证》开始，一直延伸到布鲁诺·鲍威尔的最远的边境要塞——《基督教真相》。

我们在《文学总汇报》上看到："现代的批判终于澄清了斯宾诺莎主义。因此，如果批判——即使只是在个别被错误解释的观点上——不加约束地在一个领域内假定有**实体**，那也是不彻底的。"

不久前，**批判**曾经供认自己陷入了**政治**偏见，但这种供认很快就被冲淡了，它声称：这种陷入"**从根本上说是十分轻微的**！"现在，它又在这里供认自己的做法是**不彻底**的，但却插言说这种不彻底只是表现在**个别被错误解释的观点**上，于是它的供认又被冲淡了。可见，过错不在鲍威尔先生身上，而在像倔强的劣马一直驮着**批判走**的**错误观点**上。

有几段引文将会表明，**批判**在克服了**斯宾诺莎主义**以后转向了**黑格尔唯心主义**，从"**实体**"转向了另一个形而上学的怪物，即"**主体**"、"**作为过程的实体**"、"**无限的自我意识**"，"完善的"和"纯粹的"批判的最后结果就是以思辨的黑格尔的形式恢复基督教的创世说。

我们首先来看一看《符类福音作者考证》：

"施特劳斯仍然忠实于把**实体**视为绝对物的观点。具有这种普遍性形式（这种普遍性形式尚未达到普遍性的现实的和理性的规定性，因为这种规定性只有在**自我意识**中，在自我意识的**个别性**和**无限性**中才能达到）的传说，无非就是**实体**，这种实体摆脱了自己的逻辑单纯

性，并且作为**社团力量**采取了特定的存在形式。"(《符类福音作者考证》第 1 卷前言第 6—7 页)

我们姑且让"达到规定性的普遍性"、"个别性和无限性"——黑格尔的**概念**——听其命运去摆布。——鲍威尔先生没有指出，斯宾诺莎的**实体**观念是贯串在**施特劳斯**关于"社团力量"和关于"传说"的理论中的观点的**抽象**表述，是这种观点的逻辑形而上学的**象形文字**，却让"**实体摆脱**自己的**逻辑单纯性**，并且作为社团力量采取了特定的存在形式"。他利用**黑格尔**的神奇机器让"形而上学的范畴"(从**现实**中抽出的抽象概念)跳出使它们溶化于思想的"**单纯性**"中的**逻辑学**范围，并采取自然存在或人类存在的"特定形式"，也就是说，让它们显现出来。**欣里克斯**，来帮帮忙吧！

批判继续驳斥施特劳斯说："这种观点之所以神秘，是因为每当它想要解释和清楚地描述福音故事产生的过程时，它都总是只能提供某种过程的**假象**。'福音故事的来源和发端是传说'这个句子两次讲了同一个东西——'传说'和'福音故事'；的确，这里也讲了它们相互之间的关系，但是并没有向我们说明，福音故事的发展和解说起源于什么样的**实体的内在过程**。"

按照**黑格尔**的意见，应当把**实体**理解为**内在过程**。对于以实体观点为出发点的**发展进程**，黑格尔作了如下的说明：

"如果仔细加以考察，就会发现，这种**展开**的发生不是因为同一个东西具有不同的形态，而是这种展开就是那种本身仅仅……包含差别性的无聊的**假象**的同一个东西的无形态的**重复**。"(《现象学》序言第 12 页)

欣里克斯，来帮帮忙吧！
鲍威尔先生继续说道：

"因此，批判必须反对它自身，并且使**神秘的实体性**……消融到**实体本身的发展**驱使我们去的那个地方去，而这种发展驱使我们走向观念的普遍性和规定性及观念的现实存在，走向**无限的自我意识**。"

黑格尔在批判实体性的观点时继续说道：

"实体的封闭性必须打破，并且必须把实体提高到**自我意识**的水平。"（《现象学》第 7 页）

在鲍威尔那里，**自我意识**也是**提高到自我意识水平的实体**，或者说，是作为**实体的自我意识**，自我意识从**人的属性**变成了**独立的主体**。这是一幅讽刺人同自然**分离**的形而上学的神学漫画。因此，这种自我意识的**本质**不是**人**，而是**观念**，因为观念的**现实存在**就是自我意识。自我意识是**变成了人的观念**，因而也是**无限的**。人的一切特性就这样**秘密地**变成了想象的"**无限的自我意识**"的特性。因此，鲍威尔先生在谈到这种"**无限的自我意识**"时**十分明确地**说，**一切事物都在无限的自我意识**中找到其**起源**和其**解释**，即找到其**存在**的**根据**。欣里克斯，来帮帮忙吧！

鲍威尔先生继续说：

"**实体性关系**的力量就在于它的欲望，这种欲望把我们引向概念、观念和自我意识。"

黑格尔说：

"所以，**概念**是实体的**真理**。""**实体性关系**的过渡是由于它本身固有的内在必然性而出现的，而且恰恰说明**概念**是实体的真理。""**观念**是对等的概念。""**概念**……成长为**自由**的存在……无非就是**自我**或纯粹的自我意识。"（《逻辑学》，《黑格尔全集》第 2 版第 5 卷第 6、9、229、13 页）

欣里克斯，来帮帮忙吧！

十分可笑的是，鲍威尔先生在他的《文学报》上还说：

"**施特劳斯**已经衰颓了，因为他没有能**完成对黑格尔体系的批判**，尽管他以他那不彻底的批判证明了完成这一批判的必要性"，等等。

鲍威尔先生本人在他的《符类福音作者考证》中并没有打算对黑格尔的体系作**完善的批判**，而至多不过是打算**完成黑格尔的体系**罢了，至少在把黑格尔体系应用于神学这一方面是这样的。

他把他的批判（《符类福音作者考证》前言第21页）称为"特定体系的最后业绩"，而这个特定体系不是别的体系，正是**黑格尔的体系**。

施特劳斯和**鲍威尔**之间关于**实体**和**自我意识**的论争，是一场在**黑格尔的思辨范围**之内进行的论争。在**黑格尔**的体系中有**三个要素**：**斯宾诺莎的实体**、**费希特的自我意识**以及前两个要素在**黑格尔**那里的必然充满矛盾的**统一**，即**绝对精神**。第一个要素是形而上学地改了装的、同人分离的**自然**。第二个要素是形而上学地改了装的、同自然分离的**精神**。第三个要素是形而上学地改了装的以上两个要素的**统一**，即**现实的人**和**现实的人类**。

施特劳斯立足于**斯宾诺莎主义的观点**，鲍威尔立足于**费希特主义的观点**，两人各自在神学的领域内彻底地贯彻**黑格尔体系**。他们两人都**批判了黑格尔**，因为上述两个要素之中的每一个要素在黑格尔那里都由于另一个要素的渗入而**遭到歪曲**；可是他们使每一个要素都进一步获得了**片面的**、因而是彻底的阐释。——因此，他们两人在自己的批判中都**超出了黑格尔体系**，但同时他们两人都继续停留**在黑格尔思辨的范围内**，而他们之中无论哪一个都只是代表了黑格尔体系的一个方面。只有**费尔巴哈**才立足于**黑格尔的观点**之上而结束和批判了**黑格尔**的体系，因为费尔巴哈消解了形而上学的**绝对精神**，使之变为"**以自然为基础的现实的人**"；费尔巴哈完成了**对宗教的批判**，因为他同时也**为批判黑格尔的思辨以及全部形而上学**拟定了博大恢宏、堪称典范的**纲要**。

在鲍威尔先生那里，向福音书作者口授福音书本文的虽然已经不是**神圣精神**，然而却是**无限的自我意识**：

"我们不应该再隐瞒，对福音故事的正确理解也是有其**哲学基础**的，那就是**自我意识的哲学**。"（布鲁诺·鲍威尔《符类福音作者考证》前言第 15 页）

为了说明**鲍威尔**的这种**自我意识的哲学**以及鲍威尔先生从他对神学的批判中获得的**结果**，必须从他的**最后一部**关于宗教哲学的著作《基督教真相》中摘引几段文字。

该书在谈到**法国唯物主义者**的地方写道：

"如果说唯物主义的**真理**即**自我意识的哲学**已被发现，而**自我意识**又被认为是一切，是**斯宾诺莎的实体**之谜的解答和真正的自身**原因** [causa sui] ……那么又何必要**精神**呢？**又何必要自我意识呢**？仿佛**自我意识**在这种由它自身体现的运动中没有自己的目的，也没有首先掌握它自身似的！实际上，自我意识设定**世界**，设定**差别**，并且在它自己所创造的东西中创造**它自身**，因为它重新扬弃了**它的创造物和它本身之间的差别**，并且只有在创造中和在运动中才是它本身。"（《基督教真相》第 113 页）

"法国唯物主义者的确曾把自我意识的运动看做普遍本质即物质的运动，但是他们还未能看出，**宇宙的运动只有作为自我意识的运动**，才真正变成了自为的运动，才达到了与本身的统一。"（同上，第 114—115 页）

欣里克斯，来帮帮忙吧！

第一段话说得很清楚：**唯物主义**的真理就是唯物主义的**对立面——绝对的**即唯一的、得意扬扬的**唯心主义**。自我意识即**精神**就是一切。在它之外**没有任何东西**。"自我意识"即"**精神**"是世界、天空和大地的万能创造者。自我意识必定要使自己**外化**并采取**奴隶形象**，而**世界**就是自我意识的生命表现，但是世界和自我意识之间的差别只是**虚假的差别**。自我意识不把**任何现实事物**同自身区别开来。世界实际上只是形而上学的**区分**，是自我意识的超凡入圣的头脑的幻想和**想象物**。因此，自我意识又重新扬弃了它一度特许的仿佛在它之外有某种事物存在的假象，并且不承认它本身的"创造物"是实在的物体即同它有实际差别的物体。但是，**自我意识**也通过这种运动首次把自己作为绝对的东西制造出来，因为**绝对的**唯心主义者要想成为绝对的唯心主义者，就必须经常地经历一种**诡辩的过程**，就是说，他必须先把**他身外**的世界变成**虚假之物**，变成**自己**头脑的单纯的突发之念，然后宣布这种**幻象**是真正的幻象，是纯粹的幻想，以便最终可以宣告他自己的唯一的、独一无二的、甚至不再为外部世界的假象所限制的存在。

第二段话说得很清楚：法国唯物主义者的确曾把物质的运动看做富有精神的运动，但是他们还未能看出，这不是**物质**运动，而是**观念**运动，自我意识的运动，即纯粹思想的运动。他们还未能看出，现实的宇宙运动只有作为独立于**物质**和摆脱了**物质**即独立于**现实**和摆脱了**现实**的、自我意识的**观念**运动，才是真正的和现实的；换句话说，与观念的头脑运动不同的**物质**运动，只是作为**假象**而存在。

欣里克斯，来帮帮忙吧！

这种思辨的**创世说**在**黑格尔**的著作中几乎可以一字不差地找到；我们在他的**第一部**著作《**现象学**》中就可以看到这种理论：

"正是**自我意识的外化**设定**实物性**……自我意识在这种外化中把自己设定为**对象**，或者说把对象设定为**自身**。另一方面，这里同时还包含着另一个环节，即自我意识同样又**扬弃**了这种**外化**和**对象性**，并且把这种外化和对象性收回到自身……这就是**意识的运动**。"（黑格尔《现象学》第 574—575 页）

"自我意识具有一个**内容**，它把这个内容同**自身**区别开来……这种内容在其**差别**中本身就是**自我**，因为内容是自我扬弃的**运动**……这种内容，更确切地说，无非就是**刚才所说的运动本身**，因为内容就是贯穿自身而且是作为**精神自为地**贯穿自身的**精神**。"（同上，第 582—583 页）

针对黑格尔的这种创世说，**费尔巴哈**指出：

"物质是精神的自我外化。从而物质本身就获得了精神和理智,但同时物质又被设定为**虚无的**、**不真实的**本质,因为只有从这种外化中产生的本质,也就是使自己摆脱了物质、摆脱了感性的本质,才被称为完善的、具有真正形态和形式的本质。可见,自然的、物质的、感性的事物在这里也是被否定的事物,正像在神学中被原罪所毒害的自然界一样。"(《未来哲学》第35页)

这样,鲍威尔先生既为反对**非批判的神学**的唯物主义作辩护,同时又指责唯物主义"还没有"成为**批判的神学**、**理智的神学**、**黑格尔的思辨**。欣里克斯!欣里克斯!

鲍威尔先生在**一切**领域中都贯彻**自己**同**实体**的对立,贯彻**他的自我意识的哲学**或精神的哲学,因此他在一切领域就不得不只同他自己头脑中的**幻想打交道**。**批判**是他手中的工具,他用这个工具把在**无限的自我意识之外**还维持着**有限的**物质存在的一切,都归入单纯的**假象和纯粹的思想**。他所反对的实体不是**形而上学的幻觉**,而是**世俗的内核**——**自然**,他既反对存在于人**之外**的自然,也反对人本身这个自然。他在阐述中还使用了这样的语言:在任何领域都不假定有**实体**;他这样说的意思就是,不承认任何有别于思维的**存在**、任何有别于**精神自发性**的自然力、任何有别于**理智**的**人的本质力量**、任何有别于**能动的受动**、任何有别于**自身作用**的**别人的影响**、任何有别于**知识的感觉和愿望**、任何有别于**头脑**的**心灵**、任何有别于**主体**的**客体**、任何有别于**理论**的**实践**、任何有别于**批判家**的**人**、任何有别于**抽象的普遍性**的**现实的共同性**、任何有别于**我**的**你**。因此,鲍威尔先生进而把**自己同无限的自我意识**、同**精神**等同起来,即用这些创造物的创造者来代替这些创造物,这是合乎逻辑的。同样,由于整个**其余世界**固执地坚持认为自己和**他**鲍威尔先生的创造物**有所区别**,因此鲍威尔先生把整个**其余世界**都当做顽固**不化的群众**和**物质**加以摒弃,这也是合乎逻辑的。于是他就希望:

"过不了多长时间,

各种物体都将彻底灭绝。"①

同样合乎逻辑的是,他把**自己**由于迄今未能遏制"**这个愚蠢的世界的作用**"而产生的怨艾情绪凭空说成是这个世界的**自怨自艾**,并把他的批判对人类发展的恼怒凭空说成是人类对**他的批判**、对**精神**、对布鲁诺·鲍威尔先生及其伙伴的**群众性**的恼怒。

鲍威尔先生最初是一个**神学家**,但不是一个普普通通的神学家,而是一个**批判的神学家**或**神学的批判家**。早在他还是一个**老黑格尔**正统派的最极端的代表,一个一切**宗教胡说和神学胡说**的思辨炮制者的时候,他就不断地宣称**批判**是他的**私有财产**。那时,他就已经把**施特劳斯**的批判看做是**人的批判**,而同这种批判相反,他**十分明确地**要求享有**神的批判**的权利。后来,他从宗教的外壳中剥出了这种神性的隐秘的内核,即伟大的**自我感觉**或**自我意识**,使其独立化,变成独立的存在物,并在"**无限的自我意识**"的幌子下把它提升为批判的原则。接着,他在他**本身**的运动中完成了被"自我意识的哲学"描述为绝对的**生命行为**的那种运动。他又扬弃了"创造物"即**无限的自我意识**与创造者即**他自己**之间的"差别",并认识到,**无限的**自我意识在自己的运动中"只是"鲍威尔"**他自己**",所以宇宙的运动只有在它本身的观念的自我运动中才能成为**真正的和现实的**。

神的批判在返回自身时,以合理的、自觉的、批判的方式复活了,**自在的存在**变成了**自在自为的存在**,而且只有在**最后**才会变成完成了的、实现了的、**显现**出来的**开端**。和人的批判不同,**神的批判**是作为**批判**、作为**纯粹的批判**、作为**批判的批判**显现出来的。对鲍威尔先生的新旧著作的辩护代替了对新旧约全书的辩护。神与人、精神与肉体、无限性与有限性之间的**神学的**对立,变成了**精神**、**批判**或**鲍威尔**先生与**物质**、**群众**或世俗世界之间的**批判的神学**的对立。信仰与理性之间的神学的对立变成了**健全的理智**与纯粹批判的思维之间的批判的神学的对立。《思辨神学杂志》变成了批判的《文学报》。最后,**宗教的救世主**终于

---

① 歌德《浮士德》第1部第3场《书斋》。——编者注

显化为**批判的救世主鲍威尔**先生了。

鲍威尔先生的最后阶段并不是他发展中的反常现象,这个阶段是他的发展从**外化**向**自身**的**返回**。不言而喻,**神**的批判使自己**外化**并超出自身范围的那一瞬间,是与它部分地背弃自己而创造某种**人**的东西的那一瞬间相吻合的。

绝对的**批判**返回到自己的出发点以后,就结束了**思辨的循环**,从而也结束了自己的**生涯**。它的往后的运动是纯粹的——超越一切**群众**利益的**自己体内**的循环,因此,群众对它已丝毫不感兴趣了。

第七章　批判的批判的通信

(2)"非批判的群众"和"批判的批判"

(a)"顽固不化的群众"和"不满意的群众"

"群众"的冷酷无情、顽固不化和盲目的无信仰体现在一位相当坚定的代表人物身上。这位代表人物谈到了"柏林学社的纯黑格尔哲学的素养"。

> 他说:我们才能获得真正的进步。我们从您那里只是"只有认识现实,但是,得知,我们的认识不是对现实的认识,而是对某种非现实的东西的认识。"

他把"自然科学"称为哲学的基础。

> "一个优秀的自然科学家同哲学家的关系,就好比是哲学家同神学家的关系一样。"

接着,他谈到"柏林学社":

"我试图说明，这些人的处境之所以如此，是因为他们虽然经历了精神上的脱毛过程，但是他们并没有摆脱这种脱毛的产物，所以就不能接受那些使人获得新生和重现青春的因素。我认为，我这样说并没有言过其实。""这些〈自然科学的和工业的〉知识我们还必须掌握。""我们首先需要的关于世界和人类的知识不是单凭思想的敏锐所能获得的；要获得这种知识，所有感官都必须协同动作，而且人的一切素质都必须作为必需的和不可缺少的工具来加以利用；否则，直观和认识必然总是有欠缺之处……甚至会导致**道德的沦丧**。"

但是，这位通信者把他送给批判的批判的药丸加上金色包装。他"让**鲍威尔的言辞**得到正确的运用"，他"注视着**鲍威尔的思想**"，他让"**鲍威尔说得很正确**"，最后，他表面上并不同**批判**本身论战，而是同有别于批判的"柏林学社"论战。

批判的批判感到自己被击中了要害，加上它在一切**有关信仰的事情**上都像一个老处女那样神经过敏，所以它不会被这种赞许之词和言不由衷的恭维迷住眼睛。

它回答说："您想把您来信一开头所描绘的那一派人看做**您的敌人**，那就**错**了。您不如干脆**承认**〈接着就是一道非常令人震惊的革出教门令〉，**您就是批判本身的敌人！**"

不幸的人呵！群众的人呵！**批判本身**的敌人呵！至于说到上述**群众**的论战的内容，批判的批判宣称自己是**尊重**它对**自然科学**和**工业**所抱的批判态度的。

"**十分尊重自然科学！十分尊重**詹姆斯·瓦特，然而〈真正崇高的言辞！〉丝毫不尊重瓦特给自己的亲人带来的百万财富！"

十分尊重批判的批判对别人的尊重！批判的批判在这封回信中指责上述**柏林学社**不在扎实而有分量的著作上下工夫，没有去研究那些著作，指责他们只是指出某一著作是划时代的等等便**算了事**。但是就在这封信中，**它自己**也只是简单地宣称尊重整个自然科学和**工业**就**算了事**。而批判的批判在宣称尊重**自然科学**时所加的保留条件，使人不禁想起已故的骑士**克鲁格**反对自然哲学时所发出的第一批雷矢①。

"自然界并不**因为我们吃的和喝的都是自然界的一个个产品**就成了唯一的现实。"

关于自然界的**一个个产品**，批判的批判所知道的只不过是"我们**吃它们和喝它们**"而已。十分尊重批判的批判的自然科学！

针对那种令人厌烦的强加于人的要求，即关于研究"自然"和"工业"的要求，批判合乎逻辑地发出下面这种妙不可言的修辞学上的感叹：

"难道〈！〉您以为对**历史**现实的认识**已经完结了**吗？难道〈！〉您知道有哪一个历史时期已经被**真正认识了**？"

难道批判的批判以为，只要它把人对自然界的理论关系和实践关系，把自然科学和工业排除**在**历史运动**之外**，它就能达到，哪怕只是**初步**达到对历史现实的认识吗？难道批判的批判以为，它不把比如说某一历史时期的工业，即生活本身的直接的生产方式认识清楚，它就能真正地认清这个历史时期吗？确实，唯灵论的、**神学的**批判的批判仅仅知道（至少它在自己的想象中知道）历史上的政治、文学和神学方面的重大事件。正像批判的批判把思维和感觉、灵魂和肉体、自身和世界分开一样，它也把历史同自然科学和工业分开，认为历史的诞生地不是地上的粗糙的**物质生产**，而是天上的迷蒙的云兴雾聚之处。

"顽固不化的"和"冷酷无情的"群众的代表因提出过中肯的指责和忠告，而被批判斥为**群众的唯物主义者**。批判对待另一位不太恶毒、群众特征不太明显的通信者，也不见得好些。这位通信者虽然对批判的批判寄予期望，但是他的期望没有得到满足。这位"**不满意的**"群众

---

① 即闪电，古希腊神话中主神宙斯的神箭。——编者注

的代表写道：

"不过，我必须承认，贵报第一期**完全不能**令人**感到满意**。我们所期望的确实是另外的东西。"

批判的族长亲自出面回答道：

"说什么本报没有满足期望，这我早已预料到了，因为这些期望对我说来是很容易想象到的。人们实在是太怠惰了，竟想要**一下子**就得到**一切**。得到一切？不可能！也许同时得到的既是一切又是虚无。那种不费力气就可得到的一切，那种不经过任何阐释就能理解的一切——那样的一切，只是有名无实的东西。"

"群众"要求按原则和本性"**不能提供任何东西**"的批判提供**一些东西**，甚至**一切东西**，于是批判的族长在对"群众"的不正当的要求表示愤恨的同时，以长者的口吻讲述了如下的一则**趣闻**：不久以前，柏林的一位**熟人**以尖刻的语气抱怨这位族长的著作冗长拖沓，废话连篇（大家知道，布鲁诺先生根据一个小得不能再小的所谓思想写成了这本大部头的著作）。鲍威尔先生安慰他，答应为了使他便于理解而赠给他一种印书用的小圆球状的油墨。这位族长用油墨的不匀来解释自己的"著作"的冗长，正像他用"世俗的群众"（他们为了充实自己而想要一口吞下一切和虚无）的空虚来解释他的《文学报》的虚无一样。

人们并不否认上述报道的重要性，同样人们也不可能认为**具有世界历史意义的对立**就在于：批判的批判的一位属于群众的熟人说批判很空虚，而批判则反过来说这位熟人是非批判的；另一位熟人认为《文学报》没有满足他的期望；最后，**第三位**熟人和挚友认为批判的著作冗长絮叨。不过，怀抱期望的第二号熟人和至少想要摸清批判的批判的秘密的第三号挚友，却构成向批判与"非批判的群众"之间的**更富有内容**和更为紧张的关系的过渡。我们会看到，**批判**一面以残酷无情的态度对待具有"顽固不化的心"和"普通人的理智"的群众，一面以屈尊俯就的宽容态度对待那些苦苦哀求从对立中获得**解救**的群众。那些群众带着破碎的心，以忏悔的心情和谦恭的态度去接近批判，批判将对他们说出一些**深思熟虑的**、**预言式的**、**有分量的**话语，作为对他们的诚实表现的褒奖。

（b）和群众"软心肠的""需要解救的"

伤感的、**诚恳的**、**需要解救的群众**的代表倾吐心曲，鞠躬行礼，目光惊慌不定，低三下四地恳求批判的批判说几句友善的话。这位群众代表说：

"为什么我要写信把这件事告诉您呢？为什么我要在您的面前为自己辩白呢？因为我**尊敬**您，所以我**希望博得**您的**垂青**；因为我万分地**感激**您对我的培养，所以我**爱戴**您。您责备了我，所以**我的良心驱使我在您面前为自己辩白**……我**决**不是要**强求**于您，但是根据我**个人的切身体会**想来，您**本人**也会乐于看到一个素昧平生的人证明他对您的**好感**。我**决**不妄求您来答复我这封信。我**既**不想占去您可以更好地加以利用的宝贵时间，**又**不想给您增加麻烦，**更**不想使自己因为看到希望**不能实现**而苦恼。**您可以把我这封信说成是伤感**、**纠缠**或**虚荣**〈！〉，或者随便您说成其他什么都行；您可以答复或不答复，这都没有什么关系，而我却**情不自禁地**要发出这封信，但愿您能理解我写信的**友好情意**〈！！〉。"

正像上帝向来就怜悯**怯懦**的人一样，这个群众的、然而却是恭顺的、哀求批判怜悯的通信者终于**如愿以偿了**。批判的批判善意地答复了他。不仅如此！批判的批判还对他极想知道的问题作了**极其深刻**的解答。

批判的批判教诲说："两年前对18世纪的法国启蒙运动进行回顾是适时的，因为这可以使我们在当时已经打响的战役中让这些**轻装部队**在一个地方采取行动。但是目前的情况**完全不同了**。如今实际情况变得很快。当时是**适宜的东西，现在却成了失误**。"

当至尊至上的绝对的批判把这些**轻装部队**称为"**我们的圣徒**"、我们的"**先知**"、"**教长**"等等（见《轶文集》第2卷第89页①）时，这在当时自然也只不过是一种"**失误**"，然而却是"**适宜的**"失误。谁能够把**轻装部队**称为"**教长**"的**部队**呢？批判热情地谈论这些**轻装部队**"毕生为真理而思考、工作和钻研"时所表现的克己精神、道义力量和热忱，这是一个"适宜的"失误。批判在《基督教真相》一书序言中声称，这些"**轻装**"部队已经"显现出不可战胜的姿态，而且**每一个内行人事先都向他们提出证据，说他们一定会使整个世界彻底倾覆**"，事实已经"确凿无疑地表明，他们也的确能成功地**使世界面貌一新**"。这种说法也是一个"失误"。这些**轻装部队**果真能获得这样的成功吗？

批判的批判继续教诲"**诚恳的群众**"的求知心切的代表说：

"尽管法国人以前由于试图创立社会理论而建立了**新的**历史功绩，**可现在**他们**已经日薄西山了**；他们的新理论还不**纯粹**，他们的社会幻想、他们的**和平的民主**还远没有摆脱旧秩序的前提。"

批判在这里谈论的是——如果说它是以不同的方式谈论某种东西的话——**傅立叶主义**，特别是《和平民主日报》的傅立叶主义。但是，这种傅立叶主义根本不是法国人的"社会理论"。法国人有**好几套社会理论**，而不是仅有**一套**社会理论。《和平民主日报》所鼓吹的那种掺了水的傅立叶主义，无非是主张博爱主义的资产阶级中的一部分人所坚持的社会学说。人民拥护**共产主义**，不过分裂为许多不同的派别。真正的运动和对这些各不相同的社会倾向的改造不仅没有**日薄西山**，而且只是在现在才真正**开始**。这一运动将不会像批判的批判所希望的那样以纯粹的、即抽象的理论为归宿，而将以**实实在在的实践**为归宿，这种实实在在的实践决不会为批判的那种绝对的范畴耗时费力。

---

① 指布·鲍威尔《神学意识的痛苦和欢乐》一文，载于《德国现代哲学和政论界轶文集》1843年苏黎世—温特图尔版第2卷。——编者注

批判继续絮叨说:"直到**现在**没有一个民族同另一个民族相比具有**某种优点**。假如有一个民族能成功地……获得对其他各民族的精神优势,那么这个民族必定是能够批判自己和其他各民族并能认识普遍衰败的原因的民族。"

直到**现在每个**民族同另一个民族相比都具有**某种优点**。但是,如果批判的预言是正确的,那么任何一个民族同另一个民族相比都将不**会**具有某种长处,因为所有的欧洲文明民族——英国人、德国人、法国人——现在都在"**批判**自己和其他民族"并"能认识普遍衰败的原因"。最后,说"**批判**"、"**认识**"即**精神**活动能提供**精神优势**,其实只是一种词句上的**同义反复**;批判凭借无限的自我意识,使自己凌驾于各民族之上,期待着各民族跪在自己脚下乞求指点迷津,它正是通过这种漫画化的、基督教日耳曼的唯心主义,证明它依然深深地陷在**德国民族性**的泥坑里。

法国人和英国人的批判并不是什么在人类之外的、抽象的、彼岸的人格化的东西,这种批判是那些作为社会积极成员的个人所进行的**现实的人的活动**,这些个人作为人也有痛苦,有感情,有思想,有行动。因此,他们的批判同时也是实践的,他们的共产主义是这样一种社会主义,在这里面他们提出了实践的、明确的实际措施,在这里面他们不仅思考,并且更多的是行动。因此,他们的批判是对现存社会的生动的现实的批判,是对"衰败"原因的认识。

批判的批判向求知心切的群众成员作了一番说明之后,自然有理由这样来谈它的《文学报》:

"这里进行了**纯粹的**、明白易懂的、通达事理的、不附加任何东西的批判。"

这里"不提供**任何独立的东西**",这里提供的只是那种**不提供任何东西的批判**,即一种最终成为极端的非批判的批判,除此之外根本**不提供任何东西**。**批判**把加了着重号的词句排印出来,并且在**自己的摘录**中达到了其辉煌灿烂的顶点。**沃尔弗冈·门采尔**和**布鲁诺·鲍威尔**互相伸出了友谊之手,可见批判的批判还停留在**同一哲学**在本世纪最初几年所处的**地方**,那时群众要求谢林提供一点东西,随便什么东西都行,只要不是**纯粹的**、**纯哲学的**哲学。**谢林**针对这种要求提出了抗议。

第八章 批判的批判走进尘寰并改变形象,或盖罗尔施泰因公爵鲁道夫所体现的批判的批判

(4) 被揭露了的有关"观点"的秘密

"鲁道夫没有停留在他那高超的〈!〉观点上……他不辞辛劳,用自由选择的方式持有上下左右**各种观点**。"(塞利加语)①

批判的批判的主要秘密之一,就是"观点"和用观点来评判观点。在它的眼中,每一个人跟每一种精神产品一样,都变成了观点。

如果你看清了批判的批判的总秘密就是重弹思辨的老调,那么要发现观点的秘密就是再容易不过的事了。

首先,让**批判**自己通过族长**布鲁诺·鲍威尔**先生的口来谈谈它关于"观点"的理论。

"科学……**永远与这单个的个人**或这种特定的观点毫无关系……当然,科学也不会错过机会去**消除某种观点的界限**,如果值得在这上面花费力气而这种界限又确实具有普遍的人的意义;但是,科学把这种界限看做**纯粹的范畴和自我意识的规定性**,因此它只为那些有勇气

---

① 塞利加《评欧仁·苏〈巴黎的秘密〉》,载于1844年6月《文学总汇报》第7期。——编者注

上升为**自我意识的普遍性**的人，即那些决不想停留在这些界限以内的人辩护。"（《轶文集》第 2 卷第 127 页）①

  鲍威尔的这种勇气的**秘密**就在于**黑格尔的《现象学》**。黑格尔在《现象学》中用**自我意识**来代替**人**，因此，**最纷繁复杂的**人的现实在这里只表现为**自我意识**的一种**特定**形式，只表现为**自我意识**的一种**规定性**。但自我意识的单纯规定性是"**纯粹的范畴**"，是单纯的"**思想**"，因此，我能够在"纯粹"思维中扬弃并且通过纯粹思维克服这种"思想"。在黑格尔的《现象学》中，人的自我意识的各种异化形式所具有的**物质的**、**感性的**、**对象性的**基础**被置之不理**，而全部破坏性工作的结果就是**最保守的哲学**，因为这种破坏性工作一旦把**对象世界**、感性现实的世界变成"思想的东西"，变成**自我意识**的单纯**规定性**，一旦有可能把那变成了**以太般的东西**的敌人消融于"**纯粹思维的以太**"之中，它就自以为征服了这个世界了。因此，《现象学》最后完全合乎逻辑地用"**绝对知识**"来代替全部人的现实，——它之所以用**知识**来代替，是因为知识是自我意识的唯一存在方式，因为自我意识被看做人的唯一存在方式；它之所以用**绝对**知识来代替，是因为自我意识只知道它**自己**，并且不再受任何对象世界的约束。黑格尔把人变成**自我意识的人**，而不是把自我意识变成人的自我意识，变成现实的、因而是生活在现实的对象世界中并受这一世界制约的人的**自我意识**。黑格尔把世界**头足倒置**，因此，他也就能够在**头脑**中消灭一切界限；可是即便如此，对于**坏的感性**来说，对于**现实的人**来说，这些界限当然还是继续存在。此外，一切显示**普遍自我意识的有限性**的东西——人及人类世界的一切感性、现实性、个性，在黑格尔看来都必然是界限。整部《现象学》就是要证明**自我意识是唯一的、无所不包的实在**。

---

  ① 布·鲍威尔《神学意识的痛苦和欢乐》，载于《德国现代哲学和政论界轶文集》1843年苏黎世—温特图尔版第 2 卷。——编者注

近来，鲍威尔先生把绝对知识改名为**批判**，而给自我意识的规定性换上了一个听起来更具有世俗意味的名字——**观点**。在《轶文集》中两个名字仍然并用，而观点也仍然是用自我意识的规定性来解释的。

因为"**宗教世界作为宗教世界**"只是作为**自我意识**的世界而存在，所以批判的批判家——职业的神学家——无论如何也不可能想到，竟然有这样一个世界，在那里**意识**和**存在**是不同的，而当我只是扬弃了这个世界的思想存在，即这个世界作为范畴、作为观点的存在的时候，也就是说，当我改变了我自己的主观意识而并没有用真正对象性的方式改变对象性现实，即并没有改变我自己的**对象性**现实和其他人的对象性现实的时候，这个世界仍然还像往昔一样继续存在。因此，**存在和思维**的思辨的**神秘的同一**，在批判那里作为**实践**和**理论**的同样神秘的同一重复着。因此，批判怒气冲冲地反对那种还想同理论有所区别的实践，同时也反对那种还想同把某一特定**范畴**变成"**自我意识的无限普遍性**"的做法有所区别的理论。批判本身的理论仅限于把一切确定的东西（如国家、私有财产等）宣布为自我意识的无限普遍性的对立物，因而也就把它们宣布为微不足道的东西。其实恰好相反，必须加以说明的是，国家、私有财产等怎样把人变为抽象概念，或者它们怎样成为**抽象的人**的产物，而不是成为单个的、具体的人的现实。

最后，不言而喻，如果说黑格尔的《现象学》尽管有其思辨的原罪，但还是在许多方面提供了真实地评述人的关系的要素，那么鲍威尔先生及其伙伴却相反，他们只是提供了一幅毫无内容的漫画，这幅漫画只是满足于从某种精神产物中或从现实的关系和运动中撷取一种规定性，把这种规定性变为思想规定性，变为**范畴**，并用这个范畴充当产物、关系或运动的观点，以便能够以老成练达的姿态、扬扬得意的神气从抽象概念、普遍范畴、普遍自我意识的观点，傲然睨视这种规定性。

马克思恩格斯《神圣家族》研究读本

  在鲁道夫看来，所有的人不是持善的观点，就是持恶的观点，并且对所有的人都要按照这两个不变的观念来进行评价；同样，在鲍威尔先生及其伙伴看来，所有的人不是持**批判**的观点，就是持**群众**的观点。但是鲁道夫和鲍威尔及其伙伴都把**现实的人**变成了**抽象的观点**。

卡·马克思和弗·恩格斯写于1844年9—11月	原文是德文
1845年2月在美因河畔法兰克福出版	中文根据《马克思恩格斯全集》德文版第2卷翻译

  选自《马克思恩格斯文集》第1卷，北京：人民出版社2009年版，第249—359页。

马克思

马克思致路德维希·费尔巴哈

布鲁克贝格

[1844年] 8月11日于巴黎田鼋路38号

最尊敬的先生：

趁此机会冒昧地给您寄上一篇我的文章①，在文章中可以看到我的法哲学批判的某些成分。这一批判我已经写完，但后来又重新作了加工，以便使它通俗易懂。我并不认为这篇文章有特殊的意义，但是使我感到高兴的是，我能有机会表示我对您的崇高敬意和爱戴（请允许我使用这个字眼）。您的《未来哲学》和《信仰的本质》尽管篇幅不大，但它们的意义却无论如何要超过目前德国的全部著作。

在这两部著作中，您（我不知道是否有意地）给社会主义提供了哲学基础，而共产主义者也就立刻这样理解了您的著作。建立在人们的现实差别基础上的人与人的统一，从抽象的天上降到现实的地上的人类这一概念，如果不是**社会**这一概念，那是什么呢？

您的著作《基督教的本质》正在译成英文和法文两种文字；二者都即将送去付印。英文版将在曼彻斯特出版（译文由恩格斯审阅），法文版将在巴黎出版②（它是由法国人盖里埃博士和德国共产主义者**艾韦贝克**在一个法国修辞学家帮助之下翻译的）。

---

① 马克思：《〈黑格尔法哲学批判〉导言》，见《马克思恩格斯文集》第1卷。——编者注

② 英译本没有出版。法译本载于海·艾韦贝克《从最新的德国哲学看什么是宗教》1850年巴黎版。——编者注

现在法国人会立即抢购这本书,因为两个派别——一派是僧侣,另一派是伏尔泰信徒和唯物主义者——都在寻求外援。一个值得注意的现象是,与18世纪相反,现在宗教观念是在中间等级和上层阶级中传播,而非宗教观念——那种感到自己是人的人所固有的非宗教观念——却降临到了法国无产阶级的队伍里。您要是能出席法国工人的一次集会就好了,这样您就会确信这些劳累不堪的人纯洁无瑕,心地高尚。英国的无产者也取得了巨大的成绩,但他们的文化素质不及法国人。不过不能不强调指出瑞士、伦敦和巴黎的德国手工业者的理论贡献。只是德国手工业者仍然过于像手工业者。

但无论怎样,历史正在把我们文明社会的这些"野蛮人"变成人类解放的实践因素。

法国人和我们德国人对立的特性,在我面前从来没有表现得如此尖锐,如此明显,就像在一本傅立叶主义者的著作中所表现的那样。这部著作的开头有这样几句话:

"**人**完全是在他的**情欲**中表现出来的"。"你什么时候遇到过这样的人,**他为了思维而思维,为了回忆而回忆,为了想象而想象,为了愿望而愿望**?你自身遇到过类似的情况吗?……没有,当然没有!"

因此,自然界的主要动力与社会的主要动力一样,是**魔术般的、热情的、不反射的引力**,并且

"一切存在物——人、植物、动物或整个天体——都得到了这样一种力的总和,这种力的总和同这些存在物在世界秩序中的使命是相适应的"。由此可见:"**引力和命运**成正比"。①

难道这些论述不是表明,法国人是故意把自己的情欲和德国人的纯思维活动对立起来吗?人不是为了思维而思维,等等。

---

① 爱·德·蓬佩里《沙·傅立叶所创立的社会科学》1840年巴黎第2版第13、29页。——编者注

对于德国人来说，要摆脱对立的片面性是很困难的，我多年的朋友（但现在同我越来越疏远了）**布鲁诺·鲍威尔**在他的柏林出版的批判性报纸《文学报》中重新证明了这一点。不知您看过这家报纸没有。那里有不少文章是在同您进行无声的论战。

这家《文学报》的特征可以归结为：把"批判"变成某种超验的存在物。这些柏林人认为自己不是从事**批判**的**人**，而是由于**偶尔**的不幸才成为人的**批判家**。因此他们只承认一个**现实**的**需要**——进行**理论**批判的需要。因此像蒲鲁东这样的一些人便被指责是以某种"实践的**需要**"为出发点。因此这种批判就成了灰心丧气且又妄自尊大的唯灵论。**意识**或**自我意识**被看成是**唯一**的人的本质。例如，爱情之所以被否定，是因为情人在这里只不过是"**对象**"。打倒对象！因此这种批判自认为是历史上唯一**积极的**因素。与这种批判相对立的是作为**群众**、作为怠惰的群众的整个人类，群众只是作为精神的对立物才有意义。因此，对批判家来说，滔天的罪行就是具有**情感**或**情欲**，批判家应该是善于**冷嘲和凛若冰霜的哲人**。

因此鲍威尔明确宣称：

"批判家既不与社会共患难，也不与社会同欢乐；他既不懂友谊和爱情，也不懂憎恨和忌妒；他离群索居，只是口中时时发出奥林波斯山众神对世上的谬误的嘲笑"。

因此鲍威尔的《文学报》的语调是毫无热情的**轻蔑**的语调，鲍威尔这样做是轻而易举的，因为他用您以及我们整个时代所获得的成果来谴责别人。他只是揭露矛盾，而且满足于这样做，并轻蔑地"哼"一声就溜之大吉了。他声称，批判不会**提供**什么，因为它太唯灵论了。不仅如此，他还直截了当地说出这样的希望：

"为时不久，整个日益堕落的人类就要联合起来反对批判"，而**批判**就是**他及其伙伴**；"那时他们将把这些群众分为各种集团并发给他们全体赤贫证明书"。

看来，鲍威尔是出于与**基督竞争**而和他作战。我将出一本小册子①来反对批判的这种谬误。对我来说，**最**宝贵的是**您能事先把您的**意见告诉我，总之，如能早日得到您的回音，我将感到荣幸。

这里的德国手工业者，即他们的共产主义部分，为数有几百人，今年夏天，他们每周两次听他们的秘密团体的领导者讲述您的著作《基督教的本质》，而且他们有异乎寻常的接受能力。《前进报》第64号杂文栏内刊登的一位德国女士来信的一小段摘录，是从我妻子的来信中摘下来的，她正在特里尔探望母亲②，所以事先没有征得她的同意。

致以良好的祝愿。

您的　卡尔·马克思

选自《马克思恩格斯文集》第10卷，北京：人民出版社2009年版，第13—16页。

---

① 马克思和恩格斯《神圣家族》，见《马克思恩格斯文集》第1卷。——编者注
② 卡·冯·威斯特华伦。——编者注

马克思　恩格斯

《德意志意识形态》（节选）

二　圣布鲁诺

1. "征讨"费尔巴哈

在谈到鲍威尔的自我意识去庄重地和自己本身以及和世界打交道的情况以前，我们必须揭露一个秘密。圣布鲁诺之所以大声疾呼，挑起战火，只是为了"保全"自己和自己的陈腐发酵的**批判**，免得被人们漫不经心地遗忘，只是为了表明在1845年已改变了的条件下**批判**依然如故，一成未变。他写完了"正义事业和我自己的事业"一书的第二卷；他捍卫自己的地盘，他 pro aris et focis① 而战斗。但是他这位名副其实的神学家，用一种假象把这个本来目的掩盖起来，好像他是想"评述"费尔巴哈似的。在费尔巴哈和施蒂纳的论战中，完全没有提到布鲁诺，这再好不过地证明：人们已经把可怜的布鲁诺忘得一干二净了。正因为如此，他抓住了这次论战，以便寻找借口来宣告自己和这两个敌对者的对立，来宣称自己是他们的最高的统一——圣灵。

圣布鲁诺开始向费尔巴哈开炮"征讨"，c'est-à-dire〔也就是说〕，把已在"北德意志杂志"上发表过的一篇论文加以补充修订后再版。

---

①　直译是：为了保卫祭坛和炉灶；转意是：为了保卫自己的家园、自己的事业。——编者注

费尔巴哈被授予"**实体**"的骑士的称号，为的是使鲍威尔的"**自我意识**"更加突出。在这个据说是由费尔巴哈的全部著作所证明了的费尔巴哈的新化身面前，我们这位圣者从费尔巴哈论莱布尼茨和培尔的著作一下就跳到了"基督教的本质"，并且跳过了"哈雷年鉴"中的反对"实证哲学家"的论文。这种"遗漏"在这里真是"恰到好处"。原来费尔巴哈在这篇论文中是在圣布鲁诺还思辨着无垢受孕的时候就和"实体"的实证代表们相反，把"自我意识"的全部奥秘都揭穿了。

不消说，圣布鲁诺依旧在骑着他的老年黑格尔派的战马耀武扬威。听听他从上帝的王国发来的最新启示的开头一段话吧：

"黑格尔把斯宾诺莎的实体和费希特的我合而为一了；二者的统一，这两个对立领域的结合等等就是黑格尔哲学的独特的兴趣之所在，但同时也是它的弱点。黑格尔体系在这个矛盾中彷徨不知所措，这个矛盾必须解决和消灭。但是，他要做到这一点，只有使**自我意识**如何对待**绝对精神**……这一问题的提出永远成为不可能才行。而这一点可能从两方面来做到。或者是自我意识必须重新销毁于实体的火焰中，也就是说必须确立并保存纯粹的实体性；或者必须指明个性就是自己的属性和自己的本质的创造者，指明**一般个性**的**概念**本来就要对自己〈'概念'呢，还是'个性'？〉① 加以限制，然后又消除个性由于自己的**普遍本质**而加上的这种限制，因为正是这个本质**只是个性的内在的自我区别的结果，只是个性的活动的结果**。"（"维干德"第87、88页）

在"**神圣家族**"中（第220页）黑格尔哲学被描述为斯宾诺莎和费希特的统一，同时也强调指出了包含在这统一中的矛盾。圣布鲁诺的特别处是他和"神圣家族"的作者不同，他认为自我意识对实体的关系问题并不是"黑格尔思辨**范围之内**的争论问题"，而是世界历史的问题，甚至是绝对的问题。这是圣布鲁诺能够借以道出当代冲突的唯一形式。他确实相信：自我意识对实体的胜利，不仅对欧洲的均势，而且对

---

① 本卷引文中凡是在〈 〉里的话或标点符号等都是马克思和恩格斯加的。——译者注

俄勒冈问题的整个未来发展都有极重大的影响。至于英国谷物法的废除究竟在多大程度上取决于这一点，现在还知道得很少。

黑格尔用以反映——以歪曲的形式反映——现实冲突的那种抽象的和神秘的词句，在这个"批判的"头脑看来就是现实冲突本身。布鲁诺接受了**思辨**的矛盾，并把这个矛盾的一部分同另一部分对立起来。在他看来，关于现实问题的哲学词句就是现实问题本身。因此，在他看来，一方面，现实的人以及他们对于从外表上看是独立在外而和他们对立的他们自己的社会关系的现实意识都非实有，实有的只是**自我意识**这种赤裸裸的抽象词句，正如现实的生产都非实有，实有的只是**这种自我意识的已经独立化的活动**一样；另一方面，现实的自然界和现实存在的社会关系都非实有，实有的只是这些关系的一切哲学范畴或名称归结而成的赤裸裸的哲学词句，即**实体**；因为布鲁诺同所有哲学家和思想家一起，错误地把思想、观念、现存世界在思想上的独立化了的表现当作这个现存世界的基础。不言而喻，用这两个已变得毫无意义和毫无内容的抽象，他就能够变各式各样的戏法，而对现实的人及其各种关系则一无所知。（此外，请参看论费尔巴哈那一篇中关于实体的部分以及论圣麦克斯那一篇中关于"人道自由主义"和"**圣物**"的部分。）他并没有离开思辨的基地来解决思辨的矛盾；他仍在这一基地上施展伎俩，甚至还如此坚定地站在黑格尔所特有的基地上，以致"自我意识"对"绝对精神"的关系，依然使他不能得到安宁。总而言之，在我们面前的还不过是那一套在"复类福音作者批判"中宣告过，在"基督教真相"中细述过，但是可惜得很，在黑格尔的"现象学"中却早就先有过的**自我意识的哲学**。"神圣家族"第220页和第304—307页对鲍威尔的这一新哲学作了详尽无遗的分析。但是，圣布鲁诺竟然在这里还为自己画一幅漫画，他偷运"个性"进来，以便能够和施蒂纳一起把单个的人描绘成他"自己的制品"，而把**施蒂纳**描绘成**布鲁诺的制品**。这个前进的一步应有简短的注释。

首先，让读者把这幅漫画和它的原样，即"基督教真相"中对自我意识的说明（第113页）比较一下，然后再把这个说明和它的原型，即黑格尔的"现象学"第575、583页等处比较一下（这两处都在"神圣家族"第221、223、224页上转载了）。但我们来看看漫画吧："一般个性"！"概念"！"普遍本质"！"对自己加以限制，然后又消除这种限制"！"内在的自我区别"！多么巨大的"结果"啊！"一般个性"——这或者是"一般"胡说，或者是个性的抽象概念。因此，在个性这个概念的"概念"中，包含着"对自己加以限制"。而个性"由于自己的普遍本质"，接着就立即加上了包含在它的概念的"概念"中的这个限制，而且在个性重新把这个限制消灭以后，才知道"正是这个本质"才是"个性的内在的自我区别的**结果**"。因此，这种奥妙的同语反复的全部伟大结果也就是在思维中的人的自我区别这种久已驰名的黑格尔的戏法，而可怜的布鲁诺却固执地把这种自我区别宣称为"一般个性"的唯一活动。在相当长的时间以前，就已有人叫圣布鲁诺注意：既然"个性"的活动只限于这些已经陈腐的逻辑跳跃，那末这样的"个性"是毫无用处的。同时，这一段就包含着坦白的招供：鲍威尔的"个性"的本质就是概念的概念，抽象的抽象。

布鲁诺对费尔巴哈的批判如果有什么新东西，也只不过是把施蒂纳对费尔巴哈**和鲍威尔**的责难虚伪地述说成鲍威尔对费尔巴哈的责难。例如，他说"人的本质是一般本质和某种圣物"，"人是人的上帝"，人类是"绝对的东西"，他说费尔巴哈把人分裂为"本质的**我**和非本质的**我**"（尽管布鲁诺经常宣称抽象的东西就是符合于本质的东西，并且他在把**批判**和群众对立时，把这种分裂想象得比费尔巴哈还要可怕得多），他说必须进行反对"上帝的宾词"的斗争等等。在同费尔巴哈争论自私的爱和无私的爱时，布鲁诺几乎逐字逐句地抄袭了施蒂纳整整三页之多（第133—135页），同样他还非常笨拙地模仿施蒂纳的话："每一个人都是他自己的创造物"、"真理是怪影"等等。此外，在布鲁诺那里，"创造物"还变成了"制品"。关于圣布鲁诺如何利用施蒂纳，我们回头还要谈到。

我们在圣布鲁诺那里发现的第一样东西，就是他对黑格尔的经常的依赖。当然，对于他从黑格尔那里抄袭来的见解，我们无需多加议论。

我们只是搜集一些句子，从中可以清楚地看出他是如何迷信哲学家的威力，如何赞同他们的幻想：改变了的意识、对现存诸关系的稍新的解释，能够把整个现存世界翻转过来。圣布鲁诺满怀着这种信心，通过他的一个学生在"维干德季刊"第4卷第327页上为自己提供证明，硬说上面所引用的他在第3卷中关于个性所说的话，是"震撼世界的思想"。

圣布鲁诺说道（"维干德"第95页）：

"哲学总不外是还原为自己的最一般的形式、最合理的表达方式的神学。"

用来**反对**费尔巴哈的这段话几乎是逐字逐句从费尔巴哈的"未来哲学"（第2页）中抄下来的：

"思辨哲学是真实的、彻底的、**合理的**神学。"

布鲁诺接着说：

"同宗教结成联盟的哲学本身，总是致力于个人的绝对依赖性，并且**真的实现了这种依赖性**，这是因为**哲学**要求并力争做到使单一生活消融于普遍生活，偶性消融于实体，人消融于绝对精神之中。"

难道"同"黑格尔哲学"结成联盟"的、仍被禁止同神学交往的布鲁诺的"哲学"不是"要求""人消融"于他的一种"偶性"的观念，即消融于作为"实体"的自我意识的观念之中吗？尽管它无法"力争做到"这一点，难道它不是"要求"这一点吗？然而从这些地方可以看出：巧舌如簧油腔滑调的圣师还是多么兴高采烈地宣传他对神圣的神学家和哲学家的神秘力量的"震撼世界的"信念。不言而喻，这是为了"自由的正义事业和我自己的事业"的利益。

在第105页上，我们这位敬神的人竟然厚颜无耻地责难费尔巴哈，他说：

"费尔巴哈从个人、从基督教的失去人性的人中，所造成的不是人，不是真正的〈！〉现实的〈！！〉有人称的〈！！！〉人〈这些宾词的产生应归功于'神圣家族'和施蒂纳〉，而是不成人的人，是奴隶"，

因而，他也就能够武断地说出他圣布鲁诺能**用头脑制造出**人这种荒唐的言论。

往下，还写道：

"在费尔巴哈看来，个人应隶属于类，应为它服务。费尔巴哈所说的类就是黑格尔的绝对，它同样是在任何地方都不存在的。"

在这里，正如在所有其他地方一样，圣布鲁诺也是使个人的现实关系依赖于对这些关系的哲学解释，从而为自己涂上光彩。关于黑格尔的"绝对精神"和费尔巴哈的"类"的观念同现存世界有着怎样的联系，他却一无所知。

在第104页上，这位圣师认为，费尔巴哈用来把理性、爱和意志所构成的上帝的三位一体变成某种"在个人之中并**统治着**个人"的东西的那种异端邪说是极其丑恶的，好像现今任何天赋，任何爱好，任何要求在遭到环境妨碍而得不到满足的时候都不能确认自己是一种"在个人之中并**统治着**个人"的力量似的。例如，如果圣师布鲁诺感到饥饿而又没有办法来防止它，那末，甚至他的胃也会成为一种"在他之中并统治着他"的力量。费尔巴哈的错误不在于他说出了这一事实，而在于他以唯心主义的方式使之独立化了，没有把它看作是历史发展的一定的、暂时的阶段的产物。

第111页："费尔巴哈是个奴才，他的奴性使他不能完成人的事业，认识宗教的本质〈妙极了，'人的事业'！〉……他认识不了宗教的本质，因为他不知道那座可以通向宗教的源头的桥梁。"

圣布鲁诺还极其认真地相信宗教有自己的"本质"呢。至于"**那**

座"通向"宗教的**源头**"的"桥梁",那末,这种**驴桥**①必然是**水管桥**。同时,圣布鲁诺是一个滑稽可笑的现代化了的靠这座桥来养老的卡龙②,作为 tollkeeper〔收税人〕,他向每个过桥往宗教冥国去的行人收 halfpenny〔半便士〕的税。

在第 120 页上,这位圣者指出:

"假如没有**真理**,假如真理不过是一直为人所惧怕的**怪影**,那末费尔巴哈如何能够存在呢?"〈施蒂纳,帮帮忙吧!〉

惧怕"真理"的"怪影"的"人"不是别人,正是可尊敬的布鲁诺本人。还在十页以前,即在第 110 页上,他就在真理的"怪影"面前发出如下的震撼世界的恐怖叫喊:

"真理,无论在什么地方都不会作为现成的客体而自然地出现,它只有在个性的发展中才能展现**自己**并上升到统一。"

这样,真理这一怪影在这里不仅变成了展现自己并上升到统一的人,而且这种戏法是在真理之外,正如绦虫一样,是在某种第三者体内进行的。关于这位圣者还在青年时代当内心里还沸腾着情欲的时候和真理发生的恋爱关系,参看"神圣家族"第 115 页及以下各页。

这位圣者反对费尔巴哈的**感性**的怒气冲冲的论战,表明他现在是如何清心寡欲,涤除尘念。布鲁诺完全不是反对费尔巴哈用以承认**感性**的那种极端有限的方法。费尔巴哈的失败的尝试,作为一种想跳出意识形态的尝试,在他看来乃是**一种罪恶**。当然!感性——色欲、肉欲和傲慢——在主的面前乃是令人惊心与作呕之事!难道你们不知道肉欲的思念就是死亡,而精神的思念就是生命与和平吗;因为肉欲的思念是对**批判**的敌视,而一切肉欲的东西都是从尘世产生的;难道你们不知道书上

---

① 俏皮话,德文 Eselsbrücke(驴桥)的意思是供愚蠢的或懒惰的学生用的题解书籍(类似考试时之"夹带"等物)。——编者注

② 卡龙(Charon)是希腊神话中的一个人物,他用小舟载着死去的希腊人的灵魂通过冥河,运到阴间去。——译者注

所写的：肉欲的事情是人所共知的，这就是通奸、奸淫、污秽、淫乱、偶像崇拜、迷惑、敌视、争吵、嫉妒、愤怒、纠纷、不睦、成群结党、仇恨、谋杀、酗酒、饕餮等等。我已经预告过你们，现在还预告你们：干这类事情的人是不能继承**批判的**王国的；但他们会感到痛苦，因为他们走了该隐的道路①，由于贪图享乐，他们陷入了巴兰②的错误并且像可拉③那样作乱而亡。这些不信神者肆无忌惮地挥霍你们的布施，饱食终日以自肥。他们是无雨之云，随风飘荡，他们是光秃的、不结果实的树，两次死去并被连根拔除，他们是因自己的耻辱而汹涌澎湃的海浪，他们是注定要永远湮没于黑暗之中的流星。因为我们曾读到：在最后的日子，可怕的时辰将要来临，这时会出现一些自命不凡、荒淫无度、好色甚于**批判**的人，暴徒的首领，总而言之，即肉欲的奴隶。思念神灵而又憎恶肉欲的罪恶外衣的圣布鲁诺鄙弃这些人；因而，他诅咒费尔巴哈，认为他是暴徒的首领，将他摈于门外，使之与恶犬、妖术者、通奸者和杀人犯为伍。"感性"——可恶的东西！它不仅使这位圣师痛苦地痉挛，而且竟使他唱起来。在第 121 页上，他唱着"终结之歌和歌之终结"。感性——可是，可怜的你，知不知道它是什么东西呢？感性就是"棍子"（第 130 页）。全身痉挛的圣布鲁诺甚至也一度和自己的一个命题作斗争，正如从前圣徒雅各和上帝斗争一样，不同之处只是在于上帝扭断了雅各的大腿，而我们的神圣的羊痫疯患者却使自己的命题支离破碎，撕裂了它的一切联系，这样用一些明显的例子来阐明主体和客体的同一：

"无论费尔巴哈说什么，他总是要消灭〈！〉人，因为他把人这个词变成空洞的**字眼**……因为他**不是制造**〈！〉**和创造**〈！〉**完整的人**，而是把全人类奉为绝对，因为**除此之外，他不是把人类**而是把感觉说成是绝对物的器官，并承认感觉、直观、触摸的对象，一言以蔽之，即感

---

① 该隐的道路意指犯罪的道路。典故出自"创世记"。该隐是亚当的儿子，因嫉妒其弟亚伯受耶和华的恩宠，逐杀之。以后他受到了耶和华的惩罚。——译者注
② 参看旧约"民数记"第 22 章。——译者注
③ 参看旧约"民数记"第 16 章。——译者注

性事物,是绝对的、无庸置疑的、完全确实的东西。"这样,费尔巴哈——这是圣布鲁诺的意见——"虽然能够震动空气层,但不能**毁坏人的本质的诸现象**,因为人的**最内在的**〈!〉本质和人的生气蓬勃的灵魂已经毁坏了**外在的**〈!〉声音,**并**使它成为空洞的振响"(第121页)。

圣布鲁诺自己就他敌视感性的原因,作了一个虽然神秘但却是断然的解说:

"好像我的我也没有这种确定的、和其他一切性比起来是唯一的性以及这些特定的唯一的性器官似的!"〈这位勇士除了自己那些"唯一的性器官"外,还有特殊的"唯一的性"!〉

这唯一的性在第121页上有如下的解释:

"感性像吸血鬼吸尽人的**生命**中的全部脑髓和血液一样,是一道不可跨越的铁门槛,人碰到它必然会**头破血流**。"

然而最高的圣者也不是纯洁的!他们都是罪人,而且欠缺他们在"自我意识"面前应有的那种光荣。当圣布鲁诺午夜在孤寂的斗室中纠缠在"实体"上的时候,异教徒费尔巴哈的诱人的著作却勾引起他对女人和女性美的思念。突然他的目光昏暗起来;纯粹的自我意识被玷污了,该死的情欲的幻想用淫猥的形象挑逗得批判家神魂颠倒。心有余而力不足。他颠踬,跌倒,忘却了他就是那种"以自己的力量联结世界、解放世界并支配世界"的权力,忘却了他的幻想的这些产物就是"产生于他的精神的精神";他丧失了任何"自我意识",也如痴如醉吞吞吐吐地唱着歌颂女人的"娇弱、轻盈、温柔"之美的赞歌,歌颂女人的"圆润丰满的肢体"和"颤抖的、飘荡的、炽热的、狂暴的、作哑哑声的、波浪式的身材"。但是纯洁的人总是在他犯罪的地方露出马脚。谁不知道,"颤抖的、飘荡的、波浪式的身材"是一种任何一只眼睛都没有看见过、任何一只耳朵都没有听见过的东西呢?因此,安静一点,可爱的灵魂,对于叛乱的肉体,精神很快就会占上风的,并会在横溢沸腾的情欲面前立下一道不可逾越的"铁门槛",情欲"碰到它"立刻就会"头破血流"。

圣布鲁诺借助于对"神圣家族"的批判理解终于得出这样一点:"费尔巴哈是被人道主义既鼓舞又败坏了的唯物主义者,也就是忍受不住尘世以及尘世的存在〈圣布鲁诺知道有一种不同于尘世的尘世存在,而且还知道应该怎样做才能'**忍受得住**尘世的**存在**'!〉但想化为精神而升天的唯物主义者;费尔巴哈还是这样一个不能思考也不能建立精神世界,而被唯物主义所累的人道主义者……"(第 123 页)

由此可见,在圣布鲁诺看来,人道主义就在于"思考"和"建立精神世界",同样,唯物主义也就在于:

"唯物主义者只承认当前现实的东西,即**物质**〈好像具有人的一切属性——包括思维在内——的人不是'当前**现实的东西**'似的〉,承认它是积极地展示自己并实现自己的多样性的东西,是自然。"(第 123 页)

物质最初是当前现实的东西,但只是自在的、**隐蔽的**;只有当它"积极地展示自己并实现自己的多样性"的时候("**当前现实的东西**""**实现**自己"!!),它才成为**自然**。最初存在着物质这个**概念**、这个抽象、这个观念,而这个观念则在现实的自然中实现自己。这同关于具有创造力的范畴预先存在的黑格尔理论一字不差。从这一观点来看,我们就会完全明白,圣布鲁诺错误地把一些唯物主义者关于物质的哲学词句当作他们世界观的真实的核心和内容了。

2. 圣布鲁诺对费尔巴哈和施蒂纳之间的斗争的思考

这样,圣布鲁诺在对费尔巴哈说了一些相当有分量的话以后,就开始考察费尔巴哈和**唯一者**之间斗争。他用来表示自己对这一斗争的关切的第一件东西,就是被奉为手段的三度微笑。

"批判家满怀着胜利的信心,高唱凯歌勇往直前地走着自己的道路。有人诋毁他,他**微笑了**。有人宣称他是异教徒,他**微笑了**。旧世界打算发动十字军讨伐他,他**微笑了**。"

圣布鲁诺——这一点我们刚刚才听到——走着自己的道路,但他不是像其他的人那样前进,而是迈着批判的步伐前进,他带着**微笑去**完成这一重要的事业。

"只要他一微笑,他的脸上就会现出许多皱纹,比地图上两个印度的线条还要多。可能发生这样的事情:一个姑娘要给他一记耳光;如果她真的这样做了,那他将会微笑着认为这是极大的艺术",就像莎士比亚笔下的马伏里奥那样。

圣布鲁诺自己甚至不费吹灰之力,就能驳倒他的两个对手,他有一个摆脱他们的简便办法,**就是** divide et impera〔分而治之〕,让他们自己发生争执。他使费尔巴哈的**人**和施蒂纳对立(第124页),又使施蒂纳的**唯一者**和费尔巴哈对立(第126页及以下各页);他知道,他们之间是势不两立的,就像爱尔兰的基尔肯尼的两只猫那样,它们彼此把对方吃得精光,结果只剩下了两条尾巴。对于这两条尾巴,圣布鲁诺就来宣布自己的判词:它们是"**实体**",因而应当永远受诅咒。

他在把费尔巴哈和施蒂纳对立起来时,完全重复了黑格尔关于斯宾诺莎和费希特所说的话。如所周知,黑格尔把像一个点的**我**说成是实体的一个方面,而且是最牢固的一个方面。无论布鲁诺旦先曾如何狂暴地反对利己主义,甚至咒骂它是群众的 odor specificus〔怪味〕,但是他在第129页上还是承受了施蒂纳的利己主义,不过这已经"不是麦克斯—施蒂纳的"利己主义,而自然是布鲁诺—鲍威尔的利己主义了。他给施蒂纳的利己主义打上道德缺陷的烙印,说:"施蒂纳的我需要伪善、欺骗和外部暴力来维护他的利己主义"。在其他方面,他相信(参看第124页)圣麦克斯的批判奇迹,并把麦克斯的斗争看作是"从根本上消灭实体的真实努力"(第126页)。他不去深入研究施蒂纳对鲍威尔的

"纯粹批判"的批判，却在第124页上断言施蒂纳的批判也和任何其他的批判一样，不能损他毫厘，"因为**他正是批判家本身**"。

最后，圣布鲁诺把圣麦克斯和费尔巴哈两人都驳斥了，他的办法是把施蒂纳在批判家布鲁诺·鲍威尔和独断主义者之间所作的对比几乎逐字逐句地应用于费尔巴哈和施蒂纳。

"维干德"第138页："费尔巴哈把自己和**唯一者**对立起来，从而〈！〉和后者处于**对立**的地位。他是而且希望是**一个共产主义者**。**唯一者**是而且应该是一个**利己主义者**。前者是**圣人**，后者是**凡人**。前者是**善人**，后者是**恶人**。前者是神，后者是人。但他们两个都是独断主义者。"

因此，要点在于：布鲁诺斥责他们两人的独断主义。

"唯一者及其所有物"第194页："批判家害怕陷入独断主义或者提出教条。自然，如果是那样的话，他就会从批判家转化为他的对立面，即转化为独断主义者，他这位批判家就会从**善**的变成**恶的**，或者从**大公无私的人**〈共产主义者〉变为**利己主义者**等等。打倒教条！——这就是他的教条。"

3. 圣布鲁诺反对"神圣家族"的作者

圣布鲁诺用上述方法对付了费尔巴哈和施蒂纳，"断绝了**唯一者进一步发展的任何可能性**"之后，现在又转过来反对那些据说是以费尔巴哈为支柱的德国共产主义者，特别是反对"神圣家族"的作者。他在这部论战性著作的序言里所找到的"真正的人道主义"这个用语，构成了他的假设的主要根据。他自然会想起"圣经"中的这样一段话：

"弟兄们，我从前对你们说话，不能把你们当作属灵的，只得把你们当作属肉体〈在我们所考察的这个场合下，情形正好相反〉，在基督里为婴孩的。我是用奶喂你们，没有用饭喂你们，那时你们不能吃，就是如今还是不能。"（"哥林多前书"第3章第1、2节）

"神圣家族"给可尊敬的圣师的第一个印象,就是深沉的悲痛、严峻而仁慈的忧伤。这本书唯一的好的方面是:它

"指出了费尔巴哈必然成为什么以及他的哲学可能取得什么地位,如果它想反对批判的话"(第138页)。

因而,也就是毫不勉强地把"想"同"可能"和"必然"结合起来了;这个好的方面毕竟盖不过它的许多阴暗的方面。在这里被滑稽地当作前提的费尔巴哈哲学

"**不配**而且不能理解批判家,**不配**而且不能知道和认识在发展中的批判,**不配**而且不能知道:批判对一切超验东西来说是无尽的斗争和胜利,是不断的破坏和建设,是**唯一的**〈!〉创造的和动力的本原。费尔巴哈哲学不配而且不能知道:批判家过去如何工作而且现在还如何工作以便承认那些一直压抑了人类使人类透不过气来和没有生气的超验力量并使之**成为**〈!〉它们**本来的那样**,即成为产生于精神的精神、内在中的内在、成为出自本乡也还在本乡的乡土〈!〉,也就是承认这些超验力量并使之**成为**自我意识的产物和创造物。这个哲学**不配**而且**不能**知道:只有批判家是唯一彻底摧毁了完整的宗教和具有各种表现的国家的人……"(第138、139页)

这不是同老耶和华一模一样吗?他追赶着自己那些宁愿侍奉快乐的异教神的狡猾百姓,并在后面喊叫道:

"听我说,以色列,不要把你的耳朵掩盖起来,犹大!难道我不是带领你出走埃及而到一个流着奶与蜜的地方去的主,你的上帝吗?看,你们从青年时代起在我眼前所干的一切都是罪恶,你们用我双手的产物来激怒我。当我始终不渝地教导你们时,你们以背向我,不以面向我;竟将可憎之物设立在我的殿中把这殿玷污;没有得到我的命令,你们就在欣嫩子谷建筑巴力的邱坛,我真没想到你们会做出此等下流事;我差遣我的仆人耶利米到你们那里,从亚们之子约西亚即位的第十三年起到

今天止,我一直在向他叮嘱我的话,他已经虔诚地向你们传道二十三年了,但你们不愿听他。因此主说:有谁听到过以色列的姑娘干下了许多丑行这类的事情。因为雨水的流逝也赶不上我的百姓之忘记我那样快。呵!土地,土地,土地,听听主的话吧!"

圣布鲁诺在喋喋不休地谈论"配"和"能"的概念时断言他的共产主义敌人误解了他。他在这一次议论中用来描绘批判的那种方法,他用来使过去压抑"人类生活"的力量转变为"超验的"力量,又使这些超验的力量转变为"产生于精神的精神"的那种方法,他用来把"**批判**"说成是唯一的生产部门的那种方法,——这种方法证明:所谓误解实际上是鲍威尔不称心的一种理解。我们曾证明,鲍威尔的批判低于任何批判,因为这个缘故,我们当然就变成独断主义者了。他甚至厉声斥责我们胆敢不相信他的陈词滥调。以雷神宙斯——自我意识——为首的整个独立概念的神话又随着"表现流行范畴的扬尼恰尔军乐队的调子的乐声"在这里游行了("文学报",参看"神圣家族"第234页)。当然,走在前面的是关于创造世界的神话,也就是关于批判家的艰巨"**工作**"的神话,这种工作是"唯一的创造的和动力的本原,无尽的斗争和胜利,不断的破坏和建设",是"现在工作"和"过去工作"云云。此外,可尊敬的圣师甚至还这样责难"神圣家族",说它对"**批判**"也正如他自己在目前的答辩中所理解的那样去理解了。他把"实体""归还原处,把它投归它的出身之地,即自我意识中,批判的人〈自从有了'神圣家族'以后还有〉和被批判的人"中(自我意识在这里好像起着思想的贮藏所的作用),然后他接着说道:

"它〈似乎是指费尔巴哈的哲学〉不配知道:批判和批判家们在其存在的时候〈!〉就支配并创造了历史,甚至他们的敌人以及现代的一切运动和活动都是他们的创造物,只有他们才是**执掌大权者,因为力量就在他们的意识中**,因为他们是从**自身中**、从自己的行动中、**从批判中**、从自己的敌人中、从自己的创造物中吸取力量的;人是靠批判的行为才获得解放的,因而人们也是如此;人是靠批判的行为**才被创造**

〈!〉的，因而人们也是如此。"

这样，批判和批判家起初是两个完全不同、彼此分立、独自活动的主体。批判家是不同于批判的另一主体，批判也是不同于批判家的另一主体。这种人格化了的批判，即作为主体的批判，正就是"神圣家族"所反对的那种"批判的批判"。"批判和批判家在其存在的时候就支配并创造了历史"。"当他们"不"存在的时候"，他们就不能做到这一点，这是显然的，而"只要他们存在的时候"，他们就按照自己的方式"创造了历史"，这也是显然的。最后，圣布鲁诺竟"配而且能"向我们宣布关于摧毁国家的批判力量的最深刻启示之一，这就是："批判和批判家是**执掌大权者**，因为〈好一个'因为'!〉**力量就在他们的意识中**"；其次，这些伟大的历史制造者们"是执掌大权者"，因为他们"从自身中和从批判中〈这还是从自身中〉吸取力量"。但遗憾的是，终究还没有证明，在其内部，即在"自身中"，在"批判中"有什么东西可资"吸取"。根据批判自己的话看来，至少应该认为，除了"被投归"该处的"实体"这个范畴以外，未必能够"吸取"到别的什么东西。最后，批判还"从批判中""吸取""力量"来吐露一个非常了不起的神论。也就是说，它向我们揭露了过去为我们的父辈以至祖父辈都不知道的秘密："人是靠批判的行为才被创造的，因而人们也是如此"，然而，直到现在，批判却一直被误认为是依靠完全另外的一些行为而存在于批判之前的那些人们的一种行为。既然如此，那末圣布鲁诺看来也是依靠"批判"，即通过 generatio aequivoca〔自然发生〕而自己来到"世界，从世界又到世界"的了。也许这一切都不过是"创世记"中下面一段故事的另一种解说吧：亚当认识了也就是批判了他的妻子夏娃，而她就怀孕了，云云。

在此，我们看到，这一套老相识的批判的批判，虽已在"神圣家族"中被详尽地刻画过，但是好像什么事情也没有发生过似的，它又原原本本地以种种招摇撞骗的姿态重新出现在我们面前了。我们对此无需感到惊奇，因为我们的这位圣者自己在第 140 页上就抱怨说"神圣家族""断绝了批判进一步发展的一切可能性"。圣布鲁诺怀着极大的愤懑责难"神圣家族"的作者，说他们利用蒸发的化学过程，把鲍威尔的批判从它的"**液体**"聚集态变成了"**结晶**"态。

所以，"贫困制度"、"成年洗礼证书"、"感染力和雷鸣般的外貌的境界"、"概念的穆斯林倾向"（"神圣家族"第 2、3、4 页，根据批判的"文学报"），所有这一切，据说只有当人们"结晶地"去理解它们时才是胡说八道；而人们在关于"英国生活的迫切问题"① 的附录中所发现的批判的二十八个历史错误，如果从"液体的"观点来看，难道就不是错误了吗？批判是否坚持，从液体的观点看来，在瑙威尔克事件②老早就在它的眼前过去了之后它还是 a priori〔先验地〕预言了而不是 post festum〔在事后〕来虚构这一事件呢？批判是否还坚持 maréchal 一词从"结晶的"观点看来可以理解为"**铁匠**"，而从"液体的"观点看来在任何场合下都应当是**元帅**呢？它是否还坚持，即使从"结晶的"观点去理解 un fait physique 这几个词可以是"自然界的事实"的意思，而这几个词的真正的"液体的"译文却是"物理学的事实"呢？它是否还坚持 la malveillance de nos bourgeois just-milieux〔我们的遵循中庸之道的资产者的恶意〕，在"液体"状态下还是"我们的善良市民的漫不经心"呢？它是否还坚持：从"液体的"观点来看，"一个既没有成为父亲也没有成为母亲的儿童，**在本质上是一个女儿呢**"？它是否还坚持有人会以"描写过去的似乎是最后的一滴伤心泪"为己任呢？它是否还坚持，巴黎的各种看门人、"名士"、浪漫女子、侯爵夫人、骗子和笨蛋，在他们的"液体的"形式下不外是一种秘密的诸相，"而这种秘密的概念本来就要对自己加以限制，然后又消除它由于自己的普遍本质而加上的这种限制，因

---

① 参看"马克思恩格斯全集"第 2 卷第 2 章。——译者注
② 参看同上第 3 章。——译者注

为正是这个本质只是它的内在的自我区别的结果,只是它的活动的结果"呢?它是否还坚持,如果批判的批判在某一问题上起初断定说它揭示了这一问题的"真正的和普遍的意义",然后又承认它"不想而且也没有权利超出批判的范围",最后乃宣称"批判本来应该再走一步,可是当时要走这一步是不可能的,因为……它就不可能"("神圣家族"第184页),在这种情况下,批判的批判在其"液体的"意义上还是"满怀着胜利的信心,高唱凯歌勇往直前地走着自己的道路"呢?它是否还坚持,从"液体的"观点来看,虽然"命运**也能随意地决定**"未来,"未来仍然是"批判的"事情"呢?从液体的观点来看,如果批判"和它的**真正的要素发生矛盾**,而这种矛盾**在这些要素本身**中已经**得到解决**时,批判还是没有做任何超人的事"呢?

不消说"神圣家族"的作者是犯了轻浮的毛病,竟把所有这些词句以及千百句其他的词句理解为表述固体的"结晶的" **胡说八道**——但是人们必须"液体地",亦即按照复类福音的作者的意思来体会他们,就是不可以"结晶地",亦即不要按照他们的真正的胡说八道来体会他们,然后才会达到真正的信仰,才会佩服批判的家政的和谐。

"因此恩格斯和马克思只知道对'文学报'的批判"。这是有意扯谎,这证明我们的圣者是多么"液体地"来阅读一部把他的近著描写为只是他"过去工作"的全部内容的顶峰的著作。但是,我们的这位圣师没有平心静气地来"结晶地"阅读,因为他害怕他的论敌成为争夺他列为圣徒的光荣,"想把他从神圣地位拉下来,以使**自己**成为圣者"。

顺便指出这样一个事实:按照圣布鲁诺现在所说的**话**看来,他的"文学报"的目的绝非以建立"社会的社会"或"描写"德意志意识形态的"似乎是最后的一滴伤心泪"为目的;它也没有追求这样的目的——把精神和群众极端尖锐地对立起来并发展纯粹的批判的批判。它只是要"描写1842年的自由主义和激进主义以及它们的余音的不彻底性和空泛性",也就是要和早已无声无臭的东西的"余音"作斗争。Tant de bruit pour une omelette!〔无事张皇!〕① 然而,正是在这里德意志理论所固有的那种历史观又以它"最纯粹的"姿态表现了出来。1842年可算是德国自由主义最光辉的时期,因为当时哲学参与了政治。在批判家看来,随着自由主义理论和激进主义理论的机关刊物"德国年鉴"和"莱茵报"的停刊,自由主义也就销声匿迹了。此后,剩下的似乎仅仅是"余音"了。其实,只有现在,当德国资产阶级感到因经济关系而引起的对政权的真正要求并力图实现这一要求的时候,自由主义才在德国获得了实际的存在,从而才有某种成功的机会。

圣布鲁诺因"神圣家族"而感到的深沉的悲哀,使他不能"在自身中、通过自身并与自身一起"来批判这部著作。为了能够克制自己的悲哀,他首先得设法弄到这一著作的"液体的"形式。他在"威斯特伐里亚汽船"5月号第206—214页上的那篇混乱不堪、误解百出的评论中找到了这种液体的形式。他所有的引文都是摘自"威斯特伐里亚汽船"上所引用的话,除此以外没有任何引文是引自原著。

神圣的批判家的语言也是由威斯特伐里亚的批判家的语言来决定的。起初威斯特伐里亚分子("汽船"第206页)从**序言**中所引证的一切原理都**转载于**"维干德季刊"(第140—141页)。这种**转载**又按照黑格尔早已推荐过的陈旧的原则构成了鲍威尔的批判的主要部分,这个原则是:

"信赖人类的正常理智,同时为了与时代和哲学并肩前进,要阅读一些对哲学书籍的**评论**,或许还要阅读这些著作的**序言**以及开头几段话;因为后者提供作为一切的依据的一般基本原理,而前者除历史的考证外,还提供评价,而评价正因为它是评价,所以超出它所评价的东西。沿着这条老路行走,穿着家常便衣就行了;但是永恒的、神圣的、

---

① 直译是:煎鸡蛋引起了多么大的喧闹!——译者注

无限的东西的崇高的感情却须穿着长老的法衣在一条道路上行走",正如我们所曾见到的,圣布鲁诺也善于沿着这条道路"行走",从而"使周围的一切化为灰尘"(黑格尔"现象学"第54页)。

威斯特伐里亚的批判家在从序言中作了一些引证后,接着说道:

"这样,序言本身就把我们引导到书中所开辟的**战场**……"(第206页)

神圣的批判家把这些引文再引用到"维干德季刊"上,然后又作了更加精细的区分,并说道:

"这就是恩格斯和马克思为了战斗而替自己造成的**土地**和**敌人**。"

威斯特伐里亚的批判家从对"工人一无创造"这个批判的命题的分析中得出的只是摘要性的**结论**。

神圣的批判家真的以为这就是关于这个命题所说的一切,他在第141页上抄下了威斯特伐里亚的引文,发现好像和批判对立的只是一些"主张",并因此而感到高兴。

威斯特伐里亚的批判家从爱的问题上流露出的批判言论中,在第209页上先抄了一些 corpus delicti〔罪证〕,然后从反驳中断章取义地引证了一些句子,企图把这些句子当作权威的根据,为自己的暧昧温存的感伤情绪作辩护。

在第141—142页上,**神圣的**批判家像他的前辈引用引文时那样,把这一切都逐字逐句地照抄下来了。

威斯特伐里亚的批判家对着尤利乌斯·孚赫先生的尸体感叹道:"这就是世界上美好东西的命运!"

神圣的批判家认为,必须在第142页上完全不适时地重复这种感叹,否则就不能完成自己"艰巨的工作"。

威斯特伐里亚的批判家在第212页上对"神圣家族"针对圣布鲁诺

本人的论断作了虚伪的概括。

神圣的批判家不假思索地把这些破烂连同威斯特伐里亚的一切感叹，都逐字逐句地抄录下来。他一点也没有想到在这整部论战性著作中，**根本没有一处非难他**，说他"把政治解放的问题变成人类解放的问题"，说他"想杀害犹太人"，说他"把犹太人变成神学家"，"把黑格尔变成辛利克斯先生"，等等。**神圣的批判家**不假思索地重复着**威斯特伐里亚的**批判家的呓语，说什么马克思在"神圣家族"中答应要发表一篇什么烦琐的论文来"回答布鲁诺的**庸俗的自我礼赞**"。然而，被圣布鲁诺当作引文引用的"庸俗的自我礼赞"这几个字，在整部"神圣家族"中根本就见不到，而我们在威斯特伐里亚的批判家那里却发现了它们。上面提到的那篇作为对批判的"自我**申辩**"的回答的论文，根本不是在"神圣家族"第 150—163 页上出现的，而是在谈"为什么鲍威尔先生必须搞政治"这一世界历史问题的时候在下一节中，在第 165 页上出现的。

最后，在第 143 页上，在圣布鲁诺的威斯特伐里亚的榜样把"批判的批判的世界历史性的戏剧"变为"**最滑稽的喜剧**"之后（第 213 页），圣布鲁诺也把马克思描绘成"**滑稽的喜剧演员**"。

看吧！批判的批判的敌人就是这样"配而且能""知道**批判家过去如何工作而且现在还如何工作**"！

4. 与"莫·赫斯"的诀别

"恩格斯和马克思尚未完成的东西，莫·赫斯正在完成。"

这是一个伟大的、神奇的过渡。通过圣者关于什么是福音宣传者们的相对的"能"与"不能"这一问题的研究，这个过渡如此牢固地铭刻在圣布鲁诺的脑子里，以至在我们这位圣师的每一篇论文中，都会适当或不适当地显露出来。

"恩格斯和马克思尚未完成的东西,莫·赫斯正在完成。"但是"恩格斯和马克思尚未完成"的"东西"究竟是什么呢?原来,恰好就是对施蒂纳的批判。然而为什么恩格斯和马克思"**尚未**"批判施蒂纳呢?由于这个充足理由:当他们写"神圣家族"的时候,施蒂纳的书**尚未问世**。

任意虚构一切,使最不相干的东西带上莫须有的因果联系,这种思辨的戏法,的确已经完全迷住了我们这位圣者的心窍。这种戏法在他那里达到了最荒唐无稽的地步并堕落为一种小丑的行径——以了不起的姿态再三重复一些废话。例如,在"文学总汇报"第1卷第5期上我们已经读到:

"**因此**,我的著作和例如某个菲力浦逊写满了字的纸张〈就是说'例如某个菲力浦逊'用来写字的那些**空白纸**〉之间的区别**本来是什么样就必须是什么样**"!!!

在神圣的批判家看来,"莫·赫斯"(对于他的著述,恩格斯和马克思完全不负任何责任)是如此稀奇古怪的现象,他所能做的事情不过是摘引"晚近的哲学家"的大段文章并宣称:"这个批判在某些地方没有了解费尔巴哈,**或者是**〈啊,神学!〉器皿想反抗窑匠。"参看"罗马书"第9章第20—21节。我们这位神圣的批判家在再一次完成了旁征博引的"艰巨的工作"之后,终于得出结论说,赫斯抄袭**黑格尔**,因为他使用"联合的"和"发展"这两个字眼。圣布鲁诺自然不得不想方设法把"神圣家族"中所指明他是完全依赖于黑格尔的论据拐弯抹角地反转送给费尔巴哈。

"请看,鲍威尔原来就是这样完结的!"特别是在"文学报"反对辛利克斯先生的光荣的斗争时期,"他用尽一切可能的办法来反对黑格尔的全部范畴",但自我意识这一范畴除外。至于他如何反对这些范畴和战胜它们,我们已经见过了。我们不妨再引证"维干德"第110页上的一段话，在那里他断言道：

"自然和历史中的〈1〉**矛盾的**〈2〉真的〈3〉**解决**〈4〉，彼此分隔的诸关系的〈5〉**真的统一**〈6〉，宗教的真理性的〈7〉基础〈8〉和无底的深渊〈9〉——真正**无限的**〈10〉、无法抗拒的、自我创造的〈11〉个性〈12〉——尚未发现。"

在短短三行中出现的不是两个似是而非的黑格尔范畴（如像在赫斯那里那样），而是整整一打"真的、无限的、无法抗拒的"而且通过"彼此分隔的诸关系的真的统一"而自行证明确是黑格尔的范畴。"请看，鲍威尔原来就是这样完结的！"如果这位圣者以为，他之所以发现赫斯是一个虔诚的基督徒，不是像布鲁诺所说的那样因为赫斯"希望"，而是因为他**不希望**，因为他谈论"复活"，那末我们这位伟大的圣师就使我们有可能仍然根据第 110 页上的言论看出他的最露骨的**犹太作风**。他在那里宣称：

"**真正的、活的、肉体的**人还没有诞生〈！！！，关于'唯一的性'的使命的新启示〉而既生的畸形儿〈**布鲁诺·鲍威尔**？！？〉还对付不了所有的**教条公式**"，等等。

这就是说，**救世主**还没有降生，**人子**还只是应当莅临世界，而这个世界像旧约世界一样，还处在**律法**、"**教条公式**"的法鞭之下。

正如在前面圣布鲁诺曾利用"恩格斯和马克思"以过渡到赫斯一样，现在，赫斯又成了圣布鲁诺最终将费尔巴哈同他的关于施蒂纳、关于"神圣家族"以及关于"晚近的哲学家"的信口开河的言论有了因果联系的工具。

"请看，费尔巴哈原来就是这样完结的！""哲学不能不**虔诚地**完结"，等等。（"维干德"第 145 页）

但是,真正的因果联系在于,这种感叹乃是从赫斯的"晚近的哲学家"中反对鲍威尔的一段(序言第4页)里抄来的:

"基督教禁欲主义者的最近的后裔别无他法,不得不如此向世界诀别。"

———

圣布鲁诺在结束他对费尔巴哈以及所谓费尔巴哈的同党的控诉词时,对费尔巴哈训话,责难费尔巴哈只会"炫耀",只会"吹牛",其实布·鲍威尔 Monsieur〔先生〕或 Madame la critique〔批判太太〕这一"既生的畸形儿",更不用说经常不断的"消灭",是"**乘坐在自己的凯旋车上前进并荣获新的凯旋**"(第125页),"推翻宝座"(第119页),"毁坏着"(第111页),"如雷鸣似的震惊着"(第115页),"彻底破坏"(第120页),"粉碎"(第121页),只准自然界"苟延残喘"(第120页),建立"更加森严的〈!〉牢狱"(第104页),最后,以"毁灭性的"说教的**雄辩**口才在第105页上发挥关于"牢固—坚定—结实地,存在着的东西"的"新颖的—公正的—活泼的—自由思想",在第110页上,他用"巨石和峻岩"给费尔巴哈以迎头痛击,最后用一种声东击西的办法甚至超过了圣麦克斯,因为他在第124页上更以"最抽象的抽象"和"最严酷的严酷"来补充"批判的批判"、"社会的社会"以及"巨石和峻岩"。

所有这一切都是圣布鲁诺"通过自身、在自身中并与自身一起"完成的,因为他就是"他自身",此外,他"通过自身、在自身中并与自身一起""永远是最伟大的并且能是最伟大的"(是并且能是!)(第136页)。完毕。

"从另一方面来说",如果圣布鲁诺不是"同样地"把"感性当作像人碰到它必然会**头破血流**的那道铁门槛一样"害怕的话,那末他对于女性说来,无疑是危险的,因为他是"无法抗拒的个性"。因此,他

"通过自身、在自身中并与自身一起"未必会折一朵花,而是让花都凋残于无边的相思,和凋残于"有这种唯一的性以及这些唯一的特定的性器官"的"无法抗拒的个性"的歇斯底里的折磨中①。

选自《马克思恩格斯全集》第3卷,北京:人民出版社1960年版,第91—115页。

---

① 手稿中删去了以下这一段话:
"**5.圣布鲁诺乘坐在自己的'凯旋车'上**
在同我们的'高唱凯歌、满怀胜利信心的'圣师分手之前,我们稍微看一看凝视着的群众吧!当他'乘坐在自己的凯旋车上前进并荣获新的凯旋'的时候,群众急忙从四面八方跑过来,就像看见了矮将军驾着四匹小马进行伴攻一样。如果这时飘扬起俚俗的歌声,那末,他受到俚俗的歌声的欢迎这一情况,却'根本是'凯旋的概念引起的。"——编者注

弗·恩格斯

布鲁诺·鲍威尔和原始基督教

4月13日,有一位人物在柏林逝世。他过去曾经作为哲学家和神学家起过一定的作用,但多年来,几乎已销声匿迹,只是偶尔作为"文坛怪人"还吸引着公众的注意。官方的神学家们,其中也有勒南,剽窃了他的著作,因此一致绝口不提他的名字。可是,他比所有这些人更有价值,而且在一个我们社会主义者也关切的问题上,即在基督教历史起源问题上,他比所有这些人做了更多的工作。

趁他去世的机会,我们简单谈谈这个问题的目前情况和鲍威尔对解决这个问题的贡献。

从中世纪的自由思想者到18世纪的启蒙学者中间,一直流行着这样一种观点,即认为一切宗教,包括基督教在内,都是骗子的捏造。但是,自从黑格尔向哲学提出了说明世界历史中的理性发展的任务①之后,上述观点便再也不能令人满意了。

事情很清楚,自发的宗教,如黑人对物神的膜拜或雅利安人共有的原始宗教,在它们产生的时候,并没有欺骗的成分,但在以后的发展中,僧侣的欺诈很快就成为不可避免的了。至于人为的宗教,虽然充满着虔诚的狂热,但在其创立的时候,便少不了欺骗和伪造历史,而基督教,正如鲍威尔在考证新约时所指出的,也一开始就在这方面做出了可观的成绩。但这只是指出了一般现象,并没有说明这里所要谈的具体情况。

---

① 黑格尔《历史哲学讲演录》1840年柏林第2版第11—15页。——编者注

对于一种征服罗马世界帝国、统治文明人类的绝大多数达1800年之久的宗教，简单地说它是骗子凑集而成的无稽之谈，是不能解决问题的。只有根据宗教借以产生和取得统治地位的历史条件，去说明它的起源和发展，才能解决问题。对基督教更是这样。这里要解决的问题是：为什么罗马帝国的民众，在一切宗教中特别爱好这种还是由奴隶和被压迫者所宣扬的无稽之谈，以致野心勃勃的君士坦丁最后竟认为接受这种荒诞无稽的宗教，是自己一跃而为罗马世界独裁者的最好手段？

在解答这个问题方面，布鲁诺·鲍威尔的贡献比任何人都大得多。维耳克单纯从语言方面考证了的福音书的时间顺序和相互依存关系①，鲍威尔又根据它们的内容无可辩驳地加以证实了，尽管1849年以后反动时代的那些半信神的神学家竭力反对这样做。按照施特劳斯含糊的神话论②，人人都可以任意地把福音书的记述完全当做历史的记述，鲍威尔彻底揭露了这种理论的非科学性。既然福音书的全部内容中几乎绝对没有一件事情是可以证实的历史事实，以致连耶稣基督在历史上是否实有其人也可以认为是成问题的，鲍威尔就扫清了解决下述问题的基地：在基督教中被联结成了一种体系的那些观念和思想，是从哪里来的，而且是怎样取得世界统治地位的？

鲍威尔毕生从事这个问题的研究。他的最卓越的研究成果是：他指出公元40年还以高龄活着的亚历山大里亚的犹太人斐洛是基督教的真正父亲，而罗马的斯多亚派的塞涅卡可以说是基督教的叔父。在斐洛名下流传到现在的许多著作，实际上是讽喻体的理性主义的犹太传说和希腊哲学特别是斯多亚派哲学的混合物。西方观点和东方观点的这种调和，已经包含着本质上是基督教的全部观念——人的原罪、逻各斯（这

---

① 参看克·哥·维耳克《最初的福音书作者或对头三个福音书的亲近关系的诠释性考证研究》1830年德累斯顿—莱比锡版。——编者注

② 参看大·施特劳斯《耶稣传》（校勘本）1835—1836年蒂宾根版第1—2卷。——编者注

个词是神所有的并且本身就是神,它是神与人之间的中介)、不是通过供奉牺牲而是通过把自己的心灵奉献给神来进行忏悔,最后还有以下的本质特点,即新的宗教哲学倒转了从前的世界秩序,它在穷人、受苦受难的人、奴隶和被排斥的人中寻找信徒,蔑视有钱人、有势力的人和有特权的人,因而也就有蔑视一切尘世享乐和禁止肉欲的规定。

另一方面,奥古斯都就已注意到,不仅要使神人,而且要使所谓贞洁的受孕也成为国家规定的格式。他不仅要求对凯撒和自己敬奉如神,而且还要求宣扬,他奥古斯都·凯撒神人(Divus)不是他父亲这个凡人的儿子,而是他母亲从阿波罗神那里受孕生下来的。但愿这位阿波罗神不是海涅所歌咏的那位阿波罗神的本家吧!

由此可见,整个基督教的基本轮廓已经形成,只是还缺少一块拱顶石:人格化的逻各斯体现为一定的人物,他为了拯救有罪的人类而在十字架上作出赎罪的牺牲。

至于这块拱顶石在历史上是怎样砌到斯多亚—斐洛学说里去的,我们找不到真正可靠的史料。但是有一点可以肯定,这块拱顶石不是由哲学家,即斐洛的学生或斯多亚派砌上的。宗教是由那些本身感到宗教的需要,并且懂得群众对宗教的需要的人创立的,而那些组成学派的哲学家通常不是这样。相反,在总解体的时期(例如现在还是这样),我们看到哲学和宗教教义都以粗俗的形式被庸俗化,并且得到广泛传播。如果说希腊古典哲学的最终形式(尤其是伊壁鸠鲁学派)发展为无神论的唯物主义,那么希腊的庸俗哲学则发展为一神论和灵魂不死说。犹太教也是这样,它在同外族人和半犹太人的混合和交往中理性主义地庸俗化了,忽视了法定的仪式,把过去犹太人独有的民族神雅赫维[①]变为唯一的真神——天地的创造主,并且接受了原先同犹太教格不入的灵魂

[①] 埃瓦尔德已经证明,犹太人在注有元音和发音符号的手稿中,在雅赫维(Jahweh)这个忌讳说出的名字的辅音底下,写上了这个名字的代称阿特乃(Adonai)一词中的元音。后来的人就把它读成耶和华(Jehovah)。可见,这个词不是某位神的名字,而只是一个重大的语法错误,因为在希伯来语中根本就不可能有这个词。

不死说。这样，一神论的庸俗哲学就和庸俗宗教相遇了，后者为前者提供了现成的唯一的神。这就为犹太人准备了基地，使他们在吸收同样庸俗化了的斐洛派的观念以后，能够创立基督教，而且基督教一经创立，也就能够为希腊人和罗马人所接受。基督教起源于通俗化了的斐洛派的观念，而不是直接产生于斐洛的著作，可以证明这一点的是：新约几乎完全忽略了斐洛著作的主要部分，即忽略了旧约记述的那种讽喻式的哲理解释。这是鲍威尔没有充分注意到的一个方面。

基督教的最初形态究竟是什么样子，读一读所谓约翰启示录①就可以有一个概念。粗野的混乱的狂热，教义还处在萌芽时期，所谓基督教道德只有禁止肉欲这一条，相反，幻想和预言却很多。教义和伦理学是在较晚时期形成的，那时福音书和所谓使徒书信已经写成。其中不客气地利用了斯多亚派哲学，特别是塞涅卡哲学——至少在训诫方面是这样。鲍威尔已经证明，使徒书信常常一字不差地抄袭塞涅卡。② 实际上，这件事情正统的基督徒也已经看到了，不过他们硬说塞涅卡抄袭了当时还没有编写成的新约。教义一方面是在同正在形成的关于耶稣的福音传说的联系中，另一方面是在犹太裔基督徒和非犹太裔基督徒之间的斗争中发展起来的。

关于基督教取得胜利和世界统治地位的原因，鲍威尔也提供了非常珍贵的材料。③ 但是在这里，这位德国哲学家的唯心主义妨碍了他，使他不能作明晰的观察和精确的说明。往往在紧要关头，不得不用空话来代替事实。所以，我们与其逐条研讨鲍威尔的见解，倒不如谈谈我们自己对这个问题的看法。这种看法的根据，不仅有鲍威尔的著作，而且还有我们自己的独立研究。

---

① 《新约全书·约翰启示录》。——编者注
② 参看布·鲍威尔《基督和君主们。基督教起源于罗马的希腊文化》一书中的《新约中的塞涅卡》一章（1877年柏林版第47—61页）。——编者注
③ 参看布·鲍威尔《斐洛、施特劳斯、勒南和原始基督教》1874年柏林版；《基督和君主们。基督教起源于罗马的希腊文化》1877年柏林版。——编者注

罗马的占领，在所有被征服的国家，首先直接破坏了过去的政治秩序，其次也间接破坏了旧有的社会生活条件。其办法是：第一，以罗马公民与非公民或国家臣民之间的简单区别，代替了从前的等级划分（奴隶制度除外）；第二，这是主要的，以罗马国家的名义进行压榨。如果说在帝国内部，为了国家的利益，对行省总督的贪财欲望还尽量加以限制，那么在这些国家代之而来的，是为了充实国库而课收的日益加重和日益烦苛的赋税，这样一种压榨行为起了可怕的破坏作用；最后，第三，到处都由罗马法官根据罗马法进行判决，这样一来，凡是与罗马法制不相符合的本地社会制度都被宣布无效。这三种办法必然产生惊人的荡平一切的作用，特别是运用于各国居民达几百年之久的时候更是如此。这些居民中间的最强有力的部分，不是在被征服前、被征服时、甚至往往在被征服后的斗争中被消灭，便是沦为奴隶。各行省的社会关系愈益接近意大利首都的社会关系。居民逐渐分裂为三个由极复杂的成分和民族凑合起来的阶级：富人，其中不少是被释放的奴隶（见佩特罗尼乌斯的作品）、大地主、高利贷者、或大地主兼高利贷者——如基督教的叔父塞涅卡；没有财产的自由民，他们在罗马靠国家吃喝玩乐，在各行省只能自找生路；最后是广大的群众——奴隶。前两个阶级对于国家即对于皇帝，几乎同奴隶对于奴隶主一样没有权利。特别从提比里乌斯到尼禄这一时期，判处有钱的罗马人死刑以没收他们的财产，是一种常见的现象。政府的物质支柱是军队，它很像雇佣军，而不像古罗马的农民军队；政府的精神支柱是这样一种普遍信念：现状是摆脱不了的；建立在军事统治上的帝政（不是指这个或那个皇帝）是无法改变的必然性。至于这种信念究竟基于哪些纯粹的物质事实，这里就不加以分析了。

同普遍的无权地位和对改善现状的可能表示绝望的情况相适应的，是普遍的意志消沉和精神颓废。剩下的少数具有贵族气派和贵族思想的古罗马人，不是被消灭，便是死亡了。他们当中最后的一个人是塔西佗。其余的人巴不得能够完全避开社会生活；他们沉溺于聚财和斗富、诽谤和倾轧之中。没有财产的自由民，在罗马由国家供养，在各行省则境况困苦。他们必须劳动，而且还要对付奴隶劳动的竞争。不过这些人只住在城市。除他们以外，在各行省还有农民，即自由的土地占有者（有些地方也许还同公有制有联系），或大地主的债务奴仆（如在高卢）。这一阶级最少被社会变革所触及。它反对宗教变革的时间也最久①。最后是奴隶，他们没有权利，没有主见，不可能解放自己，如斯巴达克失败所证明的那样；可是他们当中大部分原是自由民或是被释放的奴隶的后裔。所以他们必然对自己的生活状况怀有极为强烈的（虽然表面上并不显露的）怨恨。

同上述情况相适应，我们可以看到，那个时代的意识形态家也是如此。哲学家们不是单纯赚钱谋生的教书匠，便是穷奢极欲的有钱人所雇用的小丑。有些甚至就是奴隶。塞涅卡先生表明，如果他们处境顺利，他们会变成什么样子。这位讲道德谈克制的斯多亚派，是尼禄宫廷中的头号阴谋家，不可能不阿谀奉承。他让尼禄赏赐金钱、田庄、花园、宫室。当他宣扬写进福音书中的贫困的拉撒路时，他实际上正是这个寓言里的富人。只是当尼禄要他命的时候，他才请皇帝收回一切赏赐，说他的哲学已使他感到满足。只有像柏西阿斯这样极个别的哲学家，至少还挥动讽刺的鞭子，鞭笞那些蜕化的同时代人。至于另一类意识形态家，即法学家，则对新秩序赞赏不已，因为一切等级差别的取消，使他们得以全面制定他们心爱的私法，因而他们就为皇帝制定了空前卑鄙的国家法。

罗马帝国在消灭各民族政治和社会独特性的同时，也消灭了他们独特的宗教。古代一切宗教都是自发的部落宗教和后来的民族宗教，它们从各民族的社会条件和政治条件中产生，并和这些条件紧紧连在一起。宗教的这种基础一旦遭到破坏，沿袭的社会形式、传统的政治设施和民

---

① 按照法耳梅赖耶尔的说法，直到9世纪，迈纳（伯罗奔尼撒）的农民还在向宙斯供奉牺牲。

族独立一旦遭到毁灭,那么从属于此的宗教自然也就会崩溃。本民族神可以容许异民族神和自己并立(这在古代是通常现象),但不能容许他们居于自己之上。东方的祭神仪式移植到罗马,只损害罗马宗教,但不能阻止东方宗教的衰落。民族神一旦不能保卫本民族的独立和自主,就会自取灭亡。情况到处都是这样(农民,特别是山地农民除外)。庸俗哲学的启蒙作用(我简直想说是伏尔泰主义)在罗马和希腊所做到的事情,在各行省由于罗马帝国的奴役,以及由于那些从前以享有自由而自豪的战士被绝望的臣民和自私的无赖所取代,同样也做到了。

这就是当时的物质和精神状况。现状不堪忍受,未来也许更加可怕。没有任何出路。悲观绝望,或从最猥鄙的感官享乐中寻求解脱——至少有可能让自己这样做的**那些人**是如此,可是这只是极少数人。其余的人就只好俯首帖耳地服从于不可避免的命运。

但是,在各阶级中必然有一些人,他们既然对物质上的得救感到绝望,就去追寻灵魂得救来代替,即追寻思想上的安慰,以免陷入彻底绝望的境地。这样的安慰既不是斯多亚学派,也不是伊壁鸠鲁学派所能提供的,因为第一,这两个学派是不以普通人的思想为对象的哲学体系;第二,这两个学派的门徒的生活方式,把他们的学说弄得声名狼藉。安慰不是要代替那失去了的哲学,而是要代替那失去了的宗教,它必须以宗教形式出现,当时甚至直到 17 世纪,一切能够打动群众的东西莫不如此。

几乎用不着说明,在追求这种思想上的安慰,设法从外在世界遁入内在世界的人中,大多数必然是**奴隶**。

正是在这经济、政治、智力和道德的总解体时期,出现了基督教。它和以前的一切宗教发生了尖锐的对立。

在以前的一切宗教中,仪式是主要的事情。只有参加祭祀和巡礼,在东方还须遵守十分烦琐的饮食和洁净方面的清规,才能证明自己的教籍。罗马和希腊在后一方面是宽容的,而在东方则盛行着一套宗教戒律,这在不小程度上促使它终于崩溃。属于两种不同宗教的人(埃及人、波斯人、犹太人、迦勒底人等等）不能共同饮食，不能共同进行日常活动，几乎不能交谈。人与人之间的这种隔绝状态，是古代东方衰落的很大一部分原因。基督教没有造成隔绝的仪式，甚至没有古典世界的祭祀和巡礼。这样一来，由于它否定一切民族宗教及其共有仪式，毫无差别地对待一切民族，它本身就成了**第一个可行的世界宗教**。犹太教由于有新的万能的神，原也有成为世界宗教的趋势。但是以色列子女在信徒和行割礼的人中，依然保持着贵族身份。连基督教也必须先打破关于犹太裔基督徒的优越地位的观念（这种观念在所谓约翰启示录中仍很流行），才能变成真正的世界宗教。另一方面，伊斯兰教由于保持着它的特殊东方仪式，它的传播范围就局限在东方以及被征服的和由阿拉伯贝都因人新垦殖的北非。在这些地方它能够成为主要的宗教，而在西方却不能。

其次，基督教拨动的琴弦，必然会在无数人的心胸中唤起共鸣。人们抱怨时代的败坏、普遍的物质匮乏和道德沦丧。对于这一切抱怨，基督教的罪孽意识回答道：事情就是这样，并且只能是这样，世界的堕落，罪在于你，在于你们大家，在于你和你们自己内心的堕落！哪里会有人说这是不对的呢？罪在我［Mea culpa］！承认每个人在总的不幸中都有一份罪孽，这是无可非议的，这种承认也成了基督教同时宣布的灵魂得救的前提。并且，这种灵魂得救被安排得使每个旧宗教团体的成员都易于理解。一切旧宗教都熟悉献祭赎罪这一观念，它能使被亵渎的神怒气冰释。那么，一位中间调停人牺牲自己永远赎清人类罪孽的观念，怎么会不容易获得地盘呢？这样，由于基督教把人们的普遍堕落罪在自己这一普遍流行的感觉，明白地表现为每个人的罪孽意识；同时，由于基督教通过它的创始人的牺牲，为普遍渴求的摆脱堕落世界而获取内心得救即心灵上的安慰提供了人人容易理解的形式，它就再一次证实自己能够成为世界宗教——而且是适合于现世的宗教。

结果是：当时在荒漠中，成千上万的预言家和宣教者提出了无数革新宗教的东西，但只有基督教的创始人获得了成功。不仅在巴勒斯坦，而且在整个东方,曾麇集着这样一些宗教创始人,他们之间进行着一种可以说是达尔文式的精神上的生存斗争。主要由于上述各种原因,基督教取得了胜利。而基督教怎样在教派的相互斗争中,在同异教世界的斗争中,通过自然选择逐渐形成为世界宗教,这已由最初三个世纪的教会史详细作了说明。

弗·恩格斯

弗·恩格斯写于 1882 年 4 月下半月	原文是德文
载于 1882 年 5 月 4 和 11 日《社会民主党人报》第 19 和 20 号	中文根据《马克思恩格斯文集》历史考证版第 1 部分第 25 卷并参考《马克思恩格斯全集》德文版第 19 卷翻译

选自《马克思恩格斯文集》第 3 卷,北京:人民出版社 2009 年版,第 591—600 页。

第五部分 附 录

附录Ⅰ 研究文献精选

一 〔波〕兹维·罗森:《马克思与鲍威尔之间的论战》①

马克思与鲍威尔在观点上的争论是由发表写于1843年秋的《论犹太人问题》而爆发的。一年后,争论达到了高潮,当时鲍威尔在《文学总汇报》上写了一系列文章,马克思写了《神圣家族》一书。鲍威尔是第一个批判马克思共产主义理论的人,而鉴于流行的观点认为施蒂纳是第一个批判马克思主义哲学的人②,上述这一点就更应加以强调。事实是鲍威尔的批判要先于施蒂纳,虽然只早几个月。此外,鲍威尔历史论文中的这种反共产主义的色彩,几年前就有所流露了,那些论述十九世纪四十年代德国激进运动的著作尤为明显。

鲍威尔解释说,他的观点所以在1843年后激剧的变化是因为包括鲍威尔本人在内的激进分子曾力图使群众积极行动起来,但却未能完全把握住他们的特点。③ 一些激进报刊的被封闭,既没有震动更广泛的民众,也没有引起愤怒的反响。恰恰相反,激进运动消失了,就好像它从未存在过似的;鼓吹稳妥的、温和的方法并效忠于政府赖以存在的那些

---

① 选自〔波〕兹维·罗森:《布鲁诺·鲍威尔和卡尔·马克思——鲍威尔对马克思思想的影响》,王谨等译,北京:中国人民大学出版社1984年版,第268—288页。
② 参看鲁道夫·希尔施:《马克思的第一个批判者》,载《宗教和思想史杂志》,德文版,1937年第9期,第246—256页。
③ 参看布·鲍威尔:《1842—1846年期间德国党派斗争全史》第2卷,沙洛顿堡1847年版(以下简称德文版),第80页。

原则的自由资产阶级运动取代了激进运动的地位。①

鲍威尔对群众的消极性，对他们不去支持进步事业，反而支持宗教和保守主义的立场深感失望。他写道："精神的真正敌人应当到群众中去寻找。……到现在为止，历史上的一切伟大的活动之所以一开始就是不成功的和没有实际成效的，正是因为它们引起了群众的关怀和唤起了群众的热情。换句话说，这些活动之所以必然得到悲惨的结局，是因为作为一种观念：它必须满足于对自己的表面了解，因而也就是指望博得它们的基础的思想是这样一种观念：它必须满足于对自己的表面了解，因而也就是指望博得群众的喝彩。"②

鲍威尔不只是从社会关系方面看不到群众，而且认为群众是围绕通常称为"知识分子"那样一些阶层运转的，因为他们对世界的本质和支配世界的意识形态还处于一种幻觉的状态③，或者说，群众尚未达到鲍威尔所希望的那样一种程度：能认识基督教文明世界违反人的本质。同时，在鲍威尔看来，无产阶级显然是群众的主要代表④，因为它构成了无论在物质还是在精神方面来说都处于贫困地位的人的大多数⑤；鉴于上述原因，故无产阶级不可信任。也正是在这一点上，鲍威尔猛烈攻击了共产主义，因为共产主义把其政治和社会的希望都寄托在群众，特别是无产阶级身上。

赫斯和马克思宣传说，无产阶级是一个进步阶级，该阶级的客观状况在其发展过程中由于自身的解放必然导致整个社会的解放；鲍威尔不同意这一理论。他认为，无产阶级是受自身利益支配的，他们与现存社会的其他阶层没有什么共同标准，而争取自我意识解放的批判家们却不

---

① 参看布·鲍威尔：《1842—1846年期间德国党派斗争全史》第2卷，德文版，第234—236页。

② 布·鲍威尔：《犹太人问题的最新论文》，载《文学总汇报》，1843年第1期，第3页。

③ 参看同上期刊，第2页。

④ 参看布·鲍威尔：《种族和群众》，载《文学总汇报》，1844年第10期（以下简称德文版），第42页。

⑤ 参看布·鲍威尔：《1842—1846年期间德国党派斗争全史》第2卷，德文版，第13—29页。

是这样。无产阶级从事单调的体力劳动,因而缺乏普遍的见识(与共产主义的要求大不相同),而且实际上处于四分五裂的状态,他们本身需要的是教育(不管这种教育是多浅薄)而不是共产主义革命的口号,也不是需要通过激进的社会结构改革来解决整个社会问题的现成答案。①

马克思强调工人阶级的反抗的和革命的特点,鲍威尔则不同,他对群众总是考虑自身的利益,以及他们的观念归根到底是由收益来决定的这一点深信不疑。鲍威尔写道:"竞争导致资本的片面集中……使群众除了感到自身的肉体存在以外并不懂得什么重要价值,如果允许他们就业和生存,他们向资本及其统治屈服难道还会有什么犹豫吗?"② 鲍威尔的这一观点先于哈尔伯特·马尔库塞和他的关于片面人的理论,马尔库塞认为这种人由于适应资本主义社会的条件而不得不受固定职业的支配。

群众不能理解他们自己在世界中的地位,且始终抱有偏见。因此,能博得群众欢心——这是在这种文化环境中吸引群众思想的前提——的并不是那些依靠纯哲学探讨和抽象概念的思想家,而是散布简单化思想的人。换句话说,只有那些易于消化的设想和声明才能影响群众的意识和受到群众的欢迎。鲍威尔在这里指的是教条,且常常使用这一术语。鲍威尔认为教条式的概念是激进分子和共产主义者所崇拜的对象,群众也乐于屈从它们并任其支配自己的生活③。所以,只有教条的意识形态(每一种意识形态都具有教条主义的倾向,但共产主义把教条上升为一种至高无上的原则)才能作为广泛群众运动的纲领的基础,因为群众总是理解与他们能力相适应且重视他们利益的那些为数有限的浅薄的声明,而其他的见解则难于得到他们的承认。反过来说,如果一种观点为

---

① 参看布·鲍威尔:《目前什么是批判的对象?》,载《文学总汇报》,1844 年第 8 期(以下简称德文版),第 26 页,《种族和群众》,德文版,第 42—43 页。
② 布·鲍威尔:《种族和群众》,德文版,第 46 页。
③ 参看布·鲍威尔:《辛利克斯,第二号》(指对辛利克斯《政治讲义两卷集》第 3 卷的评论。——译者注),载《文学总汇报》,1844 年第 5 期(以下简称德文版),第 23—24 页。

群众所接受的话,那么恰恰是这种观点的大众性表明了它具有教条主义的特征。统治当局所散布的教条为那些没有能力思考和不愿思考的群众提供了现成的方案,他们认为领导代替自己这样做更为方便。鲍威尔写道:"社会的协调性不再受到干扰,因为只有一种用来表达全部真理的教条,而且这种教条本身也将在同样的程度上来支配所有的同胞。"①

鲍威尔对有朝一日可能出现的共产主义和共产主义社会的批判——他认为这样一种发展将给人类社会带来巨大的灾难——也具有同样的理性敏感,这在他的全部学说中都是显而易见的。他从这一观点出发,认为"工人创造一切因而有权拥有一切"的口号是最典型的教条,因为这意味着人民的其他阶层除了享有利益和剥削工人之外并没有受到损害。鲍威尔把上述口号称之为"独特的变态观点"。他把这种共产主义革命比作是用截肢的方法来治人的身体,身体代表无产阶级,而截去的肢体则是其他社会。共产主义社会将实施政治混乱的制度,因为它所依据的意识形态否认国家存在的必要性,而且为了团结群众常常散布友爱和普遍平等的口号。但鲍威尔对真正平等主义的社会实体是怀疑的,认为这不过是一种幻想而已,因为精神和物质的行为是因人而异的,所以那种会导致消灭个人特性的把人人都变成一个模式的思想归根到底是行不通的。鲍威尔写道:"人类内部的矛盾——由于特殊的变革而引起的协调性的中断——甚至在无差别的群众领域中也还保存着,群众中充满了这类矛盾,且构成一种威胁的力量……"②

尽管鲍威尔对共产主义社会范围内将取消国家的理论极感兴趣,但仍意识到共产主义制度将出现扩大权力和强行实施权力的趋势,因此,他在这个问题上是摇摆不定的。他的下述信念就反映了这一状况:为了协调和团结的实体,特别是为了压制人类为满足自身需要的天生趋势,当局可随意采取各种措施。为了这一目的,可以使用专制主义的法律、普遍的官僚政治和强化的治安力量,它们对各种事务的干涉将成为新社

---

① 布·鲍威尔:《种族和群众》,德文版,第48页。
② 同上。

会制度内的生存准则之一。鲍威尔写道:"但这种新社会的成员牺牲了生存的一切手段,得到的却是警察统治。警察最终获得普遍的权力和对各种事件的支配。以前国家的警察势力尽管也竭力反对个人的自由及其独创性,但也不可能握有这样的权力。"①

鲍威尔反复申述了共产主义者魏特林的话:"人民的政府。只不过是一种农民的幻想",而且强调指出那种认为包括挤奶女工在内的每一个人都能处理国家事务的想法超过了乌托邦主义者;实际上这方面将不会有什么改变,权力仍将集中在极少数人手中,这些人将为其本身的目的利用所谓的平等原则。

鲍威尔还认为,虽然共产主义可能反对经济压迫、反对使群众贫困,但官僚政治因为要控制行政和经济将使任何反对上述现象的企图成为泡影。结果可能相反:"税收,虽然按照魏特林的理论在他的社会中是要取消的,但却达到了社会前所来有的顶峰,因为现在的官员数目必然要比过去官吏的人数多得多。"②

这种情况下,鲍威尔又指出,社会主义虽然重视群众,但却无视那些具有自我意识并以此推动社会、文化和国家事务的人。社会主义纲领没有认识到人的精神的巨大意义,而只强调生产和物质问题,或正如鲍威尔所指出的:"总之,只要不承认这一个问题,即不承认政权有消灭敢于反对它的至高无上权力的任何势力的聪明和才智,那么这种纲领对精神和自我意识就毫无所知。"③

鲍威尔出于个人主义的原因攻击共产主义,这显然是由他的主观主义的世界观决定的:通过共产主义的理论来满足群众的愿望,对于人的特性(这是因人而异的)和人的精神及人类来说,看来有好处实质上却是毁灭性的行为。共产主义使政权握有料理各种社会关系特别是生产关系的权力,因此就可以随意使用毁灭各种不同人的个性的措施。在鲍威尔看来,不相信精神具有各种创造性,是主张建立社会主义的主要原

---

① 布·鲍威尔:《1842—1846年期间德国党派斗争全史》第1卷,德文版,第42页。
② 同上书,第41页。
③ 布·鲍威尔:《种族和群众》,德文版,第47页。

因。鲍威尔写道:"竞争难道只存在于资本与劳动之间? 精神难道不也具有参与这一竞争的必然力量吗?"①

鲍威尔对共产主义的批判,在某种程度上也暴露了他本身智力上的弱点。在他看来,具有创造能力的知识界是塑造人类历史的唯一力量,因为他们具有批判的自我意识,所以他们能认识世界的复杂问题。他还把知识界同其他社会阶层完全分开。因此,他得出了这样一个结论:极少数知识分子同群众之间完全是一种对抗的关系,他们所代表的文化和政治事务的观点是大不相同的。鲍威尔对自我意识问题所采取的立场至少可以说是很奇怪的,因为这种意识是一种独立于实际的人及其社会生活的因素。

但尽管如此,鲍威尔的批判仍具有相当的预见性。一百三十年以前他就预见到这样一种共产主义政权,在这种政权中,人被剥夺了自由并生活在各种机构的严格监督之下,而这些机构据设想是为了保护人的利益而代表人去行事的。只要分析一下鲍威尔对教条式的共产主义的实质的批判,人们对该政权的本质就不会有什么怀疑了:它是通过反民主的措施来进行统治的,是以高压统治作为其支柱的。鲍威尔对明确地以教条主义原则为基础的共产主义意识形态所作的评价(其目的是要取得尽可能多的人民的觉悟),似乎是以追溯的观点来总结历史的事件。在其有关批判的那些篇幅中,鲍威尔十分敏锐,他指出那种主要把无产阶级看中普遍的末世力量的观点可能变成指望同一个无产阶级的观点(正如我们所知道的,这恰恰是教条的马克思主义特别是苏联教条主义所发生的情况。伊林·费切尔曾研究过这一问题,他详细探讨了恩格斯、考茨基、列宁和普列汉诺夫在实现这种类型的马克思主义的过程中所起的作用②)。

应当认为鲍威尔始终是反对用国家共产主义因素干预社会生活的,国家干预只有在根据鲍威尔自己学说的原则建立起来的批判的无神论国

---

① 布·鲍威尔:《种族和群众》,德文版,第47页。
② 参看伊林·费切尔:《马克思和马克思主义》,英文版,第148—181页。

家中才是可能的。鲍威尔反对现实中的个人要屈从于普遍性这一点是异常明确的,他谴责费尔巴哈把个人同人类联在一起以及在任何情况下都把普遍的权力强加给个人的做法①。鲍威尔主张首先要保留个人的利益(但这是知识分子所共同具有观点),并强调知识分子在社会和国家生活中的作用。另一个使鲍威尔批判共产主义的原因是阶级意识的理论,这种理论反映在《〈黑格尔法哲学批判〉导言》中。把自我意识看作是一种普遍现象的鲍威尔,不可能甘心于把自我意识按照社会的阶级结构弄得支离破碎,他谴责共产主义破坏批判的事业,因为批判事业的目的就是要克服分裂的现象、恢复人的异化了的意识。② 指出这样一点是很有趣的,即鲍威尔不同于马克思,他在《文学总汇报》的文章中并没有公开攻击他先前的朋友,也没有提到他的名字。马克思所说的关于这家报纸在暗中批判费尔巴哈的那些话③,对他本人也许倒更为恰当。从鲍威尔的关于犹太人问题的论点来看,这是十分明显的。马克思把鲍威尔关于犹太教观点说成是神学的观点,为回答马克思,鲍威尔争辩说他是从多方面来看待犹太人问题的——既认为它是一个神学的问题,又认为它是一个具有政治影响的问题。④ 因此,马克思批判说,"可见,一方面,鲍威尔要犹太人放弃犹太教,要一切人放弃宗教,因为这样才能作为公民得到解放。另一方面,鲍威尔坚决认为宗教在政治上的废除就是宗教的完全废除"⑤,并怀疑鲍威尔对现存国家作了重大让步,因为他把两种解放等同起来了。但在鲍威尔看来,上述批判是不正确的。他比以前更坚决强调他在《犹太人问题》中所阐述的观点,即现存的国家(他称之为基督教国家)是以极权为基础的;他并不想废除作为这些权力之一的宗教,而是想废除作为整个范畴的宗教⑥。立宪国家决不

---

① 参看布·鲍威尔:《种族和群众》,德文版,第44—46页。
② 关于青年黑格尔学派对意识的概念。参看迪特尔,赫尔茨-埃肯罗德:《青年黑格尔派的大众心理学》,载《国际社会史评论》,英文版,1962年第7卷。
③ 参看《马克思早期著作》,德文版,第185页。
④ 参看布·鲍威尔:《目前什么是批判的对象?》,德文版,第23页。
⑤ 《马克思恩格斯全集》第1卷,第423页。
⑥ 参看布·鲍威尔:《目前什么是批判的对象?》,德文版,第23—24页。

能与拟议中的无神论国家等同起来。鲍威尔重申《犹太人问题》中的这一观点,为的是让马克思知道,说他把政治解放与人的解放等同起来是错误的。鲍威尔在《犹太人问题》中曾指出,法国在七月革命后废除国教,虽使犹太人变成了自由公民,但这并没有终止犹太人与基督教徒之间的冲突。政治生活是受特权原则支配的,因而缺乏真正的自由,公民被分成压迫者和被压迫者,或正如鲍威尔所说的:"普遍自由在法国并不是法律。因此,犹太人的问题自法定的自由(一切公民都是平等的)受到支配人生和分裂人的宗教特权限制以来,尚未找到解决的办法,而这种缺少自由的局面反过来又影响到法律,并使它不得不认可把公民区分为压迫者和被压迫者。"① 鲍威尔考察了实质上属于僧侣的宗教的政治的和社会的各个集团的特权,这是他的惯常做法。但正如上文所表明的,他指的显然是路易·菲力浦统治时期所允许的各种政治和社会特权。这也可以从鲍威尔下述一段话得到证实:"自由主义是以利害关系为基础、承认特权的一种手段,它的自由只限于某些人。它的基础是偏见,其本质是宗教。"② 因此,异化的扬弃不应只是在宗教领域,也应在政治和思想领域进行。立场同鲍威尔的总的原则是一致的。因而,鲍威尔在《文学总汇报》上向马克思解释说,把他鲍威尔关于人的解放的思想看作同西方资产阶级国会议员的立场一样是不公平的。他论证说,法国大革命是批判事业的一种"象征",也是对批判事业的"虚幻表述",但它在许多方面却不同于批判事业:它虽然在理论上提倡无神论,但实际上在其全盛时期,即罗伯斯庇尔时代,却屈从于宗教原则;它废除了封建主义,但又为民族利己主义所驱使,尽管它用人道主义的观点来看待问题,但在盲目使用招致许多无谓牺牲的恐怖手段时,又陷入了种种矛盾之中。甚至连从思想上为法国大革命准备了条件的启蒙运动也有缺陷,因为它把其基点建立在实体上而忽视了自我意识及其解放③。然而,他鲍威尔的批判却始终是坚持无神论的,而且不准

---

① 布·鲍威尔:《犹太人问题》,德文版,第45页。
② 布·鲍威尔:《目前什么是批判的对象?》,德文版,第22—25页。
③ 参看布·鲍威尔:《目前什么是批判的对象?》,德文版,第22—25页。

备放弃这一理论的原则；它大力提倡人道主义并为这一特定理由反对立宪主义的原则，它大力提倡人道主义并为这一特定理由反对立宪主义的原则，反对给任何集团以特权的制度，反对任何存在压迫者与被压迫者的制度；它主张从精神和政治等方面解放人类。

显然，鲍威尔在原则上确实是支持法国大革命的思想的，他希望强调那些使他的观点有别于资产阶级民主革命的因素，诸如废除宗教、废除任何意识形态制度等。既然革命已发展到废除这种形式的制度的地步，那么再谈论立宪制度就不相宜了。因此，鲍威尔反对特权制度的立宪君主制并不意味着也反对民主共和制。但马克思却提出了相反的论据，他援引与鲍威尔政治理想相一致美国的政治解放为例，说尽管那里发生了政治解放，但宗教仍活跃，那里依然存在私有制和利己主义，因此这个国家远未实现人的解放①。

但正是由于强调批判的独特性，即寻求人的彻底解放，创造一个不同于旧世界的新世界，鲍威尔才把解放的问题提到了一个新的高度。当然，他没有给民主革命的政治原则增添什么东西，但他对人在社会中的虚幻存在所作的有力批判（在这种社会中，意识形态和"宗教狂热"这样的传统错误信仰，就像各个集团的特权阶层一样，居于支配地位），以及同过去的犹太—基督教世界的决裂，使他的观点比法国大革命关于人的解放的理论要更为激进。由此可见，马克思对鲍威尔的批判也许基本上是正确的，但却没有领会鲍威尔的某些思想，也就是说不能用割裂的办法把鲍威尔的思想分为一方面支持政治解放并把这种解放看作是人的解放，另一方面又支持人的，即社会主义的解放。

无疑，正是马克思促成了鲍威尔对共产主义的批判。鲍威尔清楚地知道激进运动（该运动于1843年瓦解，当时这一运动基本上放弃了从下面，即通过暴力革命进行变革的思想，而变成了自由市民运动）只不过是从社会和政治方面来说是激进的发展趋势基础，而在这个基础上却出现了共产主义思想。鲍威尔虽对圣西门、傅立叶和魏特林的观点持有

---

① 参看《马克思恩格斯全集》第1卷，第424—430页。

异议,但当他说"最近已挑选群众来从事伟大的行动"① 时,显然指的是马克思而不是过去传播主义乌托邦思想的那些人。这一点已为鲍威尔关于(马克思的)共产主义已接受了费尔巴哈的关于必须支持反对违反人性的人类事业②的观点所证实。

由于群众处于宗教狂热状态,受到意识形态的支配和安于现状,所以鲍威尔对他们深感失望,他对激进主义的幻想也破灭了,因为激进主义已从一只狼变成了一只温驯的、自我满足的羔羊(这是对调和的、妥协的资产阶级自由主义的比喻);他反对共产主义为实行教条式的统治和实施比旧的保守主义原则还要糟的意识形态原则而同群众进行合作。所有这些因素都使鲍威尔不得不放弃积极参与政治生活以把自己的观点变成现实的打算,使他不得不返回到尚未因同现实接触而受到污染的纯批判原则中。鲍威尔这一态度的最初迹象在1842年就很明显了,当时他曾写道:"在现存各种关系同上述打算完全不相容的情况下,这种打算只能在纯自我意识中求得生存,别无他途,因为纯自我意识本身尚未受到腐蚀,它本身就具有其生存的各种真正形式。"③ 如果说,这种趋势在从意识形态方面攻击现存制度的时期还只是一种隐约可见的迹象的话,那么在革命变革成为主要潮流的时候,即从1844年起就已成了鲍威尔思想的中心主题了。当时他得出结论说:在面对群众和面对各种政治的及意识形态的运动正竭力利用群众来实现其各自打算的情况下,必须谨慎从事。鲍威尔还把各个时期应归于德国人民斗争的成果归于他自己,认为这些斗争只具有纯书本的思想性质而没有直接的政治含义④。他认为在关键时刻忘记这一事实或把理论当作实际行动都是错误的。然而,在鲍威尔声称他的批判"从未迎合过群众"⑤ 时,他本人却忘记了他自己就常常把真理同人民混为一谈。他那含糊其辞的说法,即"它

---

① 布·鲍威尔:《种族和群众》,德文版,第42页。
② 参看同上书,第44—46页。
③ 《布鲁诺·鲍威尔和埃德加尔,鲍威尔1839—1842年通讯集》,德文版,第81页。
④ 参看布·鲍威尔:《目前什么是批判的对象?》,德文版,第16—17页。
⑤ 同上书,第18页。

（鲍威尔的理论）尚不能使群众抛弃这样的信念：它与群众具有共同利益"①，并不能改变这一事实。

鲍威尔从革命实践方面的倒退似乎是由于他敌视群众而造成的（群众只听任政权的摆布），也是由于激进运动的失败所导致。在鲍威尔看来，激进运动一事无成，或正如他所说的，只知道"运动就是运动"，仅此而已。②

另一个促使鲍威尔把批判变成一种只是在自我意识领域内起作用和故意尽量与现实保持距离的纯批判的原因，在于认为革命的变革毫无意义，因为这样并不能改变悲惨的社会和文化状况。政治革命必然会鼓动群众去实施其计划，结果只能引起一些表面上的变化。一个集团的统治虽然被赋予另一个集团以特权的政权所代替，但本质并没有改变，依然存在着特权统治、既得利益和各种控制。

在鲍威尔看来，理论应与其他任何观点相对立，应与整个现实相对立；理论应从远处抨击腐败的世界以便同它相决裂。此外，理论应不时审度以免陷入与周围世界的联系。"理论时时刻刻批判自身，力求不提什么口号，要竭力避免中其敌人的圈套"③。这一观点源自这样的理论，即犹太—基督教—资产阶级世界是以彼此利益的现存结构为基础的，这种彼此利益是通过高压和传播歪曲的理念来捍卫这一世界的存在的。但与其他观点不同，包括最激进的共产主义观点，鲍威尔的理论不能为了废除这一世界的制度而同群众搞什么联合。④ 他从上述事实引出这样一个结论，即他应置身于世界之外而不是置身于世界之内来阐述批判的观点。这一结论的重要含义就是：鲍威尔的批判不能为了实现批判事业有关的反对现实的那些主张而同任何社会阶级或政治集团进行联合。结果，"自由的正义的事业"就成了"鲍威尔本人的事业"了，他把自己

---

① 布·鲍威尔：《目前什么是批判的对象？》，德文版，第18页。
② 布·鲍威尔：《辛利克斯，第一号》（指对辛利克斯《政治讲义两卷集》第1卷的评论），德文版，第23页。
③ 布·鲍威尔：《目前什么是批判的对象？》，德文版，第20页。
④ 参看布·鲍威尔：《种族和群众》，德文版，第42页。

的书题名为《自由的正义事业和我自己的事业》并不是偶然的。出于自择而处于独自和孤立状态的鲍威尔坚持拘泥于远离尘世的纯批判王国。因此，马克思对他进行批判就毫不令人感到意外了。

在《神圣家族》中，马克思揭露了鲍威尔的各种真正的和想象中的过失。在列举鲍威尔的种种不端行为时，马克思显示了惊人的记忆力。比如，马克思指出，当鲍威尔还是一个神学家时就曾力图证明圣母玛利亚从圣灵怀中怀了孕；他把显现在亚伯拉罕面前的天使看作是神的流出体；他把普鲁士国家奉为绝对的国家；他在《复类福音作者批判》里用自我意识来代替实际的人等等。① 马克思不是全神贯注于有关的讨论，而是对鲍威尔在意识形态方面的丑史进行了系统的抨击，并把鲍威尔过去曾主张过的观点混淆在一起，仿佛是想证明鲍威尔实际上是在重演自己的历史。仔细阅读一下马克思的下述用语，这一印象就更为深刻了："在神学家鲍威尔看来，批判必须永世地研究思辨神学，这是不言而喻；因为他，即人格化了的'批判'原本就是一个 ex professo（职业的）神学家"②；"神学讲师鲍威尔先生"；"鲍威尔先生这位名副其实的神学家……或者是神学的批判家"③。为使人们更加确信鲍威尔观点中的上述倾向，马克思还指出："鲍威尔先生的最后阶段并不是他发展中的失常；这是他从他的异化返回到自身。……绝对的批判返回到自己的出发点以后，就结束了思辨的循环，从而也结束了自己的全部生涯。"④

非常熟悉鲍威尔思想的马克思，当然知道鲍威尔不仅没有返回到他原先的神学阶段，而且发展了一种独特的无神论观点。但为了谴责鲍威尔，一切手段都是可以采用的，而所以引用所有青年黑格尔派都曾对普鲁士君主政体寄予过希望时的鲍威尔的观点（似乎鲍威尔是这些观点的代表人物），其目的就是要读者相信鲍威尔是一个政治上的叛徒。要是

---

① 参看《马克思恩格斯全集》第 2 卷，北京：人民出版社 1957 年版，第 138 页。
② 同上书，第 132 页。
③ 同上书，第 141 页。
④ 同上书，第 182 页。

马克思对他在同鲍威尔争论中所使用的方法给予更多的考虑的话,无疑他本会得出这样的结论:他的所有历史论据都是离题的而且统统是多余的;因为仅仅根据鲍威尔智力上的缺陷(这反映在《文学总汇报》上),就可以充分证明鲍威尔的那些观点是不能令人接受的。

马克思的目的是要突出群众在历史前进过程中的作用和强调建立一个比现行状况更好的政治社会制度,这是可以想象得到的。为达到这一目的,马克思就得批判鲍威尔的下述论点:正是具有自由的和发达的自我意识的批判家才导致了意识形态的改变,而这些改变,从长远来说,可以开创一个新的历史纪元。对马克思来说,无论是从积极的方面——把群众看作是创造历史、沿着进步的革命路线前进的因素——还是从消极的方面——不承认像鲍威尔这样一类知识分子(他们脱离了群众)的思想在取得进步方面有什么重要性——来看,在实质上都是一回事。那不愿承认群众在历史上具有决定性作用的人会转而求助于杰出人物,反过来也是一样。

在马克思看来,鲍威尔的思想是傲慢的唯理智论的典型,因为它认为它的主要力量就在于独立于群众、不受物质利益的支配;可实际上这种观点并不能导致任何现实的变革,而是德国小资产阶级软弱性的反映,因为在德国任何变革都要涉及废除专制主义和封建主义的问题。马克思的这一基本思想后来在主要针对施蒂纳的《德意志意识形态》中也得到了发展。他指出:"它(指批判)一直是靠批判地贬低、否定和改革某些群众的事物和人物来取得自己的相对荣誉。现在它却靠批判地贬低、否定和改变全体群众来取得自己的绝对荣誉。"①

马克思从以下几个方面对鲍威尔的观点进行了抨击。第一,他攻击了鲍威尔的群众概念,认为这是一个静止的不变的概念,实际情况完全不是这样的:法国大革命期间的群众和几个世纪以前的群众就有许多不同之处。马克思说,鲍威尔观点的错误就在于不考虑历史,对历史的发展缺乏了解。第二,马克思反对鲍威尔这样的观点:群众是自私的,理

---

① 《马克思恩格斯全集》第2卷,北京:人民出版社1957年版,第99页。

论对社会生活事件并不感到兴趣。马克思还驳斥了鲍威尔下述观点：理论的意图——由于不关心和脱离社会经济因素——并不是要赢得群众的承认，有群众参加的历史不会创造出什么有价值的事业。马克思认为，恰恰正是由于这种漠不关心和脱离了群众才是纯理论导致失败的原因，他写道：" '思想' 一旦离开 '利益'，就一定会使自己出丑。"① 另一方面，物质利益（就体现在按照共目标所提出的思想中）要为实现其原则的政治社会制度开辟道路也必然要把群众动员起来。在马克思看来，在过去，比如在法国大革命期间，那种在形式上是普遍的而在实质上是资产阶级的思想同群众的真正的和普遍的解放之间曾有过虚幻的一致性。只有当思想与群众的利益完全吻合时才可能有真正的一致性。②第三，马克思认为，从黑格尔那里受到启发的鲍威尔的唯心主义，没有把历史看作是实际事件的舞台，而是把它看作脱离一切物质基础的思想阵地。马克思把这样一种看法（这实际上与鲍威尔乃至黑格尔的主张并不完全一样）扩大到一切方面，从而得出下述结论："绝对的批判从黑格尔的 '现象学' 中至少学会了一种技艺，这就是把现实的、客观的、在我身外存在着的链条变成只是观念的，只是主观的，只是在我身内存在着的链条，因而也就把一切外部的感性的斗争都变成了纯粹观念的斗争。"③ 因此，当现实没有受到依据超越尘世的、几乎是神圣的原则所进行的斗争的影响时，鲍威尔学派就竭力攻击假想的敌手。第四，马克思抨击鲍威尔这样的观点，即群众虽然在数量上远远超过知识分子那样的小的集团，但群众的经验主义的外观同鲍威尔那样的知识分子形而上学的外观是完全不同的，而这才是重要的。或正如马克思所说的："这样一来，'群众' 也就不同于实际的群众了，它只是为了 '批判' 才作为 '群众' 而存在"。"群众"一词在德语中有几个含义，既表示物质的数量又表示民众。在法国大革命期间，实际的群众被理解为"人民"，资产阶级等级和工人都属于这一范畴，但随着资本主义的发展，

---

① 《马克思恩格斯全集》第 2 卷，北京：人民出版社 1957 年版，第 103 页。
② 参看同上书，第 103—104 页。
③ 参看同上书，第 105 页。

分化越来越明显,直到雇佣劳动者与资产所有者形成尖锐的对立。据此,马克思提出了他那关于无产阶级革命重要性的共产主义理论。虽然这一理论的初步基础在《〈黑格尔法哲学批判〉导言》中就已奠定了,但在那篇文章中,他只是提出了一个抽象的概念,并没有实际的历史社会内容,而在《神圣家族》中,则表达了他的辩证的历史观。马克思分析了无产阶级革命的条件,并把这些条件同在本质上是代表资产阶级的法国大革命进行了比较;他强调革命因素积聚过程中的客观性,强调无产阶级处于困境时的实际的和理论上的自觉因素,并再一次阐述了曾受到鲍威尔嘲笑过的理论,不把整个社会从非人道的状况中解放出来,无产阶级就得不到自身解放。①

此时,指出马克思利用鲍威尔关于异化普遍性的理论是很有趣的,虽然他把异化既归之于无产阶级又归之于有产阶级。② 这两者的唯一区别就在于,感到自在的和自以为是主人的有产阶级这种异化看作是自己强大的证明,并在其中获得人的生存的外观;而无产阶级则为异化所毁灭并在其中看到了自身的不幸;因此,这只是精神方面的区别。这一理论是把抽象的概念——异化的普遍性——同具有社会学特点的表述相结合的典型例子:私有财产的统治是无产阶级贫困的原因,无产阶级的行为是由它本身的情况决定的,而这又取决于整个资产阶级社会的结构。③

在对资产阶级、无产阶级以及资产阶级社会的各种冲突的论述中,马克思看来比鲍威尔要高明。他对像十八世纪末和1830年法国革命这样一些历史事件的分析,对经济社会问题,比如十八世纪以后的资本主义经济结构及其中的变革的论述,都比鲍威尔高明。马克思不是像鲍威尔那样只是谈论精神与"群众"、人类与个人、自我意识与物质的抽象冲突,而是对资产阶级社会、私有财产和阶级的发展进行了历史的和社会学方面的阐述。

---

① 参看《马克思恩格斯全集》第2卷,北京:人民出版社1957年版,第45页。
② 参看同上书,第44页。
③ 参看同上书,第44页。

然而，马克思对鲍威尔的观点也有所歪曲：把鲍威尔的立场说成是神学的立场——自我意识的问题被看作是唯心主义的体现，而唯心主义又被看作是以哲学伪装形式出现的神学——，把鲍威尔很早以前就已放弃了的概念又提了出来，并抓住鲍威尔在《文学总汇报》上发表的四篇文章中的观点不放，而这些观点同鲍威尔先前所写的许多著作和论文相比只不过是沧海之一粟，那大量的著作和论文才能代表鲍威尔的全部理论。显然，对马克思来说，同那些强调纯理论性质和突出精神与群众之间冲突的鲍威尔的观点进行争论，要比同鲍威尔在激进时期的那些思想进行斗争省事。但是，除了这一动机，即先把鲍威尔的理论变成荒谬的东西，然后或者指出这些论点的真实意图，或者对其进行讽刺，从而使争论更易于进行之外，马克思还受到了想同鲍威尔进行决裂的意图所支配，因为鲍威尔在激进时期对他有过很大的影响。

鲍威尔对马克思攻击的反映较为克制。他在《路德维希·费尔巴哈的本质》中，大约用了五十多页的篇幅针对费尔巴哈（他仍把费尔巴哈看成是自己的主要对手），而只用了五页的篇幅回答马克思。这是鲍威尔第一次明确地提到马克思和他在其《神圣家族》中所批判的鲍威尔本人的观点。鲍威尔认为马克思（恩格斯也如此）并不了解他的批判是针对直到当时为止仍使人类处于受压迫和受辱地位的各种超验力量的，正是这些力量使人类不能过人的生活，鲍威尔还认为他猛烈抨击过一般的宗教和以各种宗教形式体现出来的国家，因为他曾详细阐述过自我意识的原则和攻击过财产。在他之前，财产就被认为是一种不可侵犯的力量，是宗教和国家的基础，而他却证明了财产只不过是以自我意识作为其起点的人的创造物。鲍威尔争辩说，马克思忽视了他鲍威尔在反对政治和宗教制度斗争中的成就，只是主要抓住他在《文学总汇报》期间的文学和新闻活动，从而把他的批判同其激进的背景和发展割裂开来。①

---

① 参看布·鲍威尔：《路德维希·费尔巴哈的本质》，德文版，第138—139页。

在鲍威尔看来，马克思通过上述手法制造了这样一个印象，即批判是教条主义的，但事实上马克思本人才是教条主义者，因为他为了争论而制造了一个方便于自己的想象的敌手。①

鲍威尔强烈地反驳了马克思的下述批判，即自我意识与实际的人毫不相关，只是一种空论，是对实际的人的讽刺，鲍威尔认为马克思使用有损人格的话来代替实际的论证。但鲍威尔本人也没有能以恰当的方式来回答马克思，无疑也应当受到责备，因为他显然也采取了以其人之道还治其人之身的方法。他写道："马克思给我们演了一出戏，他本人在戏中最终扮演了一个滑稽的喜剧演员。"②

马克思对鲍威尔的答辩的反应，可以在《德意志意识形态》里题为"圣布鲁诺"的一章中看到。这一章的主要思想在《神圣家族》中已有系统的阐述，比如："思想从来也不能超出旧世界秩序的范围：在任何情况下它都只能超出旧世界秩序的思想范围。思想根本不能实现什么东西。为了实现思想，就要有使用实践力量的人。"③马克思把意识形态的各种特征都归之于鲍威尔的自我意识的概念，这一概念主张以其主观形式的"绝对精神"，即"抽象的词句"和"思想"来代替实际的人类及其真正的意识。马克思认为这是一种歪曲了的观点，因为这种观点认为思想是世界上支配一切的力量，它确信意识的改变将导致变革，甚至导致世界结构方向的变革；它无视社会存在的现实关系，无视形成这些关系特性的各种现实因素等等。④

马克思这里所说的内容并没有超出他先前的批判：只是再一次强调了鲍威尔对黑格尔的依赖以及指出费尔巴哈超过了鲍威尔。除此而外，马克思还多次指出，因为自我意识是脱离于人的，而且就这一具体情况而言，也是脱离他鲍威尔自己的，所以批判和批判家是彼此分

---

① 参看布·鲍威尔：《路德维希·费尔巴哈的本质》，德文版，第140页。
② 同上书，第143页。
③ 《马克思恩格斯全集》第2卷，北京：人民出版社1957年版，第152页。
④ 参看《马克思恩格斯全集》第3卷，北京：人民出版社1960年版，第93—95、98—100、105页。

立的东西。

鲍威尔与马克思之间的争论引起了当时出版界的注意。比如，作家尤利乌斯就认为，马克思所以提出费尔巴哈的论证，是想力图从鲍威尔那里拯救实际的人道主义。①但详情表明尤利乌斯不是这方面问题的专家。比如，他在把马克思对社会生活中的物质因素的立场归之于费尔巴哈的同时，又集中攻击了马克思认为鲍威尔是神学家的观点，因为在尤利乌斯看来，鲍威尔只是不愿承认无产阶级的历史作用，反对马克思的历史唯物主义罢了。就尤利乌斯而言，捍卫有人性的个人（这种人是世界上的唯一实体）远比只是依靠群众或没有任何个性的抽象的人重要。

前面几次提到的论述鲍威尔的那篇长篇文章的作者②指出，鲍威尔关于纯理论和关于群众与这种理论相对立的观点并不一定是他先前的信念造成的；他认为鲍威尔最后时期的观点受到马克思的批判是理所当然的。③然而，文章的作者并非不知道鲍威尔曾经影响过马克思这一事实。他的评论表明，老是强调马克思与鲍威尔之间的对立是不对的，因为马克思的许多论点，特别是关于国家的论点，包含了许多鲍威尔思想的因素。他认为，马克思从《自由的正义事业和我自己的事业》和鲍威尔的许多其他论文所阐述的现存的国家是以特权为基础的观点中吸取了营养。这位作者写道："在《德法年鉴》中，马克思在实现鲍威尔的国家原则方面，比鲍威尔本人更为坚决；在摆脱神学立场方面马克思做的也比鲍威尔更为彻底。"④除了这个一般的说明之外，这位作者没有举出具体例子，但他指出马克思的理论对鲍威尔的依附这一事实本身是令人感兴趣的，也是值得注意的。遗憾的是，随着岁月的流逝，这种意见在马克思主义研究者们的心目中已几乎被完全忘却了。

---

① 参看尤利乌斯：《明显的与不明显的人类教会的争论，或对批判的批判所作的批判》，载《德维季刊》，德文版，1845年第2卷，第326—333页。
② 参看《布鲁诺·鲍威尔和当代神学人文主义的发展》，德文版，第56—62、75页。
③ 同上书，第81—82页。
④ 同上书，第5页。

二 〔日〕城塚登：关于《神圣家族》①

布鲁诺·鲍威尔是"柏林自由人小组"的核心人物，因为马克思在担任《莱茵报》主编期间批判过柏林自由人小组的轻薄并拒绝刊登他们的稿件，所以，从那时起，鲍威尔对马克思就已怀恨在心。1843年末，鲍威尔同弟弟埃德加尔·鲍威尔及福适等人，利用《文学总汇报》开始发行之机，虽未直接点名批判马克思，但是，他们从内容上常常影射马克思在《德法年鉴》中所持的立场，并把它作为一项任务。然而，他们的立场，也就是纯粹批判的批判的立场就在于：从继承黑格尔哲学的绝对精神出发，批判现实的人——"群众"的自我欺骗和愚蠢，他们的这一立场就连科本和施蒂纳都不同意，他们的机关报也没有引起太大的反响便自消自灭了。

因此，可以说马克思和恩格斯已经没有多大必要对鲍威尔一伙加以反击了。尽管如此，两人还是完成了对它的批判，因为他们感到有必要清算一下残留在自己头脑中的青年黑格尔派的，以及黑格尔的思维方法的影响。这种基本的清算是在《德意志意识形态》（1845年夏至1846年秋）中完成的，这一点我在后面还要介绍。作为一个开端，两人计划首先对鲍威尔一派进行批判。

恩格斯在巴黎逗留期间，把自己的想法简单地拟定了一个计划。后来，马克思把不满一个半印张的原稿扩充成二十个印张以上，这就是1845年3月发表的《神圣家族，或对批判的批判所做的批判。驳布鲁诺·鲍威尔及其伙伴》。如前所述，《文学总汇报》没有引起太大的反响而自消自灭了，从内容上看，它也没有什么新颖之处，作为对它的批判，《神圣家族》过于详细，反而显得冗长。也许扩大到如此规模是为了免受检查，因为当时德国出版法规定，出版二十个印张以上的书刊可

---

① 选自〔日〕城塚登：《青年马克思的思想——社会主义思想的创立》，尚晶晶等译，北京：求实出版社1988年版，第100—109页。标题为编者所加。

以免检。总之，我们不可能论及全书，这里，我只能集中地谈谈以下的问题，即马克思批判了鲍威尔一伙什么样的立场，通过这种批判马克思是如何把自己的共产主义原则加以具体化的。

布鲁诺·鲍威尔从精神同群众的对立出发，他说："群众以为自己占有许多不言而喻的真理"，但是，"只有当人们通过对真理的一系列的论证而尾随真理之后的时候，才算整个地占有了真理"。真理在历史中作为观念来表现自己，群众不能正确地掌握这种观念，只能根据实际利益来行动，所以，常常失败。在未被物质利益所玷污的纯粹中，只有人的意识，即精神能正确地把握观念，推动历史前进。因而，精神的真正敌人是群众，是群众的自我欺骗和萎靡不振。从这一立场出发，鲍威尔一伙激烈地攻击群众的政治运动，攻击对运动献媚的思想，即共产主义的和社会主义的思想。

马克思从两个方面批判了鲍威尔的这种立场。第一个方面是从历史事实出发所做的批判。历史与鲍威尔的主张正好相反，它说明了，只有建立在实际利益之上的运动才能成功，反之，建立在与实际利益相脱离的政治观念之上的运动都以失败而告终。马克思说："资产阶级在1789年革命中的利益决不是'不成功的'，它'压倒了'一切，并获得了'实际成效'，尽管'激情'已经消失，尽管这种利益用来装饰自己的摇篮的'热情'之花也已经枯萎。这种利益是如此强大有力，以至顺利地征服了马拉的笔、恐怖党的断头台、拿破仑的剑，以及教会的十字架和波旁王朝的纯血统。只有对那样的群众来说革命才是'不成功的'，这种群众的政治'观念'并不是关于自己的实际'利益'的观念，所以他们的真正的主导原则和革命的主导原则并不是一致的。"①马克思认为，革命运动之所以不成功，其原因就在于脱离了实际的利益，这也就是纯粹批判所主张的那种立场。

马克思进一步论述了鲍威尔的理论立场不过是使黑格尔哲学的思辨更加彻底化而已。黑格尔把历史理解为绝对精神的自我运动，在他看

---

① 《马克思恩格斯全集》第2卷，北京：人民出版社1957年版，第103页。

来，历史的绝对精神就在群众中拥有它所需要的材料，并且首先在哲学中得到它相应的表现。但是，哲学家只不过是创造历史的绝对精神在运动完成之后用来回顾既往以求意识到自身的一种工具。哲学家不过是在事后才意到绝对精神已无意识地完成了的运动。于是，黑格尔的过错在于双重的不彻底性：第一，他宣布哲学是绝对精神的定在，但他又不肯宣布现实的哲学家就是绝对精神，他认为哲学家不过是在事后回顾已被绝对精神完成了的运动的人。第二，虽然他也承认绝对精神创造历史，但是，它的历史只发生在哲学家的意识之中，所以，他所说的历史，并不是现实的历史，而是思辨的历史。鲍威尔的批判在思辨的方向上克服了黑格尔这种双重的不彻底性。他宣布"批判"是绝对精神，而鲍威尔自己就是"批判"。在他看来，具有能动精神的少数杰出人物同精神空虚的群众相对立。这样一来，他首先把哲学和哲学家一致起来，克服了黑格尔哲学的不彻底性。其次，鲍威尔认为唯有批判才是绝对精神，才能发明历史和实现历史。因而，他不像黑格尔那样主张精神在事后在意识中创造历史，而是主张精神即纯粹批判直接发明和实现历史，于是他又克服了黑格尔哲学的不彻底性。①

鲍威尔的这种立场，其实不过是费尔巴哈现实的人道主义登场之前青年黑格尔派（曾经也包括马克思）共同的自我意识立场的延伸而已。仅仅因为启蒙的立场（新兴资产阶级的立场）同群众运动的分歧还没有明显地表现出来，所以，自我意识的立场自认为自己是群众的朋友而不是敌人。然而，一旦群众运动向前发展，摆脱了启蒙立场的束缚，第三等级内两个阶级的对立便明显地表现出来。这时，自我意识的立场不

---

① 请参照《马克思恩格斯全集》第2卷第108页以后。此外，马克思在《1844年经济学哲学手稿》中，围绕《精神现象学》批判了黑格尔哲学。马克思指出：黑格尔哲学中的异化，不过是抽象思维的外化和自我丧失，在这种情况下，在思维自身的内部，不过是抽象思维和感性现实性的对立；对外部各种对象的占有，不过是在意识或纯思维的内部的占有，最终表现为纯粹的思想运动，应该理解为人的异化的现实状态的宗教和国家等，相反却被理解为精神的存在和主体。马克思强调指出，在黑格尔哲学中的抽象思维的内部的感性现实性与真正的人的、自然的感性现实性存在决定性的差异。马克思在《神圣家族》中对布鲁诺·鲍威尔的批判，也是建立在这种对黑格尔哲学批判的基础之上的。请参看马克思《1844年经济学哲学手稿》第161页以后。

能与这种社会变化同步前进，它停留在过去的立场上，必然与群众为敌。可以说鲍威尔一伙悲剧的原因也就在于此。

鲍威尔站在抽象的绝对精神的立场上，他不是到精神自身的抽象性中去寻找这种精神在历史上不能获得成功的原因，而是把责任推到精神的敌人，即他抽象地臆造出的群众身上，怪罪于群众的懒惰、轻薄和自我满足。与此相反，共产主义和社会主义的作者们则认为，精神的一切进步，对于人民群众来说不过是一种退步，人民群众被迫处于越来越丧失人性的地步。他们从这一考察出发，像傅立叶那样，把"进步"视为不充分的抽象的空话，像欧文那样，推测出文明世界的根本缺陷，他们把现存社会的现实基础作为批判的对象。而且，人数众多的群众的实践运动立即响应这种批判。马克思批判说，站在群众立场上的批判，真正才是人的现实的批判，站在鲍威尔一派那种抽象精神的立场上的批判，不得不以"自我欺骗"，"自我满足"而告终。

那么，通过这种批判，马克思怎样具体地表述了自己的共产主义原则呢？

在上一章我们已经谈过，马克思批判了埃德加尔、鲍威尔对蒲鲁东《什么是财产？》一书的曲解，努力阐明了蒲鲁东的立场。马克思说："以往的政治经济学从私有制的运动似乎使人民富有这个事实出发，得出了替私有制辩护的结论。蒲鲁东从政治经济学中被诡辩所掩盖的相反的事实出发，即从私有制的运动造成贫穷这个事实出发，得出了否定私有制的结论"。[①] 马克思还说："他认真地对待经济关系的合乎人性的外观，并把它和经济关系的违反人性的现实尖锐地对立起来。……他不是把私有制的这种或那种个别形式，而是把整个私有制十分透彻地描述为经济关系的伪造者。从政治经济学观点出发对政治经济学进行批判时所能做的一切，他都已经做了。"[②] 马克思高度地评价了蒲鲁东的功绩。然而，正因为如此，我们不能像世人常常误解的那样，把马克思的立场说

---

① 《马克思恩格斯全集》第 2 卷，北京：人民出版社 1957 年版，第 142 页。
② 同上书，第 40 页。

成与蒲鲁东的立场完全相同。正如我在前一章所述，虽然马克思从法国社会主义和共产主义那里接受了种种宝贵的启发，但是，从根本的立场上说，他同他们始终存在分歧。

马克思对蒲鲁东也不例外。马克思尖锐地指出，蒲鲁东不像恩格斯的《国民经济学批判》那样，把工资、通商、价值、价格和货币等私有财产的具体形式理解为私有财产的各种形式，由于他对政治经济学的批判还受着政治经济学前提的支配，因此，蒲鲁东仍以政治经济学的占有形式来表现实物世界的重新争得，他不得不把平等与有作为自己的奋斗目标。马克思承认蒲鲁东的立场受这种历史的制约，他说："蒲鲁东在政治经济的异化范围内来克服政治经济的异化。"[①] 但是，马克思高度评价了蒲鲁东的这一著作，认为它是"法国无产阶级的科学宣言"。

马克思阐明了蒲鲁东的立场，并由此进一步论述了无产阶级同私有财产的关系，探讨了无产阶级——马克思所主张的共产主义的担当者——的状况。

私有财产让作为财富的自己和自己的对立面，无产阶级同时并存，但是，无产阶级不能不扬弃自身，也不能不扬弃使它成为无产阶级的那个对立面——私有制。有产阶级和无产阶级同样表现出人的异化。但有产阶级在这种自我异化中感到自己是被满足和被巩固的，它把这种异化看做自身强大的证明，并在这种异化中获得人的生存的外观。而无产阶级在这种异化中则感到自己是被毁灭的，并在其中看到自己的无力和非人生存的现实。因而，私有财产下的财富同无产阶级对立，在这种对立中，维护这种对立的是拥有私有财产的有产阶级，而主张扬弃这种对立的则是无产阶级。因为无产阶级认识到自己在精神上和肉体上的贫困，认识到自己的非人性，所以，无产阶级扬弃人的自我异化，完成私有财产通过创造无产者而给自己规定的历史使命。

然而，无产者具有这种世界历史意义的作用，并不是因为他们是神，而是因为在无产阶级身上最彻底最明显地体现了人的自我异化，因

[①] 《马克思恩格斯全集》第2卷，北京：人民出版社1957年版，第52页。

为无产阶级的生活条件在现代社会的一切生活条件中达到了违反人性的顶点。正因为如此，如果它不消灭现存社会一切非人的生活条件，它就不能消灭它本身的生活条件。马克思说，"问题不在于目前某个无产者或者甚至整个无产阶级把什么看做自己的目的，问题在于究竟什么是无产阶级，无产阶级由于其本身的存在必然在历史上有些什么作为。它的目的和它的历史任务已由它自己的生活状况以及现代资产阶级社会的整个结构最明显地无可辩驳地预示出来了。"①

马克思牢牢地把握了无产阶级的历史使命，在这基础之上，朝着把共产主义原则具体化的方向迈出了一步，同时，他也努力从其他方面使共产主义原则具体化。他探讨社会主义和共产主义同18世纪法国唯物主义相结合的问题，并通过这一探讨，勾勒出了成为他共产主义理论基础的哲学立场的轮廓。

马克思批判了布鲁诺·鲍威尔对法国唯物主义的无知，指出在法国唯物主义历史上有两个流派，一派起源于笛卡儿的物理学，是在法国自然科学家和医生勒卢阿、卡巴尼斯和拉美特利等学者中流行的机械唯物主义。笛卡儿认为，在物理学中物质具有独立的创造力，他把机械运动看作是物质生命活动的表现。这种唯物义还把这一学说转用到人的灵魂上，宣称灵魂是肉体的样态，思想是机械的运动。

另一个流派起源于洛克，经孔狄亚克传入法国，通过狄德罗、爱尔维修和霍尔巴赫同早期社会主义和共产主义汇合。这些的唯物主义观点，即感性是一切知识的源泉，客观存在的物质能进行自我运动。洛克在《人类理性的起源》一书中，为这样的观点，即为知识和观念起源于感性世界的观点奠定了基础。孔狄亚克在《关于人类知识的起源的经验》一书中，彻底发展了洛克思想。他否定本有观念，彻底坚持知识的起源在于感觉的立场，进而证明了感性知觉的方式建立在经验和习惯之上，从而主张人的全部发展都取决于教育和外部环境。爱尔维修同样从洛克的学说出发，他把唯物主义运用到社会生活方面，他主张感性的诸

---

① 《马克思恩格斯全集》第2卷，北京：人民出版社1957年版，第45页。

性质、自私的欲望，享乐和正确理解个人的利益是整个道德的基础，主张人类智力天然平等，理性的进步和工业的进步的一致，人的天性善良和教育的万能。霍尔巴赫与狄德罗共同创立感觉论的认识论，他从利害关系上说明人类行动的唯一动机，认为唯有道德是促使个人利益和社会利益一致的力量。

这种系列的唯物主义主张：人的天性是善良的，天赋的智能是平等的；经验和教育是万能的，外部环境对人的影响是巨大的；认为发展产业具有重要意义，认为享乐有其合理性，应得到承认等等。马克思继续说道："既然人是从感性世界和感性世界中的经验中汲取自己的一切知识、感觉等等，那就必须这样安排周围的世界，使人在其中能认识和领会真正合乎人性的东西，使他能认识到自己是人。既然正确理解的利益是整个道德的基础，那就必须使个别人的私人利益符合于全人类的利益。既然从唯物主义意义上来说人是不自由的，就是说，既然人不是由于有逃避某种事物的消极力量，而是由于有表现本身的真正个性的积极力量才得到自由，那就不应当惩罚个别人的犯罪行为，而应当消灭犯罪行为的反社会的根源，并使每个人都有必要的社会活动场所来显露他的重要的生命力。既然人的性格是由环境造成的，那就必须使环境成为合乎人性的环境。既然人天生就是社会的生物，那他就只有在社会中才能发展自己的真正的天性，而对于他的天性的力量的判断，也不应当以单个个人的力量为准绳，而应当以整个社会的力量为准绳。"①

法国唯物主义的这一流派，必然进一步谋求环境的变革，并与早期社会主义和共产主义汇合。马克思至少在哲学方面对启蒙思想，尤其是对法国唯物主义的评价极高。上一章我们已经看到，马克思已清楚地认识到启蒙立场的局限性，他对启蒙思想的高度评价，乍看起来，似乎有点不可思议。然而，实际上这里最清楚不过地体现出马克思对启蒙思想的态度。

---

① 《马克思恩格斯全集》第2卷，北京：人民出版社1957年版，第166—167页。

我已反复说过，启蒙思想满足于在法律上和政治上实现人的解放，而不敢提出更高的要求。与它的预想相反，形式上的自由和平等必然产生实质上的不自由和不平等，以至于工人的贫困以及由此产生的各种道德堕落的现象充斥整个社会。于是，早期社会主义和共产主义便继承了启蒙思想的有关人的根本观点以及它的批判性和革命性，同时又突破了启蒙思想的束缚，要求实质上的自由和平等。当然，早期社会主义和共产主义（其中包括本章开头提到的欧文在内）从根本上说并未摆脱启蒙思想的束缚，只是在个别问题上摆脱了它的影响。这些个别问题，如果忽略不计的话，那么，我认为上述说法可以成立。但是，早期社会主义和共产主义从启蒙思想那里继承了什么样的对人的基本看法呢？法国启蒙思想的代表人物伏尔泰曾描绘了从迷信和偏见中获得解放的"自然儿"。众所周知，卢梭把欲求和满足和谐一致的自然状态视为目的。他们思想深处的人就是这样的"自然人"。这种"自然人"是感情丰富的自由的人，是从传统的知识和思想的桎梏下获得解放的人，是摆脱了文明社会的不道德和封建等级制度的人。因而这种人是通过感觉得知外部存在的保持自然状态的人。伏尔泰、孟德斯鸠和卢梭到英国后接受了洛克经验论的洗礼。我们可以很容易地推断出，这就是他们抱有这种对人的看法的动机。因而，这种对人的看法最早始于洛克，与从孔狄亚克到爱尔维修、霍尔巴赫的唯物主义的思想结合在一起，这也并不是什么不可思议的了。而且，早期社会主义和共产主义从启蒙思想那里继承的对人的根本观点也正是这种观点。仅仅是他们中的多数，并没有自觉地意识到他们继承和克服启蒙思想的这一过程。在他们的思想中，对于自己继承的对人的看法还没有形成清楚的认识，因而也没有自觉地认识到它同法国唯物主义的联系。就连阐述自己对人的看法的欧文也自命不凡，认为自己发现了性格形成的原理（其实就是从爱尔维修，经过边沁传授到他那里的法国唯物主义对人的一贯的看法）。相反，马克思十分自觉地意识到这一点。他承认启蒙思想把人从旧制度下解放出来，在这一点上，他高度评价了启蒙思想的功绩，但是，同时马克思又看出了这种解放仅仅停留在政治解放上，还没有达到人的解放，这正是启蒙思想的局限性。然而在哲学方面，启蒙思想本身已超越了这种局限性，产生了唯物主义的思想。这是因为启蒙思想不仅与宗教和神学作斗争，而且也与一切形而上学作斗争。当然，法国的唯物主义从根本上说还未摆脱启蒙思想的束缚，最终表现出它的不彻底性。然而，早期社会主义和共产主义，虽然没有完全自觉地意识到启蒙思想的局限性，也以不彻底性而告终，但是它已经在实践上显示出能克服这一局限性的崭新的立场，同样，法国唯物主义也从理论上预示了新的立场。马克思自觉地认识到这一立场，并决心把它贯彻到底。

马克思批判了布鲁诺·鲍威尔一伙的纯粹批判的立场，从此他完全脱离了青年黑格尔学派共同的自我意识的立场。与此同时，在实践方面，他在无产阶级的生活状况中，在理论方面，他在法国唯物主义的一个流派中，找到了把他的共产主义原则加以具体化的线索。然而这仅仅是线索而已。马克思还需进一步发展他自己的立场，即从克服市民社会人的自我异化、夺回类存在还给现实的人向积极地扬弃私有财产方向前进的立场，而且还必须把新获得的教益彻底融化到自己的立场之中。马克思慎重而脚踏实地地继续开辟着这样的道路。

三 〔波〕科拉科夫斯基：《神圣家族》[①]

马克思和恩格斯1844年8月在巴黎见面，开始了两人长达40年在政治活动和著述活动领域的合作。马克思的抽象思维能力优于恩格斯，而恩格斯则在理论同无论是社会的还是科学的经验材料的结合上略胜马克思一筹。他们第一部合写的著作《神圣家族，或对批判的批判所作的批判，驳布鲁诺·鲍威尔及其伙伴》，1845年2月在莱茵河畔法兰克福出版，这部著作只有一小部分是恩格斯写的，因为他在巴黎短暂停留后就返回巴门。

---

① 选自〔波〕莱泽克·科拉科夫斯基：《马克思主义的主要流派》第1卷，唐少杰等译，哈尔滨：黑龙江大学出版社2005年版，第151—156页。

《神圣家族》是一次向青年黑格尔主义发起的激烈的也可以说是无情的挑战。它是对马克思以前的同盟军，尤其是鲍威尔兄弟的一次辛辣的、讽刺性的和毫无顾忌的抨击。著作既冗长又充满琐屑的嘲弄，对对手的名字含沙射影等，其目的是陈列出黑格尔派的这一"神圣家族"及其思辨性批判的天真和愚蠢。与《德意志意识形态》不同，它几乎没有什么独立的分析。然而，它却是一个重要文献，它标志着马克思与青年黑格尔派的激进主义的最后决裂，因为它卓越地（par excellence）声明，共产主义是工人阶级的运动；这不是对青年黑格尔派思想的批判的补充，而是站在其对立面。在序言中，它甚至宣称："在德国，对真正的人道主义说来，没有比唯灵论即思辨唯心主义更危险的敌人了。它用'自我意识'即'精神'代替现实的个体的人。"① 在这一重要问题上，《神圣家族》重申了马克思在以往著作中论述过的理论观点，同时在许多别的问题上它介绍了新的思想。

1. 共产主义是历史的趋势。无产阶级的阶级意识

在《神圣家族》中，马克思比以往更为清楚地表达了共产主义是不可避免的历史运动这种思想。私有制由于力求无限制地扩展自己而创造了它的对立面——无产阶级。在被私有化强化了的自我异化中，资产阶级享受着通过人性的外观而获得的满足，而工人阶级则被压抑，处于软弱无力之中。不管资产阶级的意识或意志如何，私有制都趋于消灭其自身，因为，它所创造的无产阶级意识到自身的非人性化。胜利了的无产阶级并非简单地转败为胜和使自己取代有产者，而是通过消灭自己和其对立面从根本上改变上述状况。它代表着最大限度的非人性化，但它也意识到这一非人性化并意识到反抗的必然性。无产阶级的贫困化迫使无产阶级解放自己，但它要实现解放自己的目标，就必须同时将整个社会从非人的环境中解放出来。

马克思强调无产阶级在解放过程中的自我意识，这一点与以后不时提出的反对意见联系起来看来，则显得很重要。后来的一些反对意见认

---

① 《马克思恩格斯全集》第2卷，北京：人民出版社1957年版，第7页。——译注

为，马克思似乎相信革命将作为一种非个人的历史力量的结果而到来，它与人的自由活动无关。按照马克思的观点，在历史的必然性和自觉的活动之间并没有两难推理，因为无产阶级的阶级意识不仅是革命的条件，而且它本身就是革命趋于成熟的历史过程。由于这个原因，《神圣家族》的作者把同历史人格化作为独立的力量的理论展开辩论。恩格斯认为，鲍威尔把历史变成了通过男女个人而表现自己的形而上学的存在，但事实上，"历史什么事情也没有做，它'并不拥有任何无穷尽的丰富性'，它并'没有在任何战斗争中作战'！创造一切、拥有这一切并为这一切而斗争的不是'历史'，而正是人，现实的、活生生的人。'历史'并不是把人当做达到自己目的的工具来利用的某种特殊的人格。历史不过是追求着自己目的的人的活动而已"。① 于是，这些言论成为日后争论的焦点，即马克思的理论被说成是历史决定论。这些言论为不同的解释留下了余地，正如他随后而来的论述那样。特别是这一点：人们创造自己的历史，但并不是无视他们的所处的环境而创造历史。我们可理解成下面这些问题吗？人类影响历史过程的能力是有限的？现存的环境不是完全顺从于人类活动而是在某种程度上被社会有机的意志所支配吗？或者宁可说，人的活动环境本身就是人的意识和人的活动的决定因素吗？这些问题是理解历史唯物主义的关键问题，适当的时候，我们将有机会重新讨论这些问题。

2. 进步与群众

马克思批判鲍威尔的基本点是鲍威尔把群众与进步以及群众与批判精神对立起来。在鲍威尔看来，群众本身就是保守主义、反动、教条主义和精神惰性的化身。他们具有的一切思想，包括革命的思想，都被他们变成保守主义；被群众信奉的任何学说都变成了宗教。创造性的思想一经群众接受，便迅即失其创造力。需要群众支持的思想是注定要被歪曲、退化和遭受失败的。一切业已失败的伟大历史事业之所以失败，就是因为群众掌握了它们的命运。在马克思看来，这种分析是反对历史

---

① 《马克思恩格斯全集》第2卷，北京：人民出版社1957年版，第118—119页。

过程的荒谬可笑的尝试。马克思认为，成功的思想必定体现着某种群众利益。（"'思想'一旦离开'利益'，就一定会自己出丑。"① ）但是，无论何时"利益"采用了某种思想形式，那么它就超越了它的真实内容而必定欺骗性地把自己装扮成一般利益而不是某种特殊利益。由于鲍威尔的批判把进步与群众的保守主义对立起来，这种批判被指责为是精神的渣滓，而不是社会变革的工具。总之，马克思认为，关于进步的无差别的范畴就是它本身永不满足。社会主义思想来源于被称之为进步的东西总是与社会大多数人相对立，并且总是导致越来越非人性化的环境这种历史的观察。这就表明，文明是十分不健全的。这指出了对社会的根本批判应与群众进行的社会反抗运动相一致。所以，我们无须满足于关于进步的言辞，因为在历史上没有什么绝对的进步可以认同。

这里，马克思首次介绍了一种在他后期著作中不止一次出现的思想。他认为，不是群众与批判精神之间有着不可调和的对立，这种对立是对由个人代表的"精神"与群众代表的惰性的"物质"之间的传统对立的拙劣模仿，而是指出有一种基本矛盾渗透在迄今为止的历史中这一思想，因为这一基本矛盾的实际发展，尤其是工业领域里的进步，都是以丧失大量人性为代价而得以实现的。而鲍威尔的历史哲学因受其性质的局限而使自己囿于纯粹理论的解放思想的范围之内。社会主义批判的矛头指向这样的物质条件，这一物质条件导致了文明的发展与财富的直接创造者之间的矛盾。马克思认为，依靠思想本身永远也打不破旧世界的枷锁，要使思想得以实现，人们使用暴力是必然的。

3. 需要的世界

在《神圣家族》中，马克思又回到了真正的人类共同体与虚伪的国家共同体之间的对立这一问题上来。鲍威尔认为，人是必然被融入国家这一有机体的自私利己的原子。马克思认为这是思辨的谬误。原子是自我满足而毫无需要。在此意义上，人类个人可以假想自己为一个原子。但是，事实上这是绝不可能的，因为，人的世界是需要的世界。撇

---

① 《马克思恩格斯全集》第 2 卷，北京：人民出版社 1957 年版，第 103 页。

开一切神秘化的东西，正是需要构成了共同体成员之间的联系。社会契约不是由国家创造的，而是由这一种事实创造的；尽管人们可以设想他们自己是原子，但实际上他们是自私利己的人。国家是需要这个社会契约创造者的副产品，社会契约不是国家的产物。只有当需要的世界产生冲突，只有当需要依靠利己主义之间的斗争而得到满足，只有当社会契约承担了社会倾轧的外观——只在这时，才出现关于真正的人类共同体的可能性问题。然而，鲍威尔满足于坚持黑格尔把那种作为共同体的国家与作为利己主义纠纷的市民社会对立起来的观点，并且把这种对立看作生活的永恒原则。

4. 唯物主义传统

在《神圣家族》中，马克思也首次表达了他在社会主义思想与哲学上的唯物主义传统之间联系的认识。他区分了出现在法国唯物主义历史上的两个趋势。第一个趋势可追溯至笛卡尔那里去，它在灵感上是自然主义的，而且沿着现代自然科学的方向发展；第二个趋势可追溯到洛克的经验主义，它体现了社会主义的直接传统，它的思想体系的前提来自于 18 世纪唯物主义者反形而上学的批判和他们对 17 世纪教条主义的抨击。洛克的感觉论蕴含着人的平等学说，这种学说认为，来到世上的每一个人都是一块白板（tabula rasa），人们认识上或精神上的差异都不是天生的，而是后天造就的。因为一切人都是天生的利己主义者，道德也只能是合理的利己主义，所以，问题是要设计一个以使每个人的个人利益与所有人的需要得以调和的社会组织形式。正如人完全是教育和生活环境的产物，只有改变造就人的社会制度才能改变人。傅立叶的学说是法国启蒙运动唯物主义的果实，而欧文的社会主义思想则植根于边沁的思想和通过边沁而植根于爱尔维修的思想。经验主义和功利主义的原则主张人生来无所谓善恶，一切取决于教育，利益是道德的主要源泉等等。这自然使我们要问这样的问题：什么样的社会条件对人类共同体成为现实来说是必然的呢？

这样，马克思援引唯物主义传统来反对跟在黑格尔后面的鲍威尔。鲍威尔把自我意识变成了实质性的存在（实际上，它仅是人的一个属性而非存在的独立形式），并因此设想他已经使精神独立于自然界。由于同样原因，鲍威尔把人的生活归结为观念活动，把所有的历史变成了思想的历史，而实际上，历史首先是物质生产的历史。

所以，《神圣家族》包含了对历史进行唯物主义解释的思想萌芽，尽管这还仅仅是简单的、一般的公式。这一思想认为，当人的利益表现为观念形态时，人们的利益便被神秘化了；思想的历史普遍依赖于生产的历史。这里，我们发现否定之否定这一黑格尔辩证法的经典的先验图式在一门新的历史哲学中的应用。随着私有制的发展，它必然创造它自己的对立面；这一否定力量本身被非人化，而随着非人化的加剧，它变成了消灭对立着的双方——私有制和无产阶级——的综合性的先决条件，并因此使人再次实现他自己成为可能。

对历史进行唯物主义解释的基础在马克思和恩格斯下一部合著的《德意志意识形态》中得到系统的论述。马克思直到1845年初，一直住在巴黎，他积极参加了社会主义组织的会议，尤其是正义者同盟的会议。同时，恩格斯在德国通过讲演和写作传播着共产主义，他极力想把一些分散的社会主义团体合并成一个统一的组织。1845年2月，马克思由于普鲁士当局的要求而被驱逐出巴黎，移居布鲁塞尔。同年春天，恩格斯与马克思会合，夏季，他们访问了英国，在这里，他们接触了宪章运动者并采取措施来建立一个不同国家的革命运动的联合中心。回到布鲁塞尔后，他们继续致力于革命组织的联合，并继续进行他们与德国哲学家的论战。

附录 II 延伸阅读书目

一 关于马克思恩格斯的传记研究

目前，国内外关于马克思和恩格斯的传记性著述很多，其中均包含与《神圣家族》相关的论述，这些著述对于理解《神圣家族》的写作背景，对于理解《神圣家族》的出版和传播情况等均有裨益。如：

〔法〕奥古斯特·科尔纽：《马克思恩格斯传》Ⅱ，刘丕坤等译，北京：生活·读书·新知三联书店1965年版。

〔德〕弗·梅林：《马克思传》，樊集译，持平校，北京：人民出版社1972年版。

〔英〕戴维·麦克莱伦：《马克思传》（第4版），王珍译，北京：中国人民大学出版社2008年版。

〔美〕温迪·林恩·李：《马克思》，陈文庆译，北京：中华书局2002年版。

〔苏〕彼·费多谢耶夫等：《卡尔·马克思》，北京：生活·读书·新知三联书店1980年版。

〔德〕海因里希·格姆科夫等：《马克思传》，易廷镇、侯焕良译，北京：人民出版社2000年版。

〔苏〕E.A.斯捷潘诺娃：《马克思传略》，关益、李荫寰译，北京：中国社会科学出版社1982年版。

〔苏〕E.A.斯捷潘诺娃：《恩格斯传》，梁春生译，北京：中共中央党校出版社 1982 年版。

〔德〕海因里希·格姆科夫等：《恩格斯传》，易廷镇、侯焕良译，北京：人民出版社 2000 年版。

〔苏〕列·伊利切夫等：《弗里德里希·恩格斯》，北京：人民出版社 1984 年版。

〔德〕霍尔斯特·乌尔利希：《恩格斯的青年时代》，马欣译，北京：生活·读书·新知三联书店 1980 年版。

二 关于马克思主义哲学史与政治经济学研究的著述

〔波〕莱泽克·科拉科夫斯基：《马克思主义的主要流派》第 1 卷，唐少杰等译，哈尔滨：黑龙江大学出版社 2015 年版。

〔苏〕阿·伊·马雷什：《马克思主义政治经济学的形成》，成都：四川人民出版社 1983 年版。

〔德〕图赫舍雷尔：《马克思经济理论的形成与发展（1843—1858）》，北京：人民出版社 1981 年版。

〔苏〕卢森贝：《政治经济学史》，北京：生活·读书·新知三联书店 1959 年版。

〔苏〕卢森贝：《十九世纪四十年代马克思恩格斯经济学说发展概论》，北京：生活·读书·新知三联书店 1958 年版。

〔苏〕维戈茨基：《〈资本论〉创作史》，福州：福建人民出版社 1983 年版。

〔英〕戴维·麦克莱伦：《马克思主义以前的马克思》，李兴国等译，北京：社会科学文献出版社 1992 年版。

〔德〕马·克莱恩等：《马克思主义哲学史》，熊子云等译，北京：中国人民大学出版社 1983 年版。

〔日〕望月清司：《马克思历史理论的研究》，韩立新译，北京：北京师范大学出版社 2009 年版。

〔日〕城塚登：《青年马克思的思想——社会主义思想的创立》，尚晶晶等译，北京：求实出版社 1988 年版。

〔法〕雷蒙·阿隆：《想象的马克思主义》，姜志辉译，上海：上海世纪出版集团 2007 年版。

中山大学哲学系：《马克思主义哲学史稿》，北京：人民出版社 1981 年版。

葛锡有等：《马克思主义诞生史》，长春：吉林人民出版社 1982 年版。

王卫国等：《马克思的第一个伟大发现——唯物史观的形成》，合肥：安徽人民出版社 1985 年版。

熊子云、张向东：《唯物史观形成史》，重庆：重庆出版社 1988 年版。

彭立荣：《马克思恩格斯唯物史观的创立与发展》，上海：上海社会科学院出版社 1989 年版。

孙伯鍨：《探索者道路的探索——青年马克思恩格斯哲学思想研究》，南京：南京大学出版社 2002 年版。

黄枬森、庄福龄、林利主编：《马克思主义哲学史（修订本）》第 1 卷，北京：北京出版社 2005 年版。

张一兵主编：《马克思哲学的历史原像》，北京：人民出版社 2009 年版。

张一兵：《回到马克思》第 2 版，南京：江苏人民出版社 2009 年版。

三 关于黑格尔哲学与青年黑格尔派研究的著述

〔德〕黑格尔：《小逻辑》，贺麟译，北京：商务印书馆 1954 年版。

〔德〕黑格尔：《哲学科学全书纲要》，薛华译，上海：上海世纪出版社集团 2002 年版。

〔德〕黑格尔：《历史哲学》，王造时译，上海：上海世纪出版社集团 2001 年版。

〔德〕黑格尔：《精神现象学》（上、下），贺麟、王玖兴译，北京：商务印书馆 1979 年版。

〔美〕查尔斯·泰勒：《黑格尔》，张国清、朱进东译，北京：译林出版社 2002 年版。

〔英〕戴维·麦克莱伦：《青年黑格尔派与马克思》，夏威仪等译，北京：商务印书馆 1982 年版。

〔德〕卡尔·洛维特：《从黑格尔到尼采》，李秋零译，北京：生活·读书·新知三联书店 2006 年版。

〔波〕兹维·罗森：《布鲁诺·鲍威尔和卡尔·马克思》，王谨等译，北京：中国人民大学出版社 1984 年版。

王树人、李凤鸣编：《西方著名哲学家评传（第六卷）》，济南：山东人民出版社 1984 年版。

侯才：《青年黑格尔派与马克思早期思想的发展》，北京：中国社会科学出版社 1994 年版。

四 关于蒲鲁东的研究著作

在我国关于蒲鲁东的两本著作，都出现在新中国成立以前。一本是上海自由书店于 1929 年出版的由芾甘（即巴金）翻译的《蒲鲁东底人生哲学》（原作者为克鲁泡特金），该书主要介绍蒲鲁东的伦理思想。另一本是重庆学术研究社 1941 年翻译的麦利荪的《蒲鲁东学说》，通俗介绍了蒲鲁东的无政府主义思想。蒲鲁东《贫困的哲学》全译本的翻译出版更是滞后。1961 年在《哲学的贫困》翻译出版的同一年，商务印书馆才出版过由徐公肃、任起莘翻译的《贫困的哲学》第一卷；直到 1998 年，在我国才出版了该书的全译本。

蒲鲁东：《什么是所有权》，孙署冰译，北京：商务印书馆 1963

年版。

蒲鲁东:《贫困的哲学》,余叔通、王雪华译,北京:商务印书馆 1998 年版。

陈汉楚:《蒲鲁东和蒲鲁东主义》,南京:江苏人民出版社 1981 年版。

黄枬森、庄福龄:《马克思主义哲学史》第 1 卷,北京:北京出版社 1990 年版。

庄福龄:《马克思主义史》第一卷,北京:人民出版社 1996 年版。

P. J. Proudhon, *General Idea of the Revolution in the Nineteenth Century*, London: Pluto Press, 1989.

Stewart Edwards, *Selected Writings of Pierre-Joseph Proudhon*, London: Macmillan, 1970.

Jackson, J. Hampden, *Marx, Proudhon, and European Socialism*, London, English Universities Press, 1957.

图书在版编目（CIP）数据

马克思恩格斯《神圣家族》研究读本／姜海波编著.—北京：中央编译出版社，2017.1

（马克思主义经典著作研究读本／杨金海，李惠斌主编）

ISBN 978-7-5117-3268-2

Ⅰ.①马… Ⅱ.①姜… Ⅲ.①《神圣家族》-马恩著作研究 Ⅳ.①A811.21

中国版本图书馆 CIP 数据核字（2017）第 023415 号

马克思恩格斯《神圣家族》研究读本

出 版 人：	葛海彦
出版统筹：	贾宇琰
责任编辑：	盛菊艳
责任印制：	尹 珺
出版发行：	中央编译出版社
地　　址：	北京西城区车公庄大街乙 5 号鸿儒大厦 B 座（100044）
电　　话：	（010）52612345（总编室）　　（010）52612335（编辑室）
	（010）52612316（发行部）　　（010）52612317（网络销售）
	（010）52612346（馆配部）　　（010）55626985（读者服务部）
传　　真：	（010）66515838
经　　销：	全国新华书店
印　　刷：	北京汇林印务有限公司
开　　本：	720 毫米×1020 毫米　1/16
字　　数：	328 千字
印　　张：	22.75
版　　次：	2017 年 1 月第 1 版第 1 次印刷
定　　价：	80.00 元

网　　址：	www.cctphome.com　　邮　箱：cctp@cctphome.com
新浪微博：	@中央编译出版社　　　　微　信：中央编译出版社（ID：cctphome）
淘宝店铺：	中央编译出版社直销店（http：//shop108367160.taobao.com）　（010）55626985

凡有印装质量问题，本社负责调换。电话：（010）55626985